Heibonsha Library

トーラーの名において

Au nom de la Torah

平凡社ライブラリー

Yakov M. Rabkin
Au nom de la Torah:
Une histoire de l'opposition juive au sionisme

Heibonsha Library

トーラーの名において

Au nom de la Torah

シオニズムに対する
ユダヤ教の抵抗の歴史

ヤコヴ・M.ラブキン著
菅野賢治訳

平凡社

本著作は二〇一〇年四月に平凡社より刊行されたものです。

目次

凡例

一、本書は *Au nom de la Torah : Une histoire de l'opposition juive au sionisme* (Les Presses de l'Université Laval, 2004) を日本語訳したものである。

一、原注は（1）（2）（3）……、訳注は〔1〕〔2〕〔3〕……で示した。

一、本文において、（　）は著者による丸括弧、［　］は著者による補足及び引用文中の省略など、〔　〕は訳者による補足である。

一、＊印が付された、ユダヤ教、シオニズム、イスラエル政治関連の特殊用語（ヘブライ語、イディッシュ語など）については、巻末の「語彙集」を参照のこと。

一、＊＊印が付された人名については、巻末の「人物紹介」を参照のこと。

一、聖書からの引用は以下の例に倣う。「創世記」第二六章第一三節→「創世記」二六の13。ただし、ユダヤ教『聖書』とキリスト教『旧約聖書』とでは番号付が異なっている場合があるので注意されたい。本書では、原著どおり、ユダヤ教『聖書』の番号付に従う。

一、原注のなかでは、各文献の初出箇所にのみ原語で（ヘブライ語書誌はラテン・アルファベットに置き換えて）典拠を併記する。

平凡社ライブラリー版の読者へ

本書の主眼は、ユダヤ教徒をイスラエル国に結びつけ、ユダヤ教という二千年の歴史を誇る宗教をヨーロッパ産の排他的ナショナリズムに根差す政治的企図であるシオニズムと混同することの誤謬を日本の読者に説明することに存します。つまり、イスラエルをそのまま「ユダヤ国家」と名指す行為は、シオニズムという政治的かつイデオロギー的構造体が、十九世紀末に誕生して以来、ユダヤ教徒・ユダヤ人たちのあいだに産み落としてきた対立について、無知に甘んじる行為であることを本書は示しているのです。

二〇二三年十月、イスラエル南部でパレスティナ抵抗勢力による奇襲が行なわれてから一年を経たいま、私はこの一文を綴っています。あの奇襲は、シオニストによる植民地化がその最初期から推し進めてきたパレスティナ人に対する抑圧、差別、掠奪の帰結でした。それはまた、シオニズムの冒険は、いつの日にか、「血塗られた罠」にほかならぬことが明らかになるであろうという、シオニズム黎明期の伝統主義的ラビたちが発した警告の言葉をも想起させます。実際、イスラエルはいま、完全なまでの不処罰特権を享受しながらも、罠にはまって身動きがとれなくなり、地域全体にわたってあらん限りの暴力を繰り広げています。

私の本が、日本の地で、ふたたびの日の目を見ることになったと知り、嬉しく思う一方、決して意外には感じておりません。日本人の外部世界に対する開放度と好奇心には久しく定評がありますが、それを別にしても、日本には、アジアのあの一画に興味関心を抱く十分な理由があり、それはその地域に由来するエネルギー資源のみに帰着するものではないからです。いま、イスラエルの暴力は、核の大惨事にまでいたりかねません。パレスティナの植民地掌握を手放すくらいなら、いっそ世界を全面的な破滅に巻き込むことも辞すまいという、一般に「サムソン・オプション（Samson Option）」と呼ばれている自殺的選択肢がそれです。

日本にとって、西アジアの〝面倒見〟を西洋諸国に一任しておけば済むという時代はとうに過ぎ去りました。むしろ、反ユダヤ主義を含む人種差別主義を実践してきた主体は西洋諸国であり、それがコンゴ、ナミビア、アメリカ大陸、オーストラリア、そして最終的に二十世紀のヨーロッパにおけるジェノサイドに繋がったのでした。その本性自体によりジェノサイドの暴力を産み落とさずにはおかない、移住型植民地主義の最後の遺物としてイスラエルを認識する必要もそこに存するのです。加えて、パレスティナの抵抗を抑え込もうとするイスラエル側の努力がジェノサイドへと堕していったのは、西洋諸国、とりわけアメリカからの武器供与をつうじてのことだった、という現実もあります。

日本は反ユダヤ主義の過去を持ちません。ユダヤ教徒・ユダヤ人が、過去何世紀にもわたって、暴力、追放、搾取の辛酸を嘗めさせられてきた舞台は、西洋のキリスト教諸国でした。ロマ族とユダヤ人を含む「下等人種」に対して、人種差別主義にもとづくジェノサイドが行なわれたのも、そのヨーロッパの中心部においてでした。この暗澹たる過去が、しばしば、相応の操作を経て、イスラエル国の本性と、その国がパレスティナ人に対して行なっている行為に関する議論を圧殺するために利用されるわけですが、日本においては、その種の操作が功を奏する余地は、本来、皆無であるはずなのです。なぜといって、日本は、ナチ・ドイツの同盟国でありながら、絶望的な状況下でヨーロッパを後にしてきたユダヤ教徒・ユダヤ人に避難地を提供するという過去の実績を持っているからです。私の国カナダは、当時、「文明国」を自称するほかの大部分の西洋諸国と同様、ユダヤ移民の入国を禁止し、結局、多くのユダヤ教徒・ユダヤ人の命をナチスの殺人鬼どもの手に委ねてしまったのでした。加えて、日本は一九四七年、国連総会の場でパレスティナ分割案が採択された時、その決議に手を貸しませんでした。何よりも日本には、イスラエルとは何か、明晰に見極めることの妨げとなるようなシオニスト・ロビーが存在しません。むしろ、この点において首尾一貫した姿勢を保つためならば、日本はアメリカ帝国と袂を分かつことがあってもいいくらいなのです。

今や世界の十四の言語で読まれている本書は、なぜ、ユダヤ教とシオニズムのあいだ、ユダヤ教徒・ユダヤ人とイスラエル人のあいだで混同を起こしてはならないかを説明するものです。イスラエルが振るい続ける暴力は、ユダヤ教徒・ユダヤ人のあいだに分裂を引き起こす一方、世界中のユダヤ教徒・ユダヤ人を合わせたより何倍も数の多いキリスト教シオニスト[1]たちのあいだでは、強力な支持を取りつけています。しかし、イスラエルを弾劾する人々のなかにあって、ユダヤ教徒たちはとくに活発です。彼らは、イスラエル国がパレスティナ人に対して振るう暴力に心を痛めながら、同時に、イスラエル国がこのまま「ユダヤ国家」を名乗り続けることで、ユダヤ教徒とユダヤ教が世界から被ってしまう不評・不興に堪えがたい思いで日々を過ごしているのです。

ヤコヴ・M・ラブキン

二〇二四年十一月、モンレアル（モントリオール）にて

ヨセフ・アガシ教授による序文

十九世紀のヨーロッパにおいては、多くの人が非宗教主義（仏 laïcisme／英 secularism）と宗教（religion）とを同時に実践していた。なかには宗教の代替物として非宗教主義を実践する人々もいた。こうして民族主義が、宗教ならざる宗教に姿を変え、国家を怪物的存在に仕立て上げながら、続く二十世紀、最悪の惨事をこの世にもたらしたことは周知のとおりである。

本書は、私自身の国、イスラエルとの兼ね合いにおいて、民族主義に関する議論をかき立てようとするものだ。著者ラブキン氏の主眼は、〝イスラエルがユダヤ教徒・ユダヤ人全員の身柄を保護し、彼らにとって自然の祖国を構成している〟という神話を再問に付すことにある。この神話がユダヤ教の趣旨に反するものであることは、本書に正しく示されているとおりである。ところが、イスラエル人の大部分はこの神話をシオニズムそのものと取り違え、ディアスポラ（離散）の地のユダヤ人が一人残らずイスラエルに集結した日にこそ、われわれが真の意味において自立に到達できると考えている。こうした文脈において、世界中のユダヤ教徒・ユダヤ人にとって抜き差しならぬ問いは、「イスラエル国の利益はディアスポラの地に住むユダヤ教徒・ユダヤ人たちの利益に合致するものなのか、あるいは逆に相反するものであるのか？」という点に存するはずである。しかし、今日のシオニズム・イデオロギーにとって、それがまさに禁忌の問いを構成しているのだ。さらに、シオニズム・イデオロギーは反ユダヤ主義（antisémitisme）を不可避の要素とみなし、ユダヤ人が安全に暮らすことのできる世界で唯一の土地としてイスラエルをとらえる。しかし、このとらえ方は本質的に民主主義の考え方に背馳したものである。なぜなら、そこにおいて、近代世界の全体をつうじて成し遂げられてきたユダヤ人解放の価値がア・プリオリに否定されてしまうからだ。そのとらえ方はまた、ユダヤ人の全員が、時には現今の居住国の利益に反してまでイスラエルを支持するのが当然であるという、シオニズムの要請を正当化しようとするものでもある。ディアスポラのユダヤ人指導者たちは、みずから打ち出すべき綱領として、「その立ち振る舞いの正邪にかかわらず、イスラエルこそ、われらが祖国」という歪《いびつ》な原則にもとづき、イスラエル国を弁護すること以上にふさわしいものはないと考えているのだ。

かくしてイスラエルの歴代政府は、いまだにゲットーのなかに身を置く人間集団の導き手として振る舞う一方、イスラエル国内の非ユダヤ人の利益には一顧だに与えない姿勢を貫きながら、結果的にイスラエルを恒久的な戦争状態にとどめ置いている。しかるに、強力な軍隊を備えたゲットーほど危険な存在はないといってよいのだ。

本書には、この種の神話から身を振りほどくことが、いま、なぜことさら重要なのか、その理由が余すところなく示されている。イスラエルのユダヤ人を含め、実に多くの人々にとって、シオニズムに反意を唱えるラビたちの立場が正統的なものであり、それがユダヤ教の伝統にぴたりと適うものであることを認める妨げとなっているのが、まさにこの神話であるからだ。宗教的な反シオニズムの正当性を認めることは、イスラエルとシオニズムをめぐる真摯な議論のために不可欠であるはずなのだが、ユダヤ出自の人間であるか、キリスト教世界の側に身を置く人間であるかの別を問わず、シオニズムを標榜する人々が反シオニズムに一切正当性を認めようとしないため、この議論は今日なお窒息させられた状態にある。

トーラー*にもとづく反シオニズムの内実に触れることの重要性は言を俟たない。逆に、それを知らずにいることは、近代シオニズムを不可侵の聖域として補強することにしかならない。そこには、世界中いたるところで繰り広げられているユダヤ教徒・ユダヤ人の生活に対してイスラエル国が発揮しようとしている中心性の問題、そして、イスラエル政府がディアスポラのユダヤ教徒・ユダヤ人たちの名において何かを語る権利の所在に関する問題も含まれている。さらには、非イスラエル国籍のユダヤ教徒・ユダヤ人はイスラエル政府が打ち出すいかなる公式見解にも異議を唱えることはできないという馬鹿げた信仰も無関係ではない。先頃、あるシオニスト会議の場で、シオニズムに対するあらゆる反意が反ユダヤ主義の名に値するという宣言が出された〔1〕。これはイスラエルを含め、世界のいたるところで、実に多くのユダヤ教徒・ユダヤ人に重大な余波をもたらしかねない宣言である。もしもそれがイスラエルの公式見解に対する疑義の表明をことごとく非合法化する狙いのもとに出された宣言であるならば、純粋単純に顰蹙の種以外の何ものでもない。そして、本書に含まれている批判の言説は、まさにこの疑義の表明に向けての第一歩にすぎないのだ。

知性の水準において、明快な思想を持つこと、とりわけ諸概念のあいだに明瞭な区別を打ち立てる能力を行使することの重要性は言を俟たない。ただ、どうやら実践の水準において、その重要性が完全に認識されているわけではないようなのだ。本書は、まさにその地点において有益な書物であるといえるだろう。その重要性にもかかわらず、これまでほとんど知られることのなかった資料に依拠しながら、本書は、さまざまな概念のあいだに存する差異をそのまま指し示してくれる。たとえば、「シオニズム」と「ユダヤ教」の差異。国家（État, state）としてのイスラエル、国（邦）（pays, country）としてのイスラエル、領土としてのイスラエル、〈聖地〉としてのイスラエル、それぞれのあいだの差異。さらには、「ユダヤ教徒・ユダヤ人（juif, Jew）」（そのなかのイスラエル人と非イスラエル人）、「イスラエル人」（そのなかのユダヤ人と非ユダヤ人）、「シオニスト」（そのなかのユダヤ教徒・ユダヤ人とキリスト教徒）、「反シオニスト」（同様に、そのなかのユダヤ教徒・ユダヤ人とキリスト教徒）、それぞれのあいだの差異である。たとえば、イスラエル国を指して「ユダヤ国家（État juif, Jewish state）」と口にしただけで、すでに信仰と民族性のはざまで現実的かつ危険な混同に道が開かれてしまうのだ。

今日、イスラエル国が何かを正当化するために宗教の議論に依拠しているからといって、それに反意を唱える者がみずから宗教人である必要はまったくない。私は宗教人ではないし、また、シオニズムとその歴史についてことさら否定的な言辞を繰り広げる昨今のイスラエル知識人たちの流行に追随するつもりもない。ただ、イスラエルの愛国者として、また一介の哲学者として、ユダヤ教における反シオニズムの言説をわれわれの過去、現在、未来をめぐる公の議論に組み入れることが不可欠であると考えるまでだ。その種の議論を、われわれはいま、大いに必要としているのである。

ヨセフ・アガシ
カナダ王立協会会員
テル＝アヴィヴ大学、ヨーク大学（カナダ、トロント）教授

プロローグ

我が口より、真理の言葉をことごとく除きたもうなかれ。我、汝の審判を望みたればなり。
（「詩篇」一一九の43）

フランスでもベルギーでもユダヤ教系の学校を狙った放火事件が発生し、トルコでもチュニジアでもシナゴーグが襲撃にあった。一世紀来、悪化する一方のイスラエル＝パレスティナ紛争が、必ずや他所に跳ね返りを見出してしまうという、近年のもっとも新しい事例である。しかし、なぜ、このような攻撃がユダヤ・ディアスポラ（離散）の地を標的としてなされなければならないのか？ テロ攻撃の犠牲となったアントウェルペン（アントワープ）ないしカニー〔フランス、ノルマンディー地方の町〕のハシード*派ユダヤ教徒の子供たちが、一体いかなる意味において、ジェニンあるいはラマッラーにおけるイスラエル兵たちの行動に責任を負っているというのか？

ユダヤ教徒・ユダヤ人をイスラエル国に結びつけて考えることは容易であり、ほとんど自然ですらある。ディアスポラのユダヤ教徒・ユダヤ人をその土地の外国人とみなす、あるいはフランスその他の国で仮滞在を長引かせているイスラエル人とみなす向きもあろう。こうした解釈は、とりわけユダヤの世界陰謀を動かぬ事実ととらえている反ユダヤ主義者たちに馴染み深いものだ。

だが、ユダヤ教徒・ユダヤ人をイスラエル国に自動的に結びつける考え方は、シオニストたちにも決して無縁のものではない。今から一世紀以上前、シオニズムという政治運動が形をなして以来、彼らはユダヤの民全体を代表する前衛として振る舞ってきた。なかには、イスラエル国の存続を脅かす要因が、過たず、世界各地に住まうユダヤ教徒・ユダヤ人の存続に対する脅威になると言いきる者もいる。つまり、イスラエルはユダヤ世界の保証人であると同時に先頭旗手でもあるというのだ。しかるに、現実はそれよりもはるかに複雑な様相を呈している。

たとえば、イスラエル独立記念日〔ユダヤ暦イヤール月五日〕*に、モンレアル（モントリオール）の街中で繰り広げられるイスラエル支持の大規模なデモ行進の傍らで、黒のフロックコートと帽子を身につけた数名のハレーディ*のユダヤ教徒たちが、「シオニズムの血塗られた暴挙に歯止めを！」、「シオニズムの夢は悪夢に転じる」、「シオニズムはユダヤ教の反対物である」など、デモ参加者たちの大勢の趣旨とは明らかに逆方向の主張を記したポスターを掲げている姿が目にされる。彼らが配布するビラには以下のように記されている。

> 幾多の苦難より、搾取より、死より、そしてトーラー*の冒瀆よりもさらに嘆かわしきものとして、シオニズムがユダヤの魂に注ぎ込んだ内側からの腐敗がある。このシオニズムが、ユダヤの民であることの本質に深く食い込んでしまった。われらの民が天より与えられたトーラーに寄せてきた一律の信仰に取って代わるものとして、ユダヤ・アイデンティティーの非宗教的な定式をもたらしたのが、このシオニズムなのだ。それにより、ユダヤ教徒は、ゴ

ルス〔イディッシュ語で「追放」、「亡命」、「流謫」。アラム語の「ガルート」に相当〕を軍事的な脆弱さの結果とみなすようになった。こうして、流謫をみずからの咎《とが》ゆえに与えられた罰とみなすトーラーの視点が棄却されてしまった。それにより、われわれはガルヤート（ゴリアテ）〔「サムエル記」に登場するペリシテ人の巨人〕のような圧制者の役回りを当てがわれることとなり、イスラエルでも、アメリカでも、ユダヤ教徒のあいだに大きな混乱の種が播かれることとなった。こうして、シオニズムを採用する者どもの規範として、残虐さと腐敗が定着してしまったのである。

よって、今日、ユダヤ暦イヤール月の五日は、ユダヤの民、ならびにすべての人間にとって、言に尽くせぬ悲しみの一日である。今後も、この一日は、多くの正統派ユダヤ教徒の集いにおいて、断食と喪、そして喪の印として懺悔服の着用をもって迎えられることであろう。願わくは、かの国家が平和裏に解体し、そして世界中のイスラーム教徒とユダヤ教徒のあいだに平和が到来する様をじかに目にする機会が、われら全員に与えられますように！(1)

親イスラエル派のデモ参加者たちは、こうした人々を裏切り者として指弾する。なかには、「あの人たちは本物のユダヤ人ではありませんから」などと豪語する者もいる。さらには彼らの手からプラカードを力ずくで奪い取ろうとする者もいる。治安維持に当たる警官隊が駆けつけ、同じ「ユダヤ」を名乗るこれら二つの集団のあいだに割って入る。こうした光景は、毎年、ほぼ同時にニューヨークでも、ロンドンでも、エルサレムでも繰り広げられる。

「シオニストはユダヤ人（びと）にあらず」とのプラカードを掲げるハレーディ

一見、局所的にすぎないものと映りかねないこの種のエピソードは、しかしながら、ユダヤ、非ユダヤ双方の公論にほとんど知られないままとなっている一大現象の所在を示すものだ。ほかでもない、シオニズムが、トーラーの名において、ユダヤ教の伝統の名において拒絶されるという現象である。反シオニズムをそのまま反ユダヤ主義と同一視しようとする、近年、よく目にされるようになった動向に反して、シオニズムに対するこの拒絶は、いかなる意味においても「反ユダヤ主義的」と形容され得ないという点において際立っている。

この現象は、まずもって逆説的なものと一般の目には映るかもしれない。それほどまでに、公論の場においてイスラエルとユダヤ教徒との同一視が自動的なものになり果てているということだ。報道機関は、ひっきりなしに「ユダヤ国家」ないし「ヘブライ国家」に言及する。イスラエルの政治家たちが「ユダヤの民の名において」事物を語る様も頻繁に目にされる。しかしながら、シオニズム運動とそれに続くイスラエル国の建国は、ユダヤ史の領域においてもっとも重大な見解の分裂を生ぜしめる契機にほかならない。ユダヤ教の伝統を維持し、解釈し続ける人々の圧倒的多数が、事の始めから、社会の新計画、「ユダヤ人」

という新しい概念、〈聖地〉への集団移住、そして、そこに政治的覇権を打ち立てるための武力行使に対してはっきりとした反意を表明してきたのである。

実のところ、シオニズムを掲げる知識人たちと、それに対抗する正統派のラビたちは、シオニズムがユダヤ教の伝統の否定を意味するものであるという点においてはまったく意見を同じくしている。シオニズム史を専門とするイスラエルの歴史家ヨセフ・サルモンによれば――

最大級の危険をもたらしたのはシオニズムの脅威であった。それは、ディアスポラの地においても、〈イスラエルの地〉*においても、信徒たちの伝統的な組織から長子相続権をまるごとかすめ取り、メシア待望の対象を奪い去ることを目的とするものだったからである。シオニズムは、近代の民族的なユダヤ・アイデンティティーを提起し、伝統的社会を新しい生活様式に従属させようとし、離散と贖罪の宗教的概念に対してまったく異なる態度を採用するなど、すべての側面において伝統的なユダヤ教に対する挑戦を意味していた。シオニズムの脅威はあらゆるユダヤ居住地に及んだ。その脅威は、たゆみなく、包括的なものであった。だからこそ、シオニズムは反対派からの妥協なき抵抗に直面したのである。(2)

本書の主眼は、シオニズムという、この「たゆみなく包括的な脅威」に対する抵抗の歴史を描き出すことにある。それにより、シオニズムの信奉者たちの目には翻って冒瀆的と映る、この力強く、持続的な抵抗の姿勢に光を当てたいのだ。シオニズムの敵対者、ないしその誹謗者として本書に登場してくるのは、なにも黒のフロックコートに身を包んだユダヤ教徒ばかりとは限らない。みずからの反対姿勢をユダヤ教の次元に属する議論によって支えようとする人々の全員が、本書の叙述の対象となる。そこにはハレーディもいれば、ミトナゲッド*もいるだろう。改革派のユダヤ教徒もいれば、「近代正統派」と呼ばれるユダヤ教徒もいるだろう。イスラエル人もいれば、ディアスポラのユダヤ教徒・ユダヤ人もおり、さらには、みずからのシオニストとしての確信に疑問を抱き始めた、一部の宗教＝民族派（ダーティ・レウミ）のユダヤ教徒も混じっていよう。本書はまた、こうした人々がトーラーへの忠誠を共通項として提示している抵抗の理由を解き明かそうとするものだ。それが聖書への忠誠を基本に据えている以上、これら反対者の多くはラビとしての権威を備えた人々である。彼らは、みずから揺るぎなきものとして掲げ持ついくつかの公理をシオニズムの諸相に当てはめることによって、反シオニズムの立場を根拠づけているのだ。本書に登場してくる人々をほかのあらゆるシオニズム批判者たちから区別しているのは、あくまでもトーラーの教えを守り抜こうとする姿勢、シオニズムとイスラエル国をトーラーの視点から眺め、そしてトーラーの名においてそれらを告発しようとする姿勢そのものである。

　本書で分析の対象となるさまざまな思想的立場は、よって、ほとんどの場合、ラビたちによって受け継がれてきたものだ（ユダヤ教世界において、「ラビ」とは、必ずしも職階や職能を意味するものではなく、むしろ、トーラーに関する確かな学知を身につけた者一般に与えられる称号である）。とりわけこの二世紀来、ユダヤ教を特徴づけている見解と解釈の多様性、ならびにユダヤ教が経てきた制度的な脱＝中央集権化の傾向に鑑み、内容的にはほとんど似通ったものであっても、ユダヤ教内部のさまざまな異なる潮流に由来する見解を広く収録する必要があった。
ユダヤ教の伝統において、他者の振る舞いを正すために唯一可能な方法は、その者に対する愛情と敬意を保ち続けることであるとされている。ところが、ことシオニズムに対する拒否の姿勢は、ユダヤの民そのものに対する裏切り行為として受け止められがちだ。ロンドンの「リベラル・ジューイッシュ・シナゴーグ」のラビたちは、このディレンマを次のような明快な言葉で言い表している。

どうやらわれわれは、われらの民に対する忠誠と、われらの神に対する忠誠とのあいだで二者択一を余儀なくされているようだ。かつて預言者たちは、みずからの民を愛していたのではなかったか？　それでも彼らは、民の指導部をきびしく非難したのだった。エレミアほどの熱を込めてユダヤの民を愛した者がほかにいただろうか？　それでもエレミアは、人々の罪を——その人々に対する愛ゆえに一層の熱を込めて——咎めたのであった。(3)

実際、シオニズムを糾弾するユダヤ教徒たちは、往々にして預言者にも見紛う熱情を示すものであり、なかには、そこからシオニズムとイスラエル国の悪魔視に行き着く者もいるほどである。敬虔なユダヤ教徒としてシオニズムの公然たる批判に乗り出す人々は、それがトーラーによってみずからに課された義務の行ないであると考えている。この点に関し、トーラーは以下の二つを義務として課しているというのだ。第一に、神の名に対する冒瀆をやめさせること。イスラエル国が、往々にして、地球上のすべてのユダヤ人の名において、あるいはユダヤ教そのものの名において行動しているという自負を表明するのに対し、シオニズム批判のユダヤ教徒たちの側では、その種の自負を不正とみなしているのだということを、一般の人々、とりわけユダヤ教徒ではない人々に対して説明する義務があると感じているのだ。第二の義務は、人間の生命を平らかならしめよ、という掟に由来する。ユダヤ教の立場からシオニズムを拒否する姿勢を鮮明にすることで、彼らは、イスラエル国が他の諸民族のあいだにかき立てている——と彼らの目には映る——激しい憎悪からユダヤ教徒の集団を守ろうとする。このままでは、イスラエル政治とその帰結をめぐって世界中のユダヤ教徒が人質に取られかねない、と警告を発しているのだ。彼らの主張によれば、現在のイスラエル国は「ユダヤ国家」でも「ヘブライ国家」でもなく、はっきりと「シオニスト国家」として認識されるべきであるということになる。

いうまでもなく、このようにイスラエル国の命運をユダヤの民の歴史的行程から分離しようとする試みは、単なるユダヤ史の境界内には収まらない一大問題を惹起する。みずからのユダヤ・アイデンティティーを定義づけること、しかも、国家の枠組みとはきっちりと一線を画したものとしてそのアイデンティティーの性格を見定めることが、現在、地球上に住まう数百万人のユダヤ教徒たちにとって不断の関心事となっているのだ。ある時期までのユダヤ教徒は、一つの民が、二千年もの長きにわたり、みずから国家を持つことなく、しかも物理的生存のためにはおよそ好都合とはいえない条件のもとで自己のアイデンティティーを保持することができるという実例を示したのであった。シオニズムの勃興とイスラエル国の創生は、その唯一無二の歴史に終止符を打つほどまでにユダヤの民を変貌させてしまったのか。イスラエルは、ユダヤ教の伝統に蓄えられた諸価値との兼ね合いにおいて、もはやまったくユダヤ的なものではなくなってしまったのか、と彼らは絶えず問いを発しているのである。

*

以下、シオニズムの略史（第一章）と、シオニズムがユダヤ・アイデンティティーにもたらした変化（第二章）を描き出したのち、個々のユダヤ教徒・ユダヤ人が〈イスラエルの地〉とのあいだに取り結ぶ関係について、ユダヤ教の伝統のなかで説かれてきたところと、シオニズム思想の根源に位置しているところの両者を分析する（第三章）。ついで、武力行使の正否をめぐるユダヤ教の思想と、一世紀以上前からシオニズムの実践が〈イスラエルの地〉で繰り広げてきた思想、築き上げてきた現実とを比較することとしよう（第四章）。二十世紀の前半にシオニストたちが確立した政治、経済的覇権と、一九四八年のイスラエル建国は、信仰者としてのユダヤ教徒に新たな挑戦を投げかけるものであった。「シオニズム諸組織との協調は許されるか？」、「国家を承認し、その新たな観念実体の維持に寄与することは許されるのか？」という問いが信仰者に課されることとなったわけである。第五章においては、その協調の問題をめぐって表明されたさまざまな立場を紹介、分析する。

イスラエルの建国はショアー〔ナチ・ドイツによるユダヤ・ジェノサイド〕が投げかける暗い影のもとで宣言され、そして、今日なお、それがイスラエル人の集団意識と政治行動に密接に結びついている。第六章では、まず、ショアーがシオニズム・イデオロギーのなかに占める位置を検討し、ついで、何人かの著名ラビたちがショアーから（そしてショアーとシオニズムの関係づけのなかから）いかなる教訓を導き出してきたかを明らかにした上で、その両者のあいだに横たわるいくつかの対照を浮かび上がらせたい。われわれ現代人の一般的な感性は、ショアーに関するラビたちの解釈を前にして、おそらくかなりの困惑を覚えずにはいられまい。彼らにとって、ショアーとは、ユダヤ教徒をみずからの罪——なかんずくシオニズムの罪——の悔悟に立ち返らせるための惨劇だったのである。さらに一部のラビたちが説くところによれば、シオニズムはショアーを引き起こした直接の要因でさえあったというのだ。第七章では、ユダヤの民の持続性、贖いのメシア的計画、「新たなる反ユダヤ主義」の再燃といった論点をめぐり、そこにイスラエル国が占める位置について、いくつかの批判的見解を紹介する。

本書をつうじて、二世紀来、ユダヤ世界を特徴づけている見解と立場の多様性が浮き彫りとなろう。その多様性のなかでこそ、ユダヤ教とシオニズムの区別を明示しなければならず、そして、今日なお反ユダヤ主義に養分を供給してやまない神話や盲信に揺さぶりをかけてやらなければならないのだ。

第一章　いくつかの指標

わが周りの一切の国人《くにびと》のごとく、われも王をわが上に立てん。
（「申命記」一七の14）

二十世紀に社会の一大変容をもたらしたさまざまな集団的運動のうちにあって、シオニズムは、おそらくその最後の名残としての位置を占めている。シオニズムを支持する者も、それに反意を示す者も、シオニズム、ならびに二十世紀中葉にその帰結として達成されたイスラエル建国が、ユダヤ史のなかで決定的な断絶を意味するものであることを認める点においては見解の一致を見ている。つまるところ、この断絶は、十九、二十世紀ヨーロッパにおけるユダヤ人の〈解放〉と非宗教化の産物であった。

シオニズム内部に存在する数多くの潮流のなかでも、最終的に主導権を握った潮流は、以下の四項目を目標と見定めていた。

(1) トーラー*を中心として民族の垣根を越えるものとしてあったユダヤ・アイデンティティーを、他のヨーロッパ諸国の例に倣って民族的（国民的）アイデンティティーに変容せしめること。

(2)聖書ヘブライ語、ラビ・ヘブライ語を基礎に据えながらも、まったく新しい通用語ないし国家語を発展させること。
(3)ユダヤ人をそれぞれの出生国からパレスティナへ移動させること。
(4)パレスティナの地に対する政治、経済上の支配権を確立すること。

当時、ほかの国々の民族主義者たちが、「自分たちの家で主として振る舞う」べく、自国の掌握権をめぐる闘争に明け暮れていればよかったのに対し、シオニズムはさらに高いハードルをみずからに課し、(1)から(3)の目標をも同時に達成しようとしたのである。これが典型的な近代化の企図であったことは言を俟たない。つまり、シオニストたちは、地球上のある一郭を後進地帯とみなし、そこで待ち望まれているのはもっぱらヨーロッパ人入植者たちによる贖いであると判断した上で、その土地に近代性を移植するという野心的なヴィジョンを実現しようとしたのだ。この意味において、イスラエル国は、近代化を渋り、時としてそれを撥ねつけようとする一地域のただなかにあって、今日なお、西洋近代化の挑戦をそのまま体現し続けているといえるだろう。

のちに見るように、近代化の拒否は、みずからをシオニズムの犠牲者ととらえているアラブ住民のみならず、彼らに勝るとも劣らない急速な人口増加の傾向を示す現地のユダヤ教徒住民層からも突きつけられている。〈聖地〉のユダヤ教徒住民は、シオニズムの企図の中枢を占める無神論的にして民族的な「ユダヤ人」の定義そのものに反意を抱いているのだ。

ここで、本書全体の背景をなすものとして、一般に広く読まれているユダヤ人史の著者（みずからは非ユダヤ人である）の言葉を引いておくのが有益かもしれない。

歴史家はもう一つの事実を忘れてはならない。それはユダヤ教が、全体として、ユダヤ教徒をすべて合わせたよりも偉大な存在であり続けたことだ。ユダヤ人を創り上げたのはユダヤ教である。ユダヤ人がユダヤ教を創ったのではない。哲学者レオン・ロスが述べている。「まずユダヤ教ありきだ。ユダヤ教は成果ではなく計画である。ユダヤ人は計画成就の手段である」(1)。

十九、二十世紀のユダヤの民をめぐるあらゆる議論に通底する複雑さを理解するために、まず、非宗教化という現象――すなわちユダヤ教徒が「トーラーとその戒律の軛」をかなぐり捨てること――を正しく認識しておかねばならない。これにより、以後、「ユダヤ人性（judaïté）」と「ユダヤ教（judaïsme）」とのあいだに決定的な亀裂が生じることとなったのだ。十九世紀以前には、「ユダヤの者」を指し示すにあたって、「ユダヤ教に由来するいくつかの原則に日々の行いを準拠させている者」という規範的なコノテーションに依拠することができた。つまり、その名に該当する人間集団の公分母はあくまでもユダヤ教だったわけである。かりに、あるユダヤ教徒がトーラーの教えに背いたとしても、その者がトーラーの提示する枠組みそのものの有効性を却下したことにはならない。その場合でも「汝らは、われに対して祭司の国となり、聖《きよ》き民となるべし」（「出エジプト記」一九の6）という一節は、依然、一個の掟、使命、希求であり続けるのだ。ところが、非宗教化という現象がこのユダヤ・アイデンティティーを根本から塗り替えてしまう。以後、ユダヤ・アイデンティティーは規範的な意味合いを失い、もっぱら記述的なものとなる。伝統的なユダヤ教徒が、みずからなすこと、なさねばならぬことによって他から区別されるのに対して、新手のユダヤ人は、特定の待機や希求から完全に切り離され、もっぱらその者が「そうであるところのもの」によって他から一線を画そうとするようになる。

いまからおよそ二世紀前に生じたこのアイデンティティーの亀裂を考慮に入れつつ、われわれも用語の調整を行なわねばならない。以後、近代の事象をめぐって「ユダヤ人性（judaïté）」への帰属が問題となる場合には、他の修飾語をともなわずに「ユダヤ人の（juif）」という形容詞を用い、他方、ユダヤ教の伝統に関わり、なにがしかの規範的な意味合いを有する現象や行為を指して「ユダヤ教の（judaïque）」という形容詞を用いることとしよう。むろん、この用語の定義そのもののなかで用いたばかりの「ユダヤ教の伝統（la tradition juive）」という表現は、近現代の枠をはるかに超える内容をたたえており、そこに含まれた juif の一語は、依然、トーラーへの忠誠に結びつけられたままとなっている。

シオニズムがユダヤ教徒の生活にもたらした変化がいかばかりのものであったか、よりよく把握するために、アメリカのラビにして、ユダヤ教の解釈者としてもっとも旺盛な著述活動を繰り広げたジェイコブ・ニューズナー教授（一九三二―二〇一六年）が「イスラエル」という言葉の意味の変遷に触れている一節を引用しておこう。

今日、「イスラエル」という言葉は、一般に〔アメリカから見て〕海の向こうに位置する政治国家、イスラエル国を意味する。誰かが「イスラエルに行く」と言えば、それはテル＝アヴィヴないしエルサレムへの旅程を暗黙の了解としている。［……］しかるに、聖書、ならびにユダヤ教の教典において、「イスラエル」とは、神がアブラハムとサラを仲立ちとして呼び止め、ついでシナイ山にてトーラーを授けた聖なる信徒集団を意味する。［……］「詩篇」も、預言者の書も、各時代のユダヤ教の知者も、そしてユダヤ教徒の子供たちに教えられる祈禱の文言も、すべて「イスラエル」を「聖なる信徒集団」の意味で用いている。［……］ユダヤ教諸派の大部分にとって、「イスラエル」に属するとは、トーラーに顕現する神の似姿、模倣に照らして、この世の生を形作ることを意味している。こうして今日、「イスラエル」の語は、シナゴーグでの礼拝に用いられる時にはこの聖なる信徒集団を指していながら、ユダヤ人のコミュニティー事業の場では「イスラエル国」を意味することになっているのだ。(2)

さらにニューズナーは、「国家がユダヤ教徒の集合体よりも重きを占めるようになった」過程を説き明かしつつ「ユダヤ人」と「ユダヤ教」のあいだにはっきりと一線を画し、一世紀来、ユダヤの名を冠する人間集団が「信仰共同体」から「運命共同体」へと移行するなかで被ったアイデンティティーの変容を浮き彫りにしている。

たとえユダヤ教徒が集団として数を減じていっても、その宗教生活、つまりユダヤ教は、それを実践する人々のあいだで着実に栄えていくことができる。逆に、ユダヤ人が集団として数と影響力を増していっても、ユダヤ教という宗教を実践しなくなったり、ユダヤ教以外の宗教を実践するようになったりすれば、ユダヤ教はみずからの声を失ってしまうであろう。［……］ユダヤ教とは民族的な宗教ではないのだから、ある一つの民族集団の意見がこの宗教の定義づけを左右することもあり得ないのだ。ある単一の信仰の実践が、異なる状況下で多様な形態をとることはあり得るだろう。しかし、イスラエル国の国民文化は、たとえそれがユダヤ教をも含むものであったとしても、依然、ユダヤ教とは同一物ではない。(3)

非宗教化と同化

シオニズムは、十九世紀末、中央ヨーロッパの同化ユダヤ人たちのあいだに興った。彼らは、社会から排除され、反ユダヤ主義の標的とされた末、周囲の文化に完全に身を移したいという彼らの当初の意志が完全に拒絶されてしまったと感じていた。他方で、彼らは――そして、しばしば彼らの両親の世代も――もはやトーラー*の教えを遵守しなくなっており、ユダヤ教の規範的枠組みに関する知識も失っていた。実のところ、彼らは、当時のヨーロッパを席巻しつつあった非宗教化の波に乗りながら、それでいてなお、一般と変わりない非宗教人として周囲の社会に受け入れてもらえないことに苛立ちを募らせていたのである。

この不満の感情は、信仰心を失った非ユダヤ出自のドイツ人やフランス人などにはなかなか実感として把握することが難しい、特殊な性質のものであった。当のユダヤ人たちにとって、それは、経済的な因果関係にも、ましてや身体的な因果関係にもよらない、もっぱら心理の次元に属するものであった。シオニズム思想史の著者としても知られる元イスラエル外務省事務局長、シュロモ・アヴィネリが強調しているように、十九世紀は、ユダヤ人にとって、その流謫史上、前例を見ないほど多様な可能性が開かれた時代であった[4]。しかしながら、ユダヤ人たちによる同化の試みは、期待された社会的、心理的な成果を上げられないまま暗礁に乗り上げてしまう。そこには、とりわけ周囲の社会に完全に受け入れられることの満足感が欠如していた（ある社会による構成員の「完全な受け入れ」自体、幻想とまではいわずとも、少なくとも高度に主観的な次元に属する事象というべきなのであろうが）。言い換えるならば、「シオニズムは、ユダヤ知識人ないし同化ユダヤ人からなる一種の〝知性党〟が築き上げたものであった。この〝党〟は、ラビに背を向け、近代性を追い求め、そして、みずからの生の不安を癒す特効薬を血眼で探し出そうとする人々の集合であった[5]」。

シオニズムとは、よって、その初期の推進者たちにとって、個人としての同化に見切りをつけ、集団としての同化、つまりユダヤの民の「正常化（規格化）」という大がかりな展望を切り開く契機としてあったわけである。むろん、これらの同化ユダヤ人が、みずからの目に依然として人間進歩の印として映っている「同化」という営為そのものを疑問視し始めたわけではない。トーラーへの忠誠をかなぐり捨てた最初の世代に当たる彼らのもとで、伝統的ユダヤ教への回帰は端から選択肢の外に置かれていた。事実、個人ないし集団の資格でキリスト教への改宗を選ぶ者が少なくなかったのに対し、先祖伝来の宗教実践への回帰を説く者はほぼ皆無であった。

しかし、同化ユダヤ人たちのもとで苛立ちがいかなる域に達していたとしても、それが個々人の感情にとどまっているうちは集団の動きを起こすにはいたらない。その種の集団運動が一躍発展を見たのは、社会・政治状況がユダヤ人にとってより不利な場所においてであった。こうして、東ヨーロッパ、とりわけロシア帝国の西の辺境一帯が、実践的シオニズムの揺籃の地となった。

シオニズム思想の伝播の様態には、当時のユダヤ人たちの集団意識に生じつつあった決定的な変化が如実に映し出されている。シオニストたちは、まず、ユダヤ教との断絶を確実なものとするため、徹底した反宗教の宣伝活動に着手せねばならなかった。シオニズム思想は、その内実自体、単純かつ自然なものでありながら、何千年というユダヤ教の伝統との決裂を含むものであったという意味において、やはり新奇な思想であったわけである。当初、それがユダヤ教徒・ユダヤ人たちになかなか浸透しなかったのも無理はあるまい。それに対し、ハスカラー*（ユダヤ啓蒙主義）とそれに起因する非宗教化は、新しいユダヤ人意識の覚醒を着実に促しつつあった。シオニズムは、それ自体に固有の民族的要素を、非宗教化という、当時の世界を普遍的に見舞っていた現象に接ぎ木することによって初めて可能となったわけである。

ツァーリ体制が地理的な集住体制を敷いたことにより、ユダヤ人は、ロシア文化の強い吸引力にさらされながらも、その中枢からは遠く引き離されることとなった。帝政ロシアのユダヤ人たちのもとで、脱＝ユダヤ教化の現象がそのままロシアへの集団的同化に結びつかなかった理由はそこにある。これらの非宗教的ユダヤ人[6]は、トーラーへの忠誠心を捨て去る一方で、「いくつかの原＝民族的な特徴と一つの民族感情[7]」を醸成していった。事実、彼らは、一個の「正常な（規格どおりの）」国民として欠かせない二つの重要な属性、すなわち共通の領土（ロシア領内の「定住地域」）と共通の言語（イディッシュ語）を取得済みであった。十九世紀から二十世紀への移行期にあって、ロシア・ユダヤ人にも非宗教化の波が一気に押し寄せるなか、近隣諸国ではいくつかの民族運動（ポーランド、フィンランド、リトアニア）も勃興しつつあった。当初、これらの刷新運動の一形態にすぎなかったシオニズムは、第二次世界大戦にいたる半世紀をつうじてヨーロッパを席巻した血なまぐさい反ユダヤ主義への抗力として、徐々に実効力を蓄えていったのである。

二十世紀初頭、ロシアから脱出したユダヤ人のうち、パレスティナへ向かったのはわずか一パーセントにすぎなかったが（残る大部分は北アメリカに渡った）、以後、これら少数のロシア・ユダヤ人がシオニズム運動の強固な中核を構成していくこととなる。東ヨーロッパのユダヤ文化から産み落とされたこのシオニズムが、その後、重要なヴェクトルであり続けるだろう。シオニズムのエリート層は、みずからの過去を抹消してしまいたいという願望とは裏腹に、パレスティナの地に、東ヨーロッパ特有の文化と政治のモデルを再生してしまうのだ。この文化的覇権が、まずは〈聖地〉に住まう敬虔なユダヤ教徒たち、ついでイスラーム諸国からのユダヤ移民たちの反感にさらされることとなる。とくに後者、イスラーム諸国からの移住者たちにとって、シオニズムの創始者たちが新しい国家に付与しようとした国民の枠組みをみずからのものとして受け入れることはきわめて困難な業となるであろう。

ロシアのシオニズムは、まずもってハスカラー*の支持者、マスキールたちのあいだで急速な広がりを見せた。マスキールとは、イェシヴァーで教育を受けながらも、のちにヨーロッパ文化の一部を（多くの場合、独学で）身につけるにいたったユダヤ人を指す。以後、非宗教的ユダヤ人という新手のアイデンティティーを引き受けていくのはこうした人々である（この点については第二章で詳しく論じる）。彼らのなかには、依然、ヘブライ語を操りながらも、彼らの大部分にとっての母語であるイディッシュ語を放棄、ないし侮蔑する人々もいた。西側のヘブライ語使用者たちとは異なり、彼らは社会問題に取り組み、経済的不正義を告発し、同時代のユダヤ教組織体に対する厳しい批判者として構える。そして、ロシアのマスキールたちを西側の同胞たちから区別するもう一つの指標は、彼らが周囲の政治機構（つまり、彼らがどちらかといえば否定的な目を差し向けていたロシア帝国の政治機構）に対して、ほとんど自己同一化を果たしていなかったという点である。こうしたロシアのマスキールたちにとって、シオニズムとは、ほかのいくつかの社会変革運動のなかにあって積極的な自己表現の道を指し示し、ラディカルな理想主義の声を響き渡らせるための手段としてあったわけだ。とりわけ、そのラディカルな理想主義は、初期のシオニズムを特徴づける大きな指標となるであろう[8]。加えて、十九世紀最後の二十年間に頻発したポグロムが、彼らの非宗教的民族主義への移行を加速させることになる。

ユートピアの完全無欠さと歴史の現実性の関係という古典的な問題にもまして、シオニズムの台頭は、非宗教的民族主義、ならびに政治と軍事に関わるあらゆる行動主義の正当性をめぐる問題を惹起するものであった。オーストリア＝ハンガリー帝国に生まれ、政治的シオニズムの祖となったテオドル・ヘルツル**（一八六〇―一九〇四年）は、その身一つでユダヤの民全体を代表してみせようとの自負をもって、ラビの重鎮やユダヤ教組織の名士たちからさかんに不興を買ったものである。しかし、その自負そのものは、まさに時代の精神に完全に合致したものであった。喩えていうなら、それはボルシェヴィキという知識人の少数集団が「労働者階級」の全体を代表してみせようとの自負を示すのと同じことであった。より一般的に、なにがしかの前衛集団が形成され、それが大衆の利益を代表し、大衆の無気力、時には抵抗にもめげることなく歴史の客観的なプロセスを手中に収めるという構図が、当時のヨーロッパに急速に広がりつつあった。そして、一九一七年のバルフォア宣言をもって、イギリスがシオニズム運動のうちにユダヤの民全体の代弁者の姿を見るようになって以来、ほかの国々もその見方を標準として受け入れるようになっていくのだ。

近年の歴史研究の総括によれば、イスラエルの専門家たちのあいだに、現在、以下のような共通理解が成立しつつあるという。

シオニズムとは、南アフリカのボーア人やアルジェリアのピエ＝ノワールをお手本とし、農業植民地の不足をかこつヨーロッパのユートピア主義者らによって構想されたものである。高度な装備を整えた軍隊ないし準軍隊組織は［……］、現地のアラブ人の軍勢を次々と退けていった。［……］こうした軍事組織は、征服に成功した土地からパレスティナ人住民を「一掃」する使命をあらかじめ言い渡されていた（あるいは、言い渡されずとも、進んでみずからの使命とみなしていた）。［……］こうして元のアラブ住民の追い出しに成功した家々や村落は、アラブ諸国出身のユダヤ移民たちに優先的に供与されたのであったが、彼らにおける「シオ

ン回帰」のメシア的な夢は［……］、組織的な搾取の構造を前にして急速に萎んでいった。(9)

さらに近年の論者たちによれば、いくつかのユダヤ教徒の集団――とりわけイスラーム諸国から移住してきた人々――が、丸ごと「文化喪失」の過程を歩まされ、その中心的要素であったユダヤ教の伝統からの乖離は、往々にして外部からの強制によるものであったという。(10)同時に、これら新参のユダヤ移民たちをアラブの文化や習慣から引き離す施策が重要視されたことはいうまでもない。(11)

近年、イスラエルの一部の歴史家たちは、従来、自国で編纂されてきた史書のなかに見られる、歴史の大がかりな「シオニズム化」の傾向を告発するにいたった。その告発は、むろん、ユダヤ教メシア運動の歴史を目的論的に変形しようとする傾向、すなわち、贖いが不在の状態で生きることを故国の外で生きることとの同義として読み替えようとする傾向に対しても向けられる。目的論的なユダヤ史は、とりわけ過去数世紀をつうじてユダヤ人を苦しめてきた迫害と追放を前面に押し出す。しかし、この歴史観は人間の苦しみに関するユダヤ教の視点をすっぽりと欠落させているため、そこから生み出されるのはもっぱら袋小路と絶望の感情であり、この感情を乗り越えるための手段として残されているのは、唯一、人間が集団として解放にいたるという企図のみとなる。こうしてシオニズム的な歴史記述は、ユダヤ人の全史を「不可欠にして不可避の仕方で」イスラエル国の建国へと収斂させてきた。ほかのあらゆる選択肢を排除しつつ、過去数十年にわたって愛国精神と士気に満ち満ちたイスラエルの兵士たちを産み落としてきた、この目的論的歴史記述こそが、いま、イスラエルの内外で厳しい批判に付されつつあるのだ。

今後、ユダヤ史を専門とする新しい歴史家は、先人たちの実証主義的決定論を退けつつ、歴史に対する二重の修正に着手することになろう。一つはディアスポラ（離散）の復権であり、もう一つは、ユダヤ史の変遷のなかで民族主義的諸潮流に与えられるべき地位の——下方向への——見直しである。ユダヤ史は、今後、より多声的にして多元的なものになり、とりわけ、キリスト教、イスラームの別を問わず、周囲の社会全体により開かれた歴史となるであろう(12)。

アヴィエゼル・ラヴィツキ、メナヘム・フリードマン、ベニー・ブラウンといったイスラエルの歴史家たちは、ユダヤ教が、イスラエル建国時に予想されていたよりもはるかに強い持続力をもってシオニズムに示し続ける抵抗に関心を寄せている。歴史学の領域におけるこの新しい動向は、イスラエルの建国神話に終止符を打つものであり、民族主義の陣営からは「自滅と集団自殺」以外の何ものでもないとの酷評を絶えず浴びせられている。それでも、この反体制派の新しい歴史学は、日々、影響力を増す一方である(13)。イスラエル建国という形でパレスティナ人たちを襲った大災厄をアラビア語で「ナクバ」というが、この「ナクバ」の記憶を何らかの仕方で公式化しようとする試みを禁止する法案がクネセット*（イスラエル国会）で議論されるようになったこと自体、そうした影響力の裏返しといえなくもあるまい。一九九〇年代には、イスラエルの多くの学校で、ユダヤ人のみが出生地に対する独占権を有しているわけではないという、パレスティナ側の立場に立ったものの見方に生徒たちを馴染ませようとする試みがなされた時期もある。今でこそ、この種の試みは頓挫してしまっているが、その甲斐あってか、いまやイスラエル・ユダヤ人の半数以上が、シオニストとのちのイスラエル人が数十万人のパレスティナ住民から住居と故郷を奪い去ったという事実を認めるにいたっている。

その一方で、大多数のイスラエル人が、「われらこそ善であり、アラブ人とイスラーム教徒が悪である」という国家の公式見解に追従する傾向を示しているという現実もある。(14) かつて、非宗教の民族主義は、ユダヤ人を〈イスラエルの地〉*に結びつける絆をあらゆる手段を用いて証明しようとしたものであるが、シオニズムの初期数十年を特徴づけたこのロマン主義が色褪せるにつれて、今度はシオニズムの正当化、ひいてはその賛美のためにユダヤ教の源泉を活用しようとする宗教＝民族派（ダーティ・レウミ）の潮流が形をなし、影響力を拡大しつつあるのだ。むろん、イスラエル・ユダヤ人の大部分が宗教＝民族派の政治的立場を支持しているわけではないし、いわんや、その信仰心を共有しているわけでもまったくないのだが、少なくとも、一九六七年の占領地を入植向けの土地とみなす点において、宗教＝民族派はみずからの主張をイスラエル・ユダヤ人の大きな部分に受容させることに成功したといえよう。たしかに、この一派のイデオロギー上の影響力は当初から同派の組織に出入りする人々に限られている。ただ、イスラエルに移住して日の浅い人々、とりわけ旧ソ連からの移民たちが、今日のイスラエル社会への融け込みに苦労しながら、シオンへの雄々しき入植者、筋骨たくましい開拓ユダヤ人のイメージのなかに一定の慰めを感じ取っているという側面は間違いなくある。

歴史――闘争の舞台

十九、二十世紀の〈解放〉以来、ユダヤ教徒・ユダヤ人を取り巻く環境が大きな変化を遂げた結果、とりわけユダヤ教の伝統とは一線を画そうとするユダヤ人たちのもとで、ヨーロッパ的な意味における「歴史」に対する興味がかき立てられた。イスラエルの歴史家、モシェ・ツィメルマンによれば――

人間は、個体としても、また集団の成員としても、社会のなかに自分が占める場所をはっきりと見定めようと欲する。現在の社会のみならず、その社会が保っている時間的な次元全体のなかで自分の場所を見定めたいと思うのだ。その時、人間は、所与や情報の連続体という意味であれ、史的著述を生業としている人々の著作という意味であれ、いわゆる「歴史」に目を向けるのである。(15)

しかるに、歴史はユダヤ教の伝統のなかにも厳然として存在している。ただ、それが「昔の日を憶《おぼ》え、過ぎし世の年を思えよ」(「申命記」三二の7)としてトーラー*に打ち出された要請を反映するものであるという意味において、存在の仕方を異にしているにすぎない。ユダヤ教の伝統において、歴史とは、厳密かつ援用可能な情報の源であるよりも、むしろ全体の背景、一つの世界観のようなものとしてある。

英雄的な民族の行動を忘れ去られないように保存したいという、あたりまえのほむべき願いが記憶を呼び起こしたのではない。皮肉にも聖書の説話の多くは、民族の誇りをくじくために意図されたのではないかとさえ思われる。というのも、真に危険なのは過去に起こったことが忘れ去られてしまうということではなく、むしろ「いかにして」起こったかというきわめて重大な面が忘れ去られてしまうことである。(16)

コロンビア大学教授、ヨセフ・ハイーム・イェルシャルミによれば、トーラーが重んじている唯一の記憶とは、神が歴史に介入したことにまつわる記憶であって、歴史的偉業の記憶などではない。その意図するところは、ユダヤの民が神を何か別のものに置き換え、歴史の主導者としての役割を自分自身にあてがう誘惑に屈してしまわないようにすることである。かくしてユダヤ教の伝統における歴史は、これまでの歴史が辿ってきた道筋よりも、人間の精神に関わるいくつかの結論を打ち出すことの方に主眼をおいているのである。

ローマの行政長官の交替、ローマ皇帝たちの皇帝家内の問題、パルティア人とペルシャ人の戦争と征服などは、すでに知っていること以上に、なんら新しい有益な洞察力を生みださなかったようである。ハスモン家の活躍やヘロデ家の陰謀など、それらも結局はユダヤ人の歴史なのだが、ラビたちの関心を引くようなものは何もなかったので、まったく無視された[17]。

たとえば、口伝トーラーは、紀元一世紀、ローマ軍によるエルサレム包囲時の軍事行動の詳細についてはきわめて言葉少なであるのに対して、その事蹟から導き出される教訓には実に多くの言葉を費やす。つまり、〈神殿〉はユダヤ教徒たちの罪科、とりわけユダヤ教徒たちのあいだに広がった「謂われなき憎悪」が原因となって破壊されたというのだ[18]。タルムード*はまた、いかにして二人の傲慢なユダヤ教徒の名士のあいだに持ち上がった些細な諍いから、民族全体、あるいは世界全体を巻き込む悲劇が生じ得るものであるか、われわれに教えている[19]。ユダヤ教の伝統において、ここから汲み出される教えは明快そのものである。つまり、長い目で見て、人間の一挙手一投足から導き出される帰結は予測不可能であるのだから、われわれはみずからの行ないについてどこまでも慎重であらねばならないということだ。そして、本書の主題により即したいまひとつの教えとして、〈神殿〉の破壊と〈イスラエルの地〉*からの追放に関し、その責任はユダヤ人《びと》の側にあるとされている点にも注目しておこう。

ユダヤ教の伝統的なものの見方において、歴史は教訓以外のものではあり得ない。そして、その教訓的な歴史は、成文、口伝の別を問わず、すべてトーラーのなかに盛り込まれているのだ。「ラビたちにとって、聖書は過去の歴史の宝庫であったばかりか、歴史全体についての啓示された範例でもあった」、「よって、ローマやその後に出現するであろう別な世界帝国に迎合するために、根本的に新しい歴史概念を作り出す必要性はまったくなかったのである[20]」。

こうした視点から、ユダヤ人《びと》の宿命には、神とその民のあいだに結ばれた契約の帰結が映し出されていると考えられるのだ。ユダヤ人《びと》を苦しめてきた数々の悲劇、とりわけ〈約束の地〉からの追放は、彼らがみずからの罪を贖うために科せられた懲罰である。この世にふたたび義がもたらされるか否かは、ユダヤ人《びと》たちにおける悔悛の如何にかかっているのであり、神の〈摂理〉に対する挑戦にもなりかねない軍事、政治活動の成否にかかっているのではない。ユダヤ教の歴史にはこうした解釈の図式が絶えず回帰してくるのであるが、他方、ユダヤ世界における近代性、すなわち他の諸民族の言説に鼓舞され、近代化を遂げたとされるユダヤ人がみずからの歴史に投げかける視線は、大部分のユダヤ人たちの目に、この伝統的な図式をいかがわしいものとして映し出そうとする。

ユダヤ人の過去を復元しようとする現代の努力は、ユダヤ的な生の連続性の大きな断絶と、その後のユダヤ人集団の記憶の絶え間ない衰微を目撃した時に始まった。この意味において――あるいは、もっぱらこの意味においてこそ――、歴史はいまだかつてなかったもの、すなわち、失落したユダヤ教徒の信仰になった。聖典ではなく歴史こそが、初めて、ユダヤ世界の裁定者となったのである。実際、改革派からシオニズムまで、十九世紀のあらゆるユダヤ・イデオロギーは、みずからの有効性の保証として歴史に訴えかける必要性を感じていた。そして当然のことながら、「歴史」は、こうした控訴人たちに個々別々の結論をもたらしたのである。(21)

歴史といえば、すなわち政治史、諸国家の歴史を意味することとなったこの時代、「ユダヤ教国家の崩壊をもって」――すなわち紀元一世紀に――「イスラエルの歴史は終焉を迎えた」との結論が導き出されたのだ。イギリスの歴史家、ライオネル・コーチャンによれば、十九世紀のユダヤ知識人たちは、ユダヤ人を民族国家を持たない「非＝歴史的」な民として、ウクライナ人、ルーマニア人、ラトヴィア人などと同等に置き、ハンガリー人、ドイツ人、イタリア人といった「歴史的」な民とは別ものとみなしていたという。[22] その時、一部の人々が、同じユダヤ史から教訓を導き出すにあたってマルクスの見方を採用し、単に歴史を理解するだけでなく、それを変えなければならない、つまり国家を創設し、「ふたたび歴史に回帰しなければならない」と考えるにいたったわけである。しかし、この見方は二十世紀最初期のラビたちによって一様に拒絶され、また、伝統から遠ざかったユダヤ知識人たちのあいだでもコンセンサスを生み出すにはまったくいたらなかった。後者の知識人の代表として、フランツ・ローゼンツヴァイク（一八八六―一九二九年）とシモン・ドゥブノフ（一八六〇―一九四一年）の名を掲げておくだけで十分だろう。彼らはいずれもシオニズムに対する嫌悪感をあらわにし、ユダヤ人にあっては、流謫との有機的な絆こそが、諸世紀をつうじてその存続を可能にしてきた本質的要素であると断言していた。

ユダヤ史はその当初より流謫から流謫への道のりを歩んできたのであるから、流謫の精神、土地から疎外されてあること（Erdfremdheit）、そして、場所と時間の偶発事に身を落とすすまいとする生の闘い、そういったものが、やはり当初より、その歴史のうちにしっかりと根づいているのだ(23)。

敬虔なユダヤ教徒たちもまた、国家の喪失によって自分たちが歴史から締め出されてしまったとする見方を受けつけない。しかし、従来のシオニズム史において、非宗教人の反対者たちには一定の紙幅が割かれるのに対し、敬虔なユダヤ教徒の反対者たちにはほとんど発言権が認められてこなかった。この点において、従来の歴史記述には大きな欠落があったわけであり、そして、この欠落そのものが何かを雄弁に物語ってもいるのだ。ユダヤ教からシオニズムに突きつけられた反意が、現地のイスラエル人たちのあいだではよく知られた、ありきたりの事象でありながら、一般に流布したシオニズム史においてはほとんど言及されてこなかったのである。シオニズムとは、よって、ユダヤ史の連続性にとっての断絶であると同時に、それ自体、出来事の偶然に左右されがちな歴史記述における断絶でもあったわけだ。一般に広く読まれている二冊のシオニズム史(ラカー、サッカー)[1]においては、ユダヤ教からのシオニズム批判がほとんど取り上げられず、もっぱらハレーディ*たちについて、どちらかといえば揶揄的な調子の言及が散見するのみである。シオニズムとユダヤ教の関係史に捧げられた何冊かの専門書ないし論集(24)を除き、イスラエル、その他の場所で書かれたイスラエル史の大半は、シオニズムに対するラビたちの抵抗にまったく言及していない。シオニズムに対するアラブ側からの抵抗には、真摯な、また同情的な関心を寄せる新進の歴史家たちでさえ、ハレーディたちの抵抗とその政治的な動向、そしてシオニズムの既存勢力が彼らを遇する際の暴力的なやり方については目を閉ざす傾向が強い。改革派ユダヤ教の陣営における反シオニズムにいたっては、シオニズム史ならびに現代イスラエル史において、さらに見えにくくされてしまっている。これに比するならば、ドイツ・ユダヤ史を扱った二冊の書物（ブロイアー、ローウェンスタイン）[25]と、改革派ユダヤ教のシオニズムに対する態度を論じた一冊の史書[26]のなかに、この件に関する有用な情報がまだしも多数、見出される。ユダヤ教における反シオニズムを扱う論戦的かつ党派的な文献は夥しい量に達するが、[27]それらの文献がシオニズムとイスラエル国の正史に取り入れられる気配はほとんどない。本書の主たる基礎資料を構成しているのは、単独の書物として、また論集のなかの一部として、ヘブライ語、その他の言語で書かれたこの種の文献と、そして今日、ユダヤ教世界において反シオニズムの潮流を代表している何人かの著名人たちとの直接対話である。

シオニストたちは、これまでユダヤ人のディアスポラ（離散）の歴史が主として非ユダヤ人たちの手で書かれてきたと主張するが、シオニズムに批判的な立場をとる人々は、逆に、ユダヤ人は自分たちの歴史を記述する作業において常に積極的な役割を果たしてきたと考える。こうした見解の食い違いも、実のところまったく驚くには値しない。なぜといって、シオニズムの目的の一つは、「この二千年来初めて」ユダヤ人をみずからの運命の主人公の座に据えることにより、ユダヤ人を「歴史に回帰させる」ことにあるからだ。それに対して、ユダヤ教の立場からシオニズムを批判に付す人々は、ユダヤ教徒がこれまでもっぱら受動的にして無力な犠牲者にすぎなかったという見方を受け入れることは断じてできない。それどころか、彼らは、個人として、また集団としてのユダヤ教徒の命運を決定づける属性――正義、憐れみ、慈悲――を備えた神との関係のうちに一定の責任の所在を見て取っているのだ。この関係の動力学がいかに人知を超えたものであり、個々の人間の行ないがユダヤ教徒の歴史、ひいては歴史そのものに対していかなる帰結をもたらし得るものであるか、という点については、古今のユダヤ哲学がさまざまな解釈の異型とともに示してきたとおりである[28]。近代におけるユダヤ人の自己イメージとは裏腹に、ユダヤ教の伝統的な感性においては、ユダヤ教徒・ユダヤ人の身に起こり得るすべての事柄が、必然的にユダヤ教徒・ユダヤ人自身の行ないに起因するとみなされるのだ。

「ユダヤの民を規格化(正常化)する」という試みにおいて、ユダヤ民族主義は、報い(récompense)と懲罰(châtiment)、流謫(exil)と贖い(rédemption)など、ユダヤの宗教においては截然たる二分法として描き出される歴史的連続性に対して真っ向から挑戦を突きつけずにはおかない。流謫という精神の次元に属する概念が一個の政治問題へ、〈贖い〉を待ち望む気持ちが〈祖国〉を持つことの願望へと転化させられたのはそのためだ。人間をして領土の回復よりも内省へと向かわせるユダヤ教の伝統との闘いを有利に推し進めるため、シオニストたちは、歴史そのものを都合よく援用しなければならなかったのである。こうして、イスラエルの公立学校の小学生たちは、新国家の創設神話を学ばされ、ユダヤ史上の果敢な行動者として過去の著名なシオニズム活動家たちの伝記を読まされる。たしかに一九九〇年代、対パレスティナ融和ムードのなか、イスラエルの小学生たちが、イスラエル国に領土の占有を許すまいとするパレスティナ解放運動の創設神話をも一部ながら同時に学んだことはあった。しかし、彼らが何よりもまず学習の対象としているのは、かつて流謫の境遇により、ユダヤ教徒の生活の場から姿を消し、そしてシオニズムをつうじてふたたび取り戻すことに成功したとされる、雄々しさ、勇気、果敢さといった人間の美徳なのである。(29)これとはまったく対照的に、ハレーディ系の小学校では、これらの人間の特性が矜持ないし非妥協性として扱われ、それこそがユダヤの民に流謫をもたらした要因にほかならないと教えられる。この二つの見方が、今日なお深い対立をはらんだまま、それぞれの陣営がユダヤ史から引き出す教訓のあり方を大きく決定づけている。

〈祖国〉への帰還という考え方が成立するためには、歴史上のある時期に、単に行政や軍事の分野の選良にとどまらず、ユダヤの民の全体がそっくり土地を追われ、そして、その民が、その後の二千年をつうじ、一貫してみずからの民族的アイデンティティーを保ち続けてきたという前提が必要となる。しかし、シオニズムの要請の力がいかに大きなものであろうと、今日の職業的歴史家にとって、その種の前提を受け入れることは到底不可能となっている。エルサレム・ヘブライ大学教授、イスラエル・バルタルによれば、「ユダヤ民族運動の歴史を扱う専門家のなかにも、ユダヤ人の起源が、民族的、生物学的に〝純粋〟なものであったなどと考えている者は一人もいない。[……]ユダヤ人が祖国（パレスティナ）を追われ、流謫の境遇を生きてきたという神話がイスラエルの民衆文化のなかに息づいていることは確かであるが、ユダヤ史の学術的議論の場で、それはほとんど顧慮に値しないものである」(30)。今日、イスラエルの大学を中心として進行しているシオニズム史の脱＝神話化作業は、シオニズムを受け入れることのできないユダヤ教徒たちのもとでも一定の反響を得ている。実際、シオニズム運動に深く取り憑いてきた軍事優先主義、ショアーに対するシオニストたちの無関心、ひいては共犯性、そして今日のイスラエルにおいて移民たちに対して行なわれている「文化的ジェノサイド」などを告発する点において、「新＝歴史家」たちの結論と、シオニズムに異議を唱えるユダヤ教の実践者たちの考察には共通点が少なくない。別の言い方をするならば、「一世紀来、シオニズムによって「創出」されてきたイスラエルの国民意識を形作る要素の総体が、いま、疑義に付されている。［……］国家がただ一つの声を響かせていた時代はすでに去り、きわめて遠い過去にさえなりつつある」ということだ。(31)実のところ、国家がただ一つの声を響かせていたのではなく、単に異議申し立ての声、とりわけユダヤ教の立場からシオニズムを批判する声が、その伝統的な言葉遣いと概念的枠組みをもってしては公論の場に適さないとして排除され、一般の耳に届かなくされていただけなのである。

その一方で、過去のシオニズム体験が、ユダヤ教を実践し、ユダヤの伝統との一体性を保とうとするユダヤ人たちに数多くの問題を突きつけたことも事実だ。とりわけ、メシア時代の到来を待たずしてユダヤ人が〈イスラエルの地〉に帰還してしまったという事態を一体どう解釈したらよいのか？　この帰還により、ユダヤ史の唯一無二の性格とその形而上学的な次元が無効となってしまったのではないか？　これまでユダヤ教徒たちが現世の諸国家に対して示してきた政治的融通の姿勢は、流謫の境遇に対する現実志向の妥協策であったのか、あるいは、ラビ・ユダヤ教の創始者らによって練り上げられた宗教的な教義であったのか？　そして、結局のところ――シオニズムに対するハレーディの態度を久しく研究してきたラヴィツキが問うているように――、シオニストたちの究極の目標点は一体何であるのか？　シオニストたちの反逆は、もっぱら従来のユダヤ教徒が採用してきた政治的融通の姿勢を打ち破るものとして行われているのか？　あるいは、彼らはユダヤ教を全体として根こそぎにする、つまり、これまでユダヤ教徒たちのもとで政治的屈従と無為の姿勢を育んできた張本人として、ユダヤ教という宗教の伝統を根絶やしにすることを意図しているのか？

かくしてユダヤ教の立場からシオニズムに寄せられた批判は、すべて深部の神学的な確信を反映したものとならざるを得ない。シオニズムは、メシアによる贖いという、ユダヤ教信仰の中枢部にじかに抵触してくるものであるからだ。そこで賭されているのは、単にユダヤ教を実践するか、廃棄するかの選択肢ではなく、ユダヤ史の神学的解釈そのもの、換言すれば、ユダヤ人《びと》であることの意識、そしてその意義そのものなのだ。

ユダヤ教の史家たちが一様に認めているように、贖いの到来を急がせることに対する畏怖の感情は、特定の思想潮流に与する人々が反シオニズムを意図して持ち出してきた創作物などではない。(32)それは一定の大義に奉仕する必要から繰り出される主張ではなく、ユダヤの連続性の一部をなし、古典ユダヤ文学の深奥に根ざす何ものかであるのだ。シオニズムの勃興にはるかに先立ち、何世代にもわたってイスラエルの賢者たちは、ユダヤの民に向かって流謫の軛を受け入れることの必要を説き続けてきたのだった。

贖いのあり方について、その見方は十人十色さまざまであるが、その中心部にメシア主義が位置していることに変わりはない。この強調点は、何らかの学派や知的潮流に由来するのではなく、むしろユダヤの伝統の常数ともいうべきものなのである。シオニズムとイスラエル国に対する批判のなかで、メシア主義の論戦的な使用が見られるからといって、贖いの観念がユダヤの連続性の中枢に占める位置を見失ってはならない。十九、二十世紀、シオニズムの急速な台頭により、ユダヤ教における救いの特徴に関わる原典が頻繁に引き合いに出されるようになったことは当然である。しかし、その場合でも、メシア主義の冒険に対する戒めが恒常的な要素として存在したことを忘れてはならない。実際に〈イスラエルの地〉への移住可能性が開かれ、一般大衆のあいだでメシア主義的な熱狂が高まるにつれて、それに対する警告もまた、同様に頻繁に発せられるようになっていたのだ。

反シオニストと非シオニスト

現在、イスラエルにおいてシオニズムに異を唱える人々は少数にとどまり、全体でも数万人の域を出るものではない[33]。しかし、ラヴィツキ、その他のイスラエル人研究者たちによれば、その影響力は敬虔なユダヤ教徒たちのもとで、単なる数値以上の広がりを見せているという。ユダヤ教にもとづく反シオニズムを代表する『かくてモーセ好めり』[34]を著したラビ、ヨエル・タイテルボイム**（一八八七—一九七九年）の葬儀の際、数名の著名なラビたちが、師の歩んだ道こそが、この先、自分たちが歩むべき唯一の道であることを認めたのであった。

ユダヤ教内部の「反」シオニストが、シオニズムの理論と実践をユダヤ教の根幹に背馳するものととらえる人々であるとすれば、同様に「非」シオニストとは、シオニズムをユダヤの伝統には無縁の概念とみなしながらも、イスラエル国を許容し、それを現世における他のあらゆる政治構造と同様に利用しようとする人々であるということができる。反シオニストも非シオニストも、ユダヤ民族主義を受けつけないことはいうに及ばず、民族主義的な感情の昂ぶりと神による贖いとのあいだにいかなる実体的な関係も見まいとする点において共通している。

ディアスポラ（離散）の地においては、今日、シオニズムの諸組織がその反対勢力よりも大きな力を持ち、シオニズムの批判者たちに精神的、経済的、時として物理的な圧力をかけている。イスラエル国との連帯を拒む者に対する報復行動は、いまや日常茶飯事と化しているほどだ。ドイツ・ユダヤ系の著名な知識人、ハナ・アーレント（一九〇六―七五年）の事例がその典型であろう。かつてシオニズムの活動家であった彼女が、ある時期以降、シオニズム運動に対する批判を展開するようになると、その著作はたちまち禁書扱い同等となり、彼女の存在自体が締め出しの対象となった感がある。シオニストたちが彼女の批判そのものを議論の対象としたことは一度もなく、もっぱら彼女の人格に対して怒りを差し向けたにすぎない。つまるところアーレントの「語り口」が気に入らないというのだ。一九二四年以来エルサレムに居を定めたドイツ系ユダヤ知識人、ゲルショム・ショーレム（一八八七―一九八二年）は、「あなたの反シオニズム的な発言について、その内容をめぐってはいくらでも議論が可能です。ただ、私は、その内容以上に、議論の語り口に傷つけられるのです(35)」とアーレントに書き送っている。どうやら、ことシオニズムに対しては、真正面から反意を切り出すことさえ封じられているようだ。すべての議論が、「まずもって、あなたはわれわれの味方なのか、それとも敵なのか」という二分法で処理されてしまうのである。

こうして、今日、ユダヤ教に立脚する反シオニストたちは、往々にしてユダヤの敵の協力者とみなされ、きわめて不名誉な役回りを演じさせられている。彼ら自身、一体いかにすれば自分たちの反シオニズムが「ユダヤ人の背中にナイフを突き立てる」挙などではないことを示すことができるのか、すっかり途方に暮れている有様だ。加えて、多くのユダヤ教・反シオニストたち――とくにハシード*派の流れに与する人々――は、その反シオニズムの本質を一般大衆に理解してもらうことにとりわけ苦労している。みずからの文化的自立を維持し続けることを願う一集団が、こと政治的自立について、そのあらゆる形態に反意を唱えるという事態が、一般の目には一種の自己矛盾としか映らないのだ[36]。

モンレアル（モントリオール）では、ハシード派ユダヤ教徒のいくつかの集団が、反シオニズムのデモ行進を組織したという理由で、彼らの運営する小学校とタルムード*学習センターへの資金援助を打ち切られたことがある。寄付者たちの多くが、公の場における反シオニズム的見解の表明に気分を害したのである。こうした金銭面での圧力により、モンレアルのあるタルムード研究院が閉鎖に追い込まれたほどだ。この時も、研究院の長をつとめるラビが反シオニズムのデモ行進に連なったという理由で、寄付者たちが彼のグループへの支援打ち切りを決めたのである。まさにユダヤの伝統において至高とされているはずの価値、すなわちトーラー*の学習よりも、シオニズムへの参加・賛同の方が高位に位置づけられた格好だ。また別のケースでは、ニューヨーク近郊、ユダヤ人が住民の大多数を占めるある町で、一人のハシード派の住民が反シオニズム系雑誌のバックナンバーからコピーをとろうとした際、その複写申し込みが拒絶されるという事例もあった。このようにユダヤ教徒の反シオニストたちは、反シオニズム系の著書や小冊子のたぐいを所持していても、それを公言することが断じて憚られるような雰囲気のなかに置かれている。

二〇〇六年、「ネトゥレイ・カルタ」*に属するラビたちがイランを訪問したという知らせは、一部のユダヤ人集団に激しい憤怒を抱かせた（詳細については第七章参照）。この種の憤怒は、イスラエル国が多くのユダヤ人にとって絶対的アイデンティティーの源になり、そして、それと同時に多くのユダヤ人の目にシオニスト国家の脆さも痛切に感じられるようになって以来、ますます激しさを増している。イスラエル支持の姿勢をもっとも強硬に打ち出している右派の論客、ダニエル・パイプスは、今日、イスラエルの小学一年生の半数以上がアラブ人ないしハレーディ*の子弟たちで占められている現実をさかんに憂慮している。(37)

十九世紀末以来、シオニストたちによってユダヤ系メディアが検閲・操作されているという告発の声がしばしば耳にされるが、(38)これもあながち誇張の産物ではない。実際、シオニズム初期の数十年間、ユダヤ系の定期刊行物が主としてハスカラー*（ユダヤ啓蒙主義）の信奉者たちの手に握られていたため、ラビたちが公然とシオニズムに反意を唱えることはきわめて困難、時としてまったく不可能であった。それから一世紀を経た今日、ハレーディ系の新聞も数種類出回るようになったとはいえ、権威あるラビたちが定期刊行物に依拠することはきわめて稀であり、彼らの見解、とりわけユダヤ教に立脚したシオニズム批判は一般にほとんど知られないままとなっている。他方、「キャンパス・ウォッチ」のように、シオニズムとイスラエル国に対して大学人たちから発せられる批判に目を光らせるシオニズムの圧力団体による監視・検閲の試みは、一層強度

を増しつつある。(39)

敬虔なユダヤ教徒の大多数にとって、イスラエル国は、贖いそのものとはまったく無縁の存在である。彼らが宗教＝民族派（ダーティ・レウミ）の熱狂に和することは決してない。彼らにとって、〈イスラエルの地〉*がトーラーから切り離された絶対の価値を持つことは断じてないのである。この観点からすれば、ユダヤ人集団のあり方は、イスラエル国にあっても他の国々にあっても変わりなく、もっぱらユダヤ人をトーラーとその戒律に近づけることに寄与するか、あるいは逆に彼らを〈永遠主〉に対する畏怖の念から遠ざけることになるのか、という基準に即して裁定されるべきものである。

この意味において、シオニストとその反対陣営とのあいだの対立は相当根深く、それは一八九七年、バーゼルにおける第一回シオニスト会議にも先立ってすでに形をなしていたと見るべきである。会議に先立つこと三年、ロシアの権威あるラビ、アレクサンデル・モシェ・ラピドット**（一八一九―一九〇六年）は、一八八一年以来、「ホヴェヴェイ・ツィッヨーン*（シオンを愛する者）」のロシア支部が行なってきたパレスティナ・ユダヤ植民地建設の最初の試みについて、みずからの失望感をあらわにしていた。

われわれは、この挿し木用の聖なる枝が〈主〉とその民に忠実なものになるであろう、われわれに本来の魂を返してくれることになるだろうと考えていた。［……］ところが、その若芽の時期からしてすでに、この枝は悪しき草をはびこらせ、遠くにまで及ぶ悪臭を放っている。［……］われわれは支援を打ち切る。われわれはこの事業の外部にとどまり、われわれの力が及ぶ限り、この事業に反対し続けるだろう。われわれは〈主〉の御名のもとに、われわれのすべての力を結集しなければならない。(40)

一九四八年、イスラエル国の建設とともに、反シオニズムの原理原則にもいくつかの区分が生じた。その際、日々の生活のさまざまな水準に力ずくで介入してくる現実の国家に抗するよりも、イデオロギーとしてのシオニズムに対する抵抗を保持することの方がはるかに容易な業であったことはいうまでもない。しかし、のちに見るように、国家との協調関係に身を置くことは、必ずしも国家を望ましいもの、合法的なものとして受け入れたことを意味しない。実際、イスラエルの内外で、いくつかのユダヤ団体がこの種のきわめて実利主義的なアプローチを採用している。こうした団体の地理的、イデオロギー的、文化的出自はさまざまだが、制度としてかなり大がかりな形態を見せるにいたった最近のハレーディ団体として「シャス」*の運動がある。「シャス」の活動家たちは、アラブ諸国の出身である分だけ、イスラエルにおいて、ヨーロッパ出自のアシュケナジ系ユダヤ人よりもはるかに強い文化的圧力にさらされてきたにちがいない人々である。上述のとおり、新たなイシューヴ*（シオニストたちの入植地）とイスラエル国は、ヨーロッパ産の諸概念をロシア帝国のユダヤ人に固有の諸現実に重ね合わせた末に生み出されたものである。しかし、それまでイスラーム諸国で暮らしてきたユダヤ教徒たちは、これらの諸概念にも諸現実にもおよそ無縁の存在であった。それまで、彼らとイスラーム教徒たちとの関係は調和的にして友好的なものであり、彼ら自身、現地の言葉（アラビア語、ペルシャ語、パシュト語）を操りながら生きてきたのである。ヨーロッパにおける彼らの同宗者たちの歴史に比べて、彼らの歴史には暴力や迫害による悲劇の痕跡がきわめて少ない。こうしたユダヤ教徒たちが形成する「シャス」は、民族としての権利要求の運動であると同時に、教育と社会福祉のシステムを備えた一つの政党でもある。この「シャス」の立場こそ「非」シオニストと呼ばれるべきもので、その指導者たちは、クネセット*（イスラエル国会）に議席を占めながら、時折、舌鋒鋭くシオニズム批判を繰り広げている。政党としては、モロッコ、その他のアラブ諸国出身者の民族票に大きく支えられているが、思想的には「リトアニア派」と呼ばれる潮流からの強い影響を受けている。

第二次世界大戦前のリトアニアは、東ヨーロッパ全体のなかで、ハスカラーと非宗教化に対する抵抗の拠点として、いくつもの有名なタルムード学院が栄えた土地である。ショアーの後、その犠牲者たちの追悼の動きとも相俟って、リトアニアのユダヤ組織とユダヤ学の潮流は、イスラエルのみならず、世界中のディアスポラの地（アメリカ、カナダ、メキシコ、南アフリカ、フランス、イギリス、スイス、ソ連崩壊後のロシアなど）でも一斉に花開いた。(41) ショアーを生き延びたラビたちは、世代から世代へと受け継がれてきたタルムード研究の中心的な価値を教え子たちに伝えたのである。これにより、一度、非宗教化したユダヤ人家庭から、そして「シャス」の選挙区でよく見られるようにアフリカやアジア出身の家庭のなかから、数千人の若者たちが新たにユダヤ教徒となった。さらにドイツとアルザスからやって来た正統派ユダヤ教徒の集団もこの流れに合流した。主として反シオニズムの立場をとるリトアニア派のユダヤ教は、今日、テル＝アヴィヴ郊外のブネイ＝ブラクと、アメリカ、ニュージャージー州のレイクウッドを二大拠点としている。第三の集団は、今日のウクライナ、ポーランド、ハンガリー、スロヴァキア、ルーマニアに起源を持つラビの世襲体制を引き継ぐハシード派の諸潮流から構成されている。ユダヤ教の神秘主義的な改革運動、ハシディズムは、十八世紀以来、レッベ*（世襲制のラビ長）の名のもとに強い影響力を発揮する人物の周囲にいくつもの思想潮流を生み落としてきた。ハシードたちは、タルムードを学究の中心に据えながらも、ユダヤ教神秘思想の原典と過去のレッベたちの著作を解読することに特別の意義を認めている。二十世紀のさまざまな時期にシオニズム批判の声を響かせた重要なハシディズム集団として、ベルツ*派、ルバヴィチ*派、ムンカチ*派、サトマール*派、ヴィジュニッツ*派などがある。

ロシアを別として、これまでシオニズムに対してもっとも鋭い批判を浴びせてきたのは東ハンガリーと西ガリツィアのハシードたちである。彼らのあいだでは、シオニズムに対する部分的な共感さえ禁忌とされている。第一次世界大戦の数年前に組織された女子教育のための組織「ベイト・ヤアコヴ」（ヤコブの家）を含め、正統派ユダヤ教に連なる諸団体のすべてが反シオニズムの態度を打ち出している。こうした反シオニズムの拠点のなかでもとくに重要な役割を果たしているのが、サトマール（現ルーマニア、サトゥ・マーレ）出身者を主体とするハンガリー・ユダヤ教徒の集団である。第二次世界大戦を生き延び、アメリカに渡ってブルックリンのウィリアムズバーグに居を定めたサトマール出身のハシードたちは、一九四八年、わずか十二名の構成員からなる宗教団体「イェテヴ・レヴ・ドサトマール（サトマールの善き心）」を結成した。数年後、同団体は一千ほどのユダヤ教徒家族を擁するまでになった。(42) このほかにもサトマール派の集団は、イスラエルのエルサレムとブネイ＝ブラクをはじめ、アントウェルペン（アントワープ）、ロンドン、モンレアル（モントリオール）、さらにラテンアメリカのいくつかの都市にも存在する。グローバル化時代、この集団も国境を超えた組織網を形成しており、そのなかにはサトマールのレッベを精神的指導者として仰ぐエルサレムのユダヤ教徒たちの末裔が二十世紀初頭に結成した「ネトゥレイ・カルタ」も含まれる。

シオニズムとイスラエル国に対する激しい抵抗が、正統派ユダヤ教の中心部において、いくつかの運動を特徴づけてきた。そこにおいて、シオニズムは、メシア信仰の根本からの否定、すなわち、人為によって〈聖地〉を奪取することはしないという神との約束を破棄するものとして異端視される。その後、サトマール派は、ショアーをシオニズムの行動主義に対する神の懲罰としてとらえ、シオニズムに対する批判をさらに強化した。(43) サトマール派がとくに一般世論に訴えようとしているのは、シオニストたちがこの世のユダヤ教徒・ユダヤ人全員の名のもとに物事を語っているわけでは断じてないという点だ。このように、あたかもユダヤ世界をそのまま代表しているとでもいうかのごときシオニズム諸団体の自負を攻撃の対象とすることにより、一般に広く行き渡ってしまった「ユダヤ教すなわちシオニズム」、「ユダヤ教徒とイスラエル人とは一心同体」という謬見を粉砕しようとしているのだ。こうして、サトマール派、ならびに他のユダヤ教・反シオニズム集団に与する人々は、非ユダヤ人の隣人たちとのあいだに平和裏の共存関係を築きつつ、かたや、イスラエル国に多かれ少なかれ共感を抱く北アメリカのユダヤ人たちからの強い敵意にさらされながら暮らしている。

むろん、シオニズム、イスラエル国との関係のみをもって、これら三種の集団〔「シャス」、リトアニア派、ハシード派〕を一つにまとめ上げる特徴と断ずることは到底できない。近代性、歴史、ひいては神の属性の解釈そのものにおいて、これらの集団に与する人々の基本姿勢は実にさまざまである。すべての歴史事象のうちに神の手を見る人々もいれば、歴史に対する神学的意味づけに関してより慎重な立場をとる人々もいる。「ハレーディ」なるカテゴリー分けも、実のところ、「白と黒の衣装しか身につけないユダヤ教徒」という程度の意味をもって、もっぱら外部の観察者の便宜に供するものにすぎないのだ。

その上でなお、彼らには重要極まりない共通項がある。それは、彼らがエルサレムにいようとニューヨークにいようと、ブネイ＝ブラクに住もうとモンレアルに住もうと、常に流謫の境遇を生きているという点だ。ユダヤ教・反シオニズムの積極的な活動家たちは、イスラエル国の存在そのものによってメシアによる贖いが妨げられているという理由で流謫の境遇を意識的に選び取っているわけであるが、非シオニストのハレーディたちも、シオニズムとイスラエル国に形而上学的な価値をまったく見ないという点において、やはり流謫の境遇に身を置いていることに変わりはない。つまり、すべてのハレーディが、流謫（exil）と贖い（rédemption）という世界の二つの異なる状態のあいだに段階的な移行の可能性を認めないユダヤ教の伝統にあくまでも忠実であろうとしている。これら二つの状態は質的に峻別されねばならず、一方から他方への移行は不意にして不連続、いわば「量子跳躍」のような仕方で起こるべきものとされているのだ。流謫とは、よって、単なる住所登録や政治主権の問題ではなく、いま、世界が全体としていかなる状態にあるのかという問いにも直結する、神学的にして文化的な概念である。そして、贖いとは、ユダヤ固有の空間をはるかに超え、人類全体に調和をもたらす根本的な変化を意味するものなのだ。ハレーディたちにとって、流謫とは、トーラーの掟を破ったことに対する罰としてユダヤ教徒に言い渡された神の判決である。神秘思想に傾倒したハレーディならば、それに加えて、彼らとともに世界に離散した神の聖性の欠片をふたたび一所に集めるという特殊な使命の存在をも見ることであろう。

ハレーディのユダヤ教徒たちとはまた別に、改革派のユダヤ教徒たちも、彼ら独自のトーラー解釈にもとづいてシオニズム批判を定式化してきた。二十世紀初頭の時点でほとんどすべてのユダヤ教の宗派がそうであったように、改革派のユダヤ教もシオニズムには強固な抵抗を示したのである。ここで改革派のユダヤ教が、本来のユダヤ教の風習と典礼を、いくつかの点で規範の意味を持つとされたドイツ・プロテスタントの環境と調和させることを目指す潮流であったこと、そして、十九世紀初頭の北ドイツに起源を持つこの新しい潮流によって提起された改革の一つとして、ユダヤ教における民族的次元の抑制があったことを思い起こそう。以後、ユダヤ教の信徒は「モーセ信仰のドイツ人」となるべきであるとされたのである。今日、アメリカ・ユダヤ教徒の大多数が十九世紀半ばにアメリカに移植されたこの改革派ユダヤ教の流れに与しているが、そのアメリカ移植に先立ち、この潮流はすでに「シオンへの回帰」に関する言及をことごとく放棄していたのである。

一八八五年、ペンシルヴェニアのピッツバーグで採択された改革派ユダヤ教の綱領は、あらゆる形態におけるユダヤ民族主義の放棄を謳い上げることにより、ある意味において、ヨーロッパにおける政治的シオニズムの勃興に対して機先を制していたことになる。(44) 改革派ユダヤ教徒たちは、反ユダヤ主義の絶対的存在から発し、その帰結としてユダヤ人のために国家を創設することの必要性を導き出すヘルツル**のシオニズム理論には当初から拒否の姿勢を示していたのだ。「ユダヤ人が少数派として生きるすべての国民国家において、反ユダヤ主義は絶対的条件であり、それを回避するためには別個のユダヤ国民国家の創設が必須であるという、シオニズムの前提であり、また結論ともなっている考え方は、彼らの好むところではなかった」(45)。こうして「シオン偏執狂」に取り憑かれた人々を揶揄しながら、改革派ユダヤ教徒たちは、シオニズム破壊のために努力を傾注することが全ユダヤ教徒の義務であるとみなした。一八九九年、シンシナティの改革派ラビ学院「ヒブリュー・ユニオン・カレッジ」のある教師はこう述べていた。「ユダヤ史を究め、同宗者たちを真摯に愛する者ならば誰もが認めるところであろう。シオニズムの騒擾は、ユダヤ教徒とユダヤ教に典型として備わるすべての属性に反しているのである」。一九一六年には、同学院の院長が、「政治的シオニズム運動の全体に無知と不敬が行き渡っている」との言葉を残している。(46)

改革派は、一九三〇年代にいたり、伝統的なユダヤ教アイデンティティーを民族的なアイデンティティーに置き換えようとするシオニズムの企図に対する抵抗を和らげ、一九六七年、「六日戦争」の後にもなれば、シオニズムに対してさらに融和的な態度を示すようになる。今日では、シオニズムに対する原則としての抵抗姿勢が、とりわけ「アメリカ・ユダヤ教評議会」の枠内にかろうじて存続しているにすぎないが、改革派ユダヤ教とシオニズムの融合が、概念上、やはりきわめて困難とみなされていることに変わりはない。「改革派ユダヤ教は精神の領域に、シオニズムは政治の領域に属する。ユダヤ教が世界全体を射程に収めるものであるのに対して、シオニズムはアジアの一郭を問題としているにすぎない」とは、一九四二年、アメリカのラビ、デイヴィッド・フィリプソン（一八六二―一九四九年）の言葉である。[47] 一部には、改革派がシオニズムを許容したことにより、改革派ユダヤ教本来の哲学的な基盤が掘り崩されてしまったと考える者さえいる。かくして、シオニズムは、ユダヤ教の正統派のみならず改革派にとっても一つの深い断絶としてとらえられるにいたった。

宗教＝民族派（ダーティ・レウミ）の存在意義は（その名の示すとおり）シオニズムへの積極的な参画に存するはずであるが、その内部にさえ、シオニズムとイスラエル国に対する批判の声を響かせる人々がいる。[48] 二〇〇六年、ガザ地区からのユダヤ人入植者の撤退の光景は、宗教＝民族派の内部分裂を加速させ、イスラエル国とそれを下支えするイデオロギーに対する幻滅を広く行き渡らせる結果となった。

ユダヤ教の内部からシオニズムを批判する人々に跳ね返ってくる反応は、往々にして辛辣かつ攻撃的なものとなる。「裏切り者」、「反ユダヤ主義者」、「自己嫌悪のユダヤ人」といった表現が、今日なお、シオニズム、ないしイスラエル国のシオニズム的性格の正当性を疑問に付す人々、ひいてはイスラエル国の一部の政策を批判する人々にも差し向けられるのだ。アメリカのユダヤ人組織「ブネイ・ブリス（契約の息子）」は、ある宣伝広告に「反シオニズムは、深く根づいた反ユダヤ主義のようにみずからの本来の色彩をあらわにする」との文言を掲げている。[49]「アメリカ・ユダヤ教評議会」のラビ、エルマー・バーガー**（一九〇八―九六年）によれば、このように「シオニズムは、その当初から反シオニストたちの動機を詮索し、あげつらうばかりで、本質的な議論を回避してきた[50]」。むろん、当のシオニストたちの感性も決して理解できないものではない。なぜといって、シオニズムを批判することは、人道、政治、宗教、そのすべてに関わる一大議論を惹起せずにはおかないからだ。この二十一世紀の初頭にあって、軍事、政治の次元で強大な力を手にしながら、なおシオニストたちは、イスラエル国の道義的な合法性を疑義に付すあらゆる言説に対する不寛容の姿勢を一向に緩めようとはしていない。

上記のように、みずからの宗教上の信念にもとづいてシオニズムを拒絶する人々のあいだには、ユダヤ教の実にさまざまな潮流が幅広く見出される。ある改革派のラビが述べているように、彼らはシオニズムを検証するためにユダヤ教を援用する人々であって、その逆、つまりユダヤ教を検証するためにシオニズムを必要としている人々ではないのである[51]。

これら諸潮流のうちいずれかを特別視するわけでもなく、全体の幅の広さをそのまま観察することによって、本書の読者は、トーラーの名においてなされるシオニズムの拒否という現象の広がりと起源をよりよく理解することができるだろう。いうまでもなく、シオニズム――さらにはシオニズムが人を引きつける力――は、この一世紀のあいだに大きな変化を遂げた。最初期にシオニズムに共鳴した非宗教のユダヤ人に宗教=民族派のユダヤ人が合流し、〈イスラエルの地〉

の領有をみずからの世界観の中心に位置づけたのだ。当然、ユダヤ教の立場からシオニズムとイスラエル国になされる抵抗の歴史も、同じ対象に照準を合わせつつ、この変遷を反映したものとならざるを得ないだろう。

第二章　新しいアイデンティティー

彼ら、王を立てたり。しかれども我によりて立てしにあらず。
彼ら、君を立てたり。しかれども我が知らざるところなり。
（「ホセア書」八の4）

十九世紀末のヨーロッパ・ユダヤ世界にあって、シオニズム運動は、いかにも唐突な、しかも驚異的な逆説として姿を現した。一方で、それは伝統と過去に反旗を翻す近代化の運動としてあった。他方、それは聖書の過去を理想化し、ユダヤの伝統的な象徴物を利用しながら、ユダヤ人の永年の夢を実現することを志向するものでもあった。そして何よりもシオニズムは、「ユダヤ人である」という表現に新たな定義をもたらすものとしてあった。

イスラエルの歴史家、ヨセフ・サルモンは、トーラー*の名においてシオニズムに突きつけられた抵抗のなかにさまざまな潮流を認めながらも、その全体的な特徴を次のように説明している。「要するに、ハレーディ*たちがシオニズムについて抱く一般的な概念は、それが、先行するハスカラー*（ユダヤ啓蒙主義）運動と同様、ユダヤ社会を脱＝宗教化に導く力であるという点に存する。そのもっとも重要な綱領が〈イスラエルの地*〉――伝統的メシア主義が最たる希望の的として掲げてきたもの――に密接に結びついているだけに、シオニズムは、ユダヤ教に抗する他のいかなる非宗教化の力にもましてはるかに危険な、よって常なる攻撃の対象とせねばならない何ものかであった(1)」。

メシア主義から民族主義へ

ユダヤ史上、メシア待望論は幾度となく繰り返されてきた。各時代、そうした待望論が昂揚する度に、権威あるラビたちが立ち、それがいつ何時、失望へと転じかねないものであること、そして、ユダヤ教の熱心な信徒たちを信仰から遠ざける結果になりかねないものであることを説きながら、人々の熱狂を鎮めなければならないのであった。イズミルの風変わりな偽メシア、シャブタイ・ツェヴィ(一六二六―七六年)が、全ユダヤ居住地の即時解放という熱狂の渦に人々を巻き込んだ後、最終的にイスラームに改宗してしまったという逸話は、この種の警告を裏づけるものとして頻繁に引き合いに出された。この逸話と、それがヨーロッパ、その他の地に残した後遺症が、ユダヤ世界の記憶に深く刻み込まれ、メシア待望のあらゆる表出に対して自重を促す契機となったことは確かだろう。

だが、こうした自重にもかかわらず、メシア待望論は、ナポレオンによるユダヤ人の〈解放〉を契機としてふたたび熱を帯びるのであった。オランダやラインラントのユダヤ人居住地は、彼らに自由をもたらし、「自由、平等、博愛」という〈約束の地〉に導く〈贖い主〉としてのフランス軍をこぞって歓迎した。この時、ユダヤ人たちは、解放者の偉功を讃える賛歌を競って作詞作曲したほどである。しかし、一七九九年、東方遠征中のナポレオンが、「全ユダヤ人が余の旗印のもとに馳せ参じ」、パレスティナにユダヤ人国家を復興すべきであるとしてユダヤ人に差し向けた言葉は、ご丁寧に〈神殿〉再建の約束まで添えられたものであったにもかかわらず、さほどの熱狂を醸すことなく終わった(2)。

この時、ナポレオンによって図らずも成し遂げられた贖いの概念の変移――つまり、神の専権事項としての贖いから人間の政治的営為によって実現を見る贖いへの変移――が、ユダヤ史の伝統に明らかな断絶をもたらし、そこから一世紀ののち、シオニズム・イデオロギーのなかに反響を見出すこととなったわけである。ここで同時に明らかなことは、このように完全無欠の新世界を待ち望むメシア主義的な期待が、ユダヤ人の〈解放〉といった政治、社会の次元における散文的な変化の文脈においては到底満たされ得るものではなかったという点だ。加えて、この種の期待は、のちのドレフュス事件期、ヘルツル本人を含め、多くのユダヤ人が味わうこととなった失望の根源にも見出されるのである。

シオニズム思想史の著者、アヴィネリ[**]が認めているように――

ユダヤ人が［〈イスラエルの地〉への］帰還[*]に寄せる関心の度合いは、大部分のキリスト教徒がキリストの再臨に寄せる関心の度合いとさして違わなかった。たしかにそれは、信仰、統合、集団アイデンティティーの象徴として、価値体系の重要な構成要素の一つではあったにちがいない。しかし、歴史のプラクシス、つまり歴史をつうじて現実を変えるための行動的要素としては、完全なまでに非行動主義的なものであった(3)。

主題に精通した非宗教人の観察者として、アヴィネリは、ユダヤ教の伝統における「〈イスラエルの地〉との強固な絆」にシオニズムを関連づけることは、「凡庸にしてご都合主義的、かなり弁解がましい」挙であると断ずる。ここでわれわれが目にしているのは、ある時期に〈聖地〉に対するユダヤ人の意識に生じた変化であって、その〈聖地〉をめぐって何世紀にもわたって受け継がれてきた憧れの嘆息から導き出される論理的な帰結などでは断じてないのである。しかるにこの意識の変化は、歴史上もっとも意外な時期に生じたものであるだけに、いっそうラディカルな性質をたたえている。ふたたびアヴィネリによれば——

あらゆる観点から見て、十九世紀は、〈神殿〉の破壊以来、ユダヤ人が集団の次元ならびに個人の次元で経験し得た最良の時代であった。フランス革命とそれにともなう〈解放〉を経て、ユダヤ人は、史上初めて同等の立場でヨーロッパ社会に迎え入れられることになったのである。史上初めて、彼らは法の前における平等を享受した。学校、大学、職業の選択も、その後、徐々に平等なものとして開かれることになった。［……］一八一五年まで、ヨーロッパの政治、哲学、金融、医学、芸術、法学に目立った影響を及ぼすユダヤ人はただの一人としていなかった。当時のヨーロッパ史は、個人として、また集団としてのユダヤ人の存在について、ほんの一、二行の言及で足りたのである。ところが、そこから一世紀を経た一九

一四年、ユダヤの存在は、ヨーロッパ社会の周縁部から中枢部へと進出を成し遂げていた。(4)

たしかに、ユダヤ人の〈解放〉は、当時、旧大陸の保守派がさかんに嘆いていた社会の混沌化の一環をなすものであったろう。しかし、嘆きの声を発していたのは、なにもヨーロッパの保守派ばかりではない。一八一二年、ナポレオンがロシアに攻め入った時、ルバヴィチ*のレッベ*は、周囲に集うハシード派*ユダヤ教徒たちに対し、侵略者を迎え撃ち、ロシア軍に協力すべしと訴えかけたという。この発言のもとにあったのは、自発的なロシア愛国の精神でもなければ、アレクサンドル一世の帝国が彼らに約束していた個別の優遇政策を早急に実現してもらえるかもしれないという打算でもなかった。レッベは、ただひたすら〈解放〉がヨーロッパのユダヤ教徒にもたらすであろう効果を予測し、それが有害なものとなることを見て取ったのである。ほかでもない、その〈解放〉が、ナポレオン時代の「混沌」に由来し、ユダヤ教徒をトーラー*とその戒律から遠ざける方向に機能していたからだ。そこでレッベは、ツァーリに対し、聖書のいくつかの文言にもとづいてナポレオンの敗北を予言してみせた後、ユダヤ教徒に対してはツァーリの軍への無条件の協力を要請したのである。このように、〈解放〉を迎えることを拒否する姿勢は、その後、かなりの強固さを見せ、一八七〇年には、ハンガリーのあるラビが、「解放の主たるヨーロッパの手の届かないところで伝統的な文明を再構築すべく、パレスティナの地にユダヤ教徒を旅立たせる」ことを提言するにいたったほどである。(5)

とするならば、「あらゆる観点から見て、十九世紀は、〈神殿〉の破壊以来、ユダヤ人が集団の次元ならびに個人の次元で経験し得た最良の時代であった」というアヴィネリの観察にも一定の修正が求められることになろう。事態が「あらゆる観点から見て」そうであったのではなく、ただ単に、〈解放〉を受け入れ、ユダヤ人の社会、経済、政治面における地位向上を希求する人々にとってはそうであったというにすぎないのだ。逆に、ルバヴィチのレッベをはじめ、当時のヨーロッパ諸国に分散して活躍していた実力派のラビたちの観点に立てば、〈解放〉とはユダヤ教徒にとって重大な脅威以外の何ものでもなかったわけである。たしかに長い目で見れば、フランス革命軍がもたらした自由によって、その後のヨーロッパ社会が一大変革を達成したことは疑えない。しかし、その直接のインパクトは、キリスト教徒の住民層においてよりも、ユダヤ教徒の住民層においてはるかに劇的なものであったことを忘れてはならない。そのようにして〈解放〉に与ることとなったユダヤ教徒は、言語を変え（イディッシュ語からそれぞれの地方の言語へ）、ヨーロッパの流行に合わせて着る服を変え、さらには職業をも変えなくてはならなかった。〈解放〉そのものの価値を全面的に否定するわけではなくとも、十九世紀のユダヤ教思想家たちと権威あるラビたちは、当時のユダヤ教徒の身に起こりつつあった変化の規模、そしてその深刻さに危惧の念を募らせていた。この視点に立てば、シオニズム、イスラエル国、そして現在、中東で日々起こっている出来事は、十九世紀のユダヤ人がフランス革命の影響のもとで達成していった意識の近代化に由来する直接の産物である、と確かにいい得るのだ(6)。

十九世紀末のヨーロッパに勃興した民族主義は政治的リベラリズムの衰退をもたらしたが、それをもってしてもなお、西ヨーロッパのユダヤ人が達成済みであったリベラリズムの成果が深刻な脅威にさらされることになったわけではない。それに対して、シオニズムの温床となった二十世紀の中央ヨーロッパ、東ヨーロッパにおいては、国家主導の民族主義が、不寛容、排外主義（いわゆる「ゼロ和ゲーム」的な）、そして好戦主義の道を突き進みつつあった。民族の刷新には何らかの犠牲が不可欠とされ、その犠牲はとりわけ当の民族に属していない人々から払われるべきであるという考え方が、むしろ自然なものとして受容されていた[7]。

他方、ボルシェヴィキたちの国際主義、そして新世界建設の企図は、ユダヤ人たちのもとにふたたびメシア待望論を呼び覚まし、彼らの多くが、大きな情熱とともに「社会主義の建設」に参画しようと欲した。このように政治の次元で贖いを達成できるのではないかという、十九世紀、二十世紀をつうじて多くの非宗教的ユダヤ人たちのもとに見出される待望論は、しかし、ラビたちの側からの懐疑にさらされる一方であった。一部のラビたちは、この種のメシア主義的な色彩を備えた政治綱領には幻滅がつきものであるとして、さかんに警告を発したのである。そしてシオニズムも、二十世紀のヨーロッパをつうじて何百万という人々に夢と希望を抱かせた、これら民族主義的企図の一つだったわけである。

ユダヤ民族主義をユダヤ教の代替物として定立せしめようとする試みの一つの例が、ロシア人作家にして、のちにシオニズム指導者となるヴラディミル・ジャボティンスキー**（一八八〇―一九四〇年）が若い頃に書きつけた一文のなかに見出される。「われわれの生は倦怠に満ち、われわれの心は空っぽです。それというのも、もはやわれわれのあいだに神がいなくなってしまったからです。どうか、献身と自己犠牲に値するような神をわれわれにお与えください。それさえあれば、われわれがどのような業を成し遂げることができる人間であるのか、ご覧いただけるはずです」(8)。この要求に対する返答は即座に与えられた。当時、ヨーロッパの複数の国々で民衆運動として立ち現れ、ほどなく「ベタール」*なる呼称のもとに統一されることとなった青年軍事組織が、数万人のユダヤ人青年の動員に成功したのである。ユダヤ教に取って代わるものとして組織化された「ベタール」は、シオニズムの大義に対する無条件の献身を絶対要請として課すものであった。「ベタール」の若きユダヤ人たちには、ロシア出身のユダヤ詩人、ハイーム・ナフマン・ビアリク**(一八七三―一九三四年)の作品から取られたスローガン、「空にはただ一つの太陽、心にはただ一つの信――それ以外の何ものもなく」が教え込まれる。みずからのイニシアティヴを正当化するため、ジャボティンスキーは、ある時、ヨシフ・トルンペルドール**(一八八〇―一九二〇年)とのあいだで交わされた会話を援用する。トルンペルドールは、第一次世界大戦の折、トルコのガリポリで最初のユダヤ人部隊に連なり、一九一七年のロシア革命にも積極的に加わったロシア陸軍の強者である。その彼が、ユダヤの民は、近い将来、鉄の民にならねばならないとジャボティンスキーに語ったというのだ。

> 鉄こそは、民族という機械仕掛けが必要とするすべての部品の材料である。民族が車輪を必要としている? 私が車輪になろう。釘、ヴィス、桁を必要としている? 私が釘、ヴィス、桁になろう。警察官、医師、俳優、弁護士、水運びが必要だと? 私がそれらになってやろう。私には感情も真理もなく、固有の名さえ備わっていない。私は、すべての用意が整い、

何ものにも制限を受けないシオンの奉仕者である。私にはただ一つの命法しかない。すなわち、「建設すること」(9)！

用いられた修辞には、いかにもロシアらしい香りがぷんぷんと漂っている。鉄と鋼《はがね》こそ、ボルシェヴィキたちが得意中の得意としていたメタファーにほかならない。スターリン（その渾名がまさに「鋼の人」であった）自身、みずからの総動員的な政策を正当化するのに、レーニンとのあいだに交わされた私的な会話を援用することを習わしとしていた。ソヴィエトの若き開拓者たちはソヴィエトの大義にひたすら奉仕するために養成されるのであり、呼びかけに対する彼らの返答は「フシーグダ・ガトーフ！（常に備えあり！）」でしかあり得ないというのだ。ルーマニアの「鉄衛団」を含め、その後のヨーロッパの大衆運動はすべてこの種の修辞と手法を採用していくことになるだろう。

贖いにまつわる表現が、シオニズム・イデオロギーのほとんどすべての変種にわたって遍在している。その主たる潮流であるベン＝グリオンの労働党**は、とりわけ首尾一貫した贖いのイメージの使用法を得意としていた。そこにおいては、聖書に用いられたいくつかの表現がまったく新しい意味において採用される。たとえば、聖書の一節、「汝らの産業の地においては、すべてその地を贖うことを許すべし」（「レビ記」二五の24）に由来する「ゲウラット・ハ＝アーレッツ（土地の贖い）」という表現は、ある時期以降、ユダヤ人によるアラブ人の土地の買収——シュロモ・アヴィネリの評によれば「往々にしていかがわしい不動産売買」(10)——を意味することとなった。

過越祭に朗誦されるハッガダー*は、ユダヤ教における贖いの観念を根本から規定しているテクストであるが、これもまた、シオニズムの教育体系のなかに置き直され、重大極まりない変更を加えられた末、脱＝宗教化の道具になり果てる。たとえば、シオニズム左派が運営する一部のキブーツで読み上げられるハッガダーにおいては、神への言及がすっかり影を潜め、代わって「われらを隷属の家から外に出さしめた」のはスターリンであったことにされているのだ。シオニズムの先導者たちは、みずからの手で歴史を築くにいたったユダヤの民の前衛をもって自任していただけに、このように贖いにまつわる言語を宗教的価値から非宗教的な象徴や概念に転移させる作業には一層の熱を込めるのだった。東ヨーロッパのユダヤ人大衆一般に馴染み深いものとなっていたユダヤ教の語彙を用いることにより、伝統の装いのもと、新奇なものに対する人々の不安感を和らげつつ、実のところきわめて急進的なイデオロギーの宣伝を行なうことが可能となったのだ。

イスラエルの歴史家、政治学者、ゼエヴ・シュテルンヘル（一九三五―二〇二〇年）によれば、こうした宗教の機能主義的利用はなにもシオニズムに限られたことではなく、十九世紀後半以来、ヨーロッパで隆盛を極めた国家主導の民族主義のすべてに共通して見られる現象であるという。つまり、民の統一を保証する溶接剤として宗教に一定の社会的役割を残しておきながら、同時に、そこから形而上学的な内実をことごとく抜き取ってしまう手法が、カトリシズムの旗幟を鮮明にするポーランド民族主義やフランスの「アクシオン・フランセーズ」を含め、種々の民族主義にとって欠かせない要素としてあったのだ。このように、宗教がかろうじて外的な象徴物のみを保ちながら存続する現象を指して、シュテルンヘルは「神なき宗教」と呼んでいる。[11]

ユダヤ教の伝統的な追悼の祈り、「イズコール（神は思い起こされるであろう）」が、ロシア出身の労働シオニズム指導者、ベルル・カツネルソン**（一八八七―一九四四年）の筆のもとで別ものに姿を転じてしまう現象も、やはりこの文脈においてとらえ返されるべきであろう。その伝統的な原型において、死者の記憶がその死の原因を特定することなく保たれるよう、神に請い願う趣旨のテクストが、シオニズム的異型においては、ユダヤの民を相手に、「イスラエルの威厳とイスラエルの地のために命を捧げた」英雄たちの記憶を新たにせよ、と呼びかける趣旨になっているのだ。ここでも、ユダヤ教の信仰から借りてこられた宗教の象徴に意味の変化を強いた上で、他のヨーロッパ諸国の民族主義に倣い、政治的自立を賭けた闘争の道具として祖国に命を捧げた英雄たちの記憶を持ち出す手法が用いられているわけである。

個々のシオニストにおける宗教実践の度合いの如何によらず、宗教は、彼らにとって補佐的ながらもきわめて重要な意味を持っている。ほかでもない、〈イスラエルの地〉に対するユダヤ人の権利を歴史的に正当化してくれるものとして、宗教以上のものはほかにないからだ。たとえば、ロシア出身のシオニズム理論家の一人、アハロン・ダヴィッド・ゴルドン**（一八五六―一九二二年）は、トーラーが神に由来するものであることをきっぱりと否定しつつ、同時にそこから〈聖地〉征服の合法性をも導き出している。

われわれは、この邦《くに》にあって、「人間は神の似姿として創られた」という言い回しを生み出した。そして、この確認事項が人類の生の一部となったのである。一つの宇宙全体が、この確認事項によって作り出されたといってよい。これをもって、われわれはこの〈地〉に対する権利を手にした。この権利は、聖書と同様、決して破棄されることがないであろう。聖書に由来するものはすべて、決して破棄されることがないのであるから。(12)

トーラーがユダヤ人の手で書かれたことを前提とするこの種の言説は、真にユダヤ教を実践する人々の目には明らかな異端と映る。ゴルドンの「部族的民族主義」も、当然、それと鋭く対立せざるを得ないラビ思想の対極に位置づけられるものであった。さらに、ゴルドンが採用したもう一つの考え方、すなわち、ユダヤ教徒が種々の祭日に口にする「諸々の民のなかにあってわれわれを選びし汝こそ讃えられてあれ」という祝福の言葉を、民族主義的な意味において、いわば「リサイクル」することができるという思想も同様である。その祝福は、本来、ユダヤ教徒がトーラーによって課された義務を果たすために選ばれた人々であることを意味するものであるが、ゴルドンが提唱するテクストの使用法は、自分たちが〈聖地〉を領有するために「選ばれて」あるのだと感じるよう、ユダヤ人に促すことを主眼としているからである。加えて、ゴルドンによれば、ユダヤ人にとっての危険は、一人一人のユダヤ人に個としての選択肢を用意し、それによりディアスポラ（離散）の地における民族としての生活を「真に生きるには値しない」ものにしてしまうヨーロッパ産のリベラリズムのうちに存しているのだという。

のちにシオニズムのエリート層を形成することとなる、ロシアからパレスティナへの移住を成し遂げたユダヤ人青年たちは、それに先立って、タルムード*研究の枠内でも、またヨーロッパ文化の枠内でも十分な知的訓練を経てきたわけではなかったため、ゴルドンによるこのようなシオニズムの概念化の感化を易々と受けてしまった。[13] ゴルドンがロシアの片田舎で行政官をつとめていた頃に練り上げたこの思想が、その後、中東のある一郭と、ユダヤの民のある大きな部分にかくも甚大な帰結をもたらすこととなるシオニズム・イデオロギーの欠かせぬ一要素となったのである。

このように、歴史的には宗教の命法に従わされているはずのユダヤ・アイデンティティーから、ことさら民族的な次元だけを取り出して強調しようとするシオニズムの構想に対して、当初から多くのラビ思想家たちが異議を唱えた。ラビ思想家たちの側では、何らかの民族集団への帰属や、いずこかの土地への所属などではなく、もっぱらトーラーに対する忠誠を基礎に据えたユダヤ教本来の民族概念を対置せしめるのだ。このユダヤ教本来の民族概念は、〔信仰をその基礎に据えるという意味において〕西洋における宗教の概念に通じるものであるが、完全にその同等物というわけではない。なぜなら、この概念には、たとえあるユダヤ人にトーラーへの忠誠において不十分なところがあったとしても、それがユダヤ人の母親から生まれた者である以上、依然としてユダヤ人であり続けるという、定義として客観的な次元が盛り込まれているからだ。他方、ラビたちの目には、ユダヤ・アイデンティティーのシオニズム的異型において「伝統的な諸価値が完全に転倒させられている」と映る。「かつては一個の手段にすぎなかったものがいまや目的そのものとなり、かつて目的であったものが単なる手段に貶められてしまった」[14]。にもかかわらず、ユダヤ・アイデンティティーをめぐるシオニズム的発想は、その後も信奉者を獲得し続け、近年では、ソ連崩壊後のロシアからのユダヤ移民たちのあいだに新たな支持者を見出している。彼らは、もはやユダヤ教との絆を完全に失っていながら、スターリンのもとで制度化された「ユダヤ・ナショナリティー」をそのまま保持してきた人々である。そして、その「ユダヤ・ナショナリティー」という特記事項が、今日なお、イスラエルでは有効とみなされているのである。

先頃、イスラエルのユダヤ教徒、キリスト教徒、イスラーム教徒、ならびに無神論者たちのいくつかの集団が、自分たちの「イスラエル・ナショナリティー」を公権力に認めさせようとして訴えを起こした。イスラエルにおいては、旧ソ連と同様、民族的出自としてのナショナリティーと市民たる帰属の証としてのナショナリティー（国籍）が別個の概念として扱われている。そして、イスラエル国民たちのあいだに百種類以上のナショナリティー（民族的出自）の存在を認めながら、「イスラエル・ナショナリティー」だけは認証が拒否され続けているのである。その理由は明らかにイデオロギー的なものだ。つまり、イスラエル国はあくまでも「血の権利（血統）」に即して人を振り分ける「ユダヤの民の国家」であって、宗教的帰属や民族的出自とは無関係に、実際にその国土に住まっている住民たちから成り立つ国家なのではないということだ。よって、シオニスト国家が、ほかの国々と変わらない一個のリベラルな国として生まれ変わるのでもない限り、「ユダヤ・ナショナリティー」はどこまでも保持されなければならない。逆に、「イスラエル・ナショナリティー」なるものの存在を認めてしまえば、「ユダヤの民の国家」としての存立基盤が掘り崩されることにもなりかねないのだ（たとえ世界中の「ユダヤの民」の大部分が、イスラエル国よりもそれぞれの出生国に住み続けることを希望していることが明白であるとしても）。結局、長きにわたる審理の末、イスラエル最高裁判所は、「ユダヤの民とは別個のものとしてイスラエル民族なるものは存在し得ない」との判断を示したのであった[15]。

ユダヤ教の伝統からシオニストたちを分け隔てているもう一つの論点として、およそ二千年もの歴史をつうじてユダヤ人が存続してきた理由の説明の仕方に注目することもできる。シオニストたちが説くところによれば、ユダヤ人は、みずからの「存在への意志」を実現する手段としてユダヤ教に依拠してきたのであるという。つまり、ユダヤ教は生き残りのための単なる道具にすぎず、トーラーはもっぱら民の統一性を保持するために与えられた。そして、一度、彼らが本来の土地に帰還した後は、もはやトーラーの掟の必要性は失われ、〈イスラエルの地〉に生きるユダヤの民族意識がその統一性保持の役割を担うことになるというのだ[16]。こうした説明の仕方、とりわけ「存在への意志」といった表現が、ラビ的感性には到底受け入れがたいものとなる。そうした発想自体、ロシア帝国やオーストリア帝国にあって離散の状況を余儀なくされているさまざまな少数民族に、民族として生き残りたい、そしていつしかみずからの民族国家を手にしたい、という意志を植えつけたヨーロッパ産の民族主義運動に由来するものであることはいうまでもない。

ここで、シオニズムが中央・東ヨーロッパにおける国家主導の民族主義によってさかんに鼓舞されたものであったことをふたたび思い起こそう。中央・東ヨーロッパの民族主義者たちは、すでに民族として存在して久しいみずからの集団に法的かつ政治的な枠組みを与えるべく、それぞれの国家の創設を志向したのであった。そして、初期のシオニストたちが、ドイツ、ポーランド、ウクライナなどの民族主義を特徴づける排他的な姿にじかに触れる機会が多かったという事実は、のちのシオニズム運動と、その帰結として〈イスラエルの地〉に実現されたイスラエル社会に、その後、長く影響を及ぼすことになる。シオニストたちの大部分は、民族から発して国家を作るのとは反対のケース、つまりフランスのように長い時間と慎重な思想のプロセスを経た上で、国家が、法と政治の枠組みをつうじて民族を作り出すというケースを知らずにいた。彼らは、民族、宗教、社会、国家といったもののあいだに明快な区別を立てるフランス、イギリス、アメリカ型の寛容な民族主義を経験したことがなかったのである（以後、まさにそのフランス、イギリス、アメリカの三国において、それぞれ大規模なユダヤ教徒・ユダヤ人の組織体が形成され、そして今日、ラビの伝統にもとづいてシオニズムに対する批判を繰り広げる人々も、主としてその三国を本拠地としているわけである）。

実のところトーラー以外の場所に共通の文化的基盤を見出すことが不可能である状況下、シオニズム運動とイスラエル国に残された道は、民族的帰属を根拠とし、アラブの脅威によって強度を増していくような民族アイデンティティーの確立に力を注ぐことであった。翻って、シオニスト国家の存在を抜きにしては「非宗教的なユダヤの民」の存続さえおぼつかない状況だったわけである。今日、厳しい批判の目が向けられ始めたのは、まさにこの民族的実体としてのユダヤの民の存在である。たとえば、イスラエルの歴史家、シュロモ・サンドは、民族としてのユダヤ人という考え方が採用されることになったのが、たかだか十九世紀後半にすぎなかったことを示しながら、ダヴィッド・ベン＝グリオンやイツハク・ベン＝ツヴィといった著名シオニストたち自身が残した言葉を引用している。ベン＝グリオンやベン＝ツヴィたちも、一九二〇年代初頭の時点では、太古のヘブライの民から直接下ってきているのが、のちにシオニスト国家の建設に中心的役割を果たすこととなる東ヨーロッパのユダヤ人たちではなく、何世紀も前からパレスティナの地に住み続けてきたパレスティナ・アラブ人であることをはっきりと認めていたのである。(17)シオニズム史の専門家たちは、この運動の創始者たちが、皆、同化ユダヤ人の家庭に生まれ育った人々であることを重要視している。アヴィネリによれば——

彼らの出身母体は、伝統的な宗教人の世界ではなかった。彼らは、皆、ヨーロッパ式の教育の落とし子であり、ヨーロッパの知識人たちによって是とされた思想を共有する人々だった。その肩に担われた重荷は、決して経済的なものでも宗教的なものでもなかった。［……］彼らが求めたのは、一七八九年［フランス革命］以降、ヨーロッパ文化の諸概念の枠組みでとらえられてきた自立、アイデンティティー、そして自由であった。そこに、覚醒してまだ日の浅い固有の民族意識がつけ加えられたのである。(18)

シオニズムとは、よって、蔓延する反ユダヤ主義への抗力である前に、リベラリズムと民族主義によって突きつけられた挑戦に対する応答としてとらえられるべきである。ふたたびアヴィネリの言によるならば、フランス革命以前の数世紀間、反ユダヤの迫害熱がいかに猛威を振るっていたとしても、そこにシオニズムが発生する余地はなかったであろうということだ。この意味においても、シオニズムはユダヤ人の存在形態にもっとも根深い断絶をもたらす何かであったことがわかるだろう(19)。

ユダヤ人とその歴史をめぐる民族主義的な概念化に対する疑義の声は、早い時期から、しかもかなりの激しさをもって発せられていた。一八八〇、九〇年代、パレスティナの植民地化に賛意を示していたラビたちも、ほどなくシオニストたちには反意を唱えなければならないと感じるようになった。ラビたちの主張は、一貫して、ユダヤの民の唯一無二の本質を規定しているのは、〈イスラエルの地〉という領土でも、ヘブライ語という言語でもなく、もっぱらトーラーと、神がそれを介してユダヤの民を唯一無二の存在にしているところの六百十三に及ぶ戒律、ミツヴァー*の実践である、という点に存する。当時のパレスティナにおいては、敬虔なユダヤ教徒たち――シオニストによる植民地化以前のパレスティナには、ユダヤ人の名に値する人々として彼らしか存在しなかったわけである――が、みずからの民族的帰属に思いを馳せることすらなく、スルタンの許可のもとで一定の自律性を享受していた。パレスティナ在住のユダヤ教徒の民族的帰属など、当人たちにも、またイスタンブールのトルコ政府にもおよそ無縁の概念だったのである。

シオニズムと、二十世紀のユダヤ人をかくも苦しめてきた人種主義にもとづく反ユダヤ主義、その双方に共通して見出されるユダヤ人の民族主義的概念化こそは、ユダヤ教・反シオニストたちがもっとも忌み嫌うところのものである。今日、この立場からもっとも饒舌なシオニズム批判を展開しているのは、おそらくロンドンのラビ、イスラエル・ドンブ**であろう。ポーランドに生まれ、ショアーにより家族の一部を失った彼は、一九五〇年代の初め、イスラエルに赴き、現地でシオニズムの企図そのものに反意を表する激しい批判者となった。なかでもイスラエル・ドンブは、ユダヤの民が、人種ないし民族によって定義づけられる実体ではなく、シナイ山で神とのあいだに交わされた盟約によってその特殊性を定義づけられた人間集団であることをさかんに強調する。ユダヤ人の命運を左右するのは、もっぱらこの盟約、そしてそれに対するユダヤ人の忠誠であって、個々の政治的、軍事的要因などでは断じてあり得ないというのだ。
シオニズムの起源に位置する現代のさまざまなイデオロギー潮流に無関心ではいられないラビたちは、十九世紀末以来、シオニストたちがユダヤ史の絶対的主体として「フォルク（民）」に当てがう役割の重要性に対してさかんに異議を唱えてきた。

ユダヤ民族など存在しない。たしかにユダヤ人《びと》は、一つの別個の氏族（Stamm）、一つの特殊な宗教共同体を形成している。彼らは、古きヘブライの言語を学び、その豊かな文学を究め、みずからの歴史に通暁し、信仰心を温め、そして、その信仰のために最大の犠牲を払わなくてはならない。彼らは、ユダヤ教の至高の観念と真実がいつの日にか勝利を収めるよう、希望を抱き、神の摂理の叡智、預言者たちの約束、人類の発展に信頼を寄せなくてはならない。しかし、それ以外のことについて、彼らはみずから市民として身を置いている諸国の民に歩調を合わせ、同じ闘いに身を投じ、万人の至福のために同じ諸制度の発展に寄与しなくてはならない。(20)

これとまったく同じ趣旨で、かつてイギリス議会にその名を轟かせたユダヤ人政治家、エドウィン・モンタギュー（一八七九―一九二四年）は、ユダヤ民族なる概念の使用をめぐり、バルフォア宣言を鋭く批判したものだ。彼は、イギリス政府を公然たる反ユダヤ主義の主として断罪し、シオニズムを「有害なる政治信条」と評したのである。

私は、ユダヤ民族なるものは存在しないと断言する。その例証として、何世代も前からこの国［イギリス］に住んでいる私の家族は、実践の度合いの違いこそあれ同一の宗教を信仰しているという、その一点を除き、他国のユダヤ教徒家庭とのあいだに、ものの見方についても、また願望についても、共通点といえるようなものをまったく持ち合わせていない。ユダヤ教徒のイギリス人とユダヤ教徒のムーア人が同じ民族に属しているというのは、キリスト教徒のイギリス人とキリスト教徒のフランス人が同じ民族を構成しているというのと大差のない虚偽である。［……］私がこれまで理解してきたところによれば、シオニズムが考案される前、一つの考え方がユダヤ教徒たちのあいだに広く共有されていた。その考え方とは、かつてユダヤの民が離散を余儀なくされた邦《くに》へ彼らを呼び戻し、そこで一個の民族を構成させるとしても、それには神の指導力が絶対不可欠であるというものだったはずだ。ところで、バルフォア氏あるいはロスチャイルド卿のもっとも熱狂的な礼賛者たちのあいだですら、この両氏のいずれかがメシアであったことが証明されたというような話は、私はこれまで一度も耳にしたことがない。[21]

骨の髄までイギリス的なユダヤ系政治家モンタギューが、ユダヤ人の〈約束の地〉への帰還について想定されるメカニズムに関し、世界各地の伝統的ラビたちの大部分とまったく同じ見解を採用していた点がきわめて興味深い。

シオニズムに内包された反ユダヤ教的な側面に敏感に反応したウィーンの歴史家にして有力なラビ、モーリッツ・ギューデマン＊＊（一八三五―一九一八年）は、すでに一八九七年の第一回シオニスト会議の時点で、ユダヤの民をその一神教信仰から分離させようとする試みをことごとく批判していた。[22] 彼によれば、トーラーは、領土、政治、民族に関わるいかなる考察からも自律していなくてはならない。かつてバビロン捕囚をもって、ユダヤの民は一つの「信ずる者たちの会衆」になった。その後、ユダヤ教徒がディアスポラ（離散）の地で発展させてきたメシア王国の至高のヴィジョンとの兼ね合いにおいていうなら、シオニズムは精神の次元における後退の一歩ですらある。ここでユダヤの民族性に〔他の民族性と同様の〕排他性を付与する異教世界の概念に後戻りしてしまえば、それはそのまま、集団的同化をつうじたユダヤの民の自滅の一形態を意味するものとなろう。ギューデマンにとって、民族主義的アプローチは一個の形容矛盾にほかならない。なぜなら、人は、同時にユダヤ教徒であって自由思想家（無宗教者）であること、つまり、同時にユダヤ的であって非ユダヤ的であることはできないからである。実名よりもむしろ著書の題名『ハーフェツ・ハイーム（生への慕い）』で呼ばれることの多いロシアのラビ、イスラエル・メイール・カガン（ハ＝コヘン）**（一八三八—一九三三年）も、その数年後、やはり同じ形容矛盾を指摘していることからも、この矛盾が、ユダヤ教の立場からシオニズムを批判する人々にとって重要な焦点を構成していたことは明白であろう。

同様の決然たる拒否の姿勢が、ガリツィア出身のラビ、ヨーゼフ・ザームエル・ブロッホ**（一八五〇—一九二三年）によってウィーン国会の場で示されている。彼は、シオニズムの企図を偽メシア、シャブタイ・ツェヴィの逸話になぞらえ、対するユダヤ教の超＝民族的な性格を強調した。タルムードからいくつもの典拠を引用しながら、ブロッホは、メシアの到来以前にパレスティナへ集団で帰還することが禁忌の対象となっていることをヘルツルに説いたのである。のちにバルフォア宣言をもってシオニストたちが一定の成果を収めた頃、ブロッホは、なお彼らに警告を発し、それがいかに火遊びに近い挙動であるか、そして、最終的には脱＝宗教化への偏向以外の何ものでもない政治的シオニズムがユダヤの民の未来にもたらす危険がいかばかりのものであるのかを説いた。晩年には、シオニズムへの対抗運動として「ユダヤ反民族主義運動」の発足にも梃子入れしている(23)。

新手のイスラエル人アイデンティティーがユダヤ教の伝統からの断絶を意味するものであるという点について、シオニズム批判の宗教家たちはすでに見解の一致を見ている。その際、彼らがしばしば引用するのは「レビ記」の以下の二節である。

汝ら、この地を汚すことなかれ。おそらくは、この地、汝らの先にありし国人《くにびと》を吐き出した

るごとくに、汝らも吐き出さん。（「レビ記」一八の28）

汝らは、我が一切の則《のり》と一切の律法を守りて、これを行なうべし。しかせば、我が汝らを住まわせんとて導き行くところの地、汝らを吐き出すことをせじ。（「レビ記」二〇の22）

ここで、なぜ、聖書の構成上、二章と離れていない箇所で、二度の別々の警告が必要なのか？モロッコのラビ、ハイーム・イブン・アッタール（一六九六―一七四三年）が残した古典的聖書注釈『オール・ハ＝ハイーム（命の光）』によれば、一度目の警告は、その地から実際に「吐き出されて」しまうであろう罪人たちに差し向けられているのに対して、二度目のそれは、敬虔にユダヤ教を実践する者たちに向けて、彼らもまた罪人たちに対して抗議の声をあげるのを怠る時、同様にその地から「吐き出されて」しまうことを伝えんがためであるという。

このように、一般の民に対して賢人たちが負っている責任という主題が、ユダヤ教の伝統のなかで重要な位置を占めている。この責任において、宗教者たるユダヤ人は、イスラエルで行われているトーラーに対する侵犯行為――その最たるものとしてシオニズムの企図――に反意を表明せざるを得ないのだ。[24] この侵犯から予測される結末は、ユダヤ教の完全なる廃棄にほかなるまい。あるアンケート調査によれば、今日の若いイスラエル人たちの三分の二が、もしもイスラエルの外で生まれ変わることができるならば、もはやユダヤ人としては生まれたくないと答えたというが、これは、ユダヤ教内部の反シオニズム思想家たちの結論をそのまま裏づけるものといえよう。

同じ文脈において、ユダヤ教・反シオニストたちのあいだでよく引き合いに出されるのは、一九九五年、宗教＝民族派（ダーティ・レウミ）の一青年によって暗殺されたラビン**首相の妻、レアー・ラビン（一九二八―二〇〇〇年）の言葉である。彼女は、ある時、自分の子供たちがアラブ人になるくらいだったら、むしろ正統派ユダヤ教徒になってもらう方がまだましであると語ったというのだ[25]。それもそのはず、実際、父親の葬儀に参列した首相の息子は、普通、そのような場で必ず朗誦されるカッディシュ*の祈りをほとんど口にすることができなかった。ユダヤ教・反シオニストたちが常々主張しているのも、そのように、イスラエル人アイデンティティーが若者たちからユダヤ教のアイデンティティーを奪い去ってしまう一つの手段にほかならないという点なのである。

ルバヴィチの第五代レッベ、シャローム・ドーヴ・ベール・シュネールソン**（一八六〇―一九二〇年）――ロシアにおける彼の影響力は、ハシード派の信仰集団の枠を大きく超えるものであった――によれば、流謫の軛から身を振りほどこうとすることは、トーラーそのものの軛から身を振りほどこうとすることと同程度の悪行であるという。シオニストたちがユダヤ人としての運命から逃れ出るために最初に着手したのも、やはりトーラーの廃棄、イスラエル本来の信仰の廃棄であった。

　われわれの同胞に「民族」であることの概念と自律した政治行政の体系を教え込むにあたって［……］、シオニストたちは、まず、トーラーに対する民族主義の優位を確立せねばならなかった。トーラーとその戒律に従う人々が、それ以外のアイデンティティーを受け入れようとしないことはよく知られていた。［……］そこでシオニストたちは、自分たちの思想の実現のため、まず［ユダヤ教の］本質をねじ曲げ、そこからユダヤ教徒たちも別のアイデンティティーを受け入れるよう仕向けてやらねばならなかったのである。(26)

加えてシュネールソンは、ユダヤ教の伝統に見られる政治的融通の姿勢（本書第四章参照）を悔いるどころか、かえってそこに積極的な価値を見出そうとした。この政治的融通は、当座、ユダヤ教徒たちの生き残りを保証するものである以上に、最終的な贖いに対する積極的な献身であるというのだ。リトアニア・ユダヤ教とドイツ正統派ユダヤ教のあいだの橋渡しを行なった著名なるラビ、イェヒエル・ヤアコヴ・ヴァインベルグ**（一八八四―一九六六年）も、「ユダヤの民族性は、それがもっぱら精神的なものであり、そしてその精神性がトーラー以外のものではあり得ないという意味において、ほかのあらゆる民族性とは異なっている」と断言する。「この点においてこそ、われわれは、ほかのすべての民族と異なっているのであり、このことを認めない者は、それだけですでにユダヤ教の基本原則を否定したことになる」(27)。この伝統的な見方によれば、イスラエルとは、政治史の世界から身を退け、もっぱらユダヤ教の実践の場――「神殿の破壊以来、神がこの世に所有なさり、そこでハラハー*（ユダヤ法）の学究がなされているところの、わずか四尋《ひろ》ばかりの土地」(28)――に花を咲かせるために存在している唯一無二の民なのである。

「非宗教的ユダヤ人」の誕生

中央ヨーロッパや西ヨーロッパのユダヤ教改革運動――たとえば、ユダヤ教を廃棄することなく、それに変化を加えていこうとする改革派シナゴーグ――とは異なり、東ヨーロッパにおける改革運動は、個々人から宗教上の責任の観念をことごとく拭い去ることを主眼とするものであった。十九世紀末、東ヨーロッパのユダヤ改革運動家たちは、トーラー*の軛から身を振りほどいた第一世代をもって自任しており、この感情は、そのまま今日のイスラエル国歌「ハ＝ティクヴァー（希望）[1]」に反映されている。

われらの希望は虚しからず
二千年来の望み
われらの地、シオンの邦とエルサレムにて
自由な民たらんと

この「われらの地にて自由な民たらん」という表現に対し、当初、ラビたちのあいだから一様に激しい批判が寄せられた。他者を悪し様に言うことの禁忌にきわめて厳格であったことで知られる先述のハーフェッツ・ハイーム［ことイスラエル・メイール・カガン（ハ＝コヘン）**］でさえ、この「自由な民」という概念についてはロをきわめた批判の言葉を残している。

私には、今日よく言われる「自由なユダヤ人」という表現の意味が理解できない。それは一体何を意味するというのか？　たしかに彼らは自由なのかもしれない。しかし、その時、彼らはもはやユダヤ人《びと》ではないのだ。その二つは互いに相反している。ユダヤ人《びと》は自由ではなく、自由な人間はユダヤ人《びと》ではないのだ。［……］彼ら「自由なユダヤ人」は、いってみれば、われらの民の体全体に腐敗を行き渡らせかねない、死せる四肢のようなものである。かりに彼らがみずからユダヤ人を名乗ろうとも、彼らの見解、つまり、人はトーラーとその戒律抜きでもユダヤ人《びと》であり続けることができるという見解は、明らかにトーラーに反する誤った考え方にもとづいている。[29]

トーラーは、成文、口伝の別なく、ユダヤ人の起源を出エジプトに先立つ神の顕現とシナイ山でのトーラー授受という共通経験に遡らせる。よって、ユダヤ人の集団はトーラーに対する誓約によって他から区別されるのであり、たとえトーラーのなかにイスラエルの子らが神の法を犯し、忘却するといった逸話が満ち溢れているとしても、彼らとトーラーのあいだに存する規範的関係は、依然、決定的なものであり続ける。この関係、ならびにトーラーに打ち出された戒律遵守の義務こそがユダヤ人を「選ばれた民」たらしめるのであり、その「選び」の考え方のなかに内在的な優越性の概念はまったく含まれていないことに注意すべきである。

西ヨーロッパの国々では、〈解放〉によりユダヤ人が国家に自己を同一化させるプロセスが現実のものとなったせいもあって、ユダヤ・アイデンティティーが、それぞれの国で認知されたキリスト教徒のアイデンティティーに似通った形態をとった。つまり、たとえ先行する時代に比べて宗教性の次元が薄められ、弱体化しているとしても、ユダヤ・アイデンティティーとはあくまでも一個の宗教的なアイデンティティーとして存立した。〈解放〉は、従来の共同体的構造を解体し、ユダヤ教徒にも、非ユダヤ教徒の隣人たち（フランス人、ドイツ人、イタリア人）と共通の国民アイデンティティーを付与した。同時に〈解放〉は、同じユダヤの民のなかに、つまり同じ一家族のただなかに、国民別の新しい障壁を導入した。こうして、たとえば数世紀来、ライン川一帯に住まってきた同じユダヤ教徒の一族が、ドイツとフランスという二つの、しかもしばしば対立関係に置かれる国民アイデンティティーのあいだに、突如、引き裂かれることにもなった。しかし、その場合でも、ユダヤ人の分別指標はあくまでもユダヤ教への帰依という、個人的な、よって当然のことながら自由選択の帰属であり続けた。実際、西ヨーロッパでは、ユダヤ教以外の宗教に改宗するユダヤ人もいれば、自由思想家（無宗教家）ないし無神論者になる人々もいて、その場合、事後的にユダヤ・アイデンティティーへの権利を主張することはもはや行なわれなかった。彼らは周囲の社会に融け込み、そして多くの場合、数世代後にはもはやまったくユダヤ教の痕跡をとどめないまでになっていった。フランスでは、「イスラエリット（israélite）」という語をもってユダヤ教に帰依し続けるユダヤ人を指す一方、「ユダヤ人（juif）」という単語の方は、第二次世界大戦前、一般の良識的な語彙からはほとんど姿を消すにいたった。[2]

こうしたヨーロッパの実状に鑑み、シオニズムの理論家の一人、アハド・ハ＝アム（紅茶商としても知られるオデーサのユダヤ人、アシェル・ヒルシュ・ギンツベルグ**［一八五六－一九二七年］の筆名）も、ユダヤ教がユダヤの民族的アイデンティティーにおいて選択的な一側面にすぎないことを強調したのであった。しかし、同じ「自由選択のユダヤの宗教」というとらえ方であっても、それが、いまだ〈解放〉が実現されておらず、ユダヤ人が稠密性のかなり高い居住地に暮らしていた当時のロシア帝国に適用される時、そこからはフランスなどとはまったく異なる帰結が導き出される。先述のとおり、ハスカラー*（ユダヤ啓蒙主義）は、ユダヤ教の実践を掘り崩しながらも、ユダヤ人の文化的帰属の方はそのまま保持しようとする動きであった。加えて、フランスやドイツのユダヤ人とは異なり、ロシア・ユダヤ人は、依然として彼らに対して受け入れの態度をまったく見せようとしない周囲の社会に同化する可能性をほとんど当てにすることができなかったという事情もある。

「非宗教的ユダヤ人」という人間のあり方が形をなしたのは、まさにこの文脈上のことである。東ヨーロッパ、とりわけロシア帝国で人気を博したこの概念は、ユダヤ人のあり方から、宗教的、つまり規範的な次元をそぎ落とし、もっぱら生物学的次元と文化的次元のみを保持しようとするものである。折しも、とりわけ一八八一年のアレクサンドル二世暗殺事件以降、ユダヤ人とロシア国家との関係は悪化の一途を辿っていた。そして、続くポグロムと社会主義の時代は、非宗教のユダヤ人をそれまでとはまったく異なる自己定義へと導くこととなった。

従来のロシアは、帝国古来の慣例に従い、ユダヤ人を数ある「イノヴェルツィ（異なる信仰を持つ者、異端者）」集団の一つとして認識していた。つまり、西ヨーロッパと同様、ユダヤ人には宗教上の少数派としての立場が用意されていたのである。その彼らが、もはやユダヤ教によって定義づけられるのではなく、アルメニア人、ウズベク人、ロシア人などと並んで一個の民族性を獲得し、身分証明書の記載事項としてその旨を掲げるようになったのはスターリンの治世下である。こうしてわずか数世代のあいだに、ソ連の国内パスポート上のこの記載――有名な「第五項目」――が、ソ連におけるユダヤ人の「民族」アイデンティティーを他から区別する最後の要素となったのだ。いうまでもなく、このアイデンティティーにはポジティヴな要素など何も備わっておらず、それはたちまちにして社会進出の重荷と職業選択の妨げになり果てるのだった。こうしてロシアの非宗教的ユダヤ人は、ユダヤ教の実践に含まれた意志的かつ規範的な内容物とはまったく無縁の客観的アイデンティティーを獲得した。以後、この観点から、「ユダヤ人であること」がもはや個々人の身の振る舞いとは無関係に規定されるようになったのである。

すでに何人かのラビ思想家たちは、人種的反ユダヤ主義がヨーロッパに出現した[3]のが、まさに非宗教的ユダヤ人のアイデンティティーが考案された数年後のことであった点に着目し、その二つの事象のあいだに因果関係の所在を仄めかしている。実際、シオニストたちが非ユダヤ人の政治家連からの支持をとりつける場合、それがシオニストたち自身にとって困惑の種となりかねなかった。たとえば、一八七八年、ハンガリー国会の演壇に立ち、パレスティナでのユダヤ人国家建設に向けて熱弁を振るった最初の人物の一人は、事もあろうに筋金入りの反ユダヤ主義者であった。[30] その後も、ヘルツル**がロシアのツァーリ当局と、そしてヴラディミル・ジャボティンスキー**がポーランド反ユダヤ主義者たちとの接触を欠かさなかったという事実は、シオニズムと反ユダヤ主義とのあいだに概念上の両立可能性が存在することを示して余りあるものだ。一方がユダヤ人を厄介払いしたがり、そして他方が、その同じユダヤ人たちを〈聖地〉に結集させようとしているのだから、それはむしろ当然のことというべきだろう。

ジャボティンスキーにとって、ユダヤ人は明らかに人種としての集団を形成していた。そして、そのこと自体、ユダヤ人がほかの民のあいだに交じって暮らすことの不可能性を証明するものであった。「いうまでもなく、ユダヤの民族意識の源は、教育の領域などではなく、それ以前の段階に探し求めなければならない。ならば、それは一体どこか？　この問題を深く究めた末、私はそれが人間の血であるとの結論に達した。民族感情は人間の血のなかに、その物理的かつ人種的類型のなかにこそ根を持つのであって、それ以外の場所ではあり得ないのだ」[31]。この意味において、ジャボティンスキーも、同時代の人種理論をさかんに援用したシオニズムの生みの親たち──モーゼス・ヘス（一八一二─七五年）、ナータン・ビルンバウム（一八六四─一九三七年）、マックス・ノルダウ（一八四九─一九二三年）、アルトゥア・ルッピン（一八七六─一九四三年）、テオドル・ヘルツル（一八六〇─一九〇四年）──とまったく変わるところがなかった。そして、歴史家シュロモ・サンドが皮肉とともに認めているように、ジャボティンスキーの思想は今日のイスラエルにおいて易々と勝利を収めてしまったかに見える。

ユダヤ教のさまざまな会衆のあいだで非宗教的な文化が共有されていないからといって、ユダヤ人が「血の絆」によって結ばれていることになるのだろうか？　十九世紀以来、反ユダヤ主義者たちが切々と説いてきたように、ユダヤ人が「一個の異なる人種＝民族」を形成していることになるのだろうか？　もしそうだとするなら、軍事的には一九四五年に制圧されたヒトラーが、今日、ほかならぬ「ユダヤ人国家」において概念的にして知的な勝利をほしいままにしていることにならないだろうか？　かつて「ユダヤの血」を語ることを好んだユダヤ人が、いま、イスラエルの地でこぞって「ユダヤの遺伝子」を語り始めたのだとするならば、ユダヤ人には特定の生物学的特性があるというヒトラーの理論を制圧する可能性など、一体どこに残されていよう？(32)

同様に、イギリス委任統治下のパレスティナ史に関する近年の研究のなかでは、反ユダヤ主義者たちがロンドンとエルサレムのユダヤ人入植機関を介してシオニズムに対して行なっていた支援の実状や、シオニスト指導者たちが世界的なユダヤ陰謀の神話を念入りに醸成しようと傾注していた努力の痕跡が明るみに出されている。(33)　そして、ユダヤ教の宗教思想家たちの側では、このような形でシオニズムと反ユダヤ主義の利害が一致する様を見て、沈鬱な気持ちを隠しきれずにいるのだ（本書第六章で見るように、なかにはシオニズムと二十世紀にユダヤ人が嘗めさせられた辛酸とのあいだに関連性を見て取ろうとする人々もいる）。

こうして、非宗教的なユダヤ・アイデンティティーは、純粋に社会＝文化的な響きをみずからのものとして身にまとうにいたった。それは、言語的帰属（イディッシュ語、ヘブライ語の使用）や文化的帰属をそのまま保持しつつ、ユダヤ教だけをことさら意識的に廃棄した人々のみに適用されるアイデンティティーなのである。そこから生まれ出る自意識は、多くの場合、社会主義と民族主義の刻印を受けたさまざまな政治的立場に吸収されていくこととなる。(34) こうして、ユダヤ教の伝統からの根本的な乖離に続いて、それ自体ユダヤの伝統に対する反定立にほかならない「無神論的ユダヤ人」という概念がシオニズムの要石となったのである。

しかるに、こうした非宗教的な民族帰属の概念は、それまでヨーロッパのユダヤ人たちが身を置いてきたキリスト教起源の社会において有効なものであったとしても、ユダヤ教における「民族（nation）」ないし「民（peuple）」の概念とはおよそ似ても似つかないものであった。むしろ、この概念上のずれがあったからこそ、ドイツ、その他のヨーロッパ諸国に住まう正統派ユダヤ教の指導者たちは、ユダヤ教にもとづく伝統的なアイデンティティーと、それぞれの近代国家に対する無条件の忠誠心とを同時に併せ持つことができたのかもしれない。

エルサレム・ヘブライ大学教授でユダヤ思想を講じたイェシャヤフ・レイボヴィッツ教授**（一九〇三―一九九四年）によれば、「民族感情なるものは、もっぱら主観性、つまり人間の欲求にもとづいて生まれてくるにすぎない」という。ちなみに、正統ユダヤ教の立場からシオニズムとイスラエル政治を批判したレイボヴィッツ教授のような人物は、かつてかなりの少数派であった。彼のケースを比較し得るとすれば、それはソ連の反体制者、アンドレイ・サハロフ（一九二一―一九八九年）であろう。サハロフもまた、レイボヴィッツ同様、幼少期、まずは家庭内のみで教育を受け、学校に通い始めたのはかなりの年齢に達してからのことであった。二人に共通して見出され、いずれも生涯変わることのなかった知的な独立不羈の精神と誠実さもそこに由来しているのかもしれない。さて、そのレイボヴィッツによれば、かつて民の第一義的なアイデンティティーを構成していた共通の特徴が、十九世紀以来、ほとんどのユダヤ人のもとで失われてしまったため、ユダヤの民を正確に定義づけることはきわめて困難になっているという[35]。ここで彼が「失われた特徴」として言及しているのが、トーラーの戒律の実践であることはいうまでもない。そして、戒律の実践とは、敬虔なユダヤ教徒の日常生活のなかで過たずに具象化され、単なる信仰心の所在とは異なり、経験的に観察され得る事象なのである。たとえば、敬虔なユダヤ教徒は、ユダヤ教の定める食餌規定、カシェール（食用可）を遵守するため、規定外の食物を口にすることを自制する義務がある。その義務を遂行しようとする度に、その身振りは、当人を含め、周囲のすべての人々の目にとまる。こうして、いくつかの戒律の実践に備わる観察可能性は、当人をしてトーラーへの忠誠を一層堅固なものにさせるフィードバック効果を有している。口承によるユダヤ教の金言を集めた「ピルケ・アヴォート（父祖の章）」の表現によれば、「ある戒律の遵守は別の戒律の遵守をもたらし、ある戒律の侵犯は別の戒律の侵犯をもたらす[36]」ということだ。

すべてこうした戒律の総体が、かつて、ユダヤ・アイデンティティーの伝統的枠組みを形成していたわけであるが、ある時期、多くのユダヤ人が周囲の社会への同化の道を歩み始めたことにより、同じ戒律の総体が、むしろユダヤ人相互のあいだを分け隔てる隔壁の役割を果たすことになってしまった。もはや敬虔なユダヤ教徒は、カシェールを遵守しないユダヤ人のところへ行って食事を共にすることができなくなり、ひいては、その者の姉妹と結婚することも、その者と共同で商売を始めることも不可能となったのである。当然、「彼らはこれでも同じ民に属しているといえるのか？」と問われることとなる。これに対するレイボヴィッツの答えを以下に引いておこう。

歴史的なユダヤの民は、人種としても、いずこかの国、何らかの政治体制のもとに暮らす民としても、さらには同じ言語を話す民としても定義づけられることがなかった。それは、もっぱらトーラーとその戒律を擁するユダヤ教の民として、精神の次元でも、実践の次元でも、特殊な生活様式に従って生きる民として定義づけられたのである。この生活様式は、天の王国の軛を受け入れ、トーラーとその戒律の軛を受け入れたことの証にほかならない。この意識が、民の内部からその効果を発揮してきたのである。その意識が民族の本質を形成し、世代から世代へと保持され、時と状況の変化を貫いて、民としてのアイデンティティーを保持してきたのだ。今から千年以上も前にサアディア・ガオンが述べた言葉、「われらの民は、もっぱらトーラーのうちにのみ存する」の意味は、規範的なものではなく経験的なものであった。その言葉は、十九世紀まではきわめて力強いものと感じられていた一つの歴史的事実を確認するものだったのだ。しかし、その十九世紀にいたり、一つの裂け目が生じ、以後、時とともに拡大する一方となった。すなわち、ユダヤ人性とユダヤ教のあいだの裂け目である。今日、ユダヤの民として認識されている人間集団は、その構成員の大多数における意識のなかでも、また、非ユダヤ人の意識のなかでも、もはや事実の観点から歴史的ユダヤ教の民として定義づけられることはなくなっている。たしかに、この民のなかには、個人として、また集団として、ユダヤ教の生活様式に沿って生きようと努めている人々が少なからず存在している。しかし、大多数のユダヤ人は――みずからがユダヤ人であることを真摯に意識しているにもかかわらず――、ユダヤ教を拒み、ひいてはそれを毛嫌いする人々なのだ(37)。

不完全な転身

ユダヤ・アイデンティティーを一個の近代的な民族アイデンティティーとして作り替える作業は決して容易ではなかった。まず、西ヨーロッパの諸国民にすでに統合を果たした、あるいは近い将来における統合を志向していたユダヤ人たちの目に、シオニズムが打ち出す新しいアイデンティティーは、脅威的な、到底受け入れがたいものと映った。ユダヤ人が国家ぐるみの構造的な差別に苦しみ続けていたロシア帝国においてさえ、シオニズムを支持したり、ましてやみずからパレスティナに向けて旅立とうと考えたりするユダヤ人は決して多くなかった。十九世紀から二十世紀への変わり目にロシアを後にした数百万のユダヤ移民たちのなかで、パレスティナを目的地とした者はごく少数であり、また一度パレスティナにやって来ても、そこにとどまり続ける人々の数はさらに少なかった。

アヴィネリが強調しているように、アメリカやオーストラリアに到着したユダヤ移民たちは、人生の有為転変に対する伝統的な対応、すなわち流謫の地から流謫の地への移動という対処法にきわめて忠実であった。驚くべきことは、流謫というユダヤ教の伝統に対するこの忠実さが、たとえ典礼の遵守をやめ、他のユダヤ法の戒めを捨て去った後も、人々のあいだに生き続けるということだ。のちにソヴィエト連邦の門戸が外に向けて開かれた時も、大多数のユダヤ移民はイスラエル以外の国への定住を好んだ。彼らの祖父の時代、移民を引き寄せる魅力をほとんど有していなかったオスマン帝国領のパレスティナとは異なり、新たなイスラエルは、国家をあげて移民受け入れの体制を整えていたにもかかわらずである。二十世紀後半、イスラエル国は、その同盟諸国（とりわけアメリカとドイツ）に対して外交攻勢をかけ、ソ連からのユダヤ移民の受け入れを自粛させようとしたほどである。

同じ現象は、マグリブのユダヤ人たちのもとでも観察された。フランス、カナダ、アメリカに移住する余裕のある人々は、イスラエル国が彼らに提供してやまない受け入れの優遇体制には目もくれなかった。実際、イデオロギーを主たる動機としてイスラエルに移住する人々の割合は、当初からごく限られたものであった。このような移住の動向を見るにつけても、シオニズムがユダヤ人に植えつけようとした新たな民族アイデンティティーが、当人たちの世界観によほど根本的な転換を迫るものであったことが察せられるのである。

大部分、ユダヤ教の伝統を捨て去らねばならないとの衝動に駆られていたロシアのシオニストたちとは異なり、ヘルツル**の態度は、実利主義的、機能主義的なものだった。ヘルツル自身、個人的にはユダヤ教の伝統からはすでに遠く隔たっていたが、少なくともその伝統のうちに、とりわけ「いまだ古い習慣のなかに埋もれている」ユダヤ教徒たちをシオニズムに引きつける囮《おとり》の意味は見て取っていた。いまだ古い習慣に埋もれているとはいえ、こうしたユダヤ教徒たちの層が、将来のシオニズムを担う人材を生み出す母体であることに変わりはなかったのである。政治の次元において、彼はユダヤ教をキリスト教世界の教権主義との兼ね合いにおいてとらえていた。一国家の創設に際しては、たとえ旧弊な屋台骨とはいえ、キリスト教世界において教権主義が果たした役割も無視し得ないのではないかというのだ。(38) かくして、ヘルツルは、ハシード*たちの宮廷の典礼を冷ややかな目で分析しながら、それに対して一定の魅力も感じており、その種の典礼をいつの日にか国家建設のために動員できるのではないかと考えていた。その際、ヘルツルは、ユダヤ人はあくまでも現在時に住まっている国々で獲得済みの社会的な既得権益を守っていくべきであるとする西ヨーロッパ諸国のラビたち（彼が「プロテスト・ラビーナー［対抗派ラビ］」と名づけた人々）のもとで、みずからのシオニズム思想が不評を買っていることは当然のこととして意識しながら、他方、東ヨーロッパの正統派ラビたちから彼の企図に寄せられていた憎悪と憤怒については、その重みを幾分過小評価していたきらいがある。たしかに、シオニズムがもっとも熱烈な信奉者を獲得したのはロシアであったが、同時に、もっとも激しく、もっとも強固な抵抗勢力もまた、ロシアとその周辺のユダヤ居住地において組織されつつあったのだ。

ハシディズム運動のなかでも、おそらくもっともロシア的との形容に値するルバヴィチ派*は、「シオニズムの誘惑」が何よりもまずロシアのユダヤ教徒を引きつけかねないとし、それに対して決然とした非妥協的な抵抗姿勢を示した。二十世紀初頭のラビ、シャローム・ドーヴ・ベール・シュネールソン**は、シオニストたちの刊行物がトーラー*への忠誠をことごとく欠落させたユダヤ・アイデンティティーを喧伝していると言って非難した。(39) とりわけ彼が問題としたのは、シオニストたちが一般に流布しようとしている、トーラーとその戒律に関する民族主義的な解釈なのであった。

この意味において、ユダヤ人の非宗教化は、他の諸民族のそれに比して、きわめてラディカルな変化を意味するものであったといえるだろう。他の諸民族においては、民族としての主たる特徴が、それぞれの宗教実践の度合いとは無関係に価値を保持し続けた。たとえば、二十世紀、共産主義イデオロギーのもとでもっとも急激な非宗教化の過程を経験したソ連においても、ロシア人は、依然、ロシア人であり続けた。その民族的な性格に生じた変化にもかかわらず、ロシア人がほかの民との兼ね合いにおいて自己を定義する仕方自体はまったく変わらなかった。むろん、ソ連の崩壊により、もっとも深刻な挑戦を突きつけられることとなったのが、旧帝国に由来する他のすべての民族にましてロシア人であったことは確かである。逆説的なことに、かつて「ソ連人」という新しいアイデンティティーを構築するにあたってロシア語とロシア文化がことさら重要視され、そこに実にさまざまな民族諸集団――むろん、ソ連ユダヤ人の主要部分を含め――の文化的統合が行われた結果、本来のロシア固有のアイデンティティーが萎縮してしまった格好だ。ソ連崩壊後の今日なお、ロシア人たる民族アイデンティティーは、おそらく旧ソ連のほかの民族に由来するいかなる集団アイデンティティーにもまして包括的なものであり続けている。

ケベックにおけるフランス系カナダ人のアイデンティティーは、ある時期以降、用語体系の水準で「ケベック人（Québécois）」なるアイデンティティーの台頭をともなって、深い民族性変容のもう一つの例を提供してくれるだろう。従来、カトリック教会の強い主導権のもとに置かれてきたカナダ・ケベック州は、一九六〇年代、急速な非宗教化を経験した。教会権力は失墜の一途を辿る。しかし、人々のアイデンティティーは、ケベック民族主義運動のおかげで、ほとんど無傷のまま保たれた。そして、この民族主義運動はある一つの重大な変化を成し遂げたのであった。かつて「言語〔フランス語〕は信仰〔カトリシズム〕の守り手である」と言われていたこの土地で、それと逆方向の操作が実現し、フランス語という言語と、そして二次的ながらもケベック州という領土が、新しいアイデンティティーのアルファにしてオメガとなり、そしてこのアイデンティティーが、少しずつではあるが、ほかの民族集団に由来する人々にも開かれていったのだ。これと並行して、かつて〔「フランス人（Français）」との差異化を図るために〕「フランス系カナダ人」を指して用いられた「カナダ人（Canadien）」という言葉は意味を根底から塗り替え、現在のケベックの用語法においては、主として「イギリス系カナダ人」を意味するにいたっている。

ロシアとケベックの例は、民族のアイデンティティーなるものが歴史のなかでいかに多様な変化を経験し得るものであるかを如実に示している。しかるに、これらすべての変化の実例と比べてみた場合でも、非宗教化がユダヤ人にもたらした変容ほど徹底的なものはなかった。今日、多くのユダヤ人において、ユダヤ・アイデンティティーは非宗教的なものとして受け止められている。しかし、このアイデンティティーを非宗教的なものとしてユダヤ教から切り離してみたところで、それが他方の民族性という枠組みにしっくりと重なり合うわけでもなかった。だからこそ、フランスのユダヤ人は「イスラエリットのフランス人」になり、ドイツのユダヤ人は「モーセ信仰のドイツ人」になるといった具合に、ほとんどの国で、ユダヤ・アイデンティティーのなかに、微量ながらもユダヤ教に由来する構成要素を温存せねばならなかったのだ。その精神的な遺産を完全に捨て去り、「規格どおりの〔正常な〕民」になるための究極の自由をユダヤ人に提供しているのは、つまるところ、イスラエル国のみなのである。この新手のイスラエル人アイデンティティーは、個人のレヴェルにおける同化、とりわけキリスト教世界への鞍替えにつきまとう裏切りの感情を抱かせることもなく、集団的な同化を容易ならしめるものであるようだ。その基礎的な指標は言語と領土であり、その点においても、もっぱら宗教的な意識に根拠を置き、共通の言語も領土も持たない伝統的ユダヤ教のアイデンティティーからは根本的に一線を画している。

しかしながら、このアイデンティティー変容の難点は、ユダヤ教の諸概念を西洋的思考法の図式に無理やり順化させようとする点に存する。ユダヤの民をめぐって宗教的なるものと非宗教的なるものの基本的区別がなされるようになったのは、たかだか十九世紀、しかももっぱらヨーロッパ内部でのことにすぎない。他方、イスラーム教徒が大多数を占める社会は、ユダヤ教徒やイスラーム教徒のアイデンティティーをめぐる諸概念の西洋的構築から、その後およそ一世紀にわたって無縁であり続けた。よって、一般に反シオニズムの言説が、中東の文脈のなかでより「東洋的」、より正統的な社会の存続を志向するイスラエル人たちの言説に似通ってくるのも至極当然である。事実、反シオニズムの言説は、イスラエルにあって、東洋系ユダヤ人とアラブ人の共通の敵としてアシュケナジ系のシオニズム指導層を糾弾する反体制者たちの言説と容易に混同されるのだ。「正統派ユダヤ教徒とアラブ人にはいくつもの共通点がある。だからこそ、その二者は理解し合えるのだ。彼らはいずれも東洋人である。そして、双方とも精神性に対する感受性を有している。他方、シオニストたちはユダヤ教の正統性を見失って西洋人となり、唯物主義者になってしまった。だからこそ、彼らはアラブ人のことを理解できないのだ[40]」。事態をこの文脈に置き直してこそ、われわれは、反シオニズム活動家として名を馳せたラビ、アムラム・ブロイ**（一八九四—一九七四年）が、双方を隔てる見かけ上の距離を超えて、マグリブ出身のユダヤ人たちが立ち上げた反体制運動「ブラック・パンサー」[4]と交流を持つにいたった理由を理解することができるであろう。たしかにこの種の社会的つながりは稀であるが、本書をつうじてしばしば目にするように、反シオニストのハレーディ*たちと急進的左翼とのあいだの親近性は決して無視できないものとなっている。

ラビ、ブロイの寡婦にして、彼に引けをとらぬ反シオニズム運動家として知られたルート・ブロイ**（一九二〇—二〇〇〇年）が、イスラエルにおけるマグリブ出身者たちの境遇について行なった分析は、一般の社会学者たちによる分析とほぼ重なり合うものである。ただ、結論の部分において、彼女の見方は他とは大きく性質を異にしていた。

> 彼ら〔マグリブ出身のイスラエル人たち〕は、父母の世代の苦悩を糧として生きるパレスティナの子供たちに幾分か似ている。祖父母の世代の気高さの源としてあったトーラーを見失った末、彼らは革命家になった。彼らの父母たちは諦めのうちに沈黙してしまった。しかし、彼らは、自分たちがそこ〔イスラエル〕に連れてこられたのは俸禄なき兵士になるためであったことを理解している。それは、単にみずからの命を危険にさらすためであり、いまやアシュケナジによるアシュケナジのために政治が行われている、この国を守るためであったのだ。彼らはまず、シオニストたちから反抗を学んだ。その後、憎しみを教え込まれた彼らは、

今、アシュケナジの主人たちを嫌悪している(41)。

ラビ、ブロイによれば、シオニズムは、アラブ人にもたらした以上の被害をユダヤ人にもたらしたという。アラブ人が土地と家を失ったとすれば、ユダヤ人の方は、シオニズムを受け入れることにより、みずからの歴史的アイデンティティーを失ったのだ(42)。彼の妻ルートは、数十年前、イスラエル移住以前のモロッコ・ユダヤ教徒たちのもとを訪れた時のことを思い出しながら、以下のように自問している。

かつて、すべての人々の顔に善意、素朴さ、そして限りない純粋さが溢れていた。あれらのユダヤ教徒たちは、アラブ人の隣人たちとの関係も良好で、それぞれのラビの周囲で、慎ましい、しかし幸せな生活を送っていた。［……］その後、私はしばしば、このアトラス山脈地方の片田舎のユダヤ教徒たちのことを脳裏に甦らせてきた。あの人たちは今どこにいるのか？　イスラエルの活動員たちは、あの人々をも古巣から引き離すことに成功したのだろうか？　彼らは今、イスラエル国にいるのか？　とするなら、彼らはまだ、単純に、ユダヤ教徒らしい相貌を見せているだろうか？(43)

このような引用の端々にうかがわれる書き手の苦渋は、同時に、ラビの立場からなされた反シオニズム闘争と、イスラエルの「ブラック・パンサー」が挑んだ闘いとが、やはり互いに質を異にするものであったことを示している。反シオニストのハレーディたちにとっては国家そのものがすでに呪詛の対象であったのに対し、左翼の反体制派が求めたのは、イスラエルにおける自分たちの境遇改善であったのだ。のちにその両者のあいだの橋渡しをすることとなるのが、リトアニア派ユダヤ教の指導者、エルアザル・メナヘム・シャハ**（一八九八？―二〇〇一年）や、イスラエルの元セファラディ代表ラビにしてユダヤ法の権威、オヴァディア・ヨセフ（一九二〇―二〇一三年）といったラビたちの影響下で急成長を遂げた東洋系の敬虔派運動「シャス」*である。「シャス」のイデオローグたち――いってみれば、悔悛の必要を説きつつ、同時に革命を志向する人々――も、シオニズムとイスラエル国家を批判の対象とする。ただ、国家の存在自体を認めまいとする反シオニストたちとは異なり、「シャス」はクネセット*（イスラエル国会）に議席を占め（二十一世紀の初頭にいたり、同党は他のあらゆる宗教系の政党を凌ぐ議席数を占めるにいたった）、議会内部からシオニズム批判を展開している。

かつて、シオニズム人気の原因を作った政治的現実を間近に見ていたロシアのラビたちは、ほとんどの場合、トーラーを根こそぎにしようとする試みの一つとしてシオニズム運動を分類していた。たとえば、ハーフェツ・ハイーム〔ことイスラエル・メイール・カガン（ハ＝コヘン）〕**の弟子にして、いわゆるリトアニア派ユダヤ教の代表格と目されたラビ、エルハナン・ヴァセルマン**（一八七五―一九四一年）は、シオニストたちを「真摯なユダヤ教徒を恐るべき残酷さで迫害する人々」[44]として、ソ連共産党の「イェヴセクツィア*（ユダヤ人部局）」のメンバーになぞらえていた。実際、ユダヤ系の共産主義者たちは、独特の仕方で非宗教化されたメシア主義の熱狂をもって、ユダヤ教の伝統的な生活様式の破壊にとりわけ熱情を傾けたのである。ヴァセルマンによれば、ソヴィエト連邦におけるユダヤ教徒の境遇はツァーリ時代と比べてはるかに悪くなったが、そのこと自体において、すでに伝統的諸価値の重要性が裏づけされたようなものであるという。居住地の制限が撤廃され、新たな職業選択の可能性が開かれたことによっても、ユダヤ人が単なるユダヤ民族性の保持者に変容させられたことの負の意味は、到底、埋め合わせられるものではなかったのだ。こうしてヴァセルマンは、かりにユダヤの名を冠する国家が創られたとしても、それがいかにして非ユダヤの国家体制よりもましな仕方でユダヤ教徒を取り込んでいくことができるのか、という問いを発したわけであるが、この点には非宗教人との協調をめぐるいくつかの問題が含まれているため、詳述は本書第五章に譲ろう。

ヴァセルマンは、指導者たちに教唆されるがままに住処を移ろわせてしまったユダヤの民の一般層には寛容な姿勢を保つ一方、その指導者たちには、もっとも辛辣にして仮借なき批判の言を浴びせた。彼によれば、シオニストたちは、民とその神のあいだに鉄の障壁を設け、大衆のトーラー回帰を不可能なものにしてしまったという。

彼ら［シオニストたち］のいう「新しいトーラー」と新しい戒律なるものをつうじて、彼らは、人々の頭のなか、心のなかに闇をふりまいた。［……］一般の人々は、真のトーラーの言葉を聞く機会に恵まれた時には、それを喉の渇きとともに飲み干すものである。しかるに、指導者たちは、一般の人々に真珠をもたらすと称して、単なる石ころをもたらした。トーラーの理念を説くと称して、読者や聴衆に無神論の諸概念をもたらしたのだ。軽薄さ、侮蔑の心、そして自由闊達の域をはるかに超えた猥褻さ、そうしたものが彼らの書き物や演説の主要部分をなしている。(45)

ユダヤの新しい指導者を名乗る人々のもとにヴァセルマンが見出した特質は、何よりもまず傲慢さであった。「みずからを指導者とみなすためならば、ほんの少しのフッパー〔大胆さ、厚かましさ〕で事足りる」。(46)さらにヴァセルマンによれば、これらの指導者たちは、贖いが民族主義思想をつうじてもたらされると主張しながら、一般大衆を甘い幻想で魅了してしまった。このような努力の結果として生み出される新しきヘブライ人が、本来、トーラーがユダヤの民に教え諭そうとしているところの対極に位置することになるのは当然の成り行きである。「今日、ユダヤ人に求められているのは民族感情のみとなっている。シェケル〔シオニズム運動に対する形ばかりの寄付金〕を払い、「ハ＝ティクヴァー」を歌うだけで、トーラーの全戒律から免除される仕組みになっているのだ」(47)。

伝統的解釈によれば、ユダヤの民には生来の質として、力強さ、ひいては攻撃性〔ヘブライ語でいう「オズ」〕が備わっており、トーラーは、その性質を抑制する役割を果たしているとされる。トーラーによって、ユダヤ人《びと》は、慎ましく、慈悲深く、善意にもとづいて行動することが求められているのだ。ほかにも、謙遜、思慮深さ、そして、みずからを再問に付し、行ないを正す能力などがユダヤ人《びと》のあるべき美徳とされている。他方、神との音信を妨げ、善きユダヤ人《びと》であることの妨げとなりかねない人間の特質は、ユダヤ教徒の日々の祈禱のなかではっきりと名指しされている。

われらの祈りを御前にいたらせて、われらの願いから目を背けないでください。というのも、われらが義であり、これまで罪を犯したこともないなどと御前にて口にするほど、われらは厚かましくも、強情でもないからです。それどころか、われらと、われらの父祖は、これまで多くの罪を犯してきました。(48)

ユダヤ教の伝統が同時に教え諭しているのは、ユダヤ人《びと》は、自己が他者に与える印象に常に気を配らねばならず、それは過去においてユダヤ人《びと》を迫害した人々に対しても変わらないという点だ。それは、たとえばモーセが、二世紀にわたってユダヤの民を隷属状態に置いてきたエジプト人たちに対しても、自分たちが何らかの所作によって与えることになる印象を気遣っているのと同じことである——「なんぞエジプト人をしてかく言わしむべけんや」（「出エジプト記」三二の12）。しかるに、ユダヤ教の伝統から決然と身を振りほどいたシオニズムの教育体系においては、その当初から、力強さ、自己主張の能力、戦闘性といったものが前面に押し出されてきた。そして、若者たちに対して、彼ら自身と彼らが守り抜くところの国家が周辺の世界に対して与える印象などまったく気遣う必要はないと教え諭してきた。こうして彼らは、他者に対して道徳的な規範であれ、という要請を軽視、ひいては滑稽視し、イスラエル国が人類のその他の部分、なかんずくイスラエルの直近の隣国に対して与える印象など、まったく気遣わなくなった。ベン＝グリオン**ならば、この原則をさしずめ以下の定式としてまとめ上げたことであろう。「肝心なのはユダヤ人が何をなすかであって、ゴーイ*（非ユダヤ人）たちがそれについて何を言うかではない」。

　各人、言葉遣いをさまざま異にしていようとも、ユダヤ教内部のシオニズム批判者たちは、シオニズムの危険性の所在をおおむね同様の仕方でとらえていた。主たる危険、それはいうまでもなく内的な性質のもの、すなわちユダヤ人が単なる非宗教的な民族の構成員に変容を遂げてしまうことに存する。批判者たちによれば、ユダヤ人がイスラエル国と自己同一化を果たしてしまったことにより、ユダヤ教本来の価値体系を織りなす慈悲と謙虚さに代わって、すべての民族主義に固有の観念、すなわち利己主義と民族的矜持が据えつけられてしまったということになる。ディアスポラ（離散）の地のシオニズム批判者たちにおいて、この危険は、本来のユダヤ・アイデンティティーが、単にイスラエル国が消滅するだけで同時に姿を消してしまうような儚いアイデンティティー、いわば「代行式のイスラエル主義」に帰着してしまうことの危険としてとらえられている。彼らの目には、ユダヤ教の未来を一個の儚い国家の命運に委ねることなど、近視眼的どころではない愚挙と映っているのだ。

　二十世紀最後の数十年間、ディアスポラの地においては、イスラエルの度重なる軍事的勝利によって多くのユダヤ人が鼻高々の気分を味わい、シオニズムに寄せる大々的な支援の体制が確立された。慎ましきユダヤ人《びと》から誇り高きシオニストへの変容、そして、それにともなう道徳的重心の移動こそは、イスラエル国がユダヤ人たちの身の上にもたらした最大の効果であることを認める点において、シオニズムの批判者たちも、また当のシオニズムの信奉者たちも見解の一致を見ている。

ユダヤ人、ヘブライ人、イスラエル人？

シオニストたちが、パレスティナの地に定住を始めた最初のユダヤ人であったわけでは断じてない。〈イスラエルの地〉*における ユダヤ教徒の現存は、〈神殿〉の破壊以来、今日まで一度も途切れることがなかった。最初のシオニスト入植者たちが到着した頃、一般に〈古き居住区（イシューヴ・ハ＝ヤシャン）〉*と呼ばれる敬虔なユダヤ教徒の地区が、エルサレム、その他、いくつかのパレスティナの町に存在していた。〈古き居住区〉での生活は、世界中のディアスポラ（離散）の地から寄せられる義援金によって十分に賄われていた。十九世紀の半ばには、何人かの篤志家の尽力によって、〈古き居住区〉の住民たちがより開けた清潔な街区に住み替えることもできた。その一つがエルサレムの「メア・シェアリーム」地区である。この名前は（しばしば「百の扉」と誤訳されることもあるが）、イサクによる「百倍の収穫」にちなんだものである――「イサク、かの地に種を播きて、その年に百倍を得たり。われらが主、彼を恵みたもう」（「創世記」二六の13）。

現地のアラブ人住民が、当初しばらくのあいだ、シオニストたちからの経済的な申し出に対して同調的な姿勢を見せたのに対し、元からパレスティナに居住していたユダヤ教徒たちは、これらロシア出自の非宗教的ユダヤ人たちの到来に恐怖感と嫌悪感をあらわにした。多くの反ユダヤ主義者たちが嘆かわしき因習として言及する「ユダヤの連帯」など、そこには欠片も見受けられなかった。かりに、ある列強国が軍事力をもって攻め入ってきたのだとしても、ユダヤ教徒たちは、それをもってして神学の次元に何かの変化が生じることはあり得ないとして、恐怖も嫌悪も抱かなかったにちがいない。ところが、不敬の輩を外に「吐き出す」とされた〈イスラエルの地〉に住まう者には、伝統上、特殊な責務が負わされていることを重々意識していたユダヤ教徒たちは（この点については次章、第三章で詳述する）、新たな入植者たちに激しい口調で嚙みついていったのである。「彼らは、トーラー*と神に対する恐れの道を歩んでいない。[……] 彼らの目的は贖いの実現を早めることではなく、事もあろうに、それを遅らせることに存するのだ」(49)。ところが、新参の入植者たちの方は一向に悔い改める様子も見せず、むしろ〈古き居住区〉の若者たちをシオニズムの綱領に引き寄せようとするのであった。ここに〈聖地〉におけるユダヤ教とシオニズムのあいだの闘争の火蓋が切られ、その闘争は、それから一世紀以上の歳月を経た今日なお、収拾の兆しをまったく見せていないのである。

シオニズム以前、一八八〇年代初頭のパレスティナに、主としてロシアにおけるポグロムへの反応として「ホヴェヴェイ・ツィッヨーン」*の「原シオニスト」ユダヤ人入植地が建設された時、現地の何人かのラビがこれらの入植者に対する支持を表明したことがあった。しかし、当初の熱狂はほどなく幻滅へと姿を変える。これらの入植者がまったくユダヤ教を実践していないことにラビたちが気づいたのである。先に紹介したラビ、ラピドット**の言葉（本書五八―五九頁）は、こうした失望感を示す一つの例にすぎない。

一八八二年、地中海沿岸の高地にリション・レ＝ツィッヨーンの入植地が築かれたことは、シオニズムと伝統的なユダヤ教徒の集団との断絶を意味するものであった。入植地はマスキール（ハスカラー*［ユダヤ啓蒙主義］の支持者）たちによって主導され、敬虔なユダヤ教徒の本拠地となっていたエルサレムやツファット（サフェド）ではなく、非宗教の入植者たちが多く集まるヤッフォの影響圏内に置かれた。その他の入植地、たとえばペタハ・ティクヴァでは、両者の断絶はそれほど顕著ではなかった。入植者たちは「ハルカー」*（ユダヤ教徒たちのあいだで義援金を配分する制度）の恩恵に与り、シオニストたちが運営する非宗教系学校と並行して（のちにはこちらの方が完全に優位を占めるようになるのだが）、伝統的なユダヤ教の教育もほどこされていた。

〈古き居住区〉は、あくまでもシオニストの入植者たちへの対決姿勢を崩さなかった。しかし、対するシオニストたちの方では、〈イスラエルの地〉における敬虔なユダヤ教徒たちの現存から都合よく利益を引き出す術も学んでいった。たとえば、一九一一年、シオニストの密使が新たな入植者を獲得するためイエメンに赴いたことがあったが、その際、彼はエルサレムの伝統的ユダヤ教徒集団の代表を装ったのである。この見せかけは大いに功を奏した。しかし、シオニストたちによるこの手の入植者獲得作戦は、結果的にイエメンのユダヤ教徒たちをトーラーから遠ざけることになったとして、その後、数十年にわたりイスラエル社会のさまざまな層からの厳しい批判にさらされることになる。同じ非宗教化でも、ハスカラーの影響が皆無に等しかったイスラーム諸国出身のユダヤ教徒の非宗教化は、イスラエル社会に千々の分裂をもたらす。その後遺症は今日なお消え去っておらず、「シャス」*をはじめ、さまざまな抗議運動に余地を与える結果となっている。
ユダヤ教・反シオニストたちは、シオニズムの誤謬、とりわけ新しい移民層に脱＝宗教化を無理やり押しつけることの誤謬を示すため、シオニストたちの言説をそのまま引用してみせる。実際、国の人口増大を至上命令と心得、何十万というユダヤ人をイスラエルに移送することが長年の中心課題であったことは、当のシオニストたち自身、決して包み隠すところではない。

本来、シオニズムの成果とも救出活動の結果ともいえない、単なる移民たちの見境のない流入があった。一度、移民の殺到ぶりが人工的に醸し出されると、それに引き込まれるようにして何万人ものユダヤ人がどっと動き出すのだった。それは、なにもその時期にイスラエルに移住する必然性はなく、また、極度の挑発や甘言がなかったならばおそらく腰を上げることなど永久になかったであろうような人々である。加えて「キブーツ・ガールヨート（流謫の民の集結）」［一九四八年以降、アリヤー*（イスラエル移住）を刺激するためのシオニズム作戦名］は公に謳っていた。ユダヤ人はみずからの居住地について思い悩むまでもなく、皆、ユダヤ国家に住むべきである。現在どこに住んでいようとも、ただちに住処をたたんでイスラエルを目指さないようなユダヤ人は、みずからの民を見放したことになるのだ、と。［……］われわれは、アラブ人たちに［一九四八年の戦争に続く］第二ラウンドを始める気力を失わせるためにも、最小限の時間内で最大限の移民を必要としていた。われわれの人口を三年以内に七十万から百四十万に倍増させること。その際、新しい人材の質、あるいはそれが国の経済産業構造に及ぼす影響など――いわんや国のモラルなども――一切気にしてはいられなかった。それ以外に、われわれの力を増大させる保証はなかったのである。[50]

イスラエル建国後数十年間、勝ち誇るシオニズムの行き過ぎた熱情は、今なお、ユダヤ教世界からの厳しい批判の的となっている。かつて、その熱情のなか、イエメンからの移民の子らが数百人という単位でシオニストたちによって連れ去られ、「新しきヘブライ人」という非宗教的なモデルに適った真のイスラエル人に仕立て上げられてしまった。その際、政府当局は、移民の親たちに対し、彼らの子供たちはすでに死亡したと説明していたらしい。それから数年後、一部の親たちが突然招集され、行ってみると、それは死んだはずの子供たちのイスラエル軍入隊式であったという。そこでようやく親たちは、それが故意に仕組まれた拉致ではなかったかと疑い始めたというのだ。[51]

トーラーへの篤い忠誠心とユダヤ教に関する豊かな知識を有していることで知られるイエメン移民たちは、一九四〇年代の末、イスラエルへの到着と同時に、多くの場合、周囲から隔絶されたキャンプで非宗教的な再教育を受けさせられた。この施策はとりわけ青少年層を対象としており、必ずしも「拉致」とはいえない状況ながらも、親の世代まで受け継がれた伝統から彼らをできる限り遠ざけるような仕方で教育をほどこす仕組みになっていたことに変わりはない。いくつかの資料によって裏づけられたところでは、教育の場で体罰が行なわれることもしばしばであったという。とりわけ、キャンプにとどめ置かれた同胞たちに救いの手を差し伸べようとやって来る敬虔なユダヤ教徒の若者たちをキャンプに近づけまいとして、非宗教人の指導員らが腕力に訴える場合が多かったらしい。一度、クネセット*（イスラエル国会）では、ある議員によって以下のような叙述がなされたことがある。

これらのキャンプの状況を言い表すのに、私は、精神の束縛、そしてユダヤの宗教への異端審問という言葉しか見当たりません。これらのキャンプで行われたことのなかに、私は、イスラエルの諸部族に対する文化的、宗教的殺害行為しか見て取ることができないのです(52)。

その言葉どおり、シオニストの教育者たちは、イエメン出身のユダヤ人子弟に安息日のオレンジ摘みを強制したり、外出時の帽子の着用を禁じたり、長く伸ばした鬢《びん》（ペオット*）――古来、イエメンのユダヤ教徒は鬢を長く伸ばしてきた――を切らせたりしていたらしい。一部のイエメン系ユダヤ人の証言によれば、出身国とイスラエルとのあいだで生活環境の落差は歴然たるものだったという。

かつて私たちを取り巻いて暮らしていたアラブ人たちは、ほんの些細な宗教上の決まり事をめぐってさえ、私たちのやり方に口出ししてくるようなことはありませんでした。逆に、政府は私たちの宗教、私たちの権利、私たちの信仰を認めていたのです。役人や警察官が安息日に私たちのところに来ても、煙草を吸うのを控えたり、いかなる点においても安息日を汚すまいと気を遣っていました。ところが、ここイスラエルでは、役人や警察官が侮辱的な言動に出て、私たちに安息日の冒瀆を強いるようなことをします。彼らは私たちのことを馬鹿にしており、私たちの伝統的な信仰、私たちの祈り、そして私たちの聖なるトーラーの宗教的な戒律を嘲っているのです。[53]

一般にアラブ諸国におけるユダヤ人の処遇をめぐっては、これまでも激しい論争が繰り広げられてきた。シオニストの側で、かつてアラブ諸国でユダヤ人を対象として行なわれた残虐行為に関する証言を数え上げるのに対して、反シオニズム陣営は、アラブ人との関係悪化の原因はまさにシオニズムであったと断言してやまない。シオニストの見方に従えば、アラブ諸国のユダヤ人は、みずからの生命を守るため、大急ぎでイスラエルに移住する以外に選択肢がなかった。つまり、アラブ諸国のユダヤ人も、一九四八年、旧来の住処から逃げ出さねばならなかったパレスティナ人と同じ資格で難民だったわけであり、その意味において、事態は単なる住民の交換として、事後的に「おあいこ」の様相を呈することになる。他方、ユダヤ教・反シオニストの側では、一九四八年以前の〈聖地〉を含め、中東のすべての国においてユダヤ教徒とイスラーム教徒の関係は良好そのものであったことを示す証言を公にし、翻って、パレスティナの植民地化とアラブ諸国における地下活動をつうじて反ユダヤの騒擾を仕組んだのは、ほかならぬシオニストたちであるとして糾弾する。

〈聖地〉の政治主権をイスラームの手に取り戻させることを提唱する反シオニストたちも、また、現在のイスラエル国を二民族国家として作り替えることを提案する人々も、同様に等しく認めているのは、現在、一部のアラブ諸国で顕在化しているユダヤ人憎悪が、比較的新しい、よって可逆的な現象であるにちがいないという点だ。この見方をとるユダヤ人史家はイスラエルの内外に存在しており、その根拠としても、たとえば第一次世界大戦期、〈聖地〉に滞在したあるドイツ軍人の回想録（本書第五章で詳述）のような中立的な資料が援用されている。その軍人自身、シオニストたちの到来以前、アラブ人と敬虔なユダヤ教徒の関係はきわめて良好であったと、みずからの回想録のなかにはっきりと書き残しているのだ。

シオニストたちが移民の再教育に傾注する努力は、二十世紀全体をつうじて社会主義の国々で行なわれてきた教育実験の流れのなかに位置づけられる。その手法は、子供たちを親の影響から引き離し、その時点で有効とされたモデルに従って陶冶し直すというものだ。ベン＝グリオン**とその協力者たちが最終的に目指したのも、やはり社会の効率よき管理運営であったわけであるが、民族主義的な社会主義を採用する国々は、その目的に達するため、いくつかの心理的かつ文化的モデルを援用するという手法に訴えることが多い[54]。ソ連では、孤児、あるいは「人民の敵」とされた人々の子供たち数千人を、国中いたるところに設置されたキャンプに収容し、そこで「新しきソヴィエト的人間」として育成し直すといったことが行なわれた[55]。イスラエルにおいては、それがキブーツの構成員である場合（大部分アシュケナジ系）、彼ら自身の手で、集団体制による子供たちの教育が行なわれた。しかし、両親がアシュケナジ系ではなく、とりわけユダヤ教の伝統を色濃く残したイスラーム諸国からの出身者である場合、子供たちの教育を国家に委ねることが必須とされる場合が多かった。これが子供たちの脱＝宗教化を助長するばかりか、貧困と家族四散の条件下ではいかにしても避けがたい非行化にもつながったことは否めない(56)。このように青少年を家族の輪とユダヤの伝統から引き離そうとする努力が、ユダヤ教・反シオニストたちによって主たる問題点の一つと数え上げられているのは当然である。

青少年を対象としたイスラエル移住奨励制度「アリヤット・ハノーアル*（青年アリヤー）」は、今日、主として旧ソ連からの若者たちを受け入れているが、彼らとユダヤ教との関係は、イスラエルにおける標準よりもさらに稀薄なものとなっている。それまで移民層の中心を占めていたイエメン系やモロッコ系とはまったく異なり、ロシア・ユダヤ人の大部分は、ユダヤ教に関するほんのわずかな記憶、ほんの些細な属性さえも持ち合わせない。以前、シオニズムの密使たちが、イスラエルに向かう「東洋」系の青年たちにそのテフィッリン*（「聞け、イスラエルよ」で始まる聖句の入った小箱。ユダヤ教徒の男性が、祈禱の際、額と左腕につける）を海に投げ捨てるよう説得せねばならなかったとすれば、いま、「世界初の社会主義国」からイスラエルに到着する若者たちは、おそらく「テフィッリン」という言葉さえ認識できまい。

イスラエルでは、ユダヤ教に対する敵意の表出に出会うことがしばしばあり、そして、その激しさは、世界中のディアスポラの地においてはあり得ないような域に達する。この敵意は、とりわけ国家の創設者たちのもとでもさまざまな仕方で見出されるものであるが、その一例が、新しくヘブライ名を冠する際の語彙の選択である。たとえば、クネセットのある共産党議員の父親は、みずからのヘブライ名として「コフェル（Kofer）」を選んだが、これはそのまま「トーラーの否認者」を意味する。(57) このようにユダヤ教をひと息に捨て去ってしまいたいという欲求は、日常生活のすべての場面に行き渡った宗教の強制力——安息日にバスに乗ることの禁忌から婚儀と葬儀における宗教の独占権まで——によって説明づけられるのだろう。メディアは、定期的にこうした敵意の発露の実例を伝えている。たとえば、ある時、イスラエルの公立中学(つまり非宗教を旨とする中学)で、トーラーに関する学期末の——しかも必修の——試験を終えた生徒らが、中庭にトーラーの書を積み上げ、居合わせた級友らの大歓声のなか、それに火を放ったという。余談ながら対比のために書き記しておくならば、敬虔なユダヤ教徒は、一時の学究を終えてトーラーの書を閉じる時、いわんやそれを不注意から床に落としてしまった時などにも、トーラーに接吻をすることになっている。

かつてロシアの非宗教的ユダヤ人を突き動かしていた「反教権主義」の熱情は、しかし、もっぱらイスラエルのロシア移民のもとでしか持続的な影響力を維持し得なかったようである。もちろん、非宗教化への執着は決してシオニストたちだけのものではなかった。たとえば、ロシアから北アメリカに居を移したユダヤ人で、元来、みずからの非宗教人としてのアイデンティティーを前面に押し出したいと思っていた人々は、ニューヨークやモンレアル(モントリオール)などいくつかの都市で自分たち独自の非宗教的な教育体制を構築した。ところが、当初、社会主義的にして反宗教的なものとして始まったこれらの「民衆学校」が、数十年を経た今、ユダヤ教の初歩を教え始め、そして、勝ち誇る資本主義の余勢を駆ってブルジョア富裕層の子弟を多く集めるようになっているのだ。かくして往時のロシア・ユダヤ人プロレタリアートの末裔たちは、富裕化し、シナゴーグ――時として正統派シナゴーグ――の構成員となっている。同時に、往時の反ユダヤ教的な熱情も一個の遠い記憶にすぎなくなった。

他方、イスラエルにおいては、あらゆる毛色の非宗教的ユダヤ人をユダヤ教から隔てる溝が深まるばかりである。今日、イスラエルの諸新聞は敬虔なユダヤ教徒を描き出す風刺画に満ち溢れているけれども、それが、十九、二十世紀ヨーロッパの反ユダヤ主義者たちが描く図柄に実に似通っているのだ。[58] イスラエルの歴史家、ノアー・エフロンによれば、「ハレーディ*のユダヤ人がこれほど憎まれ、これほど警戒されている場所として、イスラエルをおいてほかにあるまい。イスラエルは、ある種の古典的反ユダヤ主義の形態、つまりユダヤ人の全員に対してではなく、〝あまりにユダヤ的〟とされた超＝正統派に差し向けられる反ユダヤ主義の牙城である」[59]。これとて驚愕には値すまい。というのも、ヨーロッパの反ユダヤ主義への抗力として生まれた「新しきヘブライ的人間」のイメージは、伝統的なユダヤ教徒を、堕落し、退化しきった存在として否定するものだったからだ。シオニズムの宣伝部門としては、かつてヴォルテールやフィヒテによって練り上げられた伝統的ユダヤ教徒に対する憎しみに満ちたイメージに、ほんの少しばかり手を加えてやるだけで事足りたはずである。

往時の「アルトユーデ」（ドイツ語で「古きユダヤ人」）の退廃的なイメージをシオニズムの修辞や風刺作品のなかに見出すことはまったく困難な業ではない。すでに一八九四年にヘルツル**が認めていたように、ユダヤ教徒はヨーロッパのゲットーで「いくつかの反社会的な特徴を身につけ」、ユダヤ教徒の性格は「損なわれた」ものとなっていた。フリシュマン〔ダヴィッド、一八五九―一九二二年。ロシア出身の詩人〕は、「〔伝統的な〕ユダヤ教徒の生活は犬のような生活で、人に嫌悪感を抱かせる」と述べた。ヨセフ・ハイーム・ブレンネル**〔一八八一―一九二一年、ロシア帝国生まれの詩人〕は、ユダヤ教徒を「汚れた犬、とても人間とは思えない、傷ついた犬」になぞらえた。ゴルドン**〔イェフダー・レイブ、一八三一―九二年〕はヨーロッパのユダヤ教徒は寄生虫であると述べ、ベルディチェフスキー**〔ミハ・ヨセフ、一八六五―一九二一年、ロシア帝国出身の作家、哲学者〕は、伝統的なユダヤ教徒を「精神の奴隷、自然の力が枯渇し、世界との関係がもはや自然ではなくなってしまった人間」と呼び、また別の箇所では「民ではなく、民族でもない――つまり人間ではない」存在として描き出した(60)。

その上でエフロンは、多数派を占める非宗教のユダヤ人が、ハレーディたちに対して深い恐怖感を抱いていると指摘する。「何人かの友人や同僚が、まったく別々の機会に、それぞれが見た悪夢を私に語ってくれた。彼らはいずれも、夢のなかでハレーディたちに捕らえられ、どこかに監禁され、さらには拷問を受けたというのだ。非宗教人たちは、パレスティナ人とハレーディという、ともに勢いさかんな二つの敵に挟み撃ちされた格好である。〔……〕さらに重要なことは、自分たちは決して安心することができないのだ、そして、どんなに理性的な仕方で子供たちを育てても、いつか子供たちはハレーディの陣営に引き込まれてしまうことになる、という感情が彼らのあいだに蔓延していることである(61)」。とすれば、非宗教のユダヤ人がハレーディたちに対して根深い憎悪を抱くのも当然であろう。たしかに、湾岸戦争時（一九九一年）、イラクからのミサイル数十発がイスラエルに降り注ぎ、化学兵器による攻撃がさかんに懸念された際、大多数のイスラエル人が日頃の対立を乗り越えて新たな連帯のうちに結ばれたことは事実だ。しかし、この戦争のさなか、エフロンは、テル＝アヴィヴ大学人文学部の学生たちの一群のなかにいて、彼らの一人が次のように語るのを耳にしたという。

国にとって一番いいのは、ブネイ＝ブラク〔テル＝アヴィヴ近郊のハレーディィ・ユダヤ教の本拠地〕に化学兵器の攻撃が行われることかもしれない。しかも、彼ら〔ハレーディィたち〕が新型の〔長い髭の男性も着用が可能であるような〕ガス・マスクを手に入れる前にね。そうすれば、われわれだって、どんなにせいせいすることだろう。(62)

ユダヤ教に対するここまでの憎悪は、ディアスポラの地でもっとも同化を遂げたユダヤ人たちのあいだですら想像しがたい現象である。カナダ、フランス、あるいはロシアの同化ユダヤ人は、みずから「ユダヤ・ルーツ」とのあいだに穿ってしまった距離を意識し、それをふたたび見出す必要を感じさえすれば、いつでもユダヤ教のなかにそれを探し求めにいくことができる。シナゴーグの構成員になったり、モーセ五書の初心者向けの読書会に加わったり、ヨム・キプール（大贖罪の日）の典礼に遠くからでも参加したりしながら、現実に息づくユダヤ教に接近することも可能なのだ。ところが、ことイスラエルにおいては、この接近の一歩がかなり困難な業となる。

それがたちまち非宗教的ユダヤ人のアイデンティティーに対する裏切り、「敵陣営への寝返り」を意味するものとなるからだ。

非宗教派のイスラエル人がユダヤ教とのあいだに保つ距離は、〈聖地〉の内でも外でもはっきりと観察される。たとえば、ユダヤ教の新年、ローシュ・ハ゠シャナーの祭日に、ユダヤ教徒たちはみずからの日々の生活を振り返り、悔い改め、トーラーとの距離をより縮めようと努めるのであるが、国外に居を移したイスラエル人の一部は、もとよりシナゴーグに足を運ぶようなことはせず、聖シルウェステルの祭日〔キリスト教の大晦日〕を模範とするかのごときダンス・パーティーを催すことであろう。他国に籍を移した非宗教のイスラエル人たちは、ユダヤ教の組織からも、ユダヤ教徒が住まう地区からも遠く離れた場所で新生活を開始する。新しい居住地への統合が、ユダヤ教とはまったく無関係に進行するのが通例なのだ。この傾向は、非宗教のイスラエル人の三分の二を占める感情にも合致しているといえるだろう。先述のアンケート調査に示されたとおり〔本書九一頁〕、非宗教のイスラエル人の三人に二人は、イスラエルの外に生まれ変わった場合、もはやユダヤ人としては生まれたくないと考えているのだから。

目指すべき理想の高みに非宗教的なアイデンティティーを掲げ持つということは、しかし、人間の心から聖なるものに対する感情をことごとく除去することを意味するものでは必ずしもない。それはむしろ、聖なるものに対する感情を、ユダヤ教の領域から、新たに神聖化されたほかの場へと移行させることなのだ。そして、かりにシオニズムがユダヤ教の伝統という宝庫に滋養を求める頻度において際立っているとしても、もっぱらシオニズムのみが、かつてトーラーに収斂していたユダヤの理想主義を吸収する場として存在しているわけではない。それ以外にも、学術、文学、社会正義や平和のための闘いといったものも、この「聖なる」献身をほかの方向に差し向ける道筋として開かれているのだ。以下は、イスラエルの国民的英雄、モシェ・ダヤン**（一九一五―八一年）の妹〔アヴィヴァ・ゲフェン〕を詩に結びつける絆がいかなるものであったか、のちに彼女の息子が述懐している一節である。

母が詩に寄せていた愛は、一時の気紛れなどではなく、ほとんど彼女の生き方そのものでした。私が思うに、詩の朗読に熱を上げていた母、そして母と同世代の人々の不幸は、詩を愛するのみならず、それを信仰の対象にしていたところに存すると思います。母は、詩を一つの選択肢、生き方にしていました。母が、詩の韻律と、日頃から詩を書き写していた手帳に寄せる信仰は、宗教家がミツヴァー*（ユダヤ教の戒律）や聖書の物語に寄せる信仰と同じでした。〔……〕母にとって、詩人ナタン・アルテルマン**は、私の祖母デヴォラにとってのレフ・トルストイに匹敵する存在でした。私たちがまだ幼かった頃、母は、アルテルマンが『ダヴァール』紙に寄せる週に一度の記事を丁寧に切り抜くのを習慣としていました。(63)

このように文化を神聖化しようとする姿勢が、非宗教的イスラエル人のアイデンティティーの一部を形成している。本書の筆者自身、かつてネタニヤ近郊にある非宗教系のモシャーヴ*で行なわれた結婚式に参列し、新郎新婦と同じテーブルで食事をした時の会話をよく覚えている。政治的には左派に属し、イスラエル社会の好戦的な性格に嫌気がさした二人は、一度、ヨーロッパに居を移そうと試み、最終的にはイスラエルに戻ってきた経歴を持つ人々であった。「あなたなら、まったく問題なく適応できるでしょうけど」と、彼らはほとんど私をなじるような口調で言うのだった。「あなたなら、どこに居を移したとしても、シナゴーグを見つけ、ユダヤ教系の学校を見つけ、カシェール（食用可）のパン屋を見つけながら、立派に定住できるんでしょう。でも、私たちはすべてそういうものを奪われているんです。私たちのアイデンティティーは土地と言語のアイデンティティーです。つまり、私たちはここで囚われの身なのですよ。私たちは、いってみれば、かつて新しいヘブライ的人間を作り出そうとして、私たちからユダヤ的なものをすべて奪い去った、祖父母の世代の人質みたいなものです」。

簡素ながらも、実に真を穿った分析というべきだろう。ここで、「あらゆる革命と同様、シオニズムもまた、〝過去をご破算にする〟との主張のもと、折悪しくそれ以前に存在したものすべてを闇のなかに葬り去ることを意図するものであった」[64] ことを思い起こそう。この「ご破算」の政治学に連なるイスラエル人たちは、いま、ユダヤ教に対するみずからの無縁性を感じ、その原因を苦々しい思いとともに建国の父祖たる社会主義シオニズムに帰しながら、かといってトーラーに再接近する勇気を奮い起こすこともできずにいるわけだ。現行の非宗教的アイデンティティーを捨て去ることは、自分たちの存在そのものに対する裏切り、おそらくは言語ないし土地の放棄よりもさらに重大な裏切りととらえられている。逆にいえば、まさにこれと同じ理由によって、アムノン・イツハク**やウリ・ゾハール**といった新ハレーディ系の説教師たちが、何千人というハレーディ・ユダヤ教の潜在的「改宗者」たちに呼びかけながら、国家との自己同一化を公然と揶揄し、「真のユダヤ人《びと》」になるためは、まずもってそのような考え方から身を引き離す必要があると訴えるのだ。

右に述べたあるモシャーヴでの個人的体験は、一世紀前、著名なタルムード学者*ハイーム・ソロヴェイチク**（一八五三―一九一八年）が残した批判の言葉、「シオニズムの目的は国家を作ることではなく、ユダヤ人をトーラーから遠ざけることなのだ[65]」を私に思い出させずにはおかなかった。

レイボヴィッツ**がそのシオニズム批判のなかで述べているとおり、ユダヤ教の指標なくしては、これらのユダヤ人――現在、ユダヤの民のなかで多数派を占める人々――の存在自体、先立つ数千年の歴史とのあいだの断絶以外の何ものでもあり得ない。彼らがユダヤ教とのあいだで具体的な絆、経験的に観察可能な絆を失ってしまった以上、彼らの追い求める民族的アイデンティティーは、それ自身のためにしか存在しないアイデンティティーである。レイボヴィッツによれば――

危険なのは、それ「民族的アイデンティティー」が国家主義や権力への意志に姿を変えてしまうことである。それこそ、ムッソリーニが意味していたところの民族的アイデンティティーにほかならない。［……］しかし、今日までユダヤの民とみなされてきた人間集団の一部――少数派であるが重要な意味を担った一部――は、この民族的アイデンティティーを拒否し、その象徴物を撥ねつけることによって、宗教の歴史的遺産を生き生きと保存しようと努めている。ここで即座に明らかになることは、「ユダヤの民としてのアイデンティティー」という言葉が、今日、二つの意味、しかも二つの相反する意味を持っているということである。(66)

こうした分析をつうじて、われわれは、その大きな部分においてイスラエル国の存在そのものによって醸し出されているアイデンティティー危機の深刻さを理解することができるのだ。イスラエルとは、まさに国家以外の内容物を持たない民族的アイデンティティーに正当性を付与することによってみずからを支えている一国家なのである。たとえばイタリア人が一つの文化——言語、文学、政治的伝統、知的遺産など——を発展させ、その文化が、イタリア国の成立以前からイタリア人の民族意識に反映されていたのに対して、ユダヤ人の民族意識は、そのような共通の基盤として、あくまでもユダヤ教しか持ち合わせていなかったはずなのである。レイボヴィッツ自身、なにも徹頭徹尾、反シオニズムを貫き通す論客であったわけでは必ずしもないが、その考察のなかには、ユダヤ教の立場からシオニズムに寄せられた批判のある重要な論点がはっきりと顔を覗かせている。

たとえ、いくつかの価値を歴史的遺産として担うユダヤの民がもはやどこにも存在しなくなったからといって、国家の枠組みという権力装置によってしか定義されることのない人間集団にその枠組みを保証してやり、人為的な合成の手続きを経ることによって、新たな民を作り出さねばならないという理由にはならない。［……］むろん、私は無政府主義者ではないため、そのような枠組みも必要であり、また存在しなければならないと考える。私たちは、それを存在させようと欲しさえしている。しかし、その枠組みは、それ自体のために存在しているのではないし、また、それを存在させるため、人間がすべての努力を傾注したり、ましてや命を犠牲にしたりするだけの価値を有するものでもない。国家は人間に奉仕するために存在しているのである。人間が国家のために存在しているのではない(67)。

この国家と人間のあいだの価値転倒こそ、すでに十九世紀末から、権威あるラビたちの大部分を含め、シオニズムの批判者たちが懸念していた点であった。そして、その懸念は当を得ていたというべきだろう。事実、こうした価値転倒のうちに、自分たちなりの仕方でユダヤの民としてとどまり続ける最後のチャンスを見出したのは、まさにユダヤ教からもっとも遠く離れたユダヤ人たちだったのだ。皮肉なことに、非宗教のユダヤ人たちの敵愾心を煽り立てる宗教的な強制力のおかげをもってして、イスラエルは、ユダヤの連続性に連なっていると思い込みながら、みずからの非宗教的なアイデンティティーを維持し続けることのできる世界で唯一の場所たり得ている。実のところ、非宗教のユダヤ人とは、自分自身にユダヤ教との関係がすっぽりと抜け落ちているなどとはつゆ思ってもみない人間の謂いなのだ。彼らの自己イメージは、彼らが身を置いている境遇の型、つまりイスラエルに住み、ヘブライ語を話し、そしてハレーディたちとは異なりツァハル（イスラエル国防軍）の徴兵に進んで応じることにほかならない。こうして彼らは、時折、街路ですれ違う長い髭のユダヤ教徒たちよりも自分たちの方が優れたユダヤ人であるとの思いのうちに日々を暮らしているのである。

実際、ユダヤ教の立場からシオニズムを批判する人々は、シオニズムがもたらす危険が、ユダヤ教から遠ざかったユダヤ人たちにとってとりわけ甚大なものになると考えている。ほかでもない、シオニズムとは、人が悔い改めに向かう道を遮断してしまう何ものかであるからだ。二十世紀初頭、ルバヴィチ*のレッベ*、シャローム・ドーヴ・ベール・シュネールソン**は、シオニズムを信奉する人々が、それをもってみずからを「善きユダヤ人」とみなしている現状を嘆いていた。シオニズムによってユダヤ教との距離を縮めたユダヤ人はいまだかつて一人もおらず、逆に、多くのユダヤ人が真実から遠ざけられてしまったにもかかわらずである。ところが、シオニストたちの見取り図において、シオニズムはユダヤ教のもっとも近代的な先端部としてとらえられており、他方、大本のユダヤ教には、たしかにそれなりの敬意に値しないわけではないが、つまるところ時代遅れ以外の何ものでもない先人の役割が与えられるのが関の山である。シュネールソンも繰り返し述べているとおり、こうした見取り図が、キリスト教と近代の関係をとらえる際の見取り図に酷似していることは明白であろう[68]。

シュネールソンは、また、シオニズムがユダヤ人に及ぼす絶大な吸引力の所在も認めていた。シオニズムは近代の言葉を話し、情緒の水準でユダヤ教の象徴に依拠し、トーラーとの絆が脆弱ないし絶無となってしまったユダヤ人の生を賦活しようとするものであるからだ。しかし、シュネールソンは、その見せかけに目を眩まされてはならないと注意を喚起する。ある時、彼はシオニストを豚になぞらえたことがある。豚は脚に蹄をもち、それが完全に二つに分かれてさえいるため――それがカシェール（食用可）の動物としての弁別指標である――、それが横になって、脚を伸ばした格好でいるのを見ると、うっかりカシェールの動物と取り違えてしまいかねない。しかし、それでもなおトーラーに、豚が「汝らには汚れたるものなり」（「レビ記」一一の7）と書かれていることに変わりはないというわけだ。

旧ソ連からのユダヤ移民たちは、かりに厳密なラビの法を適用するとした場合、少なくとも三人に一人の割合でユダヤ人ではないと判定されても不思議はない人々である。その彼らが、シュネールソンのいう「見せかけ」を嬉々として受け入れたのであった。状況の不条理は、これら新イスラエル人たちのなかで機転の利く人々の目にも過たずにとまっていた。彼らは、十九世紀のロシア詩人アレクセイ・ネクラソーフの言葉、「詩人たらずとも市民たれ」をもじり、現代のイスラエルにふさわしい新たな異型を考案した。いわく、「ユダヤ人たらずともシオニストたれ」。実際、ユダヤ民族性への帰属を自然と受け止めていた旧ソ連からの移民たちは、イスラエル国の支柱であると同時に存在理由でもある非宗教人たるシオニストのイメージに、これ以上はあるまいというほど適合していたわけである。建国当時、大方ロシア出身のユダヤ人らの手によって創設されたイスラエル国が、その後も、ユダヤ教からもっとも遠ざかったロシア系ユダヤ人たちの耳に、依然、往時と変わらぬ響きを届けているといった構図である。

むろん、かつてイギリス当局によって初代「パレスティナ首席ラビ」に任命されたアヴラハム・イツハク・クーク**（一八六五―一九三五年）などは、〈イスラエルの地〉への帰還が新たな非宗教のヘブライ人を伝統に再接近させる契機となることを切に望んでいたものである。当初こそ、ロシアにおけるスラブ民族主義に鼓舞された「土地」に対する憧れをもって、農業生産の次元での奇跡を成し遂げてみせようと意気揚々と渡ってきた開拓者たちであっても、追々、その土地から何らかの神秘的な感化を受け、ユダヤ教に回帰するのではないか、との見込みがあったのだ。しかし、一世紀後の今日、このラビの思惑は期待外れに終わったというほかない。非宗教人は非宗教人のままであり続けてイスラエル人の大多数を占めるにいたり、そうした人々の精神に帰還先の土地が何らかのインパクトを与えたとは考えられないからだ。言語も、〈イスラエルの地〉そのものも、ユダヤ教徒としての意識を高めることには寄与せず、逆に一部の観察者が認めたところでは、「脱＝ユダヤ教化」がこれほど徹底して進行した場所としてイスラエルをおいてほかにないほどであるという。最初期のシオニスト入植者として移住した開拓者たちのなかには、ハレーディの陣営にはまったく無縁でありながら、ハレーディたちの言と見紛うばかりの結論を導き出す者もいた。「〝ユダヤ人であることは難しい〟と、かつて異教徒たちのもとで暮らしていたユダヤ人は言うであろう。［しかし］それよりも、いま、新しいタイプのヘブライ人たちのあいだで、イスラエルの精神に忠実なユダヤ人として生きることがさらに難しくなっている(69)」。

宗教＝民族派（ダーティ・レウミ）運動の指導者たちは、ラビ、クークの楽観的な予測が、その後のイスラエルの現実とまったく食い違うものになってしまった状況を遺憾に思っている。つまり、宗教、あるいは知の次元で統一をもたらす要素が見当たらず、唯一の共通項としてアラブの脅威だけが、レイボヴィッツのいう「ムッソリーニ的」な民族アイデンティティーを醸し出す状況のことである。外国に居を構えるイスラエル人、いわゆる「ヨレッド*（「下っていった者」）」の多くに見られる行動が、この戦闘的なアイデンティティーの所在をよく物語っている。イスラエルが戦闘状態に入ると、彼らは急遽帰国し、それぞれの連隊に合流するのだが、それでもなお、平時はイスラエルの外に住むことを好むのだ。ある時、ボストンに住むあるイスラエル人が、トルンペルドール**の有名な台詞（本書二五二頁参照）をもじって私にこう打ち明けたことがある。いわく、「イスラエルのために死ぬことは、そこで生きることよりも容易な業である」。

　イスラエル賞受賞者、アディン・シュタインザルツ（一九三七―二〇二〇年）は、著名なる思想家にしてタルムードの翻訳でも知られるラビであるが、彼によれば、イスラエル国民はユダヤ教独特の内実を完全に欠落させており、その思考形態と生活様式をこのまま保持していくとすれば、あらゆる非ユダヤ教徒の国民よりもユダヤ教的であることがさらに少ない国民になってしまうにちがいないという。「われわれは、このイスラエル人という非ユダヤ教的な資格において、みずからを維持し、生き続けることができるのだろうか？[70]」。

　伝統的なユダヤ教にもとづくアイデンティティーに代わるイスラエル人アイデンティティーをめぐる議論の中心を占めているのが、この、もはやユダヤ教とは何の関係も持たないユダヤ人をもっぱら民族として維持していくことの価値如何に関わる問いである。シオニズムの心理史を描き出したある著者も、みずからラビでも敬虔なユダヤ教徒でもない立場にありながら、ユダヤ人は、神との関係を破棄したことで、かつて所有していたユダヤ人としての唯一の弁別指標を手放したことになると結論づけている[71]。いきおい、新しいユダヤ・アイデンティティーは別の共通分母を見つけ出さねばならず、そして、イスラエル国の安全保障をめぐる終わりなき憂慮こそが、ディアスポラの地でもイスラエルでも、その共通分母の役割を果たすにいたったのだ。

昨今の文化多元主義は、アイルランド系アメリカ人、トルコ系ドイツ人という具合に、一人の人間が複数のアイデンティティーを保持することを可能にした。今日、まさにその文脈の上で、多くのユダヤ人が――たとえ一度もイスラエルに足を踏み入れたことがなくとも、また、ほんの片言さえヘブライ語を学んだ経験がなくとも――イスラエルに自己を同一化させ、イスラエル人歌手のコンサートに出かけたり、国際世論としてイスラエルを擁護したりしている。ディアスポラの地では、三十年ほど前から、種々のシオニスト団体が各地のユダヤ系の学校でイスラエル国の重要性を子供たちに教え諭すようになっている。こうした「代行式のイスラエル主義」が伝統的ユダヤ教のアイデンティティーにいとも容易に取って代わったのは、ほかでもない、前者の新しいアイデンティティーの方が、その保持のための義務として課されるところがはるかに少なくて済むからだ。ユダヤ教のアイデンティティーは、トーラーとその戒律への服従の上に成り立っており、もっとも内密な私的領域（とりわけ食生活と性生活）から、もっとも人目につく日々の立ち振る舞い（とりわけ安息日の自動車の使用禁止、あるいは身にまとう服装の質素さ）までを律する。それに対して、イスラエル主義は、人に一定の帰属感情を抱かせながらも、とくにこれといった義務を押しつけるたぐいのものではない。たとえば、日頃、ユダヤ教にはそれなりの関心を持っていながら、トーラーをその規範的意味において受け入れることは拒み続けている私の友人が、ある時、私にこう打ち明けたことがある。「僕がイスラエルに自己同一化するのは、それが非宗教のユダヤ人にとっての最後の逃げ場だからだ。イスラエルがなかったら、僕は、トーラーの戒律を実践するか、あるいはユダヤの民を完全に捨て去るか、そのいずれかを余儀なくされることになるだろう」。後日、この友人の言葉を、今日おそらくもっとも雄弁な反シオニズムを展開しているラビ思想家であるモシェ・ドーヴ（ベール）・ベック**に伝えたところ、彼は驚いた様子で私にこう返した。「だが、非＝ユダヤ人になることの、一体どこが悪いというのかね？」。換言するなら、トーラーを遵守しない人々が、それでもユダヤ人であり続けることに執着するのはなぜなのか、ということだ。非宗教のユダヤ・アイデンティティーなるものは、ラビ、ベックにとって無意味そのものであるのだ。

国旗、強力な軍隊、そして栄える経済を身に備えた国家の存在は、人に一定の安心感をもたらすものである。たしかに、さまざまな民族が入り組んでいる地域に国民国家を創設することが、本当にボスニア人あるいはウクライナ人の安全保障につながったのかどうか、疑問視されるケースもあるだろう。しかし、イスラエル国の場合、多くのユダヤ人にとって、その存在が安心感の源になっていることは疑えない。

アヴィネリによれば——

シオニズムは、ユダヤ人の生活におけるもっとも重要な革命であった。それは、かつて宗教の用語で表現されていた伝統的な正統ユダヤ教のアイデンティティーに代わって、民族としての非宗教的なユダヤ・アイデンティティーをもたらした。それは、シオンへの帰還という敬虔な願い、受け身的にして慰藉に近い希望としてあったものを、実際に何百万人という人間をイスラエルに導く社会的な力に変容せしめたのである。そして、それまで厳密に宗教的な使用のなかに閉じ込められていた言語を、国民国家のただなかで意思疎通を担う近代的かつ非宗教的な国語の地位につけた。ユダヤ教徒をパレスティナに結びつける伝統的な宗教の絆だけでは、シオニズムがなぜあの時代に出現したのか、十分説明づけることができない(72)。

トーラーの名においてシオニズムを棄却する人々にとって、その民族運動は、ユダヤ教とユダヤ史に対する截然たる決別として位置づけられる。ならば、なぜ、アヴィネリほか二十世紀末のシオニズム系の書き手たちの側で、わざわざその不連続性を強調する必要があるのだろうか? 彼らは、すでに開いている扉をことさら突き破ってみせようとしているのではないのか? 実のところ、これらの書き手たちは、ユダヤ系、非ユダヤ系の別を問わず従来の知識人たち(たとえばポール・ジョンソン〔5〕)が行なってきた歴史記述、つまり、〃ユダヤ史はすべからくシオニズムをその終着点とすべし〃という、目的論的にして政治的意図の濃厚な歴史記述の総体に抗おうとしているのである。

まずは、イスラエル第一世代の歴史家たちが、こうした歴史記述に躊躇いもなく寄与したことはいうまでもない。当時、すべてに先立つものとしてシオニズムの大義への忠誠心があった。彼らは、ソ連で同等の役割を果たす人々ほどあからさまではないとしても、大義への忠誠心においてはまったく引けをとらない政治宣伝局員であった。ところが、一九八六年、ミハイル・ゴルバチョフがグラスノスチ（公開性）を唱え、歴史家たちに対し、それまでの公式な歴史記述に残された「空白」を埋めるよう求め始めた時、事象の同時性現象としてきわめて興味深いことに、イスラエルの若い歴史家やジャーナリストたちも次々と新しい研究成果を世に問い、体制の創設神話に異議を唱え始めた。秘せられていたイスラエル軍関係の古文書やシオニズムの父祖たちの個人的文書を公開しつつ、シオニストたちがアラブ人やアラブ諸国出身のユダヤ教徒をどう扱ってきたのか、つぶさに暴いてみせる彼らの著作活動は、各方面からの抗議の大合唱のなか、今日なお継続中である。ソ連の場合、歴史の見直しがそのイデオロギー的基盤の掘り崩しにつながり、体制そのものの崩壊に寄与したのであった。イスラエルの「新＝歴史家」たちもまた、シオニズム・イデオロギーを掘り崩し、イスラエル青年層の大きな部分をシオニズムの主たるイデオロギー綱領から引き離すことに成功しつつある。

その上でなお、ハレーディの世界を大学人の世界から隔てる溝は——若干の例外を除き——依然として深く、ユダヤ教の立場からシオニズムに寄せられた批判の言説が大学の講義室やゼミ室にまで届くことはほとんどないといわなければならない。ハレーディたちは、外界との意思疎通を可能にする媒介語を持たないため、自分たちの反シオニズムを、一般のユダヤ人、いわんや非ユダヤ人にも理解可能な仕方で言説化することができない。翻って、イスラエルの非宗教人たちのあいだから生まれ出たポスト＝シオニズムと「新＝歴史学派」の存在がハレーディたちの目にとまることもほとんどないままとなっている。しかし、彼らがそこに目をとめさえすれば、間違いなく、自分たちと共通する思想がそこに出揃っていることに気づくはずなのだ。

しかも、そもそもハレーディたちの内部で意思疎通が常に容易であるとは限らない。一九一二年に発足した反シオニズム運動「アグダット・イスラエル*」に連なるハレーディたちは、宗教＝民族派（ダーティ・レウミ）のメシア主義を批判しつつも、「ネトゥレイ・カルタ*」の立場からは一定の距離を保っている。むろん、ハレーディ系思想家たちの多くが非シオニストであり続け、ユダヤ教徒が大挙して〈イスラエルの地〉に居を移すことがメシアによる贖いに結びついているという考え方を断固として拒否していることに変わりはない。彼らはシオニズム・イデオロギーのあらゆる表出を拒み、国家主導の典礼、すなわち社会学者らが「イスラエルの公民宗教」と名づけているところのものをことごとく撥ねつける[73]。そのシオニズム批判が、人々をユダヤ教の戒律に反する行ないにかり立てる諸制度に向けられることはいうまでもない。ただ、国家の存在そのものがトーラーに背くものとして一様に断罪されているわけでは必ずしもない。そこには、彼ら自身がイスラエル国とのあいだに取り結んできた協調関係の過去が映し出されていると同時に、ユダヤ人による〈イスラエルの地〉の植民地化という現象を神学的にどう解釈したらよいのか、彼ら自身、考えあぐねている様が反映されているといえよう。というのも、彼ら自身、イスラエル国の存在が人間の贖いに関係する性質のものであるのかどうか、という点をめぐって、神から発せられるはずの信号をまだ受け取っていないからである。かつて筆者がこの点についてイェシャヤフ・レイボヴィッツにじかに尋ねてみたところ、彼は、いつもながらの皮肉を利かせながら、神は、イスラエル国を代理店としてこの世の贖いを実現するというみずからの計画を記した書留郵便をまだ送ってきていないと答えた。「私の方では、毎日のように郵便受けを覗いてみているんだがね」。

次章で詳しく見るように、すべてのハレーディ集団に共通して「流謫」の意識が揺るぎなきものとして存在しているなか、「アグダット・イスラエル」は、シオニズムの企図に対してユダヤ教的な価値を──正の方向においても負の方向においても──一切認めまいとする立場をとる。シオニズムをイデオロギー潮流として激しく攻撃した初期の指導者たちとは異なり、現代の「アグダット・イスラエル」指導者たちは、大方ユダヤ教から遠ざかってしまったユダヤ人たちが〈イスラエルの地〉において主権を行使するという独特の現象をめぐって、ことさら神学的な分析をほどこすこと自体を忌避しようとする。たとえイスラエル国が〈イスラエルの地〉に住まう敬虔なユダヤ教徒たちを養い、全世界からユダヤ教徒の訪問客を迎え入れ、何千人というタルムードの学徒たちがみずからの師のもとで研鑽を積む場所を提供したとしても、それでもなお「アグダット・イスラエル」にとって、イスラエル国は、とりたててユダヤ教に関連づけて扱われるほどの存在意義を有するものではないのだ。

なかにはハレーディの反シオニストたちに対して、彼らがあまりに国家を重視しすぎるとして批判的な目を向ける人々もいる。ある時、エルサレムの街路で「ネトゥレイ・カルタ」のメンバーがイスラエル国の存在を告発する示威行動を繰り広げるのを目にしたあるタルムードの学徒は、その「ネトゥレイ・カルタ」のメンバーこそがシオニストではないかと言って非難した。「彼は、かつてのポーランドやロシアでも同じように当局に悪態をついたであろうか？　いま、アメリカにいたとしても同じような挙に出るであろうか？」(74)。そのように、数ある国家のなかにあってイスラエル国だけを特別扱いしようとする姿勢そのものが、すでにシオニストの挙措であるというわけだ。

実際、ハレーディのユダヤ教徒は誰一人としてイスラエル国のための祈禱の言葉を口にしない。世界中のユダヤ教徒がそれぞれ住まっている国家の安寧を願う祈禱を行なっているという事実に照らして、これは大いなる例外事態というべきであろう。一度、「アグダット・イスラエル」のある活動家がイスラエル国の建国を語りながら出エジプトの物語に用いられた表現、「それは神の指なり」(「出エジプト記」八の15)を援用して「ネトゥレイ・カルタ」から指弾を受けた際、「アグダット・イスラエル」は即座にその非を認める声明を出した。しかし、「アグダット・イスラエル」がシオニズム陣営との協調体制に傾きつつあるのは明白であり、運動の内部にあって一切の妥協を受けつけない人々からもさかんに批判の声があがっている。(75)

現代ヘブライ語と非宗教的なアイデンティティー

言語は、シオニズムを含め、あらゆる国家主導の民族主義にとって不可欠の構成要素である。そして、言語が民族主義の構成に果たす役割は、集団アイデンティティーを支える他の要素が総崩れを起こし、ぽっかりと真空状態が生み出された時にこそ、ますます重要性を発揮するものだ。かくして近代の民族アイデンティティーは、言語的な帰属と、なにがしかの領土の所有——この後者は往々にしてロマン主義的な色彩を強める——を基礎として成立することとなった。その際、現代ヘブライ語の構築は、歴史上類を見ない大快挙であったというべきだろう。その構築は、当初、共通の領土から遠く離れた場所で、もっぱら祈禱とトーラーの学習に用いる言語（「レション・ハ＝コデシュ［聖なる言語］」）としての位置づけに大きな断絶をもたらすものとして遂行された。

十九世紀半ば以降、著名なラビたちのなかにもヘブライ語刷新の動きを支持する人々が現れるようになっていたが、注目すべきは、その際、彼らがユダヤ教の伝統よりもヨーロッパ民族主義の先行例に依拠しようとしていた点だ。[76] ルーマニア語、ポーランド語、ハンガリー語といった言語の近代化の実例から、聖書ヘブライ語とラビ・ヘブライ語を土台として一つの近代語を成立させる可能性が開かれたのである。家庭で民族固有の言語を使うことの重要性を説いたのは、なにもシオニストたちが最初ではない。ドイツ文化の再興を唱えた十八世紀のイデオローグ、ヨハン・ゴットフリート・フォン・ヘルダー（一七四四―一八〇三年）に刺激された中央ヨーロッパ、東ヨーロッパの民族主義者たちが、それまでドイツ語、ロシア語といった大国の共通語の陰に打ち捨てられていた民族固有の言語を意識的に使おうとする努力をすでに開始していた。彼らは、その民族固有の言語で文学作品を産出し、それによって歴史的連続性の感覚を養い、来たるべき国民国家に不可欠の要素として「民族精神」の涵養を志向したのだ。こうしてオーストリア＝ハンガリー帝国とロシア帝国で民族主義を掲げる知的エリートは、当時、その唯一の日常的使用者となっていた農民たちのもとへ赴いて各民族の言語を学び、しかるのちにそれを科学、哲学、政治の領域での使用に耐えるよう充実させていく必要を感じていた。ヘブライ語の近代化を熱心に推し進めようとした人々も、よって、自分たちの周囲を見渡すだけで勇気づけられる前例や模範とすべき手本をいくらでも見出すことができた。ただ、ヘブライ語の場合、刷新のために辿るべき手順が周囲の民族諸語とは正反対であった。まず、ラビ、その他の知者たちの言語を賦活し、しかるのちにそれを一般の社会生活や、農業、工業といった分野での使用に適合させなければならなかったのである。十九世紀末、一般の社会生活の場でも、農業や工業の分野でも、ヘブライ語はまったく使用されていなかっただけに、この手続きにはより多くの困難がともなうこととなった。

ヘブライ語で書かれた初めての小説は、当時のヨーロッパ民族主義運動の鋳型に聖書の物語をそのまま流し込むような体裁をとっている。(77) そして、それが書かれた場所は、ロシア帝国内にあって二つの民族主義が睨み合っていたリトアニアである。当時のリトアニアでは、ポーランド民族主義とリトアニア民族主義が、それぞれの近代文学と、そして当然のことながらそれぞれの民族語の枠のなかでみずからの過去をさかんに称揚していた。その後、非宗教的なヘブライ文学はオーストリア＝ハンガリー帝国やその他の国々でも広く行なわれるようになるが、ロシア帝国は、ロシア語よりも聖書ヘブライ語の方を得意とするユダヤ教徒住民を多く抱えていたせいもあって、現代ヘブライ語の普及にもっとも豊潤な土壌を提供することとなる。リトアニアの有名なイェシヴァー*——たとえばヴォロジンのそれ——を卒業した人々の一部は、ユダヤ教の実践を捨て、新しいヘブライ文学の支柱、ひいてはシオニズムの文化的偶像となっていくであろう。さらに一部のユダヤ人インテリゲンチャは、ジャーナリズムの世界にもヘブライ語使用を取り入れていくこととなる。

ユダヤ教の立場からシオニズム批判を繰り広げる人々において、こうしたヘブライ語刷新の動きは、ユダヤ史の連続性を物語るどころか、むしろ伝統に対する〔シオニズムと並ぶ〕もう一つの反逆を意味するものとして受け止められた。聖なる言語が冒瀆されたとして嘆く者もいれば、すべては伝統の担い手としてあった言語を横取りし、歪めてしまうためにシオニストたちが企てた陰謀であると断ずる者もいた。ヘブライ語を非宗教的なものとして作り替える作業は、当然のことながら、権威あるラビたちの逆鱗に触れることとなる。ラビたちの目から見れば、この刷新運動は、実際にこの新しい文学に触れることができる——そして、いつしかその感化に屈しかねない——イェシヴァーの学徒たちを狙い撃ちにするものであり、ユダヤ教に対して仕掛けられたとりわけ悪質な攻撃と映った。

シオニズムの文学とジャーナリズムは、二大帝国の共通語たるドイツ語とロシア語でもさかんに行なわれるようになっていた。これらの二語は、とくに同化の度合いが高いユダヤ人の読者層を対象として用いられることが多く、シオニズム、反シオニズム双方の歴史家たちが確認してきたとおり、のちのシオニズム指導者たちのほとんど全員が、これらドイツ語ないしロシア語使用者たちのなかから輩出している。とりわけ活発な文学サークルはオデーサのそれであった[78]。イリヤ・イルフ（一八九七—一九三七年）、イサーク・バーベリ（一八九四—一九四〇年）、ミハイル・スヴェトロフ（一九〇三—六四年）といったユダヤ系の作家たちはロシア語で作品を書き、ソ連を代表する文学者としての名声をも博した。

ヴラディミル・ジャボティンスキー**もまた、表現手段としてロシア語を選び、その優れた操り手として名声を築きながらも、シオニストになることによって他のユダヤ系作家たちとは別の道を選択した人物である。のちのソ連文学の大御所、マクシム・ゴーリキーは、シオニズムがジャボティンスキーほどの逸材をロシア文芸から奪い取ってしまったと嘆いているほどだ。今日、とりわけシオニズム修正派の創設者にして、その政治、軍事面に関する理論家として知られているジャボティンスキーは、トーラー*の字義どおりの解釈にかなり忠実な戯曲と歴史小説も数点残している。興味深いのは、ユダヤの軍事力に関するこの無類の理論家が、盲目となり、みずから命を絶つに際して敵の軍勢をも道連れにしようとするサムソンの物語にもとづく一篇のロマン主義的な文学作品をものしていることだ〔『ナザレ人サムソン』一九三〇年〕。そこには、ほかのシオニズム指導者たち、そして、のちのイスラエル建国の主導者たちが絶えず青少年に教え込もうとしたのと同じ英雄精神が見出される。そこから時代を下って、今日のツァハル〔イスラエル国防軍〕の幹部候補が国家に対する宣誓を行なう場所は、ローマ時代、ユダヤ人が集団自決の道を選んだマサダ*の地に設定されることにもなろう。*しかし、すべての価値の上に人間の生命を位置づけ、自殺を断罪するラビの伝統に鑑みるまでもなく、ジャボティンスキーと同時代を生きた多くのラビたちが、英雄礼賛の小説作品も、シオニスト青年部向けのイデオロギー教育も、ユダヤ教に一切無縁、ないしそれに完全に背馳する余剰物とみなしたとしても不思議はない。他方、今日のシオニストたちは——少数派の宗教＝民族派〔ダーティ・レウミ〕を除き——、イスラエルとディアスポラ〔離散〕の地に住まう何百万というユダヤ人に現代ヘブライ語を浸透、定着させ、なおかつユダヤ教の伝統との絆を断ち切ることによって新しい民族の形成に成功したことをみずからの誇りとしているのである。

ヘブライ語がイディッシュ語に対して収めた勝利は、言語の勝利というよりも、流謫を拒むと同時に「新しきヘブライ的人間」の創出を志向する一イデオロギーの勝利であった。シオニズムの論客として知られるイスラエルの知識人ボアズ・エヴロンによれば、「シオニズムとは、紛れもなくユダヤ教の否定である」[79]。実際、非宗教化の過程が始まって以来、ユダヤ教は、ユダヤの民をまとめ上げるよりも分裂させる方向に機能してきた。ベン＝グリオン**が、ユダヤ教のうちに「ユダヤの民の歴史的不幸」を見て取っていたのもまったく不思議ではない。「彼にとってユダヤ教は、ユダヤの民を領土と政府に立脚した規格どおりの民族として作り替えるにあたっての障害そのものであった」[80]。個人的にもベン＝グリオンをよく知っていたレイボヴィッツ**の言によれば、イスラエル建国の父たるベン＝グリオンは、聖書とのあいだに「キリスト教におけるユダヤ教批評の精神にもつうじる選択的な関係、すなわち、トーラー、戒律への敵意と〈預言者〉たちに対する賛嘆の念——たとえ〈預言者〉たちの言葉をまったく理解できていなかったとしても——の両面からなる関係」を取り結んでいたという[81]。

この「選択的な関係」は、当然、シオニストたちが絶えず「流謫的（ガルーティ）」という言葉をもって酷評するユダヤ教の伝統の拒否をも含むものであった。ここで「流謫的」という新語（「流謫（ガルート）*」の形容詞形）に、根を持たず、生気も失った人間の生き様として提示されるディアスポラへの軽蔑がすでに内包されているのだが、この新語自体、エリエゼル・ベン＝イェフダー**の息子イタマル・ベン＝アヴィ（一八八八—一九四三年）と、ウリ・ツェヴィ・グリンベルグ（一八九四―一九八一年）という二人の民族主義作家の手で現代ヘブライ語に導入されたものである（この言葉を、スターリン治世下、反ユダヤ主義の迫害熱が高まった頃、ロシア語に導入された「根なし草のコスモポリタン」という言葉に比べてみてもよいだろう。もっとも、その言葉に盛られた侮蔑的なコノテーションはヘブライ語の新語「ガルーティ」に比べて、まだしも限定的なものであるように思われるが）。

このようなユダヤ教の過去に対する見方は、たとえば考古学的発掘のあり方などにもはっきりと映し出されている。かつてイスラエル建国の主導者たちが、新しい民族意識の浸透と定着を目的として、考古学上の発掘をさかんに奨励した時期があった。その際、ヘブライ語使用の聖書時代の遺物には最大限の注意が払われるのに対して、多言語使用のポスト聖書時代、ラビたちがローマ帝国の行政当局とのあいだに調和と妥協を織り交ぜた関係を築き、ラビ・ユダヤ教を特徴づける非暴力の伝統を形成しつつあった時代の発掘物は、長いあいだ、公の考古学者たちにはまったく知られないままであった。この例からも、現代ヘブライ語の構築が、シオニズムの必要に合致する歴史的過去の構築と表裏一体の関係にあったことが見て取れるだろう。

新しい共通語の構築者たちは、伝統的なユダヤ教の用語に新しい非宗教の意味を付与することによってヘブライ語を作り替えていった。〈聖地〉におけるヘブライ語の刷新を主導したのは、ロシア帝国で五言語同時使用の環境に育ち（ロシア語、ポーランド語、ベラルーシ語、リトアニア語、イディッシュ語）、タルムード学*の研鑽を積んだ経歴を持つエリエゼル・ベン＝イェフダー（エリエゼル・イツハク・ペルルマン、一八五八―一九二二年）である。注目に値するのは、現代ヘブライ語の創出案と、全人類の共通語としてのエスペラントの創出案とが、時を同じくして、ロシア帝国内のほぼ同じ地域――リトアニアと東ポーランド――に住んでいたペルルマン（ベン＝イェフダー）とエリエゼル・ザメンホフ（一八五九―一九一七年）という、二人の若きユダヤ人の脳裏に閃いたという点である。その地域では、日頃から、ロシア語、ドイツ語、イディッシュ語、ポーランド語、リトアニア語の五言語の併用が当たり前のように行なわれていたのである。

ベン＝イェフダー自身の言によれば、十七歳の頃、彼は、〈イスラエルの地〉*における民族再生を予告する天の幻視を体験したという。以来、新しい民族語の創出が彼の中心課題となった。一八八一年、エルサレムに構えられた彼の自宅が、日常の通用語として現代ヘブライ語が使用される世界初の場所となった。ユダヤ教に反感を抱いていたベン＝イェフダーは、「新しきヘブライ的人間」の形成手段として言語の徹底的な非宗教化を提唱する。たとえば、「神への信頼」を意味する「ビターホーン」には、新たに「軍事上の安全」との意味が当てがわれる。ここでユダヤ教に由来する概念が、現代語において、正反対の意味で再利用されていることがわかるだろう。新しいヘブライ人は、もはや神の摂理ではなく、武器の力にこそ信を置くのである（本書第四章参照）。こうして人間の安全を保障する任務がまるごと国家に委嘱され、建国後数十年間にわたり、イスラエル社会では「安全」に関わるすべての要件が聖なる牝牛のような扱いを受けるにいたった。

この種の意味の変容が闇雲に行なわれているわけでは決してない。そこには、新しきヘブライ人を伝統の泉から遠ざけると同時に、伝統的なユダヤ教徒たちを馴染み深い語彙によって引きつけ、誘い込もうとする意図が込められているのだ。人を伝統から遠ざけるこの操作は、単語自体には原初の形態を保たせておき、意味だけをずらすことによって遂行される。たとえば、メシア思想の文脈で用いられる「キブーツ・ガールヨート」は「流謫者たちの集結」を意味するが、これが新しい文脈では、単に「移民の受け入れ」を意味することとなる。さらに、ミシュナー*の用語である「ケレン・カイェメット」は、元来、来世において「有益」となるべきものとして現世に生きるあいだに蓄積しておかねばならない徳を意味するが、これがシオニズム運動の財政組織である「ユダヤ国民基金」の名称として転用されたりもする。今ひとつ、「アッガーダー」の例も挙げておこう。本来、「アッガーダー」とは〔「ハラハー」*との対比において〕タルムードのなかの法規に関係しない部分を指す言葉であるが、これが現代ヘブライ語においては「伝説」、「作り話」の意に用いられるのだ。こうした意味の移し替えが、これまでユダヤ教の側から幾度となく批判の対象とされてきたのも当然であろう。その意味変移の一つ一つに、ユダヤ教の伝統によって付与されてきた意味を掘り崩し、ひいては伝統そのものを掘り崩そうとする意図が込められているのは明白だからである。

それでいてなお、言語をユダヤ教の遺産に関連づけておくことは、現代ヘブライ語とシオニズムの世界観を人々に受け入れさせるための一助となる。たとえば、ヴラディミル・ジャボティンスキーがみずから編纂した初級者向けの現代ヘブライ語教本は『タルヤグ・ミッリーム（六百十三の単語）』[82]と題されていたが、これは、ユダヤ教の伝統においてトーラーに含まれる戒律の数が六百十三と算定されていることにちなむ。加えて、この教本はヘブライ語のラテン・アルファベット転写表記を採用しているため、学習者は、ヘブライ語以外の言語（たとえばタルムードにおけるアラム語や、モシェ・ベン・マイモン〔マイモニデス、一一三五―一二〇四年〕のほとんどの論考に用いられているアラビア語、あるいは十八世紀の「女性用聖書」、『ツェナー・ウ＝レーナー〔出で来て見よ〕』におけるイディッシュ語など）にも等しくヘブライ文字を使用するユダヤ教の伝統から隔絶したまま、ヘブライ語による意思疎通だけを身につけることができる仕組みになっている。このジャボティンスキーの発想は、同時代にトルコ語の刷新に乗り出したケマル・アタテュルクの発想とも相通じるものだ。アラビア文字を廃してラテン・アルファベット表記を採用したケマル・アタテュルクの言語改革によって、大部分イスラーム教徒であったトルコ人たちがイスラームの遺産とじかに親しむ道筋が途絶してしまったのである。してみれば、ユダヤ教の立場からシオニズムに反意を唱える人々が、ヘブライ語の学習をそのまま「タルムード・トーラー（トーラーの学び）」と呼ぼうとする新しい傾向に異議を唱えるのも無理はあるまい。しかし、ジャボティンスキーの教本から数十年を経て、やはりヘブライ語の初学者用に編まれた別の教本は、『エレフ・ミリーム（千の単語）』と題された。ほかでもない、この教本が主たる使用者として想定している旧ソ連出身のユダヤ人たちが、ユダヤ教の伝統に深く根ざした「六百十三」という数字の意味すらもはや理解できなくなっているからである。

かくして、イスラエル文学においては、ユダヤ教にもとづく世界解釈の枠組みがシオニズムの枠組みに取って代わられ、それればかりか、後者の前者に対する新たな攻撃の火蓋さえ切られたのであった。たとえば、イスラエルの国民詩人ナタン・アルテルマン**（一九一〇―七〇年）は、ユダヤ教の三大祭（過越、七週、仮庵）に詠まれる祈禱の言葉、「汝、すべての民のうちよりわれらを選び、われらを慈しみ、われらに恵みを与え……」から一部の文言を抜き出し、みずからの詩「すべての民のうちより」（一九四二年）の題名とした。しかし、この詩はまさにショアーを題材とするものであった。神はユダヤ人たちを死なせるため、ガス室で皆殺しにするために彼らを選んだのだ、という内容のこの詩は、のちにイスラエル独立記念日の公式行事で欠かさず朗誦されるにいたった。[83]

「聖なる言語」を一国民の公用語として転用する試みは、いまなお、多くの敬虔なユダヤ教徒の目に暴挙と映り続けている。ハレーディ*たちの記憶にしっかりと刻み込まれているのは、一九二〇年代、シオニストたちが一部の宗教系の学校で教育の主導権を掌握しようとし、ヘブライ語によりよく通じた教員を供給するとの口実のもと、その実、シオニズムの諸概念を教育の世界に持ち込んだことだ。この時、ヘブライ語がシオニズムの象徴物と化したことに気づいたハレーディ系のイェシヴァーとヘデル*（初等学校）は、教育の言語としてヘブライ語を採用するよりも、むしろイディッシュ語での教育を続行する方を選んだ（なかには、わざわざ英語を導入する学校もあった）。実際、一部のハレーディたちにとって、現代ヘブライ語とは「シオニストたちの手で作られた言語」[84]にほかならない。彼らにとっては、現代ヘブライ語の音声学がすでにかなりの問題を含んでいる。なかには、シオニストたちが、イスラエルのいかなる伝統にも呼応しない人工的な発音をヘブライ語に押しつけることによって、それを雑種化してしまったとして非難する人々もいる。[85]それもそのはず、ベン゠イェフダーは、彼自身、身をもって体験済みの流謫を否応なしに想起させるアシュケナジ式の発音を深く嫌悪していたため、現代ヘブライ語の発音をそこからでき得る限り遠ざける一方、彼自身は経験していない、よってまだしもましなものと感じられる流謫の境遇に結びついた「セファラディ式の発音」――もしくは彼がそうとみなしていたもの――を現代ヘブライ語の発音法として採用したのだ。こうしてアシュケナジ式の発音から遠ざけられたヘブライ語は、母音の水準でも子音の水準でも重要な発音の弁別能力を奪われてしまった（たとえば、母音記号のパタフ〔アの短音〕とカマッ〔アの長音〕が区別されなくなったり、あるいは、アシュケナジ式ないしイエメン式においてt音、th音、s音など多様な音を持っていた子音タヴ（ת）が常に同じ仕方〔t音のみ〕で読まれるようになったりした）。その一方で、新しいヘブライ語の発音は、それまでさまざまなセファラディ系の居住地で用いられてきたいくつかの音素を脱落させてしまった（たとえば、子音ヘット［ח］の発音がハフ［כ］の発音と区別がつかなくなったり、アイン［ע］の発音がアレフ［א］と同一化したり）。挙げ句の果てには、これらの子音をどこまでも発音し分けようとする「東洋系」のユダヤ人は「原始的」とさえみなされることになった。セファラディ系ユダヤ人と彼らの発音法に正統性が認められるようになったのは、ようやく一九八〇年代、セファラディ・アイデンティティー復権の気運が高まった後のことにすぎない。

　このように、ユダヤ教内部の反シオニストたちの大部分がヘブライ語で話すこと自体を拒むため、筆者も、本書の取材中、ハレーディたちとの会話にはいささか苦労した。これら敬虔なユダヤ教徒たちの大多数の日常語たるイディッシュ語を話すことのできない筆者は、インタヴューの折など、彼らをなんとか誘導して「レショーン・ハ＝コデシュ（聖なる言語）」たるヘブライ語で話してもらわねばならなかった。現代イスラエルの公用語を使うことをあくまでも拒否する彼らの姿勢は、別の折、イスラエル国についてあるラビが放った次の寸言に凝縮されているといってよい。「俗なるものを聖にする代わりに――それこそ、われわれがこの世界で果たすべき主たる役割なのですが――、シオニストたちは聖なるものを俗にしているのです(86)」。

一般に、新語がたちまちのうちに起こしてしまう意味の逆転現象はよく知られている。今日、強い負の価値づけとともに用いられている「全体主義」という言葉は、もともとファシズム政権下のイタリアにおいて、自信に満ちた正の意味合いをもって生み出されたものである。逆に「イスラエル国家(メディナット・イスラエル)」という言葉は、当初、ある反シオニストによって明白な非難の意を込めて用いられながら、のちにシオニストたちによって正の方向に再解釈されたものにほかならない。ラヴィツキによれば、その言葉が初めて用いられたのは、二十世紀初頭、あるラビが書き表した痛烈な批判文書のなかであったという。シオニズム運動の反宗教的な性格、そして民族の概念を基礎として――つまりトーラーとその戒律から切り離されたものとして――ユダヤ人の生活を構築しようとする考え方のなかに大いなる災いの種を見て取った、その文書の書き手は、ユダヤ人絶滅の危機を語る「エステル記」の次の一節を引用していた。「我、いかにしてわが民に臨まんとする禍害《わざわい》を見るに忍びんや。いかにしてわが宗族《やから》の滅ぶるを見るに忍びんや」(「エステル記」八の6)。そして、これに続けて、「イスラエル国家」という表現が――少なくとも現在わかっている限りにおいて初めて――導入されたのである。

私は、シオニストたちがイスラエルの信徒集団にいかなる害悪を及ぼしているか、よく知っている。昨今、人々のあいだで語られ、行なわれていることに触れると、私の心は深く沈み、私の目は光を見失い、私の耳は聾されてしまう。彼らがかの土地で発揮している壮士ぶり、振りかざしている旗印は、真の信仰のためのものではない（私たちこそ、神の旗を掲げているのであるが）。彼らは、われらが聖なるトーラーとその戒律を放り出しておきながら、一体いかなる種の民を手にできるというのか？　何かが「イスラエル国家」を名乗っておきながら、同時にトーラーとその戒律抜きで済ませようとするなど、一体いかにして耐え忍ぶことができよう？(87)

これに対して、当時、シオニズムへの支持を明白にした数少ないラビの一人、アヴラハム・イツハク・クーク**は、この「イスラエル国家」という言葉を積極的に持ち上げたのであったが、その場合でも、クークの語解釈はイスラエル国の非宗教人の創設者たちが明言していたのとは根本的に性質を異にしていた。クークが想定していたのは「その身に至高の理念を刻みつけた理想の国家」であり、将来、「神の王座のためにこの世にしつらえられた台座」となるべき国家である。クークにとって、その国家は、メシア的な「イスラエル王国」の地上的な表現、いわば地と天をつなぐヤコブの梯子のようなものになるべきであったのだ。

かくして「イスラエル国家」という表現は、言外の意味を大きく塗り替えながら今日にいたった。そして、侮蔑的なものとメシア主義的なもの、その両極端の二つの意味は、それぞれトーラーから汲み出された原初の力をもって、宗教的反シオニストたちの言説（むろん、その大部分を占めるハレーディたちは「イスラエル国家」という用語自体、口にすることを忌避するのであるが）と、ラビ、クークにおける贖いの夢をそのまま引き継ごうとする宗教＝民族派（ダーティ・レウミ）の言説のなかに受け継がれている。このように、国家に対する態度の選択は、おそらく近代化に対する態度の選択以上に、正統派ユダヤ教徒たちのあいだに種々の分裂をもたらすものなのだ。

イスラエル国を指して用いられる表現を網羅するものとしてラヴィツキが掲げる一覧は、その幅の広さそのままに、正統派ユダヤ教徒たちがイスラエル国に示す態度の多様さを映し出すものといえよう。いわく、「悪魔的な国家」、「反ユダヤ教の国家」、「イスラエルの名を横領した体制」、「一部のユダヤ人が運営する国家」、「ユダヤ人の国家」、「イスラエルの信徒集団の国家」、「この世における神の台座」、「神聖なる国家」(88)。しかし、種々の正統派ユダヤ教徒たちのなかにあって、国家にメシア主義的な待望の実現を見て取っているのは、もっぱら宗教＝民族派のみである。

何人もの歴史家が指摘しているとおり、現代ヘブライ語の普及成功の秘訣は、それがユダヤ教に対する反逆心を煽るものであったという点に求められる。今日、現代ヘブライ語の創始者ベン＝イェフダーを筆頭とする非宗教化の世代を振り返って、ある論者は次のように述べる。

　ヘブライ語が近代の言語となり、その宗教的な価値をほとんどすべて喪失したのは、もっぱら彼らのためであった。ユダヤの集団アイデンティティーが宗教のあらゆる重荷から解放され、歴史の用語で考察され得るようになったのは、もっぱら彼らのためであった。ユダヤ思想史上初めて、正統ユダヤ教の態度を傍らにうっちゃったまま、イスラエル国が政治の用語で語られ、ロマン主義的な民族主義のレンズをとおして眺められるようになったのは、もっぱら彼らのためであった(89)。

本来、イスラエル国民がユダヤ教の原典とじかに親しむことを可能としても不思議はないヘブライ語が、時として、その障害にさえなる。「レション・ハ＝コデシュ（聖なる言語）」が、いわば完全に〝脱＝神聖化〟の過程を辿り終えていることは、今日、ヘブライ語を母語とするイスラエル人がユダヤ教の古典の学習に着手した瞬間にはっきりと実感される点だ。学習に着手した者は、まず、従来の自分のヘブライ語ではまったく歯が立たず、新たな単語や概念によってそれを豊かにせねばならないことを感得する。しかし、それよりもさらに大きな困難として、初期の非宗教のシオニストたちによって内実をすっぽりと抜き取られ、まったく別ものに変容させられてしまったユダヤ教の語彙を一から学び直さねばならなくなっていることに気づくのである。

なかには、現代ヘブライ語は「ヘブライ語」というよりむしろ「イスラエル語」であり、「レション・ハ＝コデシュ」たる聖書ヘブライ語とほとんど共通点を持たないばかりか、「セム語」の名にも値しない言語であると言う人々もいる。たしかに現代ヘブライ語とは、イディッシュ語、ロシア語、ポーランド語などを母語とする人々の手によって、個々のヘブライ語単語をこれらのインド＝ヨーロッパ諸語の構文規則《シンタックス》に埋め込むことによって作られた言語であるとすれば、それももっともな見方であろう。実際に、聖書は、現代の一般的なイスラエル人にも理解できるよう、新しい通用語に翻訳され続けてきたのである。[90] かくして、「イスラエル語」がヘブライ語である度合いは、英語が、単にフランス語の単語に満ち満ちているという理由でラテン語の一系統とみなされ得るのと同程度のものなのだ。イスラエルの言語学者たちのなかには、現代イスラエルのヘブライ語の形成を、世界のさまざまなクレオール語の形成になぞらえようとする人々もいる。ヘブライ語とその歴史の特殊性、独自性をしきりに強調しようとする向きから一転して、その一般性、凡庸さをありのままに見据えようとする、こうした新しい傾向は、主としてイスラエルの知識人の一部において際立っており、それ自体、シオニズムとイスラエル国の精神的例外性を確立するためにしばしば繰り出されてきたユダヤ的体験の特異性を疑問視する方向と軌を一にしているように思われる。

実際、日常生活での使用を目的とし、ユダヤ教から借りてきた言葉の意味を時代に合わせて変容させることによって成り立っている現代ヘブライ語は、今日、あらためてトーラーの頁を繰ろうとする非宗教のイスラエル人にとって、ごく限られた有用性しか持たない。一度、筆者は、テル＝アヴィヴで開催されたある音楽会に、イスラエル居住歴三十年にして、文化的にもかなりのエリート層に属しているイスラエル人の友人を招待したことがある。この友人が、ヘブライ語で歌われる歌の内容を理解できないというので、私は彼のためににわか仕立ての通訳をつとめてやった。歌が終わった時、彼は私に尋ねた。「時々、君は、歌詞が最後まで歌われる前にそれを訳することができているようだったが、それは一体どういうわけだ?」。私は、その歌がダビデの詩篇を元にしており、私がその詩篇を昔から暗唱しているからであると教えてやった。その友人の耳には、聖書の「詩篇」の言葉すら、すでに外国語として響いていたのである。国家の創設者たちが導入した公用語が、住民内の二つの陣営をまとめ上げるどころか、むしろますます分裂させる方向に機能しているのは実に逆説的である。ハレーディたちの多くは、日々の祈禱に際して、ヘブライ語の現代イスラエル風の響きを極力回避し、自分たちの伝統に固有の発音を維持している。それに対して、非宗教のイスラエル人の方では、イエメン系のシナゴーグに行こうと、ハシード派*のシナゴーグに身を置こうと、リトアニア系のシナゴーグに紛れ込もうと、同じヘブライ語で発せられている祈禱の片言隻句しか理解できていないのである。

ユダヤ教の立場からシオニズムに抵抗する人々は、かつてシオニズムの創始者たちがヨーロッパの民族主義者らに追随してさかんに触れ回ったように、〈イスラエルの地〉とヘブライ語が自分たちの「民族文化財」であるとは毫も考えていない。彼らにとっては、「モレデット*（母なる祖国）」なる新語自体、ユダヤ教の基盤そのものを掘り崩しかねない模造品である。実際、初期シオニストたちの心性に重きを占めた〈土地〉との関係は、ロシア人がロシアとのあいだに取り結ぶロマン主義的かつ有機的な関係を模倣したものだった。たとえば、一九〇〇年代から三〇年代にかけて、ロシア民謡が数十曲もヘブライ語に翻訳されたものであるが、その目的は、まさに新参の移民たちに「モレデット」への愛を教え込むことだった。母なる祖国が母である所以は、それが常に放蕩息子たちを温かく迎え入れ、彼らを無尽蔵、無条件にして自然の愛で包み込んでくれるところにある。母とは最後の逃げ場所であり、そして実際、イスラエル国は、しばしばユダヤ人にとって究極の避難地、身の安全の最後の保障として描き出される。しかし、こうした

「祖国すなわち母」というイメージも、ユダヤ教の伝統にはおよそ無縁のものといわねばならない。たしかに、タルムードのなかで一度だけ、「母」としての〈イスラエルの地〉に関する言及が見られる。「ある男の母親が彼を貶め、彼の父親の妻は彼を褒め讃える。さて、その男はどこへ行くべきか?」[91]。ここで話題となっているのは、かつてイスラエルで冷遇され、逆にバビロニアでさかんにもてはやされたラビのことである（その皮肉たっぷりの内容にもかかわらず、この逸話は、ショアーの時代、「子供らの母親は幸せである」とのヘブライ語で、アリヤー*［イスラエル移住］を説き勧める熱情的な宣伝文書の題名に使われたのであった）[92]。この箇所を除き、ユダヤ教の伝統のなかで〈イスラエルの地〉に「母」のイメージが適用されたことはない。また、この箇所における比喩にしても、あくまで［あるラビがイスラエルよりバビロニアで優遇されたという］原テクストの文脈から外に出るものではなく、ユダヤ人による、ある領土の植民地化などとはまったく無縁であることは一目瞭然だろう。ラビ、ヴァセルマン**の言によれば、「私たちにとって、イスラエルは祖国ではない。［……］単に〈イスラエルの地〉を所有することで私たちが一つの民族になるなど、およそ考えられないことである」[93]。

そもそもモーセ五書に従うならば、ユダヤ人――より正確には「イスラエルの子ら」――は〈イスラエルの地〉の出身者ではなかったことになる。彼らはエジプトの地において、あくまでも流謫の民として姿を現し、ついでシナイ山の麓において、トーラーの授受をつうじて民として聖別され、その他諸々の民から明確に区別されたのだ。〈約束の地〉という表現の意味するところは、まさに、その地が〈約束〉を受け取る側ではなく、〈約束〉を与える側に帰属しているるということである。伝統的解釈によれば、トーラーがその書き出しを天地創造の物語で始めているのは、〈イスラエルの地〉も含めて、この世の全土が神のみの所有物であること——「地は我のものなり」——ことを示すためであるとされるのだ（「地を売るには限りなく売るべからず。地は我のものなればなり。汝らは旅人また寄寓者にして、我とともにあるなり」〔「レビ記」二五の23〕）。

ユダヤ教の伝統が、自己と〈かの地〉の関係を定義する時、その言葉遣いはことさら条件的なものとなる。以下は、ユダヤ教徒が日に三度唱えなければならないとされている「聞け、イスラエル」の一節である。

そして、もし汝らが、汝らの神、永遠の主を愛し、全身全霊、その主に仕えながら、今日、我が汝らに与える戒律を常に守っていくならば、その時、我は、汝らが麦と葡萄と油を収穫することができるように、春の雨、秋の雨、その時々の雨を汝らの土地に降らせてやろう。汝らの牛も汝らも食に事欠かないように、汝らの野に草を生い茂らせよう。だから、汝らの心が誘惑に屈しないよう、汝らが道に迷い、異教の神々を崇めて、その前に身をかがめたりしないよう、よくよく気をつけるがよい！　もしもそのようなことになれば、永遠主の怒りは炎となって汝らに降りかかるだろう。永遠主は天の動きを止め、もはや雨も降らず、土地からの収穫物も上がらなくしてしまうであろう。そして、汝らはたちまち、永遠主が汝らに与える麗しき地から追い払われてしまうであろう。(94)

この条件的な関係は、しばしば夫婦の関係にもなぞらえられる。夫婦がいかに強い契りで結ばれようとも、それは双方が一定の約束事を遵守するという条件下のことであり、その条件が満たされない時、待ち受けているのは離婚以外にあり得ない。ところが、「モレデット」という、おそらくはロシア語の「ロディナ〔祖国〕」の強い影響を受けた言葉は、〈イスラエルの地〉の所有に関するこうした繊細な感性をもことごとく排除してしまったのである。

ヘブライ語が伝統的ユダヤ思想においてヴェクトルの役割を果たしていることを重々認識していた人々は、かなり早い時期から警鐘を鳴らしていた。たとえば一九二六年、ゲルショム・ショーレムは〔ローゼンツヴァイクに宛てた手紙のなかで〕、「〈かの地〉とは一個の火山である。それは言語に住処を提供する」と述べ、ヘブライ語が、たとえ非宗教化の過程を経た後であっても、イスラエル人たちのもとでユダヤ教の伝統のなかに深く埋め込まれた感情を——本人が意識するか否かにかかわらず——呼び覚まさずにはおくまい、と予測していた。

こうしたヘブライ語刷新の結果はいかなるものになるでしょう? われわれがこれまで子供たちに教えてきた聖なる言語〔と日常の言語とのあいだ〕の深い溝がますます広がってしまうのではないでしょうか? 当地〔エルサレム〕の人々は、自分たちが今、何をしているのか、わかっていないのです。彼らはヘブライ語を非宗教の言語として作り替え、そこから黙示録的な針を取り除いたと考えています。しかし、それは本当ではない。〔……〕いまここで新たに考案されたのではなく、使い古された言葉の宝庫から借りてこられた単語の一つ一つには爆薬が盛られています。〔……〕その言語において、神が黙っているはずはありません。神が、これまで幾度となくわれわれの生に立ち戻るように懇願されてきたのも、その言語をつうじてのことだったのですから[95]。

目下のところ、現実にこうしたヘブライ語の〔ユダヤ教の伝統への覚醒を促す〕起爆力が感じられるのは、とりわけ宗教＝民族派（ダーティ・レウミ）たちのもとである。メシア主義的な熱が込められた彼らの感情は、ヘブライ語の使用によっていやが上にも高揚させられているのだ。

第三章 〈イスラエルの地〉、流謫と帰還のはざまで

汝らの咎はこれらの事を退け、汝らの罪は良き物を汝らに来たらしめざりき。
（「エレミア記」五の25）

ユダヤ教の伝統は、この世のあらゆる凶事——日常の些細な不都合事まで含めて——を解釈して、ユダヤ教徒がみずからの立ち振る舞いのなかで犯した手抜かりの帰結とみなす。そして、もしも侵犯行為が〈イスラエルの地〉*で行なわれれば、その帰結はさらに重大なものになると考えられている。こうした〈イスラエルの地〉とのあいだの規範的あるいは契約的な関係が、シオニズムへの賛否に関係なく、ユダヤ教内部のほとんどすべての集団において、その方向性を大きく決定づけている。ユダヤ人《びと》が〈イスラエルの地〉とのあいだに取り結ぶ関係は、よって、フランス人がフランスと、ロシア人がロシアとのあいだに取り結ぶ関係とは質的にまったく別ものといわねばならない。

ユダヤ人《びと》が〈イスラエルの地〉とのあいだに取り結ぶ関係においては、精神的な象徴と歴史的な実践のあいだの乖離現象が観察される。それは、二つの世界観のあいだで解決のきわめて困難な両立不可能性として立ち現れてくる一つの文化的な乖離現象である。まずもって、伝統的なユ

ダヤ教文化は、政治と軍事の領域におけるあらゆる行動主義を戒め、とくに〈イスラエルの地〉において、その点に関する厳しい自重を求める。それに対して、この文化に無縁の人々（あるいは、ある時期以降、無縁となった人々）は、この権限放棄のなかに、「世界の神的次元に人間が介入することに対する極度の懐疑主義によってユダヤ教徒の受け身的態度を合法化しようとする理論的構築物」[1]しか見ることができない。ユダヤ教の規範的源泉にどこまでも忠実であろうとする敬虔派にとって、この政治的権限の放棄は、豚肉を食すことの禁忌と同程度、ユダヤ教の欠かせぬ一要素である。他方、宗教的シオニストたちの多くは、新しい「〈イスラエルの地〉のトーラー」*が古き伝統に取って代わったと考える。このトーラー刷新の考え方が、今日の宗教的シオニストたちをしてユダヤ教内部における別個の集団たらしめているわけであるが、この差異の構造は、非宗教のイスラエル人たちのあいだにもそのまま当てはまる。というのも、一部の非宗教のイスラエル人は、時折、ハレーディ*たちの非政治主義の伝統を称揚し、それとの対比において宗教＝民族派（ダーティ・レウミ）の姿勢を糾弾するからである。「彼らは、ラビたちを自陣に引き込むことによって、神そのものを味方につけた気になっている。しかし、ラビを政治闘争に巻き込む習慣など、本来、ユダヤ教においては前代未聞のことなのだ。ハシード*派の指導者や黒帽子のイェシヴァー*のラビたちを見てみるがよい。彼らがイスラエル国をホメイニーの国の状態まで引き戻そうと企む姿など、いまだかつて誰も目にしたことがないではないか[2]」。

宗教＝民族派は、ユダヤ教徒が歴史的実践に回帰するという点に大きな重要性を見て取り、シオニズムによってユダヤの民が「往時の受け身的態度」から解放され、規格化（正常化）されたことを誇らしく感じているのだ。しかし、「世界の神的次元に人間が介入することに対する極度の懐疑主義」という上記アヴィネリの表現にも反して、ユダヤ教徒たちにおける受け身の姿勢とは、なにがしかの超越論的な原則というより、むしろ、民族の連帯性という自然な感情――あまりにも自然な感情であるため、一部のユダヤ思想家たちによって「昨今の悪しき傾向の筆頭」とも評されている感情――に対する、往々にして困難な、そしてかなりの勇気を要する抵抗の姿勢なのである。ここで真っ向から対立しているのは、それぞれ別の仕方で行動に駆り立てられた二つの世界観である。そして、トーラーの名において繰り広げられるシオニズム批判の大きな部分がこの闘争に深く根を下ろしているのだ。

ユダヤ教の立場からシオニズムを批判する人々は、シオニストたちがイスラエルに対して真の愛情を抱くことすらできないはずであると断ずる。ベルツのレッベ*、イサハル・ドーヴ・ロケアハ**（一八五四―一九二七年）は、この点に関して次のような逸話を披露している。

ある日、一人の男が自分の息子を連れて［先代の］ベルツのレッベのもとを訪れた。その息子は、イスラエルの地に「上る」準備をしている最中であるという。そこでレッベは尋ねた。「彼は、かの地へ行ってどのような暮らしをしようとしているのか？　どこに住むのか？　かの地でも安息日とその他のユダヤ教の掟を守るつもりでいるのか？」。そこで父親が答えた。「この子はイスラエルの地に対する愛に満たされております」と。するとレッベは憤然とし、こう言い放った。「イスラエルの地に対する愛だと？　私のところのトーラーの学舎に行って見るがよい。そこでトーラーを隅々まで読み込もうとしている熱心な生徒たちの姿を見てみるがよい。彼ら一人一人の心のなかには、シオニストを千人集めてもまだ足りないくらいの「イスラエルの地に対する愛」が息づいておる。シオニストたちのいう「イスラエルの地に対する愛」など、紛い物だ。彼らはただ、トーラーとその戒律の軛から解放されたいと思っているだけだ。道徳的にいかなる制約も受けずに行動するのがよい、と考えているのだ。シオニストたちは、トーラーを足蹴にし、禁忌を破り、そうしてイスラエルの地に足を踏み入れる。それが彼らのいう「イスラエルの地に対する愛」なのか？　イスラエルの地に対する愛とは、本来、神に対する愛とトーラーに対する愛に結びついており、そのあいだを切り離すことはできないのだ[3]」。

シオニズムは、その当初より、〈かの地〉に対する愛を醸成してきたが、その愛は、あくまでも政治的、イデオロギー的な形態のものであった。たとえば、二十世紀初頭以来、若者たちに「土地を識る」よう促すことを目的とし、シオニズム教育の欠かせぬ一環として行なわれている自然観察ハイキング、「イェディアット・ハ＝アーレツ（土地の知識、地理学）」がある。しかるに、このヘブライ語の名称には、言外にほとんど性的な意味が込められている。というのも、この「識る」という動詞が、聖書のなかでは、とくに男性が女性を肉体的に「識る」という場合に用いられているからだ。〈かの地〉に対するこうした愛は、これまでもしばしば心理学的な分析の対象とされてきた[4]。あえて要約するなら、かつて実際に〈かの地〉に住んでいたユダヤ教徒たちに戒律として課されていた、その土地との関係が、〈かの地〉を処女とみなす擬似的な性関係に置き換えられたといってよかろう。その場合、処女たる土地は、自分を欲し、自分を悠久の嗜眠から揺り覚ますことによって多産にしてくれるようなシオニストの到来を待ちこがれている女性存在ということになろう。

政治的に見て、この愛は、土地の自然に関する知識であると同時に、パレスティナに住まうアラブ人の存在認知における忘却、ないし後退を意味する。熱情に満ちたシオニストたちは、〈かの地〉の植物相、動物相を事細かに描き出しながら、アラブの村落とその住民たちについては完全なまでの無知にとどまるのだ。すでに見たとおり、この種の選択的なものの見方は考古学研究の領域においてはっきりと示される。〈土地〉への愛を育む上で最重要の地位を占める〈聖地〉の考古学は、専門家のみならず、モシェ・ダヤン将軍**のような素人愛好家をも魅了した。とりわけイスラエル建国間もない頃、聖書ユダヤ教時代、つまり、ユダヤ教が英雄的にして雄々しきものとしてあった時代の遺跡がさかんにもてはやされたものである。しかし、このような土地への愛のあり方が、〈かの地〉の意味としてトーラーとその戒律に従って生きるための特権的な場所という意味以外にあり得ないユダヤ教の姿勢とほとんど無縁であることはいうまでもない。

イスラエル国防軍の将軍にして、全アラブ人の強制移住政策の提唱者でもあった熱烈な民族主義者、レハヴァム・ゼエヴィ**(一九二六―二〇〇一年)において、〈イスラエルの地〉との関係はきわめて神秘的なものとしてあった。「この民族の祖国(モレデット)*[これが女性名詞であることに注意されたい]は、聖書もさることながら、その体験そのものの深みにおいてわれわれのものとして運命づけられた、この土地に以外にあり得ない[5]」。かくのごとく、〈イスラエルの地〉に対するシオニスト的な愛とは、まずもって所有愛である。この愛は、ほかのいかなる権利主張者(求婚者)の存在も肯んじない。そして、当地に久しい以前から住まっているもう一つの民にとって、その地は真の意味における祖国を構成するものではなかったとみなすのである。このように、〈イスラエルの地〉の空間が、物理的にも精神的もユダヤ人のものとして「国有化(民族化)」され、しかも、そこに本来のユダヤ教の実践への関連性などいささかも見出すことができないという点こそ、伝統的なラビたちのみならず、一部の非宗教のイスラエル人たち[6]によってさえ、偶像崇拝の一種と観ぜられるところなのだ。

二十世紀初頭のロシア帝国に、「ミズラヒ」*という名のもと、シオニズムとユダヤ教の伝統を折衷しようとする運動が起こったこともあるが、当時、何人かの権威あるラビたちは、すでにこの種の試みを一まとめにして断罪していた。たとえば、帝国全土にその名を轟かせていたスロボトカのイェシヴァーの長は、ある時、ユダヤ教とシオニズムの融合を説き勧める内容の講演会に出席した生徒たちを厳しく罰し、以後、シオニズム運動にかかずらった生徒には除名処分、すでにラビの職階を得た者にはその取り消しをもって臨む旨、言い渡している[7]。

ラビ、ロケアハ**にいたっては、「ミズラヒ」運動の活動家を、自由思想家を名乗る者や公然とトーラーを捨て去った者以上に警戒せねばならないと述べる[8]。彼によれば、非宗教のシオニストたちは明け透けにトーラーを冒瀆するが、「ミズラヒ」の活動家たちは宗教実践の上辺を繕っているだけに一層危険なのだという。ロケアハも、ルバヴィチ*のレッベに倣い、「ミズラヒ」主義者たちを豚に喩える。豚は、部分的にカシェール（食用可）の特徴を備え、無知なる者を過ちに引き込むためにそれをちらつかせるというのだ〔本書一三七頁参照〕。さらにロケアハによれば、豚が、本来、ユダヤ教の戒律によって禁忌とされている程度として狼や熊とまったく同等であるはずなのに、ユダヤ教徒がことさら豚を毛嫌いする理由は、まさにこの「偽善者ぶり」によって説明づけられるという。

これと同じ文脈上、ユダヤ教の実践を捨てたユダヤ人がシオニズム運動を興したこと自体はさほど問題ではない、とするラビも少なくなかった。つまり、シオニズムの発想自体が誤謬であることははっきりしているのだから、もしもそれがラビやトーラーの賢者たちによって創設されていたとしたら、事態はほとんど救いようのないものとなっていたにちがいない、というわけである。エルサレムのセファラディ系のカバラー学者、ハイーム・シャウル・ダウィク（一八六一―一九三二年）は、ユダヤ教信仰を実践するシオニストは非宗教のシオニストよりもさらに多くのユダヤ人を誤謬に導きかねない偽善者であると言い、ハーフェツ・ハイーム〔ことイスラエル・メイール・カガン（ハ＝コヘン）〕[**]は、宗教的シオニストを武器を持った追い剝ぎになぞらえた（それに対して、非宗教のシオニストは武器を持たない追い剝ぎのようなものにすぎない、と彼は言う）[9]。ここからもすでに明らかであるように、この反シオニズム思想の潮流は、シオニズムの綱領に宗教が占める位置などとはまったく関係なく、もっぱらその内在的な理由によってシオニズムを拒絶しているのである。ラビ、ロケアハは、ある時、縁者の一人がシオニスト組織によってラビに任命された際、その者と共に安息日の食卓につくことを拒んだという。彼の言によれば、「もしも彼が現代風の服を着てやって来たなら、私は同席を拒否しなかっただろう。しかし、彼が、髭を生やして鬢《びん》（ペオット）*を垂らしたハシードの出で立ちでやって来たため、私は、ハレーディがミズラヒ主義者と仲よくすることもあり得るなどと思ってもらっては困ると考えたのだ」(10)。このロケアハの言葉に、伝統的なユダヤ教の内部に身を置く人々のあいだで頻繁に耳にされる見解が見事に要約されている。つまり、シオニズムはユダヤの魂の存続そのものを脅かすものであり、よって、シオニズムに対する闘いが、ある時点から、自分たちにとっての死活問題になったということである(11)。

戒律の侵犯と流謫

すでに触れたとおり、ユダヤ教の伝統において、〈イスラエルの地〉*はほかの場所に比べてははるかに脆く、外部からの影響にもはるかに敏感であると考えられている。ユダヤ教徒が他所の土地で何の気なしに行なう侵犯行為も、イスラエルにおいては甚大な災厄をもたらしかねないとされているのだ。〈かの地〉に住まうことの責任は、よって、そこに居を移そうとする者の肩にきわめて重い負荷とならざるを得ない。歴史家イェルシャルミによれば――

破壊と救済の合間にユダヤ人がまず最初になすべきことは、「聖なる民になれ」という聖書の要求に十分に応答することだった。そして、ラビたちにとってこのことは、成文トーラー*と口伝トーラーの研究と完成、トーラーの戒律と理想に完全に基づいたユダヤ人社会の確立、そして未来に関わることとしては、信頼、忍耐、祈りを意味していた[12]。

われわれは、このユダヤ教の伝統的な世界観を、「ユダヤの民を規格化(正常化)する」としてその正反対の方向を目指すシオニズムの企図との対比において、十分評価し直さねばならないのだ。シオニズムの目指すところは、ユダヤ人が、トーラーの掟も、またみずからの行ないが他者に与え得る印象をも意に介することなく〈イスラエルの地〉に住むことができるようにすることである。古典的シオニズムの夢そのものともいえる、このユダヤ人の自由化が、ユダヤ教の伝統とは正反対の位置を占めることはいまや明らかであろう。

ユダヤ教の伝統において、〈イスラエルの地〉の獲得は、軍事力や外交活動の成果としてではなく、人間の善行が普遍的な水準で効果を発揮した結果、メシア主義的計画の一環としてなされるべきものである。かつて武力行使によってなされた二度の獲得(ヨシュアによるものと、バビロニアからの帰還後に行なわれたもの)とは異なり、真の獲得は、それが神の手でじかに行なわれるゆえに永遠のものとなるのだ。数世紀来、ユダヤ教の伝統の一部を形成してきたこの未来のヴィジョンを理解するため、まずは、ユダヤの民がいかにして〈イスラエルの地〉に入場を果たし、そこでいかに暮らし、そして、そこからいかにして立ち去ることとなったか、という点をめぐってユダヤ教の伝統が構築してきた物語(つまり出来事の規範的な輪郭)を描写しておかなければならない。

この点について、ユダヤ教・反シオニストたちが依拠する論理は明快そのものである。

われわれが流謫の境遇に身を置いたのは、われわれがハガナー*［イスラエル建国以前のユダヤ人軍事組織］を持たなかったからでもなければ、ヘルツル**やベン＝グリオン**のような政治指導者を持たなかったからでもない。われわれが流謫の身にあるのは、まったく逆に、われわれが彼らのような指導者を実際に持ってしまい、そしてその導きに従ってしまったからなのである。本来、〈救い〉が彼らのような代理人を介してやって来るなど絶対にあり得ないにもかかわらずである。[13]

　リトアニア派ユダヤ教の指導者の一人、ハーフェツ・ハイーム［ことイスラエル・メイール・カガン（ハ＝コヘン）**］は、流謫の理由を説明して、以下の「エゼキエル書」の一節を援用していた。「国々の民、イスラエルの家の捕らえ移されしはその悪によりしなるを知るべし。彼ら、我に背きたるによりて、我、我が面《かお》を彼らに隠し、彼らをその敵の手に渡したれば、皆、剣により倒れたり。我、彼らの汚穢と咎とにしたがいて、彼らを扱い、我が面を彼らに隠せり」（「エゼキエル書」三九の23―24）。ハーフェツ・ハイームは、それにより、トーラーとその戒律を傍らに打ち捨てながら〈かの地〉に住むことの重大な危険を指摘しているのだ。彼は〈イスラエルの地〉を、あらゆる侵犯行為がたちまち甚大な帰結をもたらす一つの王宮になぞらえる。このように〈聖地〉においてトーラーを侵してしまうことに対する恐れが、一般のユダヤ教徒（つまり、ラビたちに比して罪の行為に傾きやすい平信徒）たちにおいて、メシアの到来を待たずしてイスラエルに居を移すことを躊躇させるさらなる要因となっている。

さらに、エルサレムの〈神殿〉が二度〔紀元前五八七年と紀元七〇年〕にわたって破壊されたという事蹟が、ユダヤ教に立脚する反シオニズムにとってライトモティーフ以上の意味を持っている。むろん、非宗教のユダヤ人たちもこの事蹟を絶えざる典拠としていることに変わりはない。たとえば、二十世紀も終わりに近づいた頃、「メシアの苦しみ」と題された興行物は、紀元一世紀のゼロテ派を舞台に載せるにあたって、彼らにツァハル（イスラエル国防軍）の制服をまとわせ、いにしえのゼロテ派と今日の入植地の住民とのあいだでふんだんに観念連合を打ち立てる趣旨であった。これには当の入植者たちも黙ってはいられなかった。公演当日、占領地区からやって来た若者たちがエルサレム劇場の正面入り口にピケを張り、興行物に対する抗議のビラを配布した。他方、普段から劇場などには決して足を踏み入れないハレーディ*系のラビたちも、この時ばかりは興行物の内容に異議を唱えずにはいられなかった。

これらシオニストたちは、第一神殿時代、ユダヤの民の大量虐殺の引き金となった忌まわしき暴漢どもの誇り高き末裔を自称している。預言者エレミアは、打ち勝ちがたき脅威と確実な敗北を前にして、早々に武器を置き、バビロニアの王ネブカドネザルに町を引き渡すよう、あれら暴漢どもに懇々と説いたのであった。エレミアはまた、エルサレムの町と〈聖なる神殿〉は彼らの咎に対する罰として破壊されるであろうことを予告していた。もしもイスラエルの民がこの教えに従っていたなら、彼らの命は救われたはずである。しかし、暴漢どもはエレミアを裏切り者呼ばわりし、その結果、〈神殿〉が破壊されたばかりか、住民のほぼ全員が虐殺されることとなった。

これらの同じシオニストたちは、また、第二神殿の破壊の引き金となった忌まわしき暴漢どもの誇り高き末裔をも自称している。当時、ユダヤの民を率いていたラビ、ヨハナン・ベン・ザッカイは、武器を置き、ローマ軍に降参するよう、あれらの暴漢どもに説き勧めたのであった。しかし彼らはこれを拒み、その結果として第二神殿の破壊とそれに続く流謫という災厄をユダヤ人にもたらしたのである。(14)

それでも、シオニストたちは、マカビー家やバル・コフバ(?—一三五年)といった歴史上の人物を自分たちの立場に引きつけ、それを外国の侵略者に対する抵抗のロマン主義的な英雄として現代の文脈に甦らせる方向で歴史を援用し続ける。そこでは、二十世紀全体をつうじて権威あるラビたちがシオニズムに差し向けた批判を根底から支えるユダヤ教の歴史解釈は完全に捨象されてしまう。むしろシオニストたちは、過去の英雄たちがより激しく、より効率的に戦えばよかったのだと言わんばかりに、ユダヤ教の伝統によって打ち出された解釈とは正反対の教訓をそこから導こうとするのだ。シオニストたちは、「マサダ*の刺客たちとツァハルの兵士たちとのあいだに、流謫の長さと同じ長さの橋を架けてみせようとの途方もない自負」(15)に突き動かされている。こうして、時としてかなり激しい言葉遣いでヨーロッパ民族主義の価値観を再生してみせるシオニズムの世界観においては、(16)侵略者と妥協するくらいなら、むしろ戦場で栄誉の死を遂げる、あるいは、かつてのマサダやガムラ*で行なわれたような集団自決を断行する方がましであるとされる。ここで、ユダヤ教の法により、ユダヤ教徒がみずからの命を危険にさらすことが許されているのは、偶像崇拝、殺人、トーラーによって禁止された性的関係、この三つのいずれかを死の脅迫のもとで強要された場合のみであるという点を思い起こしておこう。

「彼ら［シオニストたち］が自称ユダヤ国家の目的を維持し続けるということだけのために、一体どれだけユダヤ人の血が流されなければならないのか？」と、「ネトゥレイ・カルタ*」のラビ、ブロイ**は憤りを表明する。「シオニスト国家が戦争に乗り出す度に、われわれの懸念は高まる一方だ。将来におけるシオニスト国家の解体を信じて疑わないわれわれとしては、現在、そして未来においても住民たちができるだけ苦しまずに済むようにと、ただひたすら祈るばかりである[17]」。「王のなかの王」たる神に無条件の服従を誓う伝統的なラビたちは、「〈王〉の栄誉に対する気遣いにより、われわれは、王宮のただなかで繰り広げられる反乱の犠牲者たちの命運にますます敏感たらざるを得ない[18]」と訴え続ける。

このように、同じ歴史に対して、ユダヤ教の伝統に培われた感性と、ヨーロッパのロマン主義的民族主義に鼓舞されたシオニストの感性とのあいだの溝は深まる一方であった。反シオニズムの立場を明確にする権威あるラビたちが、一九二〇―三〇年代、アラブ側の指導者たちとのあいだで独自に和解の道を探ったり、一九四八年五月、ベン＝グリオンによる独立宣言に続いてエルサレムで熾烈を極めた戦闘の間中、白旗をかざして街頭デモを組織したりしたこともまったく驚くには値しない。シオニストたちの側では、こうした「裏切り者」たちの行為を、流謫時代に由来する古ぼけた残滓として一蹴した。たしかに、その流謫こそはユダヤ教の感性と伝統の中心に位置するものであるという意味において、その見方もあながち見当違いではなかったわけである。

バビロニアのユダヤ住民のうち、エズラやネヘミアと共に〈イスラエルの地〉に帰還し〔紀元前五世紀〕、〈第一神殿〉の破壊後の限られた政治主権を回復したのはごく少数の人々にすぎなかった。その数世紀後〔紀元七〇年〕、〈第二神殿〉の破壊は、ユダヤの民のあいだで流謫の心性をますます強固なものにした。かくして、トーラーへの忠誠によって定義づけられるユダヤの民は、イスラエルの知識人ボアズ・エヴロンのいう「政治的結晶化」[19]に相当する事象として、ハスモン王朝〔紀元前一四〇年頃―紀元前六三年〕、ハザール・ハン国〔七―一〇世紀〕、イエメンとモロッコのユダヤ公国（これらは、大部分、新たに改宗した人々の手で築かれた政体であったが）など、ごく散発的なエピソードしか体験してこなかったのである。ここにもまた、ユダヤの民が、世界の政治史においては周縁性に甘んじながら、世界の宗教的かつ精神的な変遷のなかでこそ中心性を発揮してきた様を見て取ることができるのである。

概してユダヤ教の伝統は、国家なるものに対してきわめて淡泊である。神はいつ何時でも国家を破壊し、その領土から住民たちを追い出すこともしかねないが、しかし、その住民たちを無に追いやったり、その歴史を止めてしまったりすることだけは断じてないと考えられているのだ。ユダヤの民の生存が国家の枠組みを超越しているとは、実際によく耳にされる言説である。レイボヴィッツ[**]によれば――

歴史的なユダヤの民は、その内部に生じたさまざまな矛盾や分裂にもかかわらず、国家という装置——つまり、民がそのもとで生存を続けるための組織化された権力機構——をみずからの民族的本質の構成要素とみなしたことはこれまで一度もない。領土についてもしかりである。「イスラエルの地がユダヤの民の生誕地であった」という、われらが「イスラエルの」「独立宣言」の一節に見られる表現とは裏腹に、八十世代ないし百世代を経たユダヤ教徒たちの意識に深く刻まれているのは、すでに存在していた一つの民が、ある時、カナーンの地に攻め入り、そこをイスラエルの国と定めたという事実の記憶なのである。［……］その歴史意識においては、民が、なにがしかの領土との関係とはまったく別のところで、すでに存在していたのである。その民は、みずからがエジプトの地において異邦人であったという思い出を絶えず甦らせる。［……］そして、その後、民はたしかに自律したけれども、それは一つの国家の枠のなかではなく、砂漠という確たる境界を持たない場所における自律であった。［……］歴史的イメージは鮮明である。つまり、民が国家を作ったのであって、国家が——あるいは領土が——民を作ったのではない。［……］よって、ユダヤの民の目にははっきりしている。自分たちを生み落としたのは、国家装置でも、権力行使の枠組みでも、領土でも、はたまた言語でもないということが。そして、その民族的アイデンティティーは、ある特殊で内在的な要素、すなわちユダヤ教のうちに肉化したのだということが。[20]

加えて、レイボヴィッツは、かつて国家の破壊の脅威を民に説いて回った預言者たちは、もしもそれがそのまま民の消滅を意味するものであったなら、その脅威を説くことすらしなかったはずであるという点を強調している。

国家なるものに対するこの留保にも似た態度が、ユダヤ教の伝統の欠かせぬ一要素である。現行のイスラエル国を容認するラビたちのなかにも、イスラエルの国家としての存在が永遠に保証されているわけではなく、よって、それがユダヤの民の保護という名目を永久に掲げ続けることもできないと考える者が少なくない[21]。これに対してシオニズムは、民族としての価値、ひいては民の中枢にして本質として、国家の重要性をあくまでも強調するのだ。シオニズムとそれに対する批判をめぐって戦わされる議論が常に鮮烈な見解の対立をはらむものとなるのも、むしろ当然といわねばならない。

総じて、紀元一世紀、〈神殿〉の破壊と〈イスラエルの地〉からの流謫によってもたらされた断絶の度合いも、十九世紀、非宗教的なユダヤ・アイデンティティーの勃興による断絶の深刻さに比べるならばまだしも軽微なものであったといえよう。「〈神殿〉の破壊、自律体制の喪失、ローマへの従属などを経ながら、ユダヤの民の本性も、その民族的アイデンティティーも、民としての自己意識も、そしてユダヤ教としての宗教的な生活様式も、まったく変質を被らなかったというのは実に驚くべきことである」[22]。たとえシオニズムとイスラエル国が二千年越しの流謫者たちに避難場所を提供しているという表向きの印象を与えることがあったとしても、ユダヤ教にもとづくシオニズム批判者たちの側では、そこではもっぱら非宗教的なユダヤ・アイデンティティーに対してのみ、その最後の避難地と好都合な環境が提供されているにすぎないという点をはっきりと見抜いている。彼らにとっては、イスラエル国の建国によって流謫の境遇に終止符が打たれるなど断じてあり得ない事態なのだ。

メシアに対する用心深さ

ユダヤ教の伝統において、この世の救いはもっぱらメシアの介入によってもたらされると考えられている。しかし同時に、ユダヤ教の伝統はこの点においてきわめて用心深く、ユダヤ教の古典、とりわけミドラシュ*には、「終末を無理強いする」こと、つまり贖いの到来を故意に早めようとする行ないに対する厳しい警告が盛り込まれている。たとえば、出エジプトに際して、エフライムの末裔たちは、機が熟する前にエジプトから脱出しようとしたために、結局、破滅の道を歩んだとされる[23]。ユダヤ教における日々の祈りには、時間の要素と至高の贖いに対する信頼感とが同時に織り込まれている。「われらが解放のため、大いなる角笛を吹き鳴らせ。流謫の者らを呼び集めるため、旗を高く掲げよ。地の四方より、われらの国に集まり来たれ。おお、イスラエルの民の離散者をふたたび集わせる永遠の主よ、讃えられてあれ！[24]」。つまり、解放の合図はもっぱら神によって発せられるものであり、流謫に終止符を打つのも、もっぱら神のみの所業とされているのだ。

タルムード*は、イスラエルの民の残党が世界の四方に離散する前日に交わしたという三つの誓いを今に伝えている[25]。いわく、民としての自律を獲得しないこと、たとえほかの諸々の民の許可が得られても〈イスラエルの地〉*に大挙して組織的な帰還を行なわないこと、そして、諸々の民に盾を突かないこと。これら三つの誓いが、別の文脈で、ユダヤ教においてはいかなる場合に武力行使が許されるかという議論の中心に位置することになる（次章参照）。ここで注目しておきたいのは、タルムードにおいて、個人の水準におけるイスラエル移住の権利が云々されるのみならず、集団としてそこに居を移すことに対する禁忌のコンセンサスが打ち立てられている点だ。いくつかのラビ文献[26]において、この三つの誓いは予言的な意味で解釈されている。つまり、たとえ諸々の民がユダヤの民に〈イスラエルの地〉への移住を奨めたとしても、なおユダヤの民は、新たに罪を犯し、さらに苛酷な流謫をもって罰せられることの恐れから、〈イスラエルの地〉への移住を自重しなければならないというのだ。二十世紀初頭、何人かのラビがシオニズムに差し向けた異議の基礎に位置していたのはこの解釈である[27]。これらの誓いを破ることの禁忌は二十世紀をつうじてラビたちの言説の中心を占め、とりわけサトマール*のハシード*たちを率い、ハレーディ*の立場からの反シオニズムの旗手ともいうべき存在となったラビ、タイテルボイム**の思想のなかに引き継がれている[28]。

この論理においては、時期尚早の行動主義が厳しく退けられる。

> たとえトルコ人の王――その名こそ讃えられてあれ――、あるいは別の君主が、先のエズラの時代における贖いがそうであったように、神の民に、その世襲の財たる〈聖地〉に上りゆくことを許したとしても、その贖いが、神の栄光をそのままに、偉大なる贖い主の手によるものでないならば［……］、それは真の救いでもなければ、久しく追い求めてきた目標点で

もない、とわれわれは言おう。われわれは、そのようなものを仮初めの、偶発的な贖いとすらみなしてはならず、むしろ、膏薬のなかに落ちた一匹の蠅程度のものとみなさなければならない[29]。

先の三つの誓いは、ユダヤ教の伝統の重要な要素としてその連続性を支えながら、〈イスラエルの地〉への移住可能性が高まった時に威力を発揮し、その可能性が減じた時には影を潜めて今日にいたった。いずれにしても、その誓いにより、伝統上、非合法とされたイスラエル帰還に対する人々の熱狂に歯止めがかかるような仕組みになっていた。敬虔なユダヤ教徒たちは、いかに危機的な状況に置かれても、これら三つの誓いを守り続けようとしたのである。「たとえ、ほかのすべてのユダヤ教徒が聖地に向けて旅立つのを目にしても、私だけは、真の贖い主（ゴエル・ツェデク・ハ＝エメティ）に付き添われるのでなければ、決してそこへ行くまい[30]」。

そもそも〈イスラエルの地（エレツ・イスラエル）〉なる言葉が、一般大衆の熱狂をかき立てる一つの要因になっているのかもしれない。しかし、その表現自体、預言者時代に起源を持つものであり、モーセ五書にはまだ一度も姿を見せていない（モーセ五書に見出されるのは「カナーンの地」、「アモリ人の地」、「ヘブライ人の地」といった表現である[31]）。しかも、聖書の原文において、イスラエルの国境はその時々によってかなりの変化を見せる。そして、レイボヴィッツ**も述べているように、ユダヤ教の伝統においては、政治的手段によって〈イスラエルの地〉への帰還を成し遂げるという発想が本来の救済の企図に呼応することは断じてないのだ。

「現在時」において［つまりメシアの到来以前に］、〈イスラエルの地〉にユダヤ人政府のようなものを作るという計画、否、そのような発想すら、［ユダヤ教の伝統の］どこを探しても見出されない。そのような政府の回復が試みられたことが一度もないことはいうまでもない。［……］たしかに〈イスラエルの地〉に対する愛着は——その土地が現実のものであれ、単に意識によって表象されたものであれ——、知と感情の両面において非常なる生命力を保ち続けてきた。ミドラシュ、その他の後世の文献には、トーラー*とその信仰に対する敬虔さと並んで、〈イスラエルの地〉に宿された意味に対する、時としてかなり極端な愛着、崇拝の感情表現が見出される。流謫の地における生活との対比において、〈かの地〉での暮らしに宗教的な価値が付与されているのだ。しかしながら、それらすべてのことは、意識、感情、文学の領域にとどまり、決して現実のなかで具体化されることはないのである。これまでの全世代をつうじて、こうした感情と言葉が現実のものとなることは一度もなかったし、それをやろうと思えば不可能ではなかったかもしれない時代を含めて、集団移住に対する熱狂が一般のものとなることはなかった。かつて〈イスラエルの地〉とバビロニアがハリーファ（カリフ）たちの同じ政治世界に組み込まれていた頃、〈イスラエルの地〉には、貧相なユダヤ教徒の居住区とタルムードの学舎があるのみであったのに対し、バビロニアにはいくつもの大きなユダヤ教徒の居住地と重要なトーラーの学院が栄えていた。バビロニアから〈イスラエルの地〉に向けての移住は行なわれなかったし、当時のユダヤ教指導者たちも、スーラやプンベディタの「タルムード」学院をエルサレムに移すなどという考えは毛頭なかった（むしろ、それらはのちにバグダードに移されたのであった[32]）。

たとえば、中世ドイツの敬虔派（「ハシデイ・アシュケナーズ」）に属する人々は、当時、〈イスラエルの地〉への移住を企図していたユダヤ教徒たちに対し、アリヤー*によってもみずからの罪を贖うことにはならず、かえって侵犯行為を重ねる結果になりかねないとして自重を促している。ほかにも、最終的な贖いの到来前に〈イスラエルの地〉に押しかける者は、その先、生きることすらおぼつかなくなるであろうと断言するラビたちもいた[33]。

古典的な聖書注解者、モシェ・ベン・ナフマン（ナフマニデス、一一九四―一二七〇年）が、死の数年前、〈イスラエルの地〉に居を移そうとした時、その行ないは周囲の同胞たち、すなわちヘローナのカバラー学者たちの大いなる憤激を買った。彼らもやはり、先に見たタルムードの三つの誓いを文字どおりに適用し、〈かの地〉への移住の禁忌を思い起こさせようとしたのである。レイボヴィッツによれば、「モシェ・ベン・ナフマンは、〈イスラエルの地〉での居住、ならびにその〈地〉の獲得に関する戒律に対して今日的な意義を適用した、おそらく唯一の巨匠であった。だが、この点に関する彼の見解は、ラビによる法解釈の世界で賛同者を見出すにはいたらなかった[34]」。近年編まれたある『バビロニア・タルムード』の版は、この点をめぐって今なお絶えない論争を紹介しながら、〈イスラエルの地〉への移住をミツヴァー*（戒律）とみなすべきではないことを示す数多くの典拠を掲げている[35]。いずれの場合も、先の三つの誓いが中世末期に法（ハラハー)*としての地位を確立したとの解釈の上に成り立っている。たとえば、バルセロナのラビ、イツハク・ベン・シェシェト・ペルフェト(リバシュ、一三二六—一四〇八年)や、アルジェのラビ、シュロモ・ベン・シメオン・ドゥラン(ラシュバシュ、一四〇〇—六七年)は、〈イスラエルの地〉に住まうべしという戒律の適用を制限するために、かの三つの誓いを用いている[36]。かりに、この三つの誓いへの準拠の必要性が、とりわけアリヤーの選択肢が社会的に可能となった時に限って[それに対する歯止めとして]頻繁に取り沙汰されるものであるとしても、ラヴィツキが示しているとおり、これらの誓いが法(ハラハー)として厳密に適用された例は政治的シオニズムの勃興に数世紀先立って見出されるわけであるから、少なくとも、この誓いへの準拠がユダヤ教内部の反シオニズムによる事後の創作であるというのは当たらない[37]。

三つの誓いは、十五世紀のスペインにおいて、キリスト教世界によるイベリア半島の「レコンキスタ」と、それにともなうユダヤ教徒追放の文脈のなかで発せられた警告の源にも見出される。これらのスペイン系(セファラディ)ユダヤ教徒たちが大挙して、オスマン帝国をはじめとする地中海諸国、そしてイギリス、オランダなどへも移住を余儀なくされた、まさにその時に、かの三つの誓いがふたたび効力を発揮したのである。実際、この時、スペインから追放されて〈イスラエルの地〉に居を移したユダヤ教徒はきわめて少数であった(当時、〈イスラエルの地〉はオスマン帝国領であり、そこにユダヤ教徒は寛大に迎え入れられていたにもかかわらず)。そして、その少数派の一人、ユダヤ法の決定版の編者として知られるヨセフ・カロ(一四八八—一五七五年)が、神殿時代にエルサレムに存在していたラビの叙任制度を復活させようとした時も、その試みは当時の権威あるラビたちのあいだではほとんど支持者を見出すことができなかった。そうした試みを拒む側の主たる理由は、やはり、人々のあいだにいたずらにメシア主義の熱狂をかき立ててはならないという配慮である。続く十六世紀、ガリラヤにユダヤ教徒の居住地を復活させようとするヨセフ・ナーシー（一五二四―七九年）の試みもまた、ユダヤ教世界においてまったく反響を得られなかった。こうした事例は、まだほかにいくつも挙げることができる。一九四八年、イスラエル建国の直後、実際に復活させられたラビの叙任制度がたちまち全世界のラビたちからの拒絶にあったのもその一例にすぎない。

ドイツのラビにして高名なるタルムード学者、ヨーナタン（イェホナタン）・アイベシュッツ（一六九〇―一七六四年）は、偽メシア、シャブタイ・ツェヴィが率いた運動によってもたらされた害悪の甚大さに鑑みて、神による贖いを故意に急がせようとするあらゆる試みを断罪するにいたった。

イスラエルの信徒集団は、「愛のおのずから起こる時までは、ことさらに呼び起こし、かつ覚ますなかれ」［「雅歌」二の7］というみずからの約束を声高に叫んだ。たとえイスラエルの民の全員がエルサレムに行く用意ができたとしても、たとえ諸々の民がすべてそのことを受諾したとしても、そこに行くことは断じて許されない。なぜといって、この世の終わりは知られておらず、その時と思われたものが実は正しくないかもしれないからである。明日、あるいは明後日にも人々が罪を働き、ふたたび流謫に出立することを余儀なくされるかもしれない――おお、神よ、断じてそのようなことになりませんように――、そして、その後の流謫はそれまでの流謫よりもさらに辛いものになるかもしれないから[38]。

この見解を敷衍していうならば、不信心の者どもが〈かの地〉を物理的に再建することによって、ユダヤの民全体が苛酷な流謫――過去の二度にわたる流謫よりもさらに苛酷な流謫――を余儀なくされることとなる。現代ユダヤ教における反シオニズムの言説のなかで頻繁に繰り返されているのは、まさにこの警告にほかならないのだ。

ドイツのラビにして、ユダヤ法の解釈において今日なお大きな影響力を保っているヤーコプ・エムデン（一六九七―一七七六年）は、いくつかの点でアイベシュッツの立場とは鋭く対立しながらも、シャブタイ・ツェヴィのメシア運動を批判する際には、やはり先の三つの誓いに依拠している。さらに、この三つの誓いは、ツェヴィ・ヒルシュ・カリシェル**（一七九五―一八七四年）やイエフダー・アルカライ**（一七九八―一八七八年）など、のちにシオニストたちによって彼らの精神的先駆者とみなされることとなるラビたちの書き物のなかでさえ頻繁に言及されている。これらのラビは、〈聖地〉への移住を支持しながら、それを三つの誓いによって制限されている集団的行動主義とはあくまでも別ものとして提示しているのだ。

いずれにせよ、政治的な手段によって実現された〈イスラエルの地〉への帰還はユダヤ教の伝統に即した救済の企図に呼応するものではない、という点において一つの確固たるコンセンサスが成立していることに変わりはない。レイボヴィッツがとくに強調しているのは、「ユダヤの民が一つの領土に結びつけられており、ある時、そこから追放されるという憂き目にあって以来、何世代にもわたってそこへの帰還を希求し続けてきたというシオニズムの基本テーゼは、一個の歴然たる誤謬である」という点だ。「ユダヤの民の特異性は、逆に、何世紀にもわたり、領土と政治の両面において完全に統一性を欠如させながら過ごしてきた流謫の長さそのものに存する」[39]。ユダヤの民は、〈イスラエルの地〉の思い出を維持しながら、断じて土地そのものによって定義づけられる存在ではないのである。レイボヴィッツがいつもながらのユーモア感覚を披露しつつ述べているように、ユダヤ人《びと》はこれまで一度たりとも「土地の民」だったことはないのである（ヘブライ語で「土地の民［アム・ハ＝アーレッ］」とは「無知無教養の輩」を意味する）。

以上のごとく、〈イスラエルの地〉に関して、ややもすれば絶対主義的にして非現実的、反＝実存的とも映りかねないヴィジョンが、ユダヤ教の伝統に深く根を下ろしている。そして、一般に思われているところとは裏腹に、このヴィジョンは、近代にいたり、政治的シオニズムの勃興に対する抗力として新たに提示されたものではないのである。シオニズムの最初の胎動が感じられる数十年前、ブラティスラヴァのラビにして、十九世紀のユダヤ教正統派を代表する人物、モシェ・ソフェル（一七六二―一八三九年、その著書『ハタム・ソフェル』の題名で呼ばれることの方が多い）は、イスラエルの民が、最後の最後に救いに到達するためには、現在時の流謫をできるだけ長引かせることが望ましいという見解を示していた[40]。メシア的待望は、イスラエルの贖い主として実際にメシアが到来するまで、手つかずのまま、あらゆる妥協から自由な状態で保持されるべきであるという考え方がそこに打ち出されているのだ。

シオンへの回帰にともなうメシア主義的な響きは、当然、シオニスト、ひいてはそれに先立つ「原＝シオニスト」たちの挙動に、偽メシア主義、シャブタイ主義、その他の嫌疑を引き寄せずにはおかなかった。ロシアの「ヒバット・ツィッヨーン*（シオンを愛する者）」運動は、当初から、同時代のラビたちからの全面的拒絶に直面した。たとえば、ブリスク（ブレスト＝リトフスク）のラビ、ヨセフ・ドーヴ・ソロヴェイチク**（一八二〇—九二年）は、一八八九年、「ヒバット・ツィッヨーン」を指して「不徳の輩シャブタイ・ツェヴィに似た新手の一派」と呼んでいる(41)。その息子にして、タルムード学の一大権威として今日なお甚大な影響力を保っているハイーム・ソロヴェイチク**（一八五三—一九一八年）は、十年後、ロシアで隆盛を極めるシオニズムをさらに厳しい口調で断罪した。

> 先に形成され、今、力によって体制固めをしているシオニズムの一派についていうならば[……]、彼らは、今、彼らがいる場所で悪い評判をとっていないだろうか？　彼らは、ユダヤ人の組織体を全体にわたって掌握することを目的として、宗教の基盤を根こそぎにしようとしてはいないだろうか？　[……]イスラエルの民は、みずからの魂を危険にさらし、宗教を破壊し、イスラエルの家にとって罠となる、このような企てに与しないよう注意せねばならない(42)。

ここで「力」という言葉が用いられているのは決して偶然ではない。この一文は、古典的聖書学者ラシ（ラビ、シュロモ・イツハキ、一〇四〇―一一五〇年）がタルムードに盛られた三つの誓いの一つについて行なった注釈、「力によって、ともに［イスラエルに］上っていってはならない」[43]を明らかに踏まえているのだ。

政治学者シュロモ・アヴィネリは、ユダヤ人が〈イスラエルの地〉とのあいだに取り結ぶ関係を「逆説的」と評する。ユダヤ・アイデンティティーのまさに中心部にその関係が位置していながら、シオニズム以前の歴史において、ユダヤ人が大挙して〈イスラエルの地〉に移住しようと試みた形跡がまったく見当たらないからである。

その情緒的、文化的、宗教的な強度にもかかわらず、パレスティナの土地との絆は、ディアスポラ（離散）の地におけるユダヤ人の日常生活にまったく変化を及ぼさなかった。彼らは、世界の秩序を変え、自分たちをエルサレムに運び入れてくれることになっている贖いの実現を願って、日に三度、祈りを捧げながら、実際はエルサレムには決して足を向けなかった。彼らはまた、毎年、アヴ月の九日、〈神殿〉の破壊を嘆いて涙を流し、うらぶれたシオンの常なる思い出の印として家の出入り口の上部の横木に煉瓦を一個積むという風習を保ちながら、実際には決してその地に向けて出立しようとはしなかったのである。[44]

本書の筆者自身、一九七〇年代にある友人とともにボストンでユダヤ教の祭日を過ごした時のことをよく覚えている。その日の午後、私たちはある公園で、とても楽しげに、また満面に大いなる信頼の表情を浮かべて、歌を歌い、さかんに奇声を発しているハシード派の一群に出くわした。彼らの「来年、エルサレムで！」という叫び声を聞いた私の友人――今はバークレーで大学教授をしている――は、驚いた様子でこう言った。「しかし、彼らだって飛行機のチケットを買いさえすれば、いつだってエルサレムに行けるだろうに」。ユダヤ教の伝統には無縁の観察者にとって、たしかにハシードたちがやっていることは逆説的と思われるにちがいない。ややもすれば、ユダヤ教徒が二千年来掲げ続けている、この「来年、エルサレムで！」との希求は、単なる形式、あるいは偽善とも解釈されかねまい。しかし、人間の文化というものに対する感性をいささかなりとも持ち合わせている者であれば、エルサレムへの帰還というユダヤ教徒の祈りの言葉を字面どおりに解釈することは的外れであることが理解できるはずなのだ。彼らが求めているのは、むしろ、この世のメシア的完成であり、より良き世界の到来であって、その一部をなすものとして、ほかのさまざまな要素と並んで、イスラエルの民が〈イスラエルの地〉に――あくまでも神による所作をつうじて――帰還することが含まれているのだ。

今日の目には単なる受け身の姿勢としか映らないかもしれない、この贖いに対する信頼こそは、ユダヤの法と居住地の法を遵守することと並んで、メシア到来以前の時代におけるユダヤ教徒の生活を形作る本質的な特徴である。そこで問われているのは、〈約束の地〉へ平和裏に帰還を果たすために、あくまでも精神の次元における努力をいかに組み立てていくかという点だ。一部には、贖いの到来を遅らせ、ユダヤ教徒たちの頭上に先例なき災厄を降り注がせることになるとして、現世的な努力をことごとく禁じようとする向きもあるほどである。いわんや〈聖地〉を軍事的に掌握し、そこにユダヤ人を呼び集めるなど、冒瀆、ないし神的権限の横取り以外の何ものでもなく、イスラエルの末裔たちと神とのあいだの契約を無効としかねない暴挙にほかならない。ユダヤ教においてシオニズムに対する拒絶が常に黙示録的な次元を抱え込んでしまうのは、まさにこの文脈上でのことなのだ。

さらにユダヤ教の伝統において、メシアは貧相にして無力な存在としてイメージ化されている。メシアの到来時、ユダヤの民が、彼こそは自分たちに救いをもたらす真の源であると勘違いし、メシアに使命を言い渡したのはあくまでも神であることを忘れてしまわないようにするための用心である。その意味でメシアはしばしば、モーセ五書のなかで唯一、きわめて質素な人物として描き出されているモーセになぞらえられる。ユダヤ教の伝統において、メシアはロバの背に乗ってやって来るとされているが、そのようにことさらロバという慎ましげな移動手段を選ばせたのも、メシアが究極の贖いの遂行者たる神の前で常に腰を低く保つ存在であることを強調するためである。

タルムードの英訳者として知られ、みずから宗教＝民族派（ダーティ・レウミ）に与してきたラビ、モシェ・ソベル**は、彼がこれまで宗教＝民族派の集会においてしばしば目にしてきた、神の意志を先取りしようとする僭越、ならびに今日のイスラエル国の挙動をユダヤ教の摂理の概念によって正当化しようとする向きを厳しく批判した。

自分の気に入ったとおりに何でもやることができると思い、あらゆる誘惑に屈し、馬鹿げた自己権力の増大に躍起になっておきながら、自分たちは〈全能の神〉にコネを持っているのだから罰を受ける恐れもないというような態度こそ、宗教信仰の正反対に位置するものである。そのような態度は、歴史の流れを決定する権限を神からかすめ取ろうとする点において、神に対する侮辱にほかならない。この罪に対する伝統的な罰は、敵意に満ちた世界との対峙を余儀なくされる場所に送り出されることである。そこにわれわれは、息つく暇もなく、神からのいかなる助けも得られないまま、最終的に神の助けを当てにすることができるのはもっぱら神の意志を実現しようとする者だけなのだ、ということを感得する日までとどまるのである。昨今見受けられる盲目的な信仰は、実のところ神に対する信仰ではなく、われわれ自身に対する信仰である。それは〈全能の神〉を道具として用いている。われわれのやることとなすことを、われわれの思うがままに成功に導く役割を当てがわれた一種の「秘密兵器」のようなものとして神を利用しているにすぎないのだ。われわれは無敵であるという昨今の信念を覆っているのは、一つの偶像崇拝的なものの考え方である。(45)

いうまでもなくこの警告は、昨今ますます顕著になりつつある傾向、つまり、軍事目的のために神を「動員」しようとする傾向に対して発せられたものだ。この傾向はとりわけ、近年のガザからの撤退〔二〇〇五年〕にもかかわらず、あくまでも強硬姿勢を貫き、ユダヤ教の名のもとにユダヤ人入植地の拡張を主張し続けているヨルダン川西岸の入植者たちに顕著である。しかし、彼らが掲げるユダヤ教は、ユダヤ教徒たちにどこまでも辛抱強さを求めてやまない、かの三つの誓いをあえて顧みまいとする点において、やはり彼らだけの異型ユダヤ教といわざるを得ない。イスラエル軍を礼賛するラビたちは宗教＝民族派（ダーティ・レウミ）の占領地入植者であることが多いが、彼らが一般に広く配布される教材のなかでユダヤ教の原典の意味をねじ曲げたり、イスラエル兵たちをけしかけてパレスティナ人市民に対する無慈悲な扱いに向かわせたりしている実態は、とりわけ二〇〇八年から翌〇九年にかけての冬、イスラエルによるガザ攻撃の際に生々しく報じられたとおりである。(46)

求められる辛抱強さを欠いたために、結局、かの三つの誓いを破ることとなった例として典型的なのが、シオニズムの危険を警告する書き物のなかでも頻繁に援用されるバル・コフバの反乱の逸話である。かつてローマ軍の侵略者に対する蜂起は、一三二年から一三五年までの三年に及び、その指導者たるバル・コフバは、当時の偉大なるラビの一人、ラビ・アキヴァ（五〇—一三五年）によってメシアとも称された。当初、人々のあいだに大きな期待を抱かせた反乱は、しかし、先例なき惨劇として幕を閉じることとなる。当初こそ、〈第一神殿〉の破壊とバビロン捕囚〔紀元前六世紀〕と同様、〈第二神殿〉の破壊〔紀元七〇年〕も慈悲深き結末を迎えるかのように思われていた。かつてペルシャ王クセルクセスが、捕囚から一世紀も経たないうちに神殿の再建を命じたように、今回も、ローマ皇帝ハドリアヌスが破壊された〈第二神殿〉の再建をユダヤ教徒に許可したからである。しかし、その数年後、皇帝の決断が覆されるに及んで、怒りに駆られた一部のユダヤ教徒らが蜂起を呼びかける。当時の有力なラビたち、とりわけイェホシュア・ベン・ハナニヤーが人々の熱情を鎮めようとしたが、状況を完全に掌握するにはいたらなかった。

こうして、一二三年から、ローマ軍に対する散発的な攻撃が開始される。ハドリアヌス帝は、ユダヤ教の典礼には完全に背を向け、元の〈神殿〉の丘にユピテル神殿を建設させる。これによって一気に緊張が高まるが、皇帝がパレスティナの地にとどまっているあいだは、まだ武力衝突が抑えられていた。しかし、皇帝が現地を後にした一三二年、ついに反乱の火の手が上がる。

反乱の火は瞬く間に燃え広がり、ほどなく〈イスラエルの地〉の大部分がバル・コフバの勢力圏内に入った。彼はさっそく、ユダヤ教の象徴物と「イスラエルに自由を」との標語が刻まれた新しい硬貨を発行させた。しかし、当時のラビたちは、バル・コフバの「無慈悲なる品性」に気づき、ついには彼を見放してしまう。ラビたちは、ベタールの町に迫る完全無化の危機を十分察知しながら、しかし、いかなる軍事敗北にもまして偽メシアの方が「ユダヤの民にとってより大きな危険となる」との判断から、バル・コフバを見放したのだ。その間、ローマ軍は、帝国のほかの属州から送られてきた援軍の力を借りて、反乱の鎮圧に乗り出す。結局、ベタールでの最終戦により、この独立の試みも息の根を止められてしまう。その結果として科された懲罰と流謫が、数世紀前、〈第一神殿〉の破壊後に科された罰よりもはるかに苛酷なものとなったという文脈が、今日なお、ユダヤ教にもとづくシオニズム批判の言説のなかに繰り返し回帰してくる論点を構成しているのだ。バル・コフバが主導した時期尚早の反乱によってローマ行政当局のユダヤ教弾圧に拍車がかかり、ラビ・アキヴァほか、数人のラビが惨死を遂げる。国は荒廃し、ユダヤ教世界も、以後、決定的にディアスポラの地に中心を移すこととなった。

ユダヤ教の伝統がこの歴史から導き出す教訓は一義的にして明快そのものである。つまり、偽メシアが主導する反乱は神とその命に対する反逆であり、ユダヤ教徒全員に重大かつ不可避の結果をもたらすものであるということだ。「その［バル・コフバの］王国も、つまるところトーラーによって統べられ［……］、彼の同時代人たちは皆、聖なる人々であった。［……］しかし、見てみるがよい。それ［彼らのローマに対する反乱］が定められた時よりも早く終末を無理強いするものであったがために、彼らがいかなる苛酷さをもって罰せられることになったか」(47)。この歴史は、よって、かの三つの誓いを無視し、贖いの到来を早めようとするすべての人々に対する警告の意味を備えたものと解釈されているのである。

他方、この同じ歴史が、近代のシオニストたち、とりわけ軍事的敗北の埋め合わせをし、民族としての自由を取り戻すことに意義を見出す右派のシオニストたちにとっても精神の糧となった。それまでの伝統を覆す形で、ジャボティンスキー**とその後継者たちは、青年シオニズム運動の組織名として、そしてイスラエルのサッカー・チームの名として、さらには一九六七年（「六日戦争」時）の占領地に新たに作られた入植地の名として「ベタール」*を採用したのである。

このように、トーラーとユダヤ教の伝統を、〈イスラエルの地〉に対するシオニズムの権利要求を正当化する目的で利用するといったことがしばしば行なわれる。なかには、ユダヤ教のトーラーとイスラームのクルアーン（コーラン）におけるエルサレム（アル＝クドゥス）への言及の頻度を比較することになにがしかの意義を見出す者さえいる。あるいは、何世紀も前からユダヤ人がエルサレムへの帰還を願っていることの証拠として、ユダヤ教のしきたり、日々の祈禱、食後の感謝の祈りに依拠する人々もいる。これに対して、ユダヤ教の立場からシオニズムを批判する人々の目には、そのような解釈も、むしろ伝統を故意に歪めた読み方としてしか映らない。〈イスラエルの地〉への帰還に関するあらゆる言及は、〝そこに流謫者を帰してくださいますように〟として神に対してなされた呼びかけであって、意のままにその〈地〉を所有できるなどという思い上がりとはまったくの別ものだからである。たしかに、ユダヤ教を実践する者ならば誰もが日に三度唱える祈禱の文言には、〈イスラエルの地〉への帰還に関する表現が含まれている。「おお、イスラエルの民の離散者をふたたび集わせる永遠の主よ、讃えられてあれ。かつてのごとくわれらの士師を、以前のごとくわれらの指南役を復活させたまえ」(48)。また、ほとんどの信徒が空で覚えている食後の感謝の祈りには、〈かの地〉への帰還に関する力強い表現が盛られているし、安息日や祭日の祈禱は、まずもって流謫者の心境を表す「詩篇」第一二六篇の朗誦から始まる。

永遠の主、シオンの囚われ人を帰したまいし時、われらは夢見る者のごとくなりき。その時、笑いはわれらの口に満ち、歌はわれらの舌に満てり。諸々の民のなかに、「主、彼らのために大いなることをなしたまえり」と言える者ありき。然り、永遠の主、われらのために大いなることをなしたまいたれば、われらは楽しめり。永遠の主よ、願わくはわれらの囚われ人を南の砂漠の川のごとくに帰したまえ。

続けて、神が被造物を養い続けてきたことを讃えた上で、祈禱の文言は哀願へと切り替わる。

おお、永遠の主、われらが神よ、われら、汝の民イスラエルを憐れみたまえ。汝の町エルサレムを、汝の栄光の座シオンを、汝の聖油で清められたダビデの家門を、そして汝の名が常に口にされる偉大にして聖なる家を憐れみたまえ。われらが神、われらが父よ、われらを見守り、われらを養い、われらを支え、われらを助け、われらを解き放ちたまえ。主よ、われらが神よ、われらにあらゆる苦難からの救いを速やかにもたらしたまえ。われらが、この世の肉と血からなる存在の手に由来する贈り物や借り物に頼ることなく、もっぱら汝の満たされた、大いなる、聖なる、広き手のみを頼りとさせたまえ。われらが永遠に内心の恥や屈辱を感じずに済むように[49]。

そして、祈りは、以下のような熱のこもった呼びかけで終わる。「汝の町エルサレムを、速やかに、われらの生のあいだにふたたび建てたまえ。その慈悲によってエルサレムを再建する永遠の主よ、讃えられてあれ[50]」。

シオニズムの信奉者たちが、イスラエルによる聖都エルサレム掌握の合法性を主張しようと、聖書や祈禱書のなかにその町の名が登場する回数を数え上げているあいだ、ユダヤ教の伝統の保持者たちは、その同じ章句のなかに、領土的権力に関する思い上がりの放棄としてとらえられたメシア待望の表現と深い慈悲への呼びかけとを読み取っているのだ。救いは、ひとり神のみから待ち望むべきものであり、「この世の肉と血からなる存在」から待ち望むべきものではない。とすれば、聖書や祈禱書の文言を民族解放戦争への呼びかけとして解釈することがテクストの明白な内容に対する冒瀆とみなされてもやむを得まい。
こうして、ユダヤ教の立場からシオニズムを批判する人々は、イスラエル国のエリート層がトーラーと〈約束の地〉の概念を道具化しようとする傾向に強い拒絶反応を示す。しかし、その反応は彼らだけにとどまるものではない。一部の大学人たちもが、単にユダヤ教の諸概念に依拠するだけではユダヤ教の実践やトーラーに対する忠誠心の所在を証し立てることにはならないと指摘している。

安息日というユダヤ教の鍵となる制度について、ある非宗教人の思想家が次のように述べた。「イスラエルが安息日を守った以上に、安息日がイスラエルを守った」［ヘブライ語の動詞「シャマル」には同時に「守る」、「保持する」、「遵守する」の意味がある］。つまり、安息日を道具扱いしながら、イスラエルの非宗教人たちの集団を中心に据えようというわけだ。しかし、ユダヤ教において安息日とは、聖なる民イスラエルによって聖別された祝日であり、自己保存という民族的な目標に到達するための手段などでは決してないのである(51)。

哲学者レイボヴィッツは、ユダヤ教を民族主義の目的に合わせて道具化することに対し、さらに憤りをあらわにした。

しかし、より悪質なことに、民の大部分も、また民がみずからのものとして採用した社会、政治体制も、宗教信仰にはまったく縁を持たず、そこに伝説と迷信しか見ていないという時に、その民が、みずからの民族的な自負を強固にする目的でトーラーを利用したという事実のなかには、ある意味で宗教と道徳の失墜、冒瀆と紙一重の虚偽と偽善による精神の堕落がある。そこには、民の愛国主義的な衝動と利益を満足させるためにユダヤ教の諸価値を隠れ蓑にするという、一種の売春にも似た行為がある。そして、かりに宗教的ユダヤ人たちのなかに、民族主義に駆られるまま占領地区の死守政策に与し、いわゆる「大イスラエル」政策をみずからの信仰の本質、宗教上の戒律とする人々がいるとすれば、そうした人々は、〔「出エジプト記」三二章に描かれているように〕金の子牛の崇拝者となって、「イスラエルよ、これぞ汝の神である」と叫んだ者どもの後継者となるのだ。金の子牛は必ずしも金でできているとは限らない。それはまた「民族」、「土地」、「国家」との名称を冠することもあるのだ[52]。

しかしながら、ユダヤ教の諸概念を非宗教的な――よって当然のことながらユダヤ教に反する――目的のためにかすめ取ろうとするこの種の挙動は、これまでかなりの成功を収めてきたといわねばならない。かつてロシア革命の動乱期に、シオニズムがロシアのユダヤ人大衆を大量に引きつけたのもその一例である。ユダヤ教的諸概念の政治利用は、また、のちにアラブ諸国からユダヤ移民を引きつける際にも効力を発揮した。それまでユダヤ人内部のイデオロギー闘争にまったく無縁であったアラブ諸国のユダヤ教徒たちにとっては、シオニズムとユダヤ教を区別することが一層困難だったのである。

シオニズムの理念

大方ユダヤ教との接触の機会さえ失ってしまったシオニストたちの感性は、当然、本来のユダヤ教におけるメシア待望との断絶の上に成り立つものであった。一八九八年、テオドル・ヘルツル**（一八六〇―一九〇四年）のエルサレム訪問は、まさにこの断絶の象徴ともいうべき出来事であり、当時のユダヤ教徒たちのあいだで大いなる顰蹙の種となった。というのも、エルサレムのヘルツルは、安息日の禁忌を守らなかったのみならず、加えて、ユダヤ法がユダヤ教徒に厳しく禁じている行ない、すなわち、安息日に〈神殿〉の丘に登るという挙さえやってのけたからである。「彼は、聖都において、もっとも神聖な神の場所において、公然と安息日の禁忌を犯した。これだけですでに、彼は神の目の前で悪をなしたことになる。彼の目的は、民族主義こそは真のユダヤ教であるなどと主張する、その不浄なる、腐敗しきったイデオロギーを説き広めることであった。シオニストどもの指導者は、こうして神の宮殿のただなかに［……］民族主義の偶像を打ち立てたのである」[53]。この糾弾の言葉が、預言者たちの書を念頭に置いていることは明らかだ。かつての預言者たちもまた、偶像崇拝による〈神殿〉の汚染がユダヤ人の王たちの直接の命によってなされた例をしばしば語っていたものである。

中央ヨーロッパや西ヨーロッパの解放ユダヤ人のシオニズムに対する反応は、当初から予測済みであった。西ヨーロッパのユダヤ人は、シオニストたちの無責任な理論が、いかに自分たちの宿敵たる反ユダヤ主義者たちの思う壺であるか、容易に理解することができた。ドイツ、フランス、オーストリア、イギリス――つまりユダヤ人が十全なる市民権を享受していた国々――のラビたちは、シオニズムを端から受けつけない点においてほぼ異口同音であった。フランスで最初にシオニズムに引きつけられたのは、主としてロシア出自の知識人たちである。当時、パレスティナでのシオニズム運動を主導していたのがロシア・ユダヤ人の一群であったように、西欧のほとんどの国でも、やはりロシア・ユダヤ人たちが前衛的な役割を果たしたのである。

ヨーロッパの西と東で、ユダヤ人の社会状況が大きく性質を異にしていたにもかかわらず、このとシオニズムに関してラビたちの見解が全体的なコンセンサスを見出したのは、やはりユダヤ教本来の価値観が物をいった結果であろう。一八九七年、第一回シオニスト会議の直後にフランスの大ラビ、ザドック・カーン（一八三九―一九〇五年）が投げかけた問いは、それから一世紀を経た今日もまったく価値を失っていない。「民事、行政、宗教、そのいずれに関する法もユダヤ教的なものではないのに、なぜ、その新国家がユダヤの名を冠する必要があるのだろう？[54]」。

フランスのラビたちは、シオニズムを「悪意に貫かれていて、反動的である」と評する点で足並みを揃えていた。しかも、彼らはユダヤ人を一つの民とみなすこと自体を拒否していた。「われわれフランスのイスラエリット[1]には一つの祖国があり、われわれはそれを保持していくつもりである」[55]。加えて、フランスにおいて、ヘルツルとその協力者たちは、まずもって「ボッシュ（ドイツ人の蔑称）」とみなされていた。フランスのユダヤ人にとっては、フランスとその国民的諸価値に自己を同一化させることが疑問の余地なき第一要件であり、その上でなお、アラブ諸国やロシアのユダヤ人たちへの援助を含め、他国のユダヤ人たちとの連帯感情も決して妨げられるものではないととらえられていたのだ。そして、〈イスラエルの地〉*との関係においては、「フランスのユダヤ人は常に民族イデオロギーに対する反感と〈聖地〉に対する思い入れとを明確に区別するよう努めてきた(56)」。

ドイツでは、すでに述べたとおり、それ以外の点をめぐってはむしろ係争関係にあったいくつものユダヤ教の宗派集団が、シオニズムに対する抵抗においてまとまりを見出していた。もっとも厳格な正統派のユダヤ教徒と改革派のユダヤ教徒が、彼ら自身にとって意外なことに、ドイツにおける彼らの存立基盤を掘り崩すことにしかつながらないとしてシオニズムを拒絶することに共通の土壌を見出していたのである。ユダヤ教徒たちの公論の場では、いわゆるユダヤ人の「二重の忠誠心（二重国籍）」がさかんに問題視され、さらにはシオニズムが反ユダヤ主義のもっとも悪質な形態を醸成する結果になっているのではないか、という明け透けな議論も行なわれるようになった。そのなかで、シオニストと反ユダヤ主義者が、(1)ユダヤ人は宗教集団ではなく、他から明確に区別される一個の民族である、(2)ユダヤ人はその受け入れ国に統合されることは決してないであろう、(3)ユダヤ人問題の唯一の解決法は、彼らが現在住まっている国から立ち去ることである、という三つの原則において見解を一致させていることが浮き彫りにされた。

ドイツのラビにして、近代ユダヤ教正統派の指導者、ザムゾン・ラーファエル・ヒルシュ**（一八〇八―八八年）の思想は、時代的にシオニズム運動の勃興以前のものであるが、シオニズムの諸原則に対する批判を支える典拠として今日なお影響力を保っている(57)。メシア的企図をめぐる彼の分析は、ドイツのユダヤ教徒たちに広く支持されたのみならず――それ自体は、ヒルシュがドイツ正統派の地固めに果たした役割から見て当然のことであるが——、彼の教育観、社会思想を肯んじなかった各地のハシード＊集団によっても受容されるにいたった(58)。ヒルシュは、ユダヤ教徒が正統派として個々の規律を強固なものにしながら、周囲の社会に融合し、ドイツ文化、より一般的に西洋の文化をも正当に評価できるようになることを説き勧めた。彼によれば、ユダヤ民族主義とは、領土の所有にも、ましてや政治的主権にも依存しない超越的な観念であるという。そして、真の意味におけるシオンへの回帰は、ユダヤの民本来の運命を成就させること、とりわけユダヤの民がトーラー＊とその戒律を遵守しながら暮らすことを容易にする環境を作り出すことに存するという。「トーラーは国家のために存在しているのではない。逆に国家こそ、トーラー以外のもののためには存在できない何ものかであるのだ(59)」。こうしてヒルシュは、ヨーロッパ諸国がそれぞれの民族主義をもって摑み合いを始めた時代、トーラーが、もっぱらトーラーのみがユダヤ人を一つの集団たらしめるという古典的な思想を繰り返し説いたのである。

ヒルシュの思想は、聖書の一句、「モーセ、われらに律法を命ぜり。これはヤコブの会衆の持ち物なり」（「申命記」三三の4）に彼が加えた注釈において、より鮮明になる。ヒルシュによれば、この一句にこそ、ユダヤの民の「持ち物」はあくまでもトーラーであって、トーラーのなかで約束された土地などではないことが示されているという。トーラーの教えこそはユダヤの民の遺産であり、領土や権力は、その宝がまとう条件つきの属性にすぎないというのだ。

その後、シオニズム運動がはっきりとした輪郭をもって現れた時、それに対するドイツのラビたちの抵抗は徹底したものであった。ドイツのラビたちが形作る全国組織は、第一回シオニスト会議の準備を始めたシオニストたちを次のような表現で断罪した。「イスラエルの地に民族国家を建設するために、自称シオニストたちが開始した努力は［……］、聖書、その他の原典に打ち出されたユダヤ教のメシア思想の到達点に背馳するものである」[60]。ドイツのラビたちの主眼は、ユダヤ教徒が、数千年来、〈イスラエルの地〉とのあいだに保ってきた関係を維持しつつ、同時に彼らのドイツに対する忠誠心についてあらゆる嫌疑を退けることに存した。シオニストたちが説く民族主義、ならびに現在の居住地からの出立の必要を批判して、彼らはしばしば「エレミア記」の次の一節を引用していた。「汝ら、もしこの地〔バビロニア〕に留まらば、我、汝らを建てて倒さず、汝らを植えて抜かじ。そは我、汝らに災いを下せしを悔ゆればなり」（「エレミア記」四二の10）。こうしてエレミアは、ユダヤ人たちに、現在居住する国での幸福を探し求め、その国が住民に課する義務について自分たちだけを例外とみなすことのないよう説き勧めていたのだ。「われわれは、地獄の代わりに〔この世の終わりに地獄に落ちないようにするために〕流謫の軛を受け入れることを余儀なくされている」とは、二十世紀初頭、あるハシード派の注釈者が右の「エレミア記」の一節に付した注釈である[61]。

シオニズムの企図を支持ないし許容した少数のラビたちにとっても、パレスティナの植民地化という事業そのものの非宗教的な性格は明白であり、彼ら自身、それが純粋に実利目的の非メシア的なものであって贖いにいたる道とは断じてみなし得ないものであることを、常々、強調していた。実のところ、彼らがシオニズムの企図に対して支持の姿勢をとり得たのは、それが武力行使によって達成されることになるという点も、また、追って〈イスラエルの地〉の植民地化と最終的な贖いとのあいだに関連性が打ち立てられることになるという点も、その段階ではまだ予測できなかったからである。今日、イスラエルでも、その他の国々でも宗教=民族派（ダーティ・レウミ）たちの言説を支配するにいたったシオニズム的メシア主義とは裏腹に、宗教的シオニズムの先駆者たちは、まさにこのシオニズムのメシア主義的偏向に対する危惧をはっきりと表明していたのである。ロシア、ヴォロジンの高名なイェシヴァー*を率いた権威あるラビ、ナフタリ・ツェヴィ・イェフダー・ベルリン（略称ネツィヴ、一八一七—九三年）は、ユダヤ人が政治の領域にメシア主義の世界観を持ち込むことによって、「諸々の民」から敵対的な反応を引き出してしまうのではないかと危惧していた。ラビ、カリシェル**の知的偉大さには敬意を表しつつも、ネツィヴはそのメシア待望論だけははっきりと退けている。「このような駄弁が生じてしまったのは、師［カリシェル］が、ご自身の時代に贖いの光が輝き始めたと信じたからである。しかし、われらの時代［それから二十年ほどを経た一八九一年］、われらはなお流謫の軛につながれ、種々の新しい制限の対象となっているのだから、われわれは、贖いの思想を、かの地の植民地化との関連において提起すべきではない(62)」。

今日でこそ、「ミズラヒ」*運動は即時即刻の贖いを求める精神に貫かれているが、その運動の創設者たるラビ、イツハク・ヤアコヴ・ライネス**（一八三九—一九一五年）は——今日の目にいかに意外と感じられようとも——、実践の次元に属する植民地化とメシア主義的な期待とのあいだの混同を厳しく戒めていた。あらゆるシオニズム的想念を危険な異端として退けるラビたちのコンセンサスをはっきりと踏まえながら、彼は「シオニズムのイデオロギーは、いかなる贖いの観念の形跡をもその内部にとどめないものである。[……]シオニズムのいかなる行動も、いかなる希求も、未来の贖いに関する言及を含むものではない(63)」と述べていた。この点に関する事前の禁止の言説は、ライネスほか、シオニズム支持を表明した数名のラビたちが共同で署名した一九〇〇年の宣言のなかにも見出される。「いかなる仕方であれ、シオニズムの思想が未来の贖いとメシアの到来に結びついていると考える者は、誤謬のうちに身を置いている。というのも、その者は、われわれの聖なる信仰の基盤そのものを掘り崩すからである(64)」。よって、シオニズムに対するはっきりとした擁護の姿勢を打ち出したラビたちも、もっぱらユダヤの民の集団的境遇を改善することを目的とする実践運動の一つとしてそれを擁護したのであって、その企図を終末論の次元に位置づけるなど、およそ考えられないことであると観じていたことに変わりはないのである。

シオニズムの企図

シオニズムがヨーロッパ的な発想のもとに形成された運動である以上、トーラー*の名においてそれに反意を唱える人々の言説においても、「諸々の民」の模倣が繰り返し問題とされるのは当然であろう。両大戦間期、ハーフェツ・ハイーム〔ことイスラエル・メイール・カガン(ハ＝コヘン)**〕は、ユダヤ世界の指導者がふたたび伝統に耳を傾けなければ、イスラエルの民全体を重大な危機にさらすことになると警告を発していた。

今日、トーラーの威厳はかなり失墜してしまった。人々は、もはやカッディシュ*を唱える必要がある時にしかトーラーに依拠しなくなっている。政治の領域、つまりユダヤの民全体に関わる諸問題を論じる場においても、人々はもはやトーラーの言葉に信を置かない。これらの問題を解決する責務を負っているのは職業的政治家と物書きたちである。その際、彼らの理論の元となっているのは何か？ それは「われらも諸々の民のごとく」という一句に要約されてしまった彼ら独自のトーラーである。本来の神のトーラーの方は完全に馬鹿にしきっているのだ。(65)

「われわれがトーラーを守らなければ、国家によっても言語によってもわれわれが救われることはないであろう」とした上で、ハーフェッ・ハイームは皮肉の問いを発している。「われわれの血が十八世紀もの長きにわたって流されてきたのは、たかだかブルガリアに追いつくためであったのだろうか？」(66)（数世紀来オスマン帝国の支配下に置かれてきたブルガリアが、一九〇八年、政治的独立を勝ち取った事例は、多くのシオニスト——なかでもユダヤ教に対して激しい敵意を示した現代ヘブライ語の祖、エリエゼル・ベン＝イェフダー**——の想像力をさかんに刺激していた）。同じ主題は、ラビとして反シオニズムを唱え続けてきた古参、イスラエル・ドンブ**の著書『変容』のなかにも受け継がれている。

われわれが二千年もの昔から、かくのごとき苦悩を味わい、かくも崇高な希望を抱き、誠実なる祈りを捧げながら、ひたすら待ち続けてきたのが、単にこの世界でアルバニアやホンデュラスと同じ役割を演じるためであったというのは、いかに見ても辻褄が合わない。あれらすべての血と涙の激流が［……］、たとえばルーマニア人やチェコ人がいとも容易く、しかもことさら下準備の必要もなく獲得したのと同じような民族国家を取得するためであったというのでは、まさに徒労の極みというべきではなかろうか？[67]

ハーフェツ・ハイームの弟子に当たるラビ、ヴァセルマン**も、〈聖地〉への帰還は神の意志のみによるものであることを確認した上で、ユダヤ民族主義がユダヤ世界独自の産物ではなく、むしろバルカン地方（セルビア出身のラビ、アルカライ**がよく知っていた地域）やドイツ（プロイセンのラビ、カリシェル**の本拠地）をお手本にした模造品であったと述べる。ヨーロッパ史にいささかなりとも通じた者ならば、この点についてヴァセルマンの指摘を俟つまでもなかろう。しかし、ヴァセルマン自身が述べているように、彼がことさらこの点を確認する必要があったのは、その無邪気さとメシア信仰の熱により、ユダヤ教の伝統的語彙をたくみに再利用するシオニズムの宣伝に乗せられて誤謬に導かれてしまう多くのユダヤ人のためであったという。この種の伝統の再利用はなにも珍しいことではない。イタリアの民族主義が古代ローマ史から材料をふんだんに引き出し、近代ギリシア国家の創設が古代ギリシアへの依拠によって正当化されるのと、それはまったく同じことなのである。

いまひとつ、シオニズムの理解を容易ならしめるためにヴァセルマンが行なった別の注釈もある。彼はまず、トーラーが非ユダヤ人に対する敬意というものをいかに重んじているか、思い起こさせる。彼によれば、トーラー中、実に三十六カ所にわたり、異邦人に対し――しかも「エステル記」の宰相ハマンの末裔に対してさえ*――、時に過度と思われるまでの好待遇をもって接することの必要が説かれているという。翻って、背教のユダヤ人、ないし戒律を実践しないユダヤ人に対して、トーラーはかなり手厳しい態度を見せる。「そのような輩は犬以下である。［……］結局のところ、われわれは、トーラーを抜きにして語られるユダヤの民の起源など無価値であること、つまり、ユダヤの民に関する民族的な観念は近代の偶像にほかならないことに気づくのだ」(68)。ショアーの数年前に遡るこのシオニズム批判の言葉は、まさにシオニズム的企図の本質そのものを突く言葉といえるだろう。

〈かの地〉への帰還をめぐる論点としてハーフェツ・ハイームがことさら重要視しているのは、「エゼキエル書」の以下の箇所に輪郭を表している論理だ。

我、汝らを諸々の民のうちより導き出し、諸々の国より集めて、汝らの国に率いん。清き水を汝らに注ぎて、汝らを清くならしめ、汝らの諸々の汚れと諸々の偶像を除きて、汝らを清むべし。我、新しき心を汝らに賜い、新しき魂を汝らのうちに置かん。汝らの肉より石の心を除きて肉の心を汝らに与えん。わが霊を汝らのうちに置き、汝らをしてわが法に歩ましめ、わが掟を守りてこれを行なわしむべし。汝らは、わが汝らの先祖に与えし地に住みて、わが民とならん。我は汝らの神となるべし。（「エゼキエル書」三六の24―28）

ここでは、何らかの精神的な変容と神への再接近こそが、〈かの地〉への帰還の手段であり、同時に目的であるとされている。ユダヤ教の伝統は、まさにこのようなものとして〈聖地〉でのユダヤ人の再集結をとらえてきたのであり、ハーフェッツ・ハイームは、ここでそのとらえ方を東ヨーロッパのユダヤ人大衆に思い起こさせる一方、シオニズムの誘惑が、流謫に終止符を打つどころか、それをさらに引き延ばしかねない罠であることを理解させようとしているのだ。

この点をわかりやすく説明するため、ハーフェッツ・ハイームは、ユダヤ教徒にとってもっとも馴染み深いテクストである過越祭のハッガダー*を用いる。過越祭の夕の食事は、神の摂理とその寛大さを讃える歌で締めくくられる。たとえば「ダイェーヌー」(「われらには十分であったろう」の意)の歌には、「たとえ汝がわれらをイスラエルの地*に連れていってくださらなくとも、われらにトーラーを与えてくださるだけで、われらには十分であったろう」とある。ハーフェッツ・ハイームによれば、ここでハッガダーが、「たとえ汝がわれらにトーラーを与えてくださらなくても、われらをイスラエルの地に連れていってくださるだけで、われらには十分であったろう」とは言っていないことに注意すべきである。つまり、ここから結論づけられるのは、シオニストたちがいかなる努力を払おうとも、トーラーを実践せずして〈イスラエルの地〉に居を移し、住み続けることは不可能であるということだ。たしかにハーフェッツ・ハイームの後継者たちが指摘してやまないとおり、一世紀来、シオニズムの企図が見せつけている慢性的な暴力性は、かつて彼らの師ハーフェッツ・ハイームが見抜いた、この不可能性によって説明づけられるのかもしれない。

「トーラーなくして、われわれは数十年とユダヤ人であり続けることができないが、〈イスラエルの地〉なしでも、われわれは二千年間、存続することができた(69)」。このように、シオニズムを贖いへと続く道に置かれた障害物とみなす思想は、今日、イスラエル国を包み込む閉塞しきった空気にも数十年先立って、すでに提示済みだったのである。

ラビたちの大多数は（そして、いうまでもなく非宗教のイスラエル人たち自身も）、シオニストの存在をエルサレムにメシアを乗せてやってくる「白いロバ」になぞらえようとした、ラビ、クーク**の試みをきっぱりと退ける。たとえば、一九四〇年代半ば、パレスティナの未来に関する議論喧しいなか、ある場所に発表されたテクストには次のように読める。

> 彼らはイスラエル「ここではユダヤ教の民を指す」に対抗させるため、シオニストたちの一群を送り込んできた。シオニストたちは、終末を急がせるために非ユダヤ教的な諸概念を採用し、権力と遠方の諸民族の好意による現世的な贖いという誤った思想を振りかざしている。［……］彼らは〈聖地〉にやって来て、天の〈王国〉に対する反旗を高く掲げた。［……］彼らは、われらが聖なるトーラーと人間のあらゆる道徳を根こそぎにするため、この上なく恐ろしい手段を編み出した。［……］彼らは、われらの隣人たるアラブ人たちとのあいだで諍いを起こし、そのせいで〈古き居住区〉には騒擾が絶えず、ユダヤ人の血が流されることとなった。［……］われらが聖なるトーラーは、われわれが、メシアが到来するまで流謫の境遇を生き、政治に対していかなる関心も寄せてはならないと教えている。そして、この教え

は、われらがアラブの隣人たちにとっても不都合な点をまったく含んでいないのだ。われわれが流謫の境遇にあるあいだ、われわれの望みは、もっぱら創造主の戒律に従って生きることのみである。そして、われわれが〈聖地〉に住むことの利とみなしているのは、もっぱらこの土地の聖性に身を浸し、そこでしか実行できない戒律を遵守しながら暮らすことなのである。(70)

ラヴィツキが指摘するとおり、今日、エルサレムのハレーディ*たちのあいだで共有されている「〈イスラエルの地〉における流謫」という概念は、意外にもラビの伝統から生まれ出たものではなかった。それはむしろ、ロシアのジャーナリストにして、ハスカラー*（ユダヤ啓蒙主義）の理論家の一人、イェフダー・レイブ・ゴルドン**（一八三一—九二年）が、ユダヤ教を諸民族のもとで課された軛よりもさらに耐えがたい重荷ととらえ、シオニストによる〈イスラエルの地〉の植民地化事業からユダヤ教のあらゆる痕跡を拭い去ることの重要性を説く議論のなかで導入した概念であった。彼は、まさにこの意味において、「イスラエルのもとでの流謫は、世界の諸民族のもとでの流謫よりもさらに辛苦に満ちたものとなるだろう」という警告を弟子たちに残したのだ。(71)このように、非宗教の文脈のなかで、ユダヤ教の法と慣習の全体を指すものとして用いられた「イスラエル」という言葉にはっきりと負の意味作用が担わされる現象はきわめて興味深い。

イスラエルでの暮らしが容易であったためしはない。エルサレムから「下っていった人々」を指す「ヨルディーム」という言葉［「ヨレッド*」の複数形］は、あくまでもシオニズムの文脈上で

「イスラエルを捨てたユダヤ人」という侮蔑語になったにすぎず、元来の意味においては、単にディアスポラ（離散）もユダヤ教徒の生き方として一つの立派な選択肢であることを示すためのものである。アヴィネリが指摘するように――

ディアスポラは、なにもネブカドネザル、ティトゥス、ハドリアヌスによって追い出されたユダヤ人たちのあいだだけで構成されたものではない。今日、ニューヨークやロサンジェルスの特定の界隈にかくも多くのイスラエル人の姿を見出すことができるが、かつてアレクサンドリアやバビロニアに築かれた巨大なユダヤ人居住地も、その起源において、少なくとも部分的にはこれと同じプロセスを経て形成されたものであった。今も昔も、イスラエルでの暮らしは困難なものと感じられていた。ほかでもない、一国家の重みとは支えるのにかなりの労力を要するものであるのに対し、流謫地で生きることは、そうした重荷の大部分からわれわれを解き放ってくれるからである。(72)

ここでアヴィネリが認めているように、ディアスポラとは、必ずしもユダヤ教徒の生き方として貶められるべきものではなく、むしろ、ユダヤ教徒にとって好都合かつ快適な選択肢として認知されているものなのだ。同様にアヴィネリが指摘しているように、まずディアスポラが特定の型――文化、社会、経済、その他、どんな領域でもよい――を示し、イスラエル社会がそれをますます貪欲に模倣するという現象が見受けられる。アヴィネリにおいて、このシオニズム的図式の転倒は「ユダヤ国家にふたたび流謫を持ち込むこと」として受け止められているが、ユダヤ教の立場からシオニズムを批判する人々の目からすれば、そのプロセスは、むしろこれまで〈聖地〉の住民たちに高い代償を払わせてきたイデオロギー上の幻想が終局を迎えたことの証左と映る。

しかも、そもそもこのイデオロギー上の幻想に導かれて移住を果たした人々の数は、シオニズム全史をつうじてそれほど多くはなかったのである。ベン＝グリオン**が流謫者たちに向けてかけた再集合の号令は、派手な色遣いのお伽噺に呑み込まれやすい天真爛漫なユダヤ人しか引きつけることができず、イギリスやアメリカのような文明国に住まうユダヤ人集団からは思いどおりの反応を引き出すことができなかった。イギリスやアメリカのユダヤ人にとって、シオニズムは、彼らがすでにかなりの程度まで享受している物質的な好条件と引き替えにしてもよいと思わせるだけの価値をまったく提供していなかったからである。(73)

二十世紀末、約百万人のソ連ユダヤ人の移住によって、この診断の正しさが裏づけられたといってよい。ソ連のユダヤ人たちが、ソヴィエト体制の崩壊にともなう政情不安と貧困から逃れようとするなか、イスラエル国は、彼らがほかの国々に受け入れられることを妨害したのである。

本来、ユダヤ教の伝統において、流謫とは、癒し、ないし精神浄化の機能を備えたものと受け止められてきた。以下は、パレスティナにおける反シオニズムを代表するラビの一人、ヨセフ・ハイーム・ゾネンフェルド**（一八四八―一九三二年）に帰されている喩え話である。「あるところに王の一人息子がいた。人徳において優れ、父王にも深く愛された息子であった。ある日、その息子が病にかかった。王は、ただちにもっとも評判の高い医者たちを呼び集め、彼らと共に息子の病床の傍らに立った。ここで、その頭脳明晰な息子が、父王と医者たちに対し、自分をこの病院から出して家に帰らせてくれと頼むことがあり得ようか？　父王と医者たちがどんなにこの息子を不憫に思ったとしても、彼が病から完全に癒える前に、彼を病院の外に出すことはしないであろう」。

「これこそは、今、われらの身に起こっていることである」とゾネンフェルドは言う。

イスラエルの民はそれと同じ状況に置かれているのだ。神はわれわれを、われわれの罪ゆえに追放なさった。そして、その流謫の境遇はユダヤの民にとっての病院なのである。われわれが病から完全に癒える前に、われらの土地を掌握するのは好ましくない。神はわれわれを見守り、保護してくださる。神はわれわれに、完全な処方と調合を経た「薬」としての試練を課されたのだ。いったんわれわれが罪から完全に癒されさえすれば、神は、瞬時も躊躇わずに、神ご自身の手でわれわれを解放してくださるだろう。であるならば、なぜ、死の危険――われわれ全員の頭上に漂う世界的な危険――を前にして、病院から出ることを急ぐ必要があるのか？　われわれが解放のうちに求めているのは、完全な治癒である。よって、われ

われは、いまだ病んだ体のままで王宮に帰ろうとしてはならないのだ。(74)

往々にして、ひたすら受け身に徹するものとして批判される敬虔なユダヤ教徒たちの姿勢も、当人たちの目からすればまったく「受け身」的なものではない。その姿勢をつうじて、彼らは、民族感情の誘惑に屈してしまわないよう、あらん限りの精神力を動員しているのである。神の慈悲に対する信頼を確かなものにするため、彼らは日々の行動をトーラーの戒律にぴたりと沿わせようと努める。それは、ユダヤ教の伝統において、一人一人の個々の善行が全世界的な規模の効果を及ぼし得ると教えられているからだ。ユダヤ教徒は、この世界を半ば悪に浸され、半ば善に浸されているものととらえているだけに、善行（あくまでもトーラーのなかでそれと定められている行ない）を実践することの重要性は一層のものとなる。究極の贖いのために、個々の行ない——それがいかに些末な行ないであっても——の重みが神の正義の天秤の上で量られるのである。「諸々の民のなかでイスラエルの民が劣っていたり、それが流謫の状況に甘んじていたりすることが民に言い渡された不幸な運命によるものであるなどと考えてはならない(75)」。ここには、ユダヤ人の個別史を〈歴史〉の車輪の回転にともなう好不調の宿命的循環に合わせてとらえようとする傾向を憤然と退け、ユダヤ人の「運命」なるものは、もっぱら彼らの日々の行ないが天においていかに評価されるかという点のみにかかっているのだということを思い起こさせようとする姿勢がある。一般に行き渡ってしまった紋切り型とは裏腹に、ユダヤ教の世界観、人間観は、徹底した反＝宿命論としてわれわれの前に姿を見せているのである。

こうした視点から事物をとらえ直すならば、敬虔なユダヤ教徒たちは、たとえ政治学の視角からは不可視であっても、彼らなりの仕方で世界に働きかけを行なっており、その独自の行動主義が絶えず稼働の状態にあることがわかる。しかるに、ユダヤ教の伝統にヨーロッパ式のロマン主義的な読解法を適用するシオニストたちは、これとはまったく別の結論に辿り着いたのであった。ユダヤの民は歴史上のある偶発事によって本来の土地から追い出されたという見方に立つシオニストたちは、彼らの目に歴史的不正義と映るその事態を、宗教とメシア思想の文脈ではなく、あくまでも歴史の文脈において埋め合わせようとするのだ。ここにこそ、〈イスラエルの地〉へのユダヤ人の帰還をめぐる思想的係争の中核がある。そして、今ひとつ、多くの敬虔なユダヤ教徒の目にシオニズムがイスラエルの贖いの道に置かれた障害物と映る理由は、次章で見るとおり、シオニズムの先駆者たちが、「祈りと慈悲の懇願」ではなく、肉体労働と武装闘争によって〈イスラエルの地〉への帰還を果たそうとした点に存する。

第四章　武力行使

そは人、力をもて勝つべからざればなり。
（「サムエル前書」二の9）

武力行使はトーラー*にも決して無縁の事柄ではない。モーセ五書といくつかの預言者の書（「ヨシュア記」、「士師記」など）には、暴力のイメージがいくつもちりばめられている。聖書の世界において、イスラエルの征服は決して平和裏になされているわけではないのだ。ただ、ユダヤ教の伝統において、戦争が賛美されることは断じてない。聖書に描き出された数々の勝利の場面において、主たる要素は神への忠誠であって軍事的な功績ではないと解釈されているのだ。とりわけ、エルサレムの〈第二神殿〉の破壊によってユダヤ教徒の生活にもたらされた一大変化のなかに、武力行使を拒もうとする姿勢の徹底化を読み取ることができる。神学の水準においては、〈神殿〉の喪失をもって、軍事行動の正当化を可能とするような意思決定の機構がすべて潰えたと解釈される。より広く、ユダヤの民の存続という文脈においては、ユダヤ教の伝統がローマ軍によるエルサレムの破壊という事象に投げかける視線が、以後、武力、抵抗、そして〈イスラエルの地*〉に関するユダヤ教徒の規範的態度を定義づけることとなる。

成文化された平和主義

ほぼ二千年来、ユダヤ教の伝統が重んじてきた姿勢は平和主義の名に値する。〈神殿〉の破壊とそれにともなう流謫は、伝統的に、ユダヤ教徒が犯したいくつかの侵犯行為に対する神の懲罰と解釈されてきた。とりわけ、ローマによりエルサレムが灰燼に帰されたことの原因は、ユダヤ教徒のあいだに広まった謂われなき憎悪であるとされ〔本書四五頁〕、バビロニア第一捕囚の原因は、ユダヤ教徒たちが犯した性的な逸脱、殺人、偶像崇拝であるとされている。

タルムード*は、紀元一世紀、ローマ軍によるエルサレム包囲に際して見られた住民の二分化について語っている。律法学者たちがむしろ妥協的交渉に傾いていたのに対して、「ビリオーン〔実力行使の反抗者〕」たちが腕力による反撃を組織し、そして、諸世紀を超える不変の論理に則って自陣の住民を人質に取り、食糧の倉庫を焼き払った。タルムードによれば、その食糧は二十一年間、人々を養うのに足りるものであったという。

ラビたちは、「私たちをここから出して、ローマ人と和平を結ばせてほしい」と反抗者らに言った。しかし反抗者たちはそうはさせてはならないと考えた。彼らはラビたちにこう言った。「むしろ、われわれをここから出して、ローマ人と戦争をさせてほしい」。ラビたちは「それは不首尾に終わるだろう」と答えた。すると反抗者たちは、小麦や大麦や木材が蓄えられた倉庫に火を放った。町中に飢餓が広がった。(1)

こうしてユダヤ教の伝統は、武装闘争の推進者たちを咎め、逆にエルサレムの死守防衛を放棄した人々を称揚するのだ。イタリアのオヴァディア・セフォルノ（一四七〇―一五五〇年）を含め、古典的なタルムード注釈者たちは、武装闘争に加わった者どもに対してとりわけ手厳しい非難を投げつけた。「もしもビリオーンたちが、ラビ、ヨハナン・ベン・ザッカイに耳を傾けていたら、エルサレムの神殿は、今なお、元の場所に聳え立っていたことであろう」[2]。ユダヤ教のなかに〈神殿〉が占める中心的な位置に鑑みるならば、これはことさら意味の重い咎めの言葉といわねばならない。諸世紀にわたって繰り返されてきた、あらゆる集団的武装行為に対する警告がそこに凝縮されているのだ。

このセフォルノの注釈は、口伝トーラーに特有の感性を映し出したものである。併せて、ミシュナー*に打ち出された、真に強い人間の定義を思い起こしてみよう。「強い人間とは誰のことであるか？　それはみずからの悪しき性向を制御できる者のことである。〔聖書に〕かく述べられているごとくである。「怒りを遅くする者は勇士に優り、己の心を治むる者は城を攻め取る者に優る」〔「箴言」一六の32〕と」[3]。エルサレム陥落の数百年後にあらためて採用されたこの定義には、〈摂理〉に寄せる信頼と実力行使に対する嫌悪にもとづく世界観がはっきりと映し出されている。これに関連して、殺傷の道具の最たるもの、すなわち鉄の刃に関する禁忌はきわめて象徴的だ。〈神殿〉の石を削る際、鉄の道具の使用は、それが武器の材質でもあるという理由で禁止されている。多くのユダヤ教徒の家庭では、食後の祈りを捧げる前に必ず食卓からナイフを片づける習慣になっているが、これも食卓を〈神殿〉の祭壇になぞらえる伝統のなせる業である。かのダビデ王さえ、戦争で人間の血を流させたという理由をもって――その戦争自体は神の認可をとりつけたものであったとの伝統的解釈があるにもかかわらず――、〈神殿〉を建設する権利を認められなかったほどなのだ。この伝統が周囲の世界にも広く知れ渡っていた証拠として、十八世紀末、ナポレオンがユダヤ教徒たちに向けて行なった宣言がある。ナポレオンは、そのなかで、パレスティナにユダヤ教徒の国家を再建してはどうかと誘いかけながら、それはなにもユダヤ教徒たち自身が〈約束の地〉の征服に乗り出さねばならないということではなく、一度フランス軍によって掌握された〈約束の地〉を彼らが保持していくという意味であると、丁寧にも言い添えているのだ。

ユダヤ教徒が戦争に対して抱く嫌悪感は、明快に、幾度にもわたって表明されている。「神がわれわれを流謫の境遇に置いたのは、われわれが武器を持っていなかったからではなく、われわれが罪を犯したからである」(4)。口承の伝統のなかには、戦争の武器に関する聖書の言葉を寓意的に解釈するものもある。たとえば、族長ヤコブが敵に対して用いる剣と弓(「創世記」四八の22)は祈りと哀願の寓意であったとされ(5)、モアブに対するベナヤの勝利(「サムエル後書」二三の20)はトーラーの学習の意であるとされる(6)。さらに口伝トーラー*は、ユダヤ教徒の英雄主義は、戦場ではなく、学びの部屋においてこそ発揮されると教える。

「エステル記」で語られているプーリム祭の物語は、紛争解決のためのユダヤ教ならではの型を示すものである。物語は、単純明快ながらも、確かな予言としての響きをたたえている。ペルシア王に仕える高官ハマン*が、ある時、ユダヤ教徒の殺戮をもくろむ。「一日のうちにすべてのユダヤ人を、若き者、老いたる者、子供、女の差別なく、ことごとく滅ぼし、殺し、絶やす」（「エステル記」三の13）というのだ。その時、ユダヤ側からなされた対応は、まず改悛の断食を宣言し、同時に王に対する影響力を行使して、高官ハマンとその指令の裏をかくことであった。女王エステルが介入し、王にみずからのユダヤ出自を明かし、そして、この大量虐殺の計画を中止させるよう、王を説き伏せたのだ。「この時、ユダヤ教徒のあいだに、ハマンに対して物理的な手段を行使しようとする者は皆無であった」と、一九三〇年代の終わり頃、ラビ、エルハナン・ヴァセルマン**が注釈をほどこしている。(7)

これに対して、〔紀元前一六八―前一四一年、アンティオコス四世エピファネスに抗するマカビーの反乱に由来し〕同様に集団的脅威からの解放を言祝ぐもう一つの祭日、ハヌッカー（「光の祭」、「宮潔めの祭」）の中心には、明らかに武力行使の文脈が書き込まれている。しかし、ユダヤの民に迫ったこれら二つの脅威は明らかに性質を異にしており、その違いが、それぞれを語り継ぐ物語のなかで武力行使のあり方の違いとして表れている。「エステル記」のハマンが、物理的破壊の脅威をもってユダヤ教徒を改悛へと導いたのに対し、アンティオコス王は、ユダヤ教徒にトーラーの戒律の実践を禁じ、偶像の前に平伏することを強要することによって、むしろユダヤの民の精神的破壊をもくろんだのだ。ヴァセルマンが下した結論によれば、後者の脅威を前にして武力に依拠することは合法である。なぜなら、ユダヤ教徒は、偶像崇拝の実践を受け入れるくらいならば、むしろみずからの命を犠牲にすべきであると定められているからである。

他方、マカビー家の物語は、出来事に関する伝統的解釈を脇に押しのけ、もっぱら実際的な結論を導き出すことを目的とする人々をも引きつけてやまない。

思慮深いユダヤ人にとって、ハヌッカーはユダヤ人の自衛の英雄たちを記念する祭日以外の何ものでもない。あの時、いかなる奇跡も天から降ってはこなかった。［……］しかし、剣が奇跡を作り出した。一度死んだ民がこの世に甦ったのである。トーラーは鉄拳を救うことができず、逆に鉄拳がトーラーを救ったのだ。これからも、この血まみれの土地に住むユダヤ人を敵から守ってくれるのは、キッパー（丸帽）ではなく、あくまでも剣であろう。(8)

しかし、皮肉にも、〈歴史〉の機械仕掛けに関するこの種のヘレニズム的な解釈こそが、まさにヘレニズムの影響力に抗して保たれたトーラーへの忠誠心を称揚する祭日の意味を完全に転倒させてしまうのだ。一体、ユダヤ教におけるハヌッカーの意味は何であったか？　日々の祈禱に加えてハヌッカーの祭日のみに朗誦される祈りの一節が、その本来の意味の所在を知らしめてくれる。

ハスモン家の大祭司ヨハナンの子マタテアとその息子たちの時代、不敬なるギリシアの王国が汝の民イスラエルに抗して興り、イスラエルにトーラーを忘れさせ、汝の御心の掟を侵させようとした。その時、汝は、数々の慈悲によって、艱難の時を迎えたイスラエルの子らを支え、彼らのために戦い、彼らに義をもたらし、彼らの仇を討ち、強者を弱者に、多勢を無勢に、不敬の輩を義人に、不浄の輩を清き者に、悪徳の輩をトーラーの信奉者に引き渡したのであった(9)。

武力行使を正当化しようとする人々が英雄主義と軍事優先主義の先例として援用しようとするこの事蹟は、ユダヤ教の典礼において、人間ではなく神が収めた勝利としてとらえられている。伝統的な解釈において重きを占めているのは、兵士の数や軍隊の強度などではなく、あくまでもトーラーへの忠誠心と道徳的潔癖さなのである。

ハヌッカーを扱うタルムードの記述は、抗争そのものを二次的な位置にとどめ、むしろマカビーが解放し、清めることに成功した〈神殿〉で八日間燃え続けた燭台の油の奇跡の方に重心を置く。つまり、ユダヤ教の「選択的な記憶」は、ギリシア勢力の手の触れるところとはならなかった油の純粋さと、偶像崇拝の影響力から身を守らねばならないユダヤ教徒の心の純粋さとのあいだに観念連合を打ち立てる方向に機能するのだ。

しかも、この出来事をつうじて武力への依存が可とされたのは、それが〈第二神殿〉の破壊に先立って行なわれたトーラーに対する全面攻撃であったからだ。しかし、神殿の破壊以後の時代について、ラビの伝統に立脚してシオニズムに反意を唱える人々が掲げるユダヤ教徒のイメージは、おおよそ以下のようなものなのである。

神罰として流謫を言い渡され、しかし、その信仰で身をよろいながらラビたちの指導のもとに置かれたユダヤ教徒の組織体は、一度、どこかの地に腰を落ち着けても、そこを終の棲家とみなすことは決してなかった。ユダヤ教徒は、数世紀にわたり、居住地の法を守りながら静かな宗教生活を送ってきた。彼ら自身のみならず、非ユダヤ教徒の隣人たちの至福と繁栄を祈りながら［……］、彼らの唯一の願い、唯一の目的、唯一の要求は、トーラーの掟に従って平和な生活を送らせてほしいということであった。そして、何らかの理由により、その生活が不可能となったり、周囲の人々が彼らの出立を欲したりした場合、彼らは頭を垂れ、実際に出立していた。それが流謫の掟であり、ユダヤ教徒はその掟をメシアの到来と最終的な贖いにいたるまで甘受することにしたのである。(10)

にもかかわらず、マカビーの非宗教化されたイメージは、それをユダヤ人の民族的誇りの覚醒に利用しようとしたジャボティンスキー**をはじめ、近代のユダヤ著述家たちにとって重要な雛形の役割を果たすこととなった。シオニストの陣営にしばしば見受けられるマカビー信仰は、「ほかのすべての民が持てるがごとき」(「サムエル前書」八の5) 国家を組織することによって、周囲からの敬意に与りたいという願望によって説明づけられる。むろん、マカビーの物語やハヌッカーの祭日に関するシオニスト的解釈が、ヨーロッパ中の権威あるラビたちの怒りを買わないはずはなかった。彼らは、ハヌッカーを非宗教化しようとする傾向のうちに見られる「新＝異教主義」を嘆き、それにともなう力への信仰に対して反意を唱える。実際、セファラディ系ユダヤ教徒が用いる祈禱書では、ハヌッカーを祝う箇所に戦争への言及がまったく見られないのに対し、アシュケナジ系の祈禱書には戦争への言及が見られ、シオニストたちが愛国主義的な仕方で解釈をほどこしているのはもっぱらこの後者の版なのだ。シオニストたちは「マカビーを民族独立戦争の勝ち誇る愛国者に仕立て上げてしまった。これは歴史の粉飾以外の何ものでもない」と、反シオニズムの女性活動家、ルート・ブロイ**は訴える。彼女によれば、マカビーにとっての開戦理由は「ユダヤの民をトーラーから引き離し、その戒律の遵守を妨げる」というギリシア側の意図だったはずである。「にもかかわらず、これらユダヤ教防衛の立役者たちの名が、今日、ユダヤ教の敵対者たちのもとでスポーツ・クラブの名前に使われるなどしている(11)」。

ユダヤ人《びと》がほかの諸民族とのあいだに保つべき関係をめぐる印象的な喩え話として、ユダヤ人を七十四の狼を前にした子羊になぞらえるものがある。ヴァセルマンによれば、「その状況下、子羊にとってもっとも賢明な政治学は、狼どもが自分の存在を忘れてくれるよう願うことである。世界の諸民族がほかのことにかまけ、ユダヤ人に対してまったく無関心にならない限り、ユダヤ人にとってよい結果は望めない。諸民族がわれわれについて語る頻度が高まれば高まるほど、われわれを脅かす危険は一層大きなものとなる(12)」。今日、〈聖地〉における軍事紛争が絶えずメディアに話題を提供し続けるなか、ユダヤ教に立脚する反シオニストたちが、あらゆる攻撃的態度は逆効果しか生まないとして、その自重の重要性を強調する理由もここからごく自然のものとして理解できるであろう。

しかしながら、後述のとおり、こうしたユダヤ教の感性とそこに由来する低姿勢こそが、二十世紀初頭、現実の不正義と迫害行為に対して忍耐を貫くことを恥とみなす非宗教のユダヤ人の多くをかくも苛立たせ、同時に、みずからの運命をみずからの手で掌握する方向へ彼らを突き動かしたのであった。ヨーロッパのさまざまなイデオロギー潮流に鼓舞されたこの新しい感性は、まずロシア・ユダヤ人たちのあいだに根づき、その後、ほかの国々のユダヤ居住地にも少しずつ拡散していったが、それをもってユダヤ教の伝統――トーラーの名のもとにシオニズムを批判する人々の思想の糧となっている伝統――が消滅に追いやられることはなかった。

ユダヤ教の伝統は、それまでの〈神殿〉を中心に据えるユダヤ教から、より個人的にしてより世界主義的なユダヤ教への移行を促した人物として、ヨハナン・ベン・ザッカイ（紀元一世紀）とイェフダー・ハ＝ナーシー（一三五―二一九年）の二人に着目する。前者ヨハナン・ベン・ザッカイは、ローマ軍によるエルサレム包囲に際し、抵抗者たちを棺桶のなかに隠して脱走させたことで知られるトーラーの賢者である。言い伝えによれば、ローマ軍によるエルサレム破壊の意図を察した彼は、エルサレムの南西に位置する小邑ヤヴネーでトーラーを講ずる許可をローマ側に願い出たという。このことをもって、彼は政治的自律のための戦いよりもトーラーの学習の方を重んじるユダヤ教の象徴的人物とみなされる。ここにおいて、トーラーが物理的な土地に置き換わったのだ（ラビ、ヴァインベルグ**の表現によれば、トーラーが「民族の領土」になった）[13]。これを受けて、哲学者ジョージ・スタイナー（一九二九―二〇二〇年）も「〈書物〉こそユダヤ人の祖国である」と述べたのであった。以後、ユダヤ人は周囲から「〈書物〉の民」として認知され、その先頭に立つ旗手も、将軍や軍事的英雄ではなく、博学の徒、賢者、いわゆる「タルムード・ハハム」であるとされるようになった。近現代の民族主義の文脈において、ヨハナン・ベン・ザッカイ*は、異国の侵略者に対する戦いのさなかに同胞たちを見捨てた「祖国の裏切り者」として扱われかねない。他方、彼が軍事的権力に対してとった態度は、ユダヤ教の立場からシオニズムを批判する人々の基本的論拠の一つになっているのだ。

二人目の人物イェフダー・ハ＝ナーシーは、ユダヤ人の集団記憶に、何よりもまずミシュナーの編纂者として名をとどめている。〈神殿〉破壊の後、ユダヤ教徒の地理的な拡散によって口伝えの教義伝達が困難になったのを見たイェフダー・ハ＝ナーシーは、その新しい環境に順応すべく、口伝トーラーの編纂という先見の明を発揮したとされる。イェフダー・ハ＝ナーシーの生き様の重要な側面としてタルムードに記されているのは、彼をローマ皇帝〝アントニヌス〟〔アントニヌス・ピウス（一三八―一六一年在位）を指すとされる〕に結びつけていた親愛に近い友情である。彼は、ガリラヤのローマ行政区の中心、ツィポリ（セフォリス）に居を構えたが、その住居（近年、観光名所として開放されるにいたった）はローマ人居住区のただなかに位置していた。しかるに、言い伝えによると、イェフダー・ハ＝ナーシーがローマの行政権力との関係において常々模範としていたのは、聖書中、ヤコブとエサウの再会をめぐる一節であったという。ヤコブには、兄エサウとの再会を恐れる十分すぎるほどの理由があった。そこで彼は、神に身を委ねて再会に臨みながら、同時に、自分の家族と家畜を二手に分けておく用心も怠らなかった。「エサウ、もし一つの隊に来たりてこれを撃たば、残れるところの一隊、逃るべし」（「創世記」三二の9）。結局、ヤコブは兄エサウに贈り物を捧げ、その怒りを解くことに成功するのであるが、このように予想される害悪を最小限にとどめようとするヤコブの姿勢が、一つの場所ないし国に全員が集住してはならないことを教え諭しているというのだ。ポーランドのラビ、スティンベルグが編んだシオニズムに関するラビ裁定集の中で述べられているように——

シオニストたちが害悪とみなしていることは、実は利得である。なぜなら、イスラエルは流謫によってこの世に生をつないだからだ。イスラエルが離散しているからこそ、その敵勢は、いかにしてもイスラエルを完全に絶やすことができなかったのである。ユダヤの民がある国で迫害を受ければ、すでに別のユダヤ居住地が築かれているほかの国々へ行って、避難場所を見つけることができる。一カ所に集住している時、ユダヤの民は壊れやすい。だからこそ、パレスティナへの集団帰還がメシアの到来以前に行なわれてはならないのである。メシアの到来後ならば、もはや反ユダヤ主義は存在しないであろうし、すべての民族がイスラエルに好意的になるであろうし、もはや絶滅の危険もなくなるであろう(14)。

こうして、偶像崇拝、ならびにユダヤ教そのものの冒瀆を犯してしまう危険がある場合を除き、他者との係争をことごとく避けるという姿勢が、ユダヤ教徒が周囲の社会とのあいだに保つべき関係の雛形となった。イェフダー・ハ＝ナーシーが打ち出した(本書でもすでに言及した)真に強い人間の定義〔二二七頁〕も、まさにこの意味において解釈されなければならない。真に強い人間とは、みずからの衝動——むろん、人を戦闘に駆り立てる衝動をも含めて——を制御できる人間の諍いなのである。

ヨハナン・ベン・ザッカイ、イェフダー・ハ＝ナーシー、そのいずれもが、支配権力に対する融和的な姿勢を象徴する人物である。彼らが採用した態度をつうじて浮かび上がってくるのは、武装闘争ないし集団自殺によって命を落とす愛国者たち（マサダ＊、ガムラ＊）と、ユダヤ教の――ということは、つまりユダヤの民そのものの――存続と発展を最優先として闘争を回避するラビたちのあいだの鮮やかな二極構造である。疑うべくもなく、ユダヤの連続性が保たれたのはこれら二人の「体制協力派」ラビの功績であり、ユダヤ教の伝統においてこの二人に認められた第一級の重要性もきわめて当然のものといわねばならない。

ユダヤ教の伝統は、あらゆる暴力の形態から身を引き離し、ユダヤ教徒のあるべき特徴として、慎ましくあること、慈悲深くあること、そして善の行ない手であることの三つを掲げる。[15] タルムードにも、平和の至高の価値と並んで武力行使を抑制する必要が説かれている。[16]「詩篇」の一句、「平和を求めて、切にそのことに努めよ」（三四の15）を解釈して、タルムードは、平和こそはユダヤ教徒がその遵守のためにみずから探し求めに出かけなければならない唯一の戒律であるとさえ説いている。[17] つまり、年長者を前にした時には必ず立って辞儀することを定める戒律の場合、その遵守のためにわざわざ年長者を探しに出かける必要はないが、平和が眼前にないならば、そのための努力や道のりの遠さを一切苦にせず、必ずそれを探しにいって成就しなければならないというのだ。しかし、この伝統が綿々と二十世紀まで保たれてきたところで、シオニズムが勃興し、ふたたび軍事的英雄主義に対する価値づけをやり直したのであった。今日、イスラエルの政治家たちが、和平よりも〈神殿〉の丘をはじめとする歴史的名跡の軍事的掌握の方を重視する姿をしばしば目にする。「われわれの歴史の根をなす、このエルサレムの町なくして、シオニズムの企図を維持することは不可能であることをわれわれは理解しなければならない(18)」などと説かれるのだ。

対する平和主義の価値観は、元来、ユダヤ教の世界観に深く根を下ろしたものであったのか、あるいは、単なる歴史的状況の産物だったのか？　中世スペインの詩人にしてラビ、イェフダー・ハレヴィ（一〇八〇―一一四一年頃）は、ある宗教論争の書〔『ハザールの書』〕のなかで、ユダヤ教の護教論を繰り広げながら、同時に、それから千年を経た今日にこそ重い意味を開示するかのような一つの対話を提示している。ある時、三つの一神教のなかからいずれか一つを選ぼうとしていたハザール人の王に、ラビが次のように説明する。

> 見たところ、あなたは、わたしたちの謙虚さと貧しさがお気に召さないようです。しかし、ほかの二つの宗教でも、もっとも敬虔な人々はそれを美徳としているのです。彼らは「右の頬を打たれたら左の頬も差し出せ」、「上着を奪おうとする者には下着も与えよ」と述べた者を讃えているではありませんか。この者とその友人たち、そしてその後継者たちは、その後何百年も侮蔑と鞭打ちと殺戮を耐え忍んだ末、今日の広い人気を獲得したのです。それはまさに、彼らが称揚する慎ましさと貧しさにおいてでした。同じことがイスラームの創始者とその教友についてもいえます。

これに対して、ハザールの王が皮肉っぽく答える。「もしもあなた方がみずから謙虚さを自由に選び取ったというのなら、たしかにそのとおりなのかもしれない。だが、実際には、あなた方は謙虚さを強制されているのだ。いつか、あなた方が権力を手にしたら、あなた方もまた、殺戮する側に回るのであろう(19)」。

ロシアのユダヤ人――苛立ちと暴力

実際には、ユダヤ人がなにがしかの権力を手にする前に、まず一つの大きな変化があった。そして、その変化は、何百万人というユダヤ人が指定された定住地域に密集し、官僚制の苛酷な足枷をはめられて暮らしていたロシアに起こった。そのユダヤ人の大多数が、もっぱら彼らのみを対象とする規制、彼らだけを対象として起こる迫害に苛立ちを感じ始めたのだ。ロシア政府は、ユダヤ人の統合のため、いくつかの新法を公布したが、差別待遇は依然としてなくならなかった。当時、ユダヤ人たちのあいだで、教育の水準も、またロシア化の程度も急速に上昇しつつあった。一八八〇年頃、ロシアの大学におけるユダヤ人学生の絶対数が、帝国内の全イェシヴァー*で学んでいる若者の数を凌ぐまでとなった(20)。この数字の伸びは、ユダヤ人の大学入学が定員制度によって抑制されており、イェシヴァーの方にはそのような制限など設けられていなかっただけに一層注目に値する。ところが、卒業後、ユダヤ人の学位保持者にはほとんど職への道が開かれず、そのことが彼らのあいだに苛立ちと政治的暴力の思想が拡散する原因となった。

この歴史においては、先立つ二十年の趨勢が決定的な意味を持っている。一八六一年、アレクサンドル二世のリベラルな改革によってユダヤ人の社会統合への道が開かれ、以後、ドイツやオーストリアを手本としてユダヤ人に帝国の臣民としての自覚を持たせることは十分可能であろうと思われた。彼らは大学に殺到し、新しい職業に進出し、ロシア・インテリゲンチャの重要な一翼を担うまでとなった。ところが、一八八一年、ツァーリがサンクト＝ペテルブルクの町の中心部で爆弾テロによって暗殺されたことをきっかけに、リベラリズムの時代が終わり、ポグロムの波がロシア中に広がる。この波は、政体に対するあらゆる異議申し立てを抑え込み、ツァーリ体制が民主化の方向へ変化を遂げようとするのを押しとどめる反動として形成されたものであった。そして、それまでの反体制運動においてユダヤ人の姿があまりに目立っていたことがポグロムの重要な一因となった。

しかし、これに対するロシア・ユダヤ人の反応は決して一枚岩ではなかった。権威あるラビたちは、おおむね政治的暴力には反対の姿勢を示した[21]。伝統的なユダヤ教徒たちは、とりわけ自分たちの家族の未来を案じる気持ちから、アメリカ移住に解決を見出そうとした。しかし、よりロシア化の度合いが高く、すでに近代ヨーロッパの価値観をみずからのものとしていたユダヤ人たちは、個人的な解決法では満足できなかった。彼らは、いわゆる「ユダヤの民族問題」の輪郭をそこに見て取り、より大がかりな解決法を模索し始めたのである。

ロシア・ユダヤ人の急進派のあいだに観察される新しい自信、そして武装闘争の成功に寄せる信念は、十九、二十世紀、いくつかのほかの国々にあって、戦争のために武器を手にしたユダヤ人たちの態度とは明らかに質を異にするものである。後者、ロシア以外のユダヤ人たちが戦争に加わったのは、非ユダヤ人に果敢な挑戦を突きつけるためではなく、むしろ非ユダヤ人の社会に統合を果たしたいという一心によるものであった。彼らはみずからの帝国ないし共和国に自己を同一化させ、時には並外れた勇敢さと独創性をもってそれぞれの国の軍事行動に参加した。たとえば、第一次世界大戦期、戦争用の毒ガスの開発に成功したドイツ・ユダヤ人、フリッツ・ハーバーは、みずからドイツ将校の制服をまとい、戦線に身を置きながら、毒ガスの使用法を事細かに指導していたものである。[22] こうした個々の行動が、ユダヤ教徒を非ユダヤ教徒の隣人たちとの関係において特徴づける非暴力の文化とほとんど無縁の代物であることはいうまでもない。

しかし、そこから一世紀の歳月をかけて、ユダヤ教徒たちが暴力に対して抱く嫌悪の念は、一部の人々のもとで、もはやポグロムに対する単なる自衛の要請の域にはとどまらない、挑発的な軍事優先主義に姿を変えられていく。シオニストの開拓者たちは、当初から、古きロシアの定型をパレスティナの現実に投射していたのである。たとえば、周囲のアラブ人住民の脅威は、しばしばポグロムの殺人鬼たちの影になぞらえられた。そこへ、異邦の地におけるあらゆる植民者集団の常として、武器を所有し、みずからの入植地の治安を全面的に引き受けようとする姿勢が折り重なった格好である。

さらに第二次世界大戦後、ヨーロッパ・ユダヤ人の大量流入、ならびにショアーに対するシオニズム独自の解釈（本書第六章参照）を経て、「正義の体現者、かつ犠牲者」という、高強度の合金にも似た自己イメージが生み出されることとなる。そして、この自己同一性が、パレスティナにおけるアラブ人との抗争のなかで重要なイデオロギー的次元を獲得することとなるのだ。大部分、ロシア出身者で占められたシオニスト入植者たちは、まさに西洋文明の名において行動していた。そして、この文明を「アラブの野蛮人ども」から守らねばならないという妄執が、今日なお、百万人以上のロシア語使用者を擁するイスラエルにおいて、ロシア語媒体の中心的主題であり続けているのだ(23)。このように、想像上の西洋に対して遠距離からの文化的同化を果たそうとするプロセスは、十九世紀後半、ヨーロッパの文化＝社会的モデルがロシア・ユダヤ人たちのあいだに浸透した時以来のものである。

このプロセスはまた、時として「アパルトヘイト」なる不名誉な言葉をもって言及される民族隔離型のイスラエル社会に、百万人以上の旧ソ連市民を取り込むことを容易ならしめたものでもある。たとえば二〇〇九年初め、イスラエル国会に極右政党から多数の代議士を送り込む上で重要な役割を果たしたのは、これら旧ソ連からの移民層であった。エフード・バラク前首相はイスラエルの戦略的立場を「ジャングルのなかの別荘」という表現で叙述してみせたが、旧ソ連からの移民層は、まさにそうした民族隔離主義に諸手を挙げて賛同しているのだ。加えて、イスラエルが中東における西洋の橋頭堡とみなされているという実状もある。だからこそ、ヨーロッパやヨーロッパ起源の人々からなる国々の右翼は、「新しきヘブライ人」に対する称賛を惜しまないのだ。伝統的に反ユダヤ主義を基調としてきた世界各国の右翼がここへ来て一斉に新手の「親ユダヤ主義」を標榜し始めたことについて、イスラエルの一部の知識人たちは、むしろ危惧の念さえ抱いている(24)。

ポグロムをつうじて多くのロシア・ユダヤ人が感じた衝撃、怒り、苛立ちは、組織的な暴力への依存を唱える非合法の急進的党派の方へますます彼らを引き寄せていった[25]。すでに当時のロシアの反体制運動には多くのユダヤ人が参加していたが、ある時期以降、とりわけユダヤ人の組織であることを全面に押し出す運動も組織されるようになった（社会主義運動「ブンド」*、ポグロムに対する自衛を目的とするいくつかの集団、そして、シオニズムの諸派）。虚無主義の空気と人間の生に対する軽視[26]は、今日のわれわれの世界にも重くのしかかるテロリズムの温床となった。なかには、中東におけるテロリズムや、マンハッタンの「ツイン・タワー」への大がかりな攻撃まで含めて、テロ行為の全歴史を十九世紀ロシアのイデオロギー的遺産とみなす論者もいるほどだ[27]。

世界のほかの場所のユダヤ人集団が、非暴力の伝統に忠実であり続け、周囲の非ユダヤ住民に対する武装行動などには乗り出さなかったのに対し、ロシアでは、この伝統がますますないがしろにされ、ますます多くのユダヤ人が政治的暴力の思想に活路を見出そうとするようになった。ロシア・ユダヤ人の一部は、揺るぎなき理想主義を掲げ、従来の発達した密輸入組織を活用しながら、危機と斜陽の時期に突入したロシアの急進派勢力を支えたのである。当時のロシア官僚が残したいくつかの評定において、「ユダヤ人は反体制運動のもっとも危険な分子である[28]」とされていた。この点は、その後、西ヨーロッパの歴史家たちによっても史実として確認されている。一部の反体制組織において、ユダヤ人の割合は五十パーセントを超えていた。たとえば、一八八九年に検挙されたある暴力的急進派のグループでは、メンバーの四分の三がユダヤ人だった[29]。シベリア、とくにヤクーツク一帯に抑留された政治犯のなかで、ユダヤ人の割合が八十三パーセントに達することもあった。

なかでも、「社会革命党」（エスエル党）は、組織としてテロ活動に依拠するもっとも暴力的な運動体であった。党内には、指導者、一般党員を問わず多くのユダヤ人がいた。エスエル党の最後の、そしてもっともよく知られているテロ行為は、一九一八年夏、ユダヤ人女性ファーニャ・カプランによるレーニン暗殺未遂事件である。

政治的暴力を通常の闘争手段として是認するボルシェヴィキ党もまた、内部に多くのユダヤ人を抱えていた。一九一七年十月、レーニン主導の党中央委員会を構成する二十一名のうち、六名がユダヤ人だった。[30] レーニンが最初に組織した政府には、ユダヤ人がほかのすべての少数派集団を上回る数の代表を送り込んだ。軍関係の政治委員や秘密警察「チェーカー」などの要職につくユダヤ人も多かった。ソ連共産党の「イェヴセクツィア*（ユダヤ人部局）」のメンバーは、定義上、全員ユダヤ人であったが、彼らは、ユダヤ教であれ、ブンドであれ、シオニズムであれ、何らかの形でユダヤの特殊性を打ち出す集団すべてに対して組織的な暴力をもって臨んだ。[31] 各地のシナゴーグの解体案や、わざわざユダヤ教の祭日を選んでトーラー*の巻き物を焼き払う計画など、ユダヤ的なるものの表出を封じ込めるに際して彼らが見せた熱意はあまりの域に達し、それが一九二〇年代、民族問題人民委員会で問題視されるにいたったため、同委員会の議長は、「イェヴセクツィア」のメンバーに対し、より穏健な方策で事に当たるよう指導せねばならないほどであった。ついでながら、当時、民族問題人民委員会議長の座にあったのは、一般に穏健と寛容の概念にはもっとも縁遠いとされている人物、ヨシフ・スターリンであったことも書き加えておこう。[32]

エスエル党やボルシェヴィキ党へのユダヤ人の参加は、ドイツ、オーストリア、フランスなどの政界でユダヤ人が演じた役割とは明確に区別される。ロシア・ユダヤ人がこれらの党に加わったのは、彼らを拒絶し、貶め、ひいてはその物理的存続をも脅かすものと彼らの目に映る周囲の社会に暴力的な変化をもたらすためであった。種々の運動に参加していった個々人におけるユダヤ人意識がいかなるものであったかは別として、彼らが大挙してこれらの運動に参加していったという事実は、ほかのいくつかの要因にもまして、やはり、彼らをいかにしてもロシア社会から隔絶させてしまうユダヤ人としての立場によって説明づけられる。ポーランド人、リトアニア人など、ほかにも現行体制に対する苛立ちを抑えきれない少数派をいくつも抱えたこのロシア社会の周縁部において、急進的反体制運動は、光り輝く楽観的な社会建設の計画のうちにロシア全体の変容と反ユダヤ主義の根絶を夢見るユダヤ人たちを引きつけていったのである。

ユダヤ人を一切受けつけまいとする社会、そして、少なくとも一九〇五年革命の前まで、いかなる性質のものであれ政治的活動そのものを一切許容すまいとする社会の文脈において、急進主義と暴力の選択は、理論上、当然の成り行きであった。専制政治は、ユダヤ人たち――少なくとも、その父祖たちのように、「今ここ」の苦しみを道徳的完成のための刺激剤としてとらえることをやめたユダヤ人たち――を過激主義に駆り立てたのである。しかし、ロシア・ユダヤ人たちのあいだに生じた、この根本的な変化を起源においてとらえるためには、周囲の社会の状況のみならず、ユダヤ人たち自身が形成した運動のなかに政治的暴力の思想がいかに拡散していったかをつぶさに観察しなければならない。

矜持と自衛

十九世紀末のポグロムは、ロシア帝国内のユダヤ住民の治安を一気に悪化させる。とりわけ一八八一年の暴動と、それから一世代を経た一九〇三年、キシネフでの虐殺事件の折には、命の危険が真に身近に迫っていることが感じられた。より一般的に、この恐怖感は、非ユダヤ人の隣人が、いつ何時、自分たちのところへやって来て、人殺し、強姦、略奪を働いても不思議はないという恐怖感であった。十七世紀のポグロム——それは激しさと残酷さにおいて十九世紀末のものをはるかに上回るものであったが——の際、ユダヤ教徒たちが見せた反応の仕方とは異なり、いま、「進歩の世紀」の終わりに、大方、非宗教化の途についたユダヤ人たちが見せた反応からは、当然のことながら、宗教的な意味合いがことごとく欠落している。従来、ユダヤ教の伝統において求められてきたように、暴力をかわしつつ、みずからの行ないを振り返り、改悛の気持ちを強固にするのではなく、新時代のユダヤ人たちは、矜持の念を中心に据え、同胞たちを徹底抗戦に駆り立てるのだ。この確信的な態度が伝統からの截然たる決別を意味するものであることはいうまでもない。

ジャボティンスキー**のような同化ユダヤ人は、ヨーロッパ文化との接触のなかでユダヤ人の意識に植えつけられた劣等感を撥ねのけるため、まずは周囲の社会からの敬意をとりつけることを目指した。実際、シオニズムの創始者たちを突き動かしていた重要な動機の一つは、そのように周囲の敬意を引きつけたいという思いであったと見て間違いはない。そして、その要請自体は、ユダヤ教の伝統ともまったく無縁ではなかった。モーセ五書の聖句には、イスラエルの子らが周囲の人々に与えなければならない印象をじかに問題とするものがある。モーセは、トーラー*の法に言及しながら、みずからの民にこう説き勧めていた。「汝ら、これを守り、行なうべし。しかすることは、国々の民の目の前において、汝らの知恵たり、汝らの知識たるなり。彼ら、この諸々の法を聞きて言わん、「この大いなる国人《くにびと》は、必ず知恵あり知識ある民なり」と」（「申命記」四の6）。むろん、ここでユダヤの民をほかの民の目に「知恵あり知識ある者」たらしめるのは、もっぱらトーラーの教えとの絆であると説かれているわけである。

他方、シオニズムの起源に位置しているのは、恥の感情、傷つけられた威厳の感覚である。トーラーが、成文、口伝の別を問わず、個ないし集団としての矜持を随所で戒めているのに対して、シオニストたちが西ヨーロッパにおいて国家繁栄の要とみなされた祖国、軍、主権という要素を基準として周囲の敬意をとりつけようとしたのは、まさに個ないし集団としての矜持のためであった。事実、シオニズム運動という並外れた行動主義を突き動かしたのは、ポグロムの犠牲者たちの苦しみよりも、むしろ、撥ねつけられた権利主張者（求婚者）の屈辱感、つまり、かねがね抱いていたロシア社会への統合の夢をポグロムによって水泡に帰されてしまった者における屈辱の感情なのである。その彼らが、もう一人の「撥ねつけられた権利主張者」たるヘルツル**の教義に引きつけられた格好だ。というのも、ユダヤ人が完全な資格をもってヨーロッパ人になるという夢をドレフュス裁判によって水泡に帰されてしまったという意味において、ヘルツルも失意の権利主張者であることに変わりはなかったからである。もっとも、ヘルツルがドレフュス事件に深い拒絶感を味わい、それをシオニズム運動の跳躍として昇華していったのに対し、当地フランスのユダヤ人にとって、ドレフュス事件とはユダヤ人の問題である以前にまずもってフランスの問題であり、最終的にはドレフュス派の勝利をもって幕を閉じる一個の政治事件であったわけであるが(33)。

反ユダヤ主義、ならびにユダヤ人を標的として繰り返される暴力が、実際にその直接の被害に苦しむ伝統的ユダヤ教徒たちよりも、大方ロシア文化への合一を果たしたユダヤ人たちの方に大きな動揺をもたらしたことは、一見、奇妙な現象と思われるかもしれない。受けた暴力の衝撃を吸収する現実解釈の体系に忠実なユダヤ教徒たちは、もとよりツァーリとその政府から何かを期待していたわけではなかったため、ほとんど失望を味わうことすらなかった。それに対して、ロシア語で教育を受け、都市生活に完全に融け込んだユダヤ人たちは、アレクサンドル二世による社会改革に熱い期待のまなざしを向け、ヨーロッパ式の〈解放〉に寄せる期待も大きかった。ポグロムが猖獗を極めた折、その被害に物理的に苦しむことが比較的少なかったにもかかわらず、受けた衝撃を隠せなかったのはこれら後者の人々である。とくに彼らは、かねてより同志とみなしていた人々のなかに、この反ユダヤの暴動が現体制に対するより包括的な反乱の火花にすぎないとの見解を示す人々がいるのを見て（当時、ロシア政府内の専門家たちのなかにも同様の結論に達する者がいた(34)）、深い憤りを感じていた。

アハド・ハ＝アム（アシェル・ヒルシュ・ギンツベルグ**）のように武器の使用には懐疑的であった人々まで含めて、ロシアのユダヤ知識人たちはユダヤ人の自衛の必要を切々と説き始めた。当初から復讐と暴力を前面に押し出していたのは、ロシア生まれの作家で、のちにイスラエル文化人の花形となるハイーム・ナフマン・ビアリク[**]である。一九〇三年、キシネフで発生したポグロムを題材とする詩のなかで、彼は、ポグロムを生き延びた人々に激しい口調で語りかけ、今後は、生き恥をさらすより、抑圧者に抗して、そしてユダヤ教に対しても反逆の狼煙を上げるよう説き勧めている。作品中、ビアリクは、非ユダヤ人の隣人たちが自分の妻や娘を強姦しているあいだ、ひたすら便所の穴に身を隠していた男たちがいるとして、この者たちを最大限に貶めようとする。当時、多くのユダヤ人の胸に宿った憤怒は、かつてイェシヴァー[*]で学んだ経歴を持つビアリクさえをも、ユダヤ教独特の価値体系を公然と転倒させる方向に向かわせたのである。彼は、この世で遭遇する逆境をすべて自分自身のいたらなさに帰着させるユダヤ教の伝統を馬鹿げたものとみなし、「天と天の玉座に向かって、石つぶてのように拳を投げつけろ」と書きつけた。かくしてビアリクは、ユダヤ教との完全なる決別のうちに、「自衛せよ、さもなくば死に絶えよ！」という挑発の合い言葉を投げかけたのである。

ビアリク同様、敬虔なユダヤ教徒の一門に育ったもう一人のロシア詩人ブレンネル[**]もまた、ユダヤ教の伝統に激しい口調で挑みかかった。彼は、ユダヤ教の祈禱書のなかでももっとも人口に膾炙しており、ユダヤ教徒が最初に子供に教え、そして死の間際に最後に口にすべき言葉とされている「聞け、イスラエルよ、神はわれらの主、神は一なり」の一節を以下のように書き換えてみせた。「聞け、イスラエルよ、目には目を、というのでは足りない。一つの目には二つの目を、あらゆる屈辱にはすべての歯を、と言わねばならない！」。のちに彼は、ヤッフォで発生したアラブ人の暴動で非業の死を遂げることになる。

ここに人間の矜恃という主題が、新しい意味とともに姿を現した。ユダヤ教も、ほかのすべての宗教の例に漏れず、矜恃を人間の悪徳の一つとみなしているのに対し、非宗教化したユダヤ人は、それをあらゆる犠牲を払ってまで、時にはみずからの命との引き替えでも手に入れようとするのだ。ユダヤ教の伝統と袂を分かつ英雄礼賛のロマン主義が新しいユダヤ人集団のあいだに定着したことの証拠として、ヘルツルが、みずから創設を目指すユダヤ人国家において、気高き栄誉の至高の表出として決闘の制度を合法化しようとしていた点に注目される。むろん、決闘など、人間の生命をいたずらな栄誉のために犠牲にするにはあまりに貴重なものととらえるユダヤ教の伝統保持者たちのあいだでは顰蹙の種以外の何ものでもない。にもかかわらず、栄誉、矜恃、権力と復讐への渇望が、二十世紀初頭、ロシア・ユダヤ人たちの意識を全面的に塗り替える主題となったのだ。

実際、民族としての矜恃を確かならしめることが、ヴラディミル・ジャボティンスキーの最大の眼目であったように思われる。第一次世界大戦期、パレスティナでユダヤ人部隊を編成したことでも知られるジャボティンスキーは、民族的矜恃を強固にする最良の手段として武力の行使を称揚した。彼のいう武力行使とは単にパレスティナの地における自衛にとどまらず、また、レヒ（イスラエル解放戦士団）やイルグン（ユダヤ民族軍事機構）が実践していたことが、今日、資料の上でもはっきりと確かめられている先制攻撃、ひいてはテロ活動の枠にとどまるものでもなかった[35]。たとえば、ジャボティンスキーは、パレスティナとは何の直接的関係もなく、一九三五年、アビシニアに紛争が起こった際には、ぜひユダヤ人部隊をそこに投入してほしいとイギリス政府に打診していた。その場合、ヨーロッパ大陸の大規模なユダヤ居住地のすべてで軍事演習を行なうことさえできれば、各国から集めた十万人規模のユダヤ人部隊をイギリスに提供してみせると約束しているのである。実際、ジャボティンスキーは、歩兵隊の編成のためポーランド政府の協力をとりつけたり、チヴィタヴェッキアに海兵隊を編成するためにイタリア政府の協力をとりつけたりもしていた。彼の伝記作者の表現によれば、「［ジャボティンスキーの］ユダヤ人部隊は、人々に愛される伝説となり、また、後世に範を示す先例となった」[36]。たしかに、二十世紀の民族主義イデオロギーには必ずといってよいほど軍国主義の容貌が備わっており、シオニズムも決してその例外ではなかったのである。

ロシア・ユダヤ人たちの多くがユダヤ教の平和主義的伝統から遠ざかっていく過程には、これ見よがしの挑戦的な様相がともなった。たとえば、ここに、その平和主義の伝統の転覆を描いた一篇として、ジャボティンスキーもかなりお気に入りであったと伝えられる詩がある。登場してくるのは、子供たちにヘブライ語のアレフ・ベート（エイ・ビー・シー）を教えるロシアのラビだ。ある時、このラビは、四千年の辛苦と孤独に満ちた呻き声と溜め息をもって授業を始め、そして、こう言い放った。「これまでわれわれが耐え忍んできたすべてのことに今後も耐えて生き延びていくため、人は強くなくてはならない。［……］結局、人は、みずからの強さのうちにしか慰めを見出すことができないのだ」。ここからラビは、ユダヤ教の伝統を実にあっけなく覆してみせる。彼によれば、「各世代にそれぞれのアレフ・ベートがあり」、今、彼の前にいる子供たちのアレフ・ベートは、単純明快にも、「若者よ、銃の撃ち方を学べ！」であるというのだ。「民族再生のあらゆる必要のなかで、銃の撃ち方を身につけることがもっとも重要である。〔……〕われわれはいま、射撃の習得を余儀なくされており、その差し迫った歴史的現実を否認しても無駄なのである」[37]。そのとおり、一九三六年のジャボティンスキーは、「若きユダヤ人よ、銃の撃ち方を学べ！」の一句を高らかに謳い上げている。そして実際にこのスローガンを耳にした何千人もの非宗教のユダヤ人が、筋骨たくましきシオニズムへの憧れを募らせたのだ。ちなみに、イスラエル首相アリエル・シャロンの父は、ロシアからパレスティナに移住してきた社会主義系の入植者であったが、その父から、彼はバル・ミツヴァー（成人式）の祝いとして記名入りのコーカサス製の短剣を受け取ったという[38]。伝統的に、ユダヤ教徒の青年はバル・ミツヴァーに際してユダヤ教の書物を贈られることになっており、それが「ミツヴァー*（戒律）の息子（バル）」という儀式名の由来にもなっているわけであるが、この場合は、バル・ミツヴァーの儀式に短剣という明らかに新趣向の内容物が盛り込まれ、その後、若きアリエル・シュネイデルマン（シャロンの実の姓）をして勇敢な戦士としての道を歩ませることになったようだ。

シオニズム教育の場でロマン派好みの英雄主義を体現しているのは、ロシアの古参兵、ヨシフ・トルンペルドール**である。パレスティナのアラブ人住民との前哨戦で命を落とした彼は、死の直前、まだ「祖国のために死ぬのは素晴らしいことである」という一句を口にするだけの余力は残していたという。この一句が、先述のマサダ*の地における将校たちの宣誓〔本書一五〇頁〕と並んで、若者たちに武器を手に取ることの崇高さを教える新たな象徴となった。

ディアスポラ（離散）の地におけるトルンペルドールの先駆者に当たるのが、ロシアのシオニズム活動家、ピンハス・ダシェフスキー（一八七九―一九三四年）であり、彼の名もまた、のちのシオニズム教育体系のなかで中心的な位置を占めるにいたった。ダシェフスキーは、一九〇三年、キシネフで発生したポグロムの煽動者の一人を突き止めて怪我を負わせるという武勲により、「ユダヤ民族意識の最初の革命的表出」と称されるにいたった人物である。「彼はシオニズムの本質を理解し、生涯をつうじてそれを信奉し続けた」(39)という意味において、そのテロ行為も典型としての意味を帯びることとなるのだ。

しかし、誰にもまして、前線での武勲によりツァーリ直々に授勲された経歴を持つトルンペルドールの先例は、旧ロシア帝国に住まうシオニスト青年層の憧れの的であった。一九二三年、ジャボティンスキーをしてシオニズム行動組織「ヨシフ・トルンペルドール同盟」〔ブリット・ヨセフ・トルンペルドール、略称「ベタール」*〕（トルンペルドールを英雄と仰ぐ）リガの若者たちであったという点を思い起こそう。その組織名の頭文字（BYTR）が、図らずもバル・コフバの最後の拠点となったベタールの地名をも喚起することになったのである。

「ベタール」は、ほどなく軍事色のきわめて濃厚なシオニズム教育機関となる。一九二八年（ヘブロンでアラブ人によるユダヤ人虐殺事件が起こる前年）、ジャボティンスキーがテル＝アヴィヴで組織した軍事パレードの折、とりわけこの「ベタール」の突撃部隊がパレスティナ在住のユダヤ教徒たちから顰蹙を買った。沿道の人々は、この「ベタール」のメンバーたちに向かって「軍国主義者」、「将軍気取り」との罵声を浴びせ、唾を吐きかけさえしたのである(40)。

ここでシオニズムの大義に青少年を動員するという発想そのものが、ユダヤ教実践の程度如何によらず、従来のユダヤ人たちの平和主義的な自己イメージとはおよそ相容れないものであり、反対者たちの強い抵抗を醸し出すものであったことに注意しておこう。たとえば、アルベルト・アインシュタインは、ほかのユダヤ人人道主義者たちにもまして「ベタール」の青年運動に批判的な目を向け、一九三五年の時点でそれを「ヒトラー主義がドイツの青年層にとって危険であるのと同程度、われわれユダヤ人の青年層にとって危険な存在」と評していた。(41) 改革派のラビ、スティーヴン・ワイズ（一八七四―一九四八年）は、「ドイツをヒトラーに、イタリアをムッソリーニに、パレスティナをジャボティンスキーに！」と言わんばかりの時局の趨勢に憤りを覚えていた。(42) ワイズはジャボティンスキー哲学の軍事主義的な性格を見抜き、「本来、ユダヤの民の伝統は軍事主義の対極に位置している」という点を強調した。(43) 一九三四年、プラハで書かれた「茶色のシャツを着たシオニスト」〔1〕と題された一文は、ジャボティンスキーをファシズム独裁体制に直接結びつける内容となっていた。

彼〔ジャボティンスキー〕の役割は、最盛期を迎えたイタリアのファシズムとドイツのファシズムから資金供与を受け、ユダヤ人のあいだにもファシスト党を形成しようとする時、悲劇的にもグロテスクなものとなる。より厳密にいうなら、それはヒトラーの党そのものより過激にして反労働者的、そして――むろん、より反ユダヤ主義的とはいえないにしても――より反アラブ的なものである。(44)

この種の批判の言辞にも行き過ぎがあったことを認めた上で、なお、それが確かな危険の所在を言い当てたものであることは間違いない。なぜといって、「宗教的な次元を欠落させた〝イスラエル第三王国〟は、畢竟、全体主義に行き着かざるを得ない[45]」からである。むろん、このように一つの大義、一つの民族、一人の指導者に向けられる献身の姿勢は、この時代、シオニズムだけに特有のものではなく、青少年層が祖国の名において軍事的ないし非軍事的な壮挙に動員された例も、ほかのヨーロッパ諸国においてしばしば目にされたものであるが。

シオニズムの文脈における〈聖地〉帰還の目的論は、もっぱら辛苦の連続として描き出されてきたユダヤ史と表裏一体の関係にある。つまり、あれだけの辛苦を嘗めさせられた後では、ユダヤ人が自己解放を遂げ、みずからの土地で近代の一民族として解放される以外に道はなかったであろうという方向へユダヤ史の流れが限定されてしまうのだ。今日、イスラエル人たちのもとで頻繁に耳にされるヘブライ語表現に「エイン・ブレーラー*（ほかに選択の余地がない、仕方がない）」というものがあるが、それこそ、この世界でユダヤ人が手にし得る選択肢はそれ以外に存在しなかったことにしてしまう、目的論的な感性の所在を如実に示すものだ。こうして、たとえイスラエルの建国以来、ユダヤ人の生活がむしろディアスポラの地においてはるかに平穏なものであったにもかかわらず、なおイスラエル国だけがユダヤ人にとって唯一安全な土地であるとの確言がまかり通ってしまうのだ。

「エイン・ブレーラー」はまた、状況の克服のために武力行使以外の方策はないという意味にもなり得る。先述のとおり、ユダヤ人の自己認識にこのような根底からの変化が生じた背景には、まずもって十九世紀ロシアの状況があった。そこでは、多くのユダヤ居住地で自衛団が結成されるばかりでなく、ユダヤ人を殺害した(たとえばキーウ)、あるいは単にユダヤ人を公の場で侮辱した(たとえばヴィルニュス)として、ロシア人が返り討ちにあい、暗殺されるという事態を招いていた。そして、政治的暴力への嗜好は、その使用頻度に相乗して高まっていった。そこでは、ユダヤ人の自衛と社会正義のための闘いという二つの動機が綯い交ぜになっており、そしてこの心性が、二十世紀初頭、これらロシア・ユダヤ人の一部がパレスティナに移住し、新しいシオニスト意識の形成に中心的な役割を果たすに及んでとくに重要な意味を帯びるようになった。

そのようなロシア・ユダヤ人の一人にイスラエル・ショハット(一八八六―一九六一年)がいる。ユダヤの民族感情にあくまでも忠実であった彼は、パレスティナ到着後ほどなく、ユダヤ人の所有地を見張る監視係として雇われていたアラブ人たちを、皆、ユダヤ人に入れ替えることを提案した。こうして二十世紀初頭、〈聖地〉において初めてのユダヤ人武装組織、「ハ＝ショメール(見張り人)」――俗に「征服集団」とも呼ばれる――が形成される。そのメンバーはアラブ人に対する暴力行為を繰り返したり、各地のユダヤ人入植地に強制してアラブ人労働者をユダヤ人に入れ替えさせたりした(46)。しかし、第一次世界大戦を経て、「ハ＝ショメール」は一九二〇年創設の「ハガナー*」に吸収されてしまう。「ハガナー」の蚊帳の外に置かれたイスラエル・ショハットは、パレスティナにおけるイギリス委任統治に抗する闘いにソ連の諜報機関を動員するため、一時モスクワに帰還する。イスラエル建国後は、イスラエル警察の要職を歴任した(47)。彼が歩んだ道のりは、誇り高く好戦的なユダヤ民族主義がいかにしてロシアからパレスティナに移植され、新国家の権力構造にそのまま流れ込んだかを示す格好の例である。

ほかの国々のユダヤ人にとって、非ユダヤ人に対する武装抵抗など必要外、またそもそも想像外のものであったのに対し、ロシア・ユダヤ人は、その武力行使の徐々なる合法化の道を辿った点で際立っている。ロシア以外にも、オーストリア＝ハンガリー帝国の崩壊に際して公権力のお墨つきを得て行なわれたユダヤ人自衛の率先行動があったが、のちにイスラエル国の創始者たちの大多数を占めるのみならず、同国の軍事エリートのあいだでもっとも影響力の強い集団を形成したのは、やはりロシア出身のユダヤ人である。たとえば、パレスティナの地へのテロリズムの導入について、ほかのいかなるシオニストにもまして積極的だったのは、ロシア帝国出身者にして、いくつもの民兵組織にまたがって活動していたアヴラハム・ステルヌ（一九〇七―四二年）である。その後も、現代イスラエル史の全体にわたって、ロシア文化の影響の痕跡を見出すことができよう。モシェ・ダヤン**（一九一五―八一年）、エゼル・ヴァイツマン（一九二四―二〇〇五年）、イツハク・ラビン**（一九二二―九五年）、レハヴァム・ゼエヴィ**（一九二六―二〇〇一年）、ラファエル・エイタン（一九二九―二〇〇四年）、アリエル・シャロン（一九二八年―）など、武力への依存傾向とユダヤ教の伝統からの乖離という二つの特徴において際立つ現代イスラエルの政治家たちは、皆、ロシア・ユダヤ人の末裔である。実のところ、その二つの特徴が、かつては渾然一体たるものだったというべきなのだろう。これらのロシア系ユダヤ人が、自分たちにはイスラエルを再征服し、それを防衛し続けるだけの十分な力が備わっているのだという前代未聞の自信を獲得したのは、まさにユダヤ教と、あくまでも人間の慎ましさを重んじるその伝統を完全に捨て去ることとの引き替えによるものだったからである。

シオニズムにおけるロシア的次元は、大きく見積もっても決して見積もりすぎることはない。ここにイスラエル建国から十二年後〔一九六〇年〕のクネセット*（イスラエル国会）構成員に関する統計がある。それまで約四十年間にわたり、ソ連からの移民受け入れがほぼ完全に禁止されてきたにもかかわらず、国会議員の七十パーセント以上がロシア生まれであり、十三パーセントがパレスティナの地でロシア出身者を親として生まれた人々であった。シオニズムにとってなくてはならぬ支援者であったアメリカ・シオニズムの実力者たちのあいだにも、かなりの割合でロシア系ユダヤ人がまじっていたことが知られている[48]。そもそも、両大戦間期、アメリカのユダヤ世論がシオニズム支持に大きく舵を切ったのは、アメリカ・ユダヤ人社会の上層部がドイツ出身者に代わってロシア出身者によって占められるようになった結果である。モロッコでさえ、シオニズムの理念と活動は、ほとんど独占的にロシア・ユダヤ人たちによって導入されていた[49]。こうしてシオニズムという一大事業の本質的にロシア的な特徴は、シオニズム自体の発想と行動様式はおろか、それが世界でもっとも強力なディアスポラ（離散）の地たるアメリカからとりつけている支持の様態にまで観察されるのである。

ロシアのある週刊誌によれば、昨今、二十一世紀の幕開けとともにロシアとイスラエルのあいだに見られる相互理解の雰囲気は、それぞれがチェチェン人とパレスティナ人に対して発揮している残虐性を共通項として成立しているのではないかという。「いま、新たに目を開き、イスラエルを愛し始めたロシアは、もちろんドストエフスキーの古きロシアではない」。それは、ある時期、突如としてシャロンに親近感を抱き始めた軍国主義者たちのロシアであるというのだ。(50)

ロシア系ユダヤ人は、イスラエル右翼政権にとってもっとも頼り甲斐のある票田であり続けている。あるロシア系イスラエル人ジャーナリストは、イスラエル右翼政権支持の立場を明確にしながら次のように述べている。「ロシア人〔ロシア系イスラエル人〕が右翼を支持するのは自然の成り行きである。それがまさに、ロシア帝国出身のジャボティンスキー、ベギン、**その他、偉大なるシオニズム指導者たちのイデオロギー的遺産に培われた陣営だからだ」(51)。モレデット党*のインターネット・サイトのロシア語版には、第二次世界大戦中のスローガン「われらがソヴィエトの祖国のために！」をもじった「われらがユダヤの祖国のために！」なるスローガンが掲げてあるが、ある時、同サイトは、パレスティナ人強制移住政策への支持を打ち出す目的で、あるロシア系イスラエル人の女性ジャーナリストへのインタヴューを掲載した。この女性ジャーナリストによれば、ロシア・ユダヤ人が積み重ねてきた歴史的経験を度外視して、イスラエル人がみずからの歴史的運命を正面から見据えることは不可能である。よって、ロシア系イスラエル人は、いまこそイスラエル国民をあらゆる幻想から目覚めさせ、その導き手とならねばならない。さらに彼女によれば、イスラエル国は二十一世紀の世界において、ふたたび絶滅の脅威にさらされているユダヤの民の前衛の位置を占めるのだという(52)。こうしたモレデット党の強硬派路線が、いま、ロシアの民族主義者たちのあいだで称賛の的となり、彼らをして、かつてロシア人が保持していた戦闘の意志は、もはやイスラエルにおいて、ロシア系イスラエル人のもとにしか見出せなくなったと溜め息をつかせているのだ。[53] ちなみに、モレデット党のロシア語サイトのアドレスは、あるロシアの超=民族主義派のサイトのアドレスに酷似しており（http://nasha-rodina.ru/ と http://www.rodina.org.il/）、両者のあいだにはいくつものリンクが張りめぐらされている。長きにわたったソ連時代、シオニズムへの同調的態度の表明がことごとく禁じられていたあいだも、ロシアとシオニズムをつなぐ文化的紐帯が、強固なまま、脈々と保たれてきたことを示す証拠である。

解放と植民地化——民族主義の二つの顔

その上でなお、シオニズムは、民族主義運動のなかにあって唯一無二の存在といわねばならない。一般に民族解放運動とは、ある土地に住まう民族を他者の支配の軛から解き放ち、その本来の民族的領土に対する権利を確かならしめることを主眼とするものである。これに対し、シオニズムの主眼は、まず言語を作り、新しい民族意識を形成し、そこから生まれ出た民を地球上のまったく別の一隅に移住させて現地の住民たちと入れ替え、そして、この植民地化された領土を取り戻そうとする先住者たちの試みから自己の身を守ることに存した。イスラエルの女性史家、アニタ・シャピラによれば、「シオニズムの心理学は、民族解放と、中東のある土地におけるヨーロッパ式植民地化運動という相矛盾する二つの係数から成り立っている[54]」。この二つの目的をともに維持するためには、武力の行使がどうしても不可欠となる。同じくイスラエルの歴史家、ベニー・モリスが認めているように——

シオニズムのイデオロギーと実践は、必然的に、また本質的に領土拡張主義であった。シオニズムを実現するには、まず、入植者集団を養成してパレスティナの地に送り込む必要があった。それぞれの入植地の住民は、生活を始めるや否や、自分たちがいかに孤立無援であり、いかに脆い存在であるかを深刻に思い知らされ、そして、当然の流れとして、自分たちの周囲に新しいユダヤ人入植地が築かれることを望んだ。それによって、旧来の入植地は確かにより「安全」になるが、同時に新しい入植地が「前線」となり、今度は自分たちを守ってくれる「新しい」入植地を必要とするようになる。「六日戦争」の後、ゴラン高原（シリアの攻撃からヨルダン峡谷を守るため）とエルサレムの周囲（守りが薄い北郊、東郊、南郊の防壁として）にイスラエルの入植地が拡張していったのは、これとまったく同じ論理によるものであった[55]。

ジャボティンスキー**の存在は、その死後半世紀を経てなお、武力行使の正当性をめぐる議論の中心に位置している。シオニズムが植民地主義の一形態であることを認めなかった社会主義シオニズムの信奉者たちとは異なり、ジャボティンスキーは、むしろそのことを誇らしげに喧伝していた。実のところ、社会主義シオニズムの指導者たちも、みずからそうと明言しないのみにして、ジャボティンスキーの見解自体は暗に受け入れていたと見るべきだろう。一九二二年、ベン＝グリオン**は、みずからの支持者たちを集めた政治集会の場で、「彼が生涯にわたって貫き通すことになる意志」（シュテルンヘルの評）を以下のように宣言した。

われわれの行動指針は、なにも完璧な社会＝経済の生産システムと、その調和的な原則に沿って生活を組織する方法を追い求めるなかで決定されるわけではない。われわれの思考と労働を方向づけるべき唯一の大きな関心事は、あくまでも土地の征服、そして大規模な移民流入によるその植民地化である。それ以外は単なる飾りものにすぎないのだ。ここで思い違いだけはすまい。われわれは、われわれを取り巻く政治状況、つまり権力関係、この国の内外においてわれわれの民が手にした力に関する認識の上に立って前進しなければならないのである。

これに続く一節、イェシヴァー*の生徒たちに関する言及は、ベン＝グリオンとその同志たちがユダヤ教に投げかけていた軽蔑のまなざしを感じさせて余りあるものである。

われわれの中心課題は移民の受け入れであって、われわれの生活をこの教義、あの教義に適応させることなどではないのだ。われわれは、自己改良に向けて重箱の隅をつつくような議論を交わすイェシヴァーの生徒ではない。われわれは鉄の壁に突き当たったある土地の征服者であり、そして、われわれはその壁を突破しなければならないのである(56)。

シュテルンヘルが喚起しているとおり、ベン＝グリオンの社会主義は、第一次世界大戦直後の数年間、ドイツに隆盛した民族主義的な社会主義に鼓舞されたものであった。社会主義シオニストたちは、ハインリヒ・フォン・トライチュケの台詞〔「国家とは、一に権力、二に権力、三に権力である」〕を言い換えて「社会主義とは、権力、権力、さらなる権力の謂いである」と述べたシュペングラーの思想に近いところに位置していた。シュテルンヘル自身、みずからの著書『イスラエルの建国神話』の導入部で、ベン＝グリオンの社会主義を〔結局「ナチズム」と同形になってしまう〕「民族社会主義（National Socialism）」と呼ぶ羽目に陥らないよう、「民族主義的社会主義（Nationalist Socialism）」なる用語を、苦心惨憺、作り出さねばならなかったほどである。

ベン＝グリオンの上記宣言の翌年、一九二三年に、ジャボティンスキーは「鉄の壁について」と題するロシア語の一文をものし――「鉄の壁」という表現の典拠を示すまでもなく、それは前年のベン＝グリオンのメッセージをそのまま引き取るものとなっていた――、そのなかで、勝利は力によってのみ手にされるのだということを、いまや、すべてのシオニストが理解せねばならないと訴えたのだった。(57) 常々、ムッソリーニを絶賛していたジャボティンスキー――ムッソリーニの方でもまた、状況さえ許せば、彼に対する称賛を惜しまなかったにちがいない――は、以後一貫して、戦争へ、反乱へ、自己犠牲へとユダヤ人を駆り立てていったのである。

シオニズム指導者たちのもとで、新しいアイデンティティーの構築がユダヤ教からの乖離と軌を一にするものであったことを示す証拠として、たとえば、あるジャボティンスキー伝の「事項索引」を手がかりにすることもできる。(58) 索引上、ヨーロッパ各国の民族主義の英雄や外国文学の登場人物の名前、ひいてはロシア語の猥語のたぐいはふんだんに見出すことができても、ユダヤ教のラビや賢者への言及はただの一度も見出すことができないのだ。今日、記念館の一角として保存されているイスラエル初代大統領ハイーム・ヴァイツマンの書斎についても同様である。ロシア語とヨーロッパ諸語で書かれた何千冊という蔵書の傍らで、ヘブライ語の本は数えるほどであり、そのうちユダヤ教の遺産に関するものとなるとほぼ皆無に近い。たとえばジャボティンスキーがサムソンのような聖書の登場人物を〔自著『ナザレ人サムソン』（一九三〇年）のなかで〕解釈するにあたって、みずから慣れ親しみ、高く評価していた東ヨーロッパ民族主義の感性につき従う一方、彼にとってもはや異物となり果てたユダヤ教の伝統的な聖書解釈から遠く隔たった場所に身を置いている様を見るにつけても、こうした断絶の深刻さがつくづくと感じられるのだ。(59)

たしかに、ジャボティンスキーがみずからのサムソンを描き出す時、その意図は断じてユダヤ教護教論的なものではあり得なかった。「この小説は、聖書の伝統的な枠組みからは完全に自由なものである」。たとえば、ジャボティンスキーのサムソンは、イスラエルの十二氏族の同胞たちには忠誠心を保ちながら、ユダヤ教の法を侵してペリシテ人の快楽と洗練された趣味を享受する。サムソンは、氏族の同胞たちに深いいたわりの心で接し、彼らがまだ手にしていない鉄の技術、軍の規律、その他、戦略的なさまざまな知恵を、彼らのためにペリシテ人たちから借り受けてやろうとするのだ。この作品が「聖書の伝統的な枠組み」から自由であるのみならず、筋骨たくましきシオニズムの政治哲学の小説化でもあったことは明白だ。

ユダヤ人が、国家機構も、指導力も、規律も、民族の政治も持たないまま、無定型に散り散りになっている現状に対して、ジャボティンスキーが試みた最終的な反逆。［……］彼はユダヤ人にもっとも欠けているものを取り戻させたかった。すなわち、中央集権化された統一国家、軍を擁する国家、敵意に満ちた世界にあって彼らを守ってくれる「鉄」、号令をかける一人の男、そしてそれに両手を挙げて応える無数の人間たち。(60)

ジャボティンスキーの影響力はとどまるところを知らない。一九三〇年代、「レヒ」、「イルグン」といったユダヤ・テロリスト組織の担い手たちは、皆、ジャボティンスキーが設立した「ベタール」*から輩出した。ジャボティンスキーの信奉者かつ後継者としてもっとも有名なのは、メナヘム・ベギン**（一九一三―九二年）、ビンヤミン・ネタニヤウ（ベンヤミン・ネタニヤフ）、アリエル・シャロンであろう。むろん、ジャボティンスキーの同時代のラビたちが、彼の業績を一刀両断に切り捨てていたことはいうまでもない。今日なお、一部のハレーディ*の注釈者たちのもとでは、ジャボティンスキーが指し示した道筋がユダヤの民の破滅（フルバン）に直結するものと受け止められている。(61)

シオニズムにともなう植民地主義的な、よって当然のことながら暴力に依存する性格をみずから積極的に認めていたジャボティンスキーとは異なり、シオニズムの創設者たちの大部分は、ユダヤ人移民と現地住民とのあいだに根深い紛争が存していること自体、認識することを拒んだ。ジャボティンスキーは、そのように「武器の無垢さ」を強調してみせる社会主義シオニズムの幻想をさかんに揶揄したものである（他方、この「武器の無垢さ」の概念が、のちのツァハル（イスラエル国防軍）にそのまま受け継がれることにもなったのだが）。

シオニズム左派は、植民地化に対するアラブ側の抵抗が民族的な性格のものであることには目をつぶろうとする傾向が顕著だった。労働シオニズムに与する家庭に育ったアリエル・シャロンの回想録の一節が、その意味においてきわめて示唆的である。ロシアからパレスティナに入植した彼の両親は、ユダヤ人とアラブ人のあいだに、ある種の権利平等を認めていたというのだ。

> 私の両親は、アラブ人もこの土地「において」（バ＝アーレツ）全的な権利を有しており、ユダヤ人とアラブ人は共存することが可能であると深く確信していた。しかし、また彼らは、疑いもなく、この土地「の上に／のために」（アル・ハ＝アーレツ）全的な権利を有しているのは自分たちのみであると信じていた。よって、何ものも、何ぴとも、テロ、その他のいかなる手段を用いようと、自分たちをそこから立ち退かせることはできない、と。〔……〕土地が肉的に自分のものとなっている時、その丘、小川、果樹園を隅々まで知り尽くしている時、そして自分の家族がそこに住んでいる時、その時こそ人間には、物理的な力のみならず、精神的な力が宿るのである。アンタイオス[〔2〕]がそうであったように、みずからの力を土地から引き出すのである。[62]

この一節が、先に引用したラビ、ヒルシュ[**]の聖書解釈——トーラー[*]の教えこそはユダヤの民の遺産であり、領土や権力は、その宝がまとう条件つきの属性にすぎない〔本書二〇九頁〕——に完全に背馳したものになっていることは言を俟たない。加えて、シャロンがアンタイオスの寓話に依拠しているところから、彼が人間の土地に対する絆に関してギリシア的な発想の持ち主であったこともうかがわれる。もしもそれが聖書の登場人物であったならば、〈イスラエルの地〉*に対する関係は、シオニスト入植者たち特有のロマン主義には余地を与えない、まったく別の性質のものなっていたはずである。

アラブ人に対する矛盾に満ちた関係が、今日なおシオニズムの企図につきまとって離れない組織的暴力の基底部を構成している。当初、主流だった専守防衛的な姿勢は、平和と友愛のための希望に満ちた外観を保つことを可能にしていたが（たとえ、その外観の裏に、恐怖と猜疑の影がうずくまっていたとしても）、しかし、一九三〇、四〇年代の現実、すなわちアラブ人の蜂起と、そして遠方での出来事ながらもショアーが、パレスティナのユダヤ人入植者たちのあいだに犬儒主義と悲観主義を浸透させ、ひいては、どのみちアラブ人との武装闘争は不可避であるとする先制攻撃的なエートスを行き渡らせてしまう。この新しいエートスが、今日なお、軍事面でのイスラエルの圧倒的な優位にもかかわらず、自陣の全面的破局に対するユダヤ側の大いなる恐怖感を映し出すものとなっている。

他方、パレスティナ在住のラビたちにとっては、〈聖地〉で猖獗を極める暴力の起源に疑問の余地はなかった。つまり、周囲の諸民族をいたずらに挑発してしまったのはシオニストとイスラエル国の方だったのである。ユダヤ教の立場からシオニズムを批判する人々は、たとえば一九二九年、六十人ほどのユダヤ人犠牲者を出したヘブロンの虐殺事件について、シオニストたちの方こそアラブ人を事前に挑発していたと見る。なるほど、事件の首謀者たちがわざわざヘブロンの町の外からやって来たのは、先立ってシオニズム諸団体がエルサレムで組織していた「嘆きの壁」占有の示威行動への報復措置であったらしい。事件に先立ち、何千人というシオニストが、とくに「壁」の前で祈りを捧げる意思があったわけでもなく、もっぱら民族的な矜持に突き動かされてエルサレムに集結し、この示威行動を支持した数少ないラビの一人、クーク**も居合わせるなか、「壁はユダヤ人のもの」という合い言葉を連呼していたのである。これが、たとえ暴力をともなうものではなかったとしてもアラブ人に対する明らかな挑発と受け止められ、それに対する報復として虐殺事件が発生してしまったというのだ。ちなみに、当時の目撃者たちの証言によれば、ヘブロンのユダヤ教徒たちの大多数は、この時、アラブ人の隣人たちのもとに匿ってもらい、難を逃れたという(63)。

ポーランド、グル*（グラ・カルヴァリャ）のレッベ*（アヴラハム・モルデハイ・アルテル、一八六六—一九四八年）は、彼の信奉者たちのなかで〈聖地〉に居を移すことを希望する人々に向けて、アラブ人は友好的にして親切な民であると書いている(64)。当時、ユダヤ教徒とアラブ人のあいだの空気は比較的調和に満ちたものであったという点は、イスラエル建国以前のパレスティナ社会を扱った近年の歴史研究のなかでも確認されている(65)。このように、かつてアラブ人たちとのあいだに存した仲睦まじさの記憶が、アラブ人に対する強硬的な姿勢を疑問視する反シオニスト・ユダヤ教徒たちの言説の根底に流れている。彼らによれば、そうした強硬姿勢は、国家のシオニズム的構造そのものに由来するものだ。「両方の陣営で、死者と負傷者の数があるまじき域に達している。われわれは、これまでこの主題をめぐる議論を定義づけてきた、いや、むしろその議論を圧殺してきた基底部分を根本的に清算すべき時期にいたったと考える」。彼ら自身が認めているように、この主張そのものは伝統的なものであり、目新しいところはまったくない。「われわれのものの見方はまったく独創的なものではない。それは何世紀も前から変わることのないトーラーに立脚した視点なのである。かつてはユダヤ人《びと》の全員がこの視点を共有していた。一部の陣営においてそれが忘れられてしまったのは、ひとえに反宗教的な教義が保つ魅惑の力のなせる業である」[66]。ユダヤ教徒たちにおいて〈聖地〉からの追放が常に神の懲罰ととらえられてきたことを、いま一度、思い起こしておこう。そして、〈聖地〉への帰還が成就するとしても、それはもっぱら精神的な道筋によるのであり、唯一その道筋だけが真正な意味を発揮するのだ。そこにいたるためにユダヤ教が用意している手段はよく知られている。すなわち、改悛、祈り、トーラーの学習、そして善行である。この視点からすれば、シオニズムが用いる手段は逆効果以外の何ものでもない。それは救いをもたらすどころか、暴力を永続化させることにしかならないと、反シオニスト・ユダヤ教徒たちは断言してやまないのである。

度重なるイスラエルの勝利

実際、ハレーディ*たちの立場には、イスラエルの「ピース・キャンプ」運動のそれにも通じるところがある。「ネトゥレイ・カルタ」*が公表したある文書によれば――

> シオニズムは、単にユダヤ教の異端的な逸脱であるにとどまらない。[……]それはまた、

> もともと〈聖地〉に居住していた人々に対する恐ろしいまでに盲目な挙動であった。一八九〇年、〈聖地〉のユダヤ人口は全体の五パーセントにも満たなかったにもかかわらず、ヘルツル**は、みずからの運動を厚かましくも「民なき土地を目指す土地なき民の運動」と称した。修正派、労働派の別なく、シオニストたちは常にパレスティナ人を排除してきた。違いは、ただ、修正派が公然と、労働派がまやかしの修辞の粉飾のもとでそれを行なってきたという点のみである。[……]彼らは無数の人々[パレスティナ人]から土地を取り上げ、彼らに帰還の権利も、また最低限の補償も拒んだ。[……]こうした侵犯行為が、地域一帯をいつ果てるとも知れない流血の螺旋に突き落としたのである[67]。

みずからの子弟を軍隊に送り出す宗教＝民族派（ダーティ・レウミ）のユダヤ教徒たちとは異なり、ハレーディたちの姿は、ごく稀な例外を除き、軍内部には見当たらない。このように憲法で定められた兵役の義務が数千人のトーラー*の学徒にだけ免除されている事情は、イスラエル国の草創期、ベン＝グリオン**と一部のハレーディ系ラビたちのあいだに交わされた協定に由来するものだ。この時、ベン＝グリオンは、いわば国内の平和を購ったわけだ。この協定により、ラビたちは、兵役免除との引き替えにイスラエルの独立宣言に反対しないことを約束したのである。

イスラエル在住のハレーディたちの大多数に適用されることとなったこの妥協策は、実のところ、いずれの側においてもその場限りの弥縫策と受け止められていた。まず、ベン＝グリオンの目に、ハレーディたちの存在は、いずれイスラエル新社会の目眩く竜巻のなかで雲散霧消を余儀なくされているディアスポラ（離散）時代の悲しき残滓と映っていた。この見方において、ユダヤの宗教は、諸々の民族のあいだに散らばったユダヤの民を維持する一助という意味においてシオニズムの大義に貢献し得るものであっても、しかし、断じてシオニズムから切り離された別個の役割を演ずべきではないものとして位置づけられている。対するハレーディたちの側では、シオニズムをトーラーに反旗を翻す一過性の錯誤——最悪の場合でも偽メシアの所業——ととらえ、当初から余命幾ばくもあり得ない存在とみなしていたのである。

当然のことながら、多数派を占める非宗教人たちは、自分たちの子弟が生命の危険を冒しているあいだ、「宗教者」だけがトーラーの学舎で身の安全を保証されるのは怪しからぬ事態であると感じている。対するハレーディたちの側では、トーラーの学習は、国が保有するすべての軍備よりもはるかに効果的に〈聖地〉のユダヤ人を防衛しているとの固い信念をもって、この兵役義務免除の意義を説明づける。この二つの見解が、相互の対話もなく、また対話のための共通分母すら見出せないまま並立しているのが実状なのだ。

武力行使を拒否するハレーディの姿勢は、シオニストたちが偉大なる武勲として称揚している過去の軍事行動にも遡及的に向けられる。たとえば、第二次世界大戦中（一九四三年）、ワルシャワ・ゲットーに見られた英雄的な抵抗の意義も、ユダヤ教の伝統においては必ずしも自明のものではない。ワルシャワ・ゲットーの蜂起といえば、今日のイスラエル人の集団記憶において、勇敢さの象徴、そして見倣うべき手本として不動の地位を確立している歴史事象であるが、非暴力の立場を貫くユダヤ教徒たちの目には、この反乱のまったく異なる様相が映し出されているのだ。

もっぱら英雄的な死を遂げることを意図して死に突き進んでいくことは、ユダヤ教の信仰とは相容れない行為である。自分以外の人間を危険にさらさない場合もそうであるが、ほかの人々の命を危険にさらすことになる場合はなおさらである。ほかの人々は、この世の一瞬一瞬を惜しみながら、たとえ絶望的な状況に置かれても、一回のまばたきと同じくらいの速さで実現するかもしれない神の救いへの期待のうちに生きている。[……] 彼ら［ワルシャワ・ゲットーの囚われ人たち］の時代、真の英雄主義とは、苦しみの大海のなかで英雄として生き、そうすることによって神から課された英雄の役割を果たすことであったはずだ。[……] ユダヤ教の基盤を持たない偽りの英雄主義に人々の称賛を集めるような挙は慎むべきである。(68)

一九四八年、イスラエル建国にともなう「独立戦争」（第一次中東戦争）のさなか、古くからエルサレムに住むあるユダヤ教徒の集団が以下のような宣言を公にした。

われわれとしては、シオニズムの偶像のために妻子ともども死の巻き添えになることだけはすまい。不敬、無信仰、無知にして無責任な異端の輩が、自分たちの誤った、狂った思想のために、何十万というユダヤ住民をそっくり、まるで子羊の群れのように畜殺場へ連れていき、そしてその住民がそっくり、まるで無垢の小鳩のように、みすみす殺されるなどということは断じてあってはならない。(69)

この態度は、愛国主義、民族的連帯、はたまた生存のための本能といったものからも完全に無縁の態度である。当時の一般世論に逆行して、これら反シオニストのハレーディたちは、シオニストとイスラエル国こそが危険の元凶であるとみなしていた。生まれたばかりのイスラエル国に襲いかかるアラブ連盟五カ国（レバノン、シリア、トランスヨルダン、イラク、エジプト）の軍も、彼らの目には、世界の覇者を僭称する不敬のユダヤ人たちの思い上がりを懲らしめようとする、神の怒りの代理人にほかならなかった。

時を置いて、一九六七年の「六日戦争」（第三次中東戦争）におけるイスラエルの劇的な勝利は、世界中のユダヤ人の大多数をイスラエル国の大義に引きつけ、イスラエル国民の未来の展望に明るい灯をともしたばかりでなく、そこに神の奇跡の介入を見、神がシオニズムの企図を是認したことの証を読み取る宗教＝民族派のイスラエル人たちを熱狂に包み込んだ。しかるに、開戦前夜、イスラエルの指導者たちがさかんに表明していた危機感——それが世界のユダヤ世論のほぼ全面的なイスラエル支持、そして西ヨーロッパ諸国の共感をとりつけたわけであるが——は、ほどなく意図的な情報操作の産物であったことが明るみに出される。当時、イスラエル軍参謀本部の一員であったマッティ・ペレド将軍（一九二三—九五年）は、のちに「パリの『ル・モンド』紙のインタヴューに答えて」イスラエル人特有の明け透けさとともに以下のように語っている。

一九六七年六月の時点で、ジェノサイドの危機がわれわれを脅かしており、イスラエルはまさにその物理的な存続を賭して戦わねばならないなどという主張は、単なる虚仮威しであった。［……］われわれがその領土の極端な狭さゆえに大きな危険に直面させられている、などという話は、戦争前のわれわれの見積もりにおいては勘定にさえ入っていなかった。(70)

開戦五周年を記念して掲載された同記事には、戦争を指揮した軍部と政界の重鎮たちの言葉も引かれているが、彼らもまた、一九六七年、ツァハル（イスラエル国防軍）による攻撃開始の前に、国家としてのイスラエルの存続が危ぶまれたことなど一度もなかったと異口同音に認めている。当時、右派の民族主義政党ガハルの領袖としてイスラエル領の拡張政策を推進していたエゼル・ヴァイツマン将軍もこの見方に与している。

しかるに、イスラエル軍の参謀本部からは精神の距離として何光年もかけ離れた場所に位置しているはずのユダヤ教敬虔派の人々も、これとまったく同じ見方を採用していた。彼らは、「六日戦争」の経緯のうちに、もっぱらシオニズムの攻撃性、好戦性を示すさらなる例証しか見出すことができなかったのである。

あの六日間の闇をどうして忘れることができよう。シオニストたちがティラン海峡［の封鎖］を口実として兵を挙げ、土地を綿密に測量した上で宣戦布告をした、あの時のことを。［……］仕舞いには、彼らはわれらが栄えある〈神殿〉の場所まで辿り着き、アラブ人から〈イスラエルの地〉*のすべてを奪い上げたのだった。その後、事態は混乱と不安を招き、それは深刻さを増す一方であった。征服後の一週間で、賢者たちは本来の知恵を忘れてしまった。一連の手柄話、奇跡譚、そして自身の盲目さも手伝って、賢者たちも金の仔牛の周囲で踊り始めたのである。完全に敬虔なるユダヤ教徒たちは、この破局を正面から見据え、そのようなお祭り騒ぎに加わることを潔しとしなかった[71]。

サトマール派*のレッベ*、ヨエル・タイテルボイム**（一八八七―一九七九年）は、シオニストたちが何千という人間の命を国家の祭壇の上で犠牲にしたとして「六日戦争」を断罪した。彼によれば、その国家の祭壇こそは、中東一帯におけるすべての暴力の源である。「トーラーは、シオニスト国家全体のために、たった一人のユダヤ人《びと》の命を犠牲にすることも許していない。［……］すべて義人たちからなる民のなかにあってさえ、われらの時代、ユダヤ人を戦争の場に駆り出す権限はない。トーラーは、平和に到達し、戦争を避けるために可能なあらゆる努力をするよう、われわれに命じている。あれら忌まわしきシオニストたちは、その逆のことをなし、絶えず諸々の民とのあいだに揉め事を起こしている」[72]。サトマール派のレッベによれば、トーラーの許しもなくユダヤ人を戦争に巻き込むことは殺人行為にも匹敵するという。この重々しく定言的な結論は、イディッシュ語で書き表され、世界中のハレーディたちのあいだに広く行き渡っている[73]。タイテルボイム自身が注意を喚起しているように、「トーラーの許し」とは、預言者が現れ、ユダヤ教の戒律を遵守して暮らしているいずこかの王に戴冠させない限り、断じて得られるものではない。つまり、ここでタイテルボイムは、イスラエル国を、ユダヤ教の伝統、とりわけモシェ・

ベン・マイモン（マイモニデス）によって定義づけられた「王国」になぞらえようとする一部のミズラヒ派*のラビたちの見解を真っ向から否定しているわけだ。ミズラヒ派のラビたちは、そのようにしてシオニズムのまさに軍国主義的な側面にユダヤ教を動員しようとするのであるが、ハレーディたちにとっては、まずもって口伝トーラーを現代の必要に適合させようとする挙こそ、断じて承服しがたいところなのだ。

宗教＝民族派（ダーティ・レウミ）にとって、「六日戦争」とは、領土の占有とその植民地化に求められる勇敢さを称揚する格好の契機であった。これまでもミズラヒの陣営の外に位置する論者たちがこの傾向を批判し、なかには宗教＝民族派を人種差別と不寛容の名のもとに告発する人々もいたほどである[74]。しかし、近年にいたり、宗教＝民族派の運動そのものにも新たな意識の目覚めが観察され、同派に与する人々のなかから、とりわけ占領地区の入植者たちの行き過ぎた行動に厳しい批判の目が向けられるようになっている[75]。ヨルダン川西岸のある宗教＝民族派のイエシヴァー*を運営するラビ、イツハク・ブロイは、ユダヤ教の典拠がことごとく歪曲され、そこから好戦的な教えが導き出されている現状を指摘する[76]。彼によれば、一部の宗教＝民族派のラビたちが慈悲の価値を否定し、人種差別を助長し、土地の占有を至高の価値に仕立て上げるためにトーラーを利用しているという。彼はそこに、ミハ・ヨセフ・ベルディチェフスキー**やウリ・ツエヴィ・グリンベルグ**のように、ユダヤ教の平和主義を否定し、ラビの伝統を全体にわたって却下しようとする非宗教のファシスト系知識人たちの潜在的な影響力を見て取っている。

実際、ユダヤ教の典拠を用いて武装派の挑戦的なシオニズムを合法化することは、人々を引きつけるにあたって有力な手段になり得る。この手法を用いる人々は、宗教＝民族派のラビたちを含めて存外に多いのだ。彼らのもとで「地上の軍事的偉業は形而上学の次元に高められ、普遍的にしてメシア主義的な意味と価値を帯びる。この場合、宗教が、保守的な社会構造ではなく、逆に人々の生活に革命的な変化をもたらす革新派の社会構造（つまりユダヤ人の政治的主権）を権威づけるものとして位置づけられていることに注目せねばならない」[77]。今日、数千人の規模に達すると思われる宗教＝民族派を突き動かしているのは、この革命派としての意識であり、それは時として彼らの一部の口からユダヤ教の遺産に対してきわめて冷笑的な言葉を吐かしめることもある。一例として、「もしも倫理の次元でイスラエルが世界の残余の人々より十パーセント増しであるならば、イスラエルは「諸民族の光」〔「イザヤ書」四二の6〕になるであろう。もしも二十五パーセント増しであるならば、イスラエルはメシアをもたらすであろう。もしも五十パーセント増しであるならば、イスラエルは死に絶えるであろう[78]」といった言葉が挙げられる。イツハク・ブロイは、宗教＝民族派の思想に見られるこの断絶が、非宗教のシオニストたちの場合とまったく同様、「民族の栄誉」、「民族の誇り」といったユダヤ教とはまったく無縁の概念を称揚するためのものであったととらえる。ブロイの言うとおり、「フリードリヒ・ニーチェほどユダヤ教に対して激しい批判の言辞を残した人物が、〔宗教＝民族派が形成する〕宗教系のユダヤ居住地に間接的な影響力を及ぼしてきたのだとすれば、まさに皮肉の極みといわねばなるまい」。

宗教＝民族派のあいだに好戦性が根づいたのは、「六日戦争」の結果として、イスラエルが聖書時代の記憶に深く結びついた土地を占領し終えた時のことであった。つまり、それは好戦的なイスラーム主義の隆盛に二十年ほど先駆けていたわけである。

一九六七年の勝利は、哲学者イェシャヤフ・レイボヴィッツ**をも深く憂慮させた。彼は、勝利に起因する傲慢さ、また、彼が偶像崇拝の一種とみなす全能の感情を厳しく批判しながら、対処法として戦争で得た占領地の全面返還を提唱した。すでにその時点で、この慧眼の観察者は、占領地がイスラエルにとって永遠の悩みの種となることを見抜いていたのである。レイボヴィッツの提案は、「六日戦争」の数カ月後、やはりラビ、アムラム・ブロイ**が以下のような言葉で占領地の即時返還を呼びかけたのとほぼ同時であった。

> もしもシオニストたちが最低限の良識を備えていたら［……］、アラブ諸国に呼びかけて連合体制を築き、そこにパレスティナ人たちも包み込み、彼らの権利回復を図ってやるくらいのことを提案しても不思議はない。強者は平和を求めるものであるし、現実に、彼らはいま、強者なのだから。だが現実として、彼らは、その矜持ゆえにこの種の提案をすることはないであろうし、ほんのわずかの譲歩も肯んじないであろう。彼らは、そのような連合体制の長にアラブ人が就任するのを見るくらいなら、何百万というユダヤ人の命を永続的な危険にさらすことの方がまだましであると考えているのだ。この目覚ましい電撃戦によって、彼らは勝利を収めたと思っている。たしかに彼らは、今日、その力の頂点に達しているのであろう。しかし、それは同時に下り坂の始まりでもあるのだ。彼らは、遅からず、今回の戦利品によって引き起こされる厄介事の存在に気づくことであろう。アラブ人の憎しみはさらに増し、

必ずや復讐を求めるであろう。シオニストたちは、いま、国境の内部に数十万人の敵勢を抱え込んでいる。われわれは皆、「今ここ」において大きな危険にさらされているのだ。(79)

筆者が本書を書き進めている現在時においても、アル＝アクサ・インティファーダ〔二〇〇〇年九月二十八日―二〇〇五年二月八日、「第二次インティファーダ」ともいう〕による自爆テロ攻撃が報じられ、上記、アムラム・ブロイの予測の正しさを証明し続けている。政治学の書物など一度も開いたことがないアムラム・ブロイは、もっぱらユダヤ教の視点に立った状況の解読と、武力行使がユダヤ人たち自身にとっての罠であり脅威であることを察知させる道徳的感性のみにもとづいて、この予測を打ち出したのだった。「六日戦争」から十年ほどを経て、彼の妻ルートも亡夫の見方が正鵠を射ていたことを確認し、加えて、ツァハル（イスラエル国防軍）による攻撃の前夜、フランスのド・ゴール将軍が「イスラエルは、燦然たる軍事勝利の後、みずからの勝利の囚われ人となるであろう」との警告を発していた事実を明かしている。(80) つまり、力に依存することの虚しさ、そして危険の予感は、正統派の大学人、ハシード派ラビ、フランスの軍人など、相互におよそかけ離れた立場にある人々のあいだで過たず共有されていたわけである。このような種々の異なる精神の習合こそは、その後の状況が完全に予測可能であったこと、そして、唯一、シオニストたちの矜持と驕慢だけが状況判断の目を曇らせていたことを示す何よりの証拠であったと、ルート・ブロイは繰り返し強調している。

イスラエル軍による東エルサレム奪取ののち、レイボヴィッツは、「嘆きの壁」が信仰の対象になる危険性があるとして、その前で祈禱することを禁じるよう提言した。ちなみに、この時、サトマール派と「ネトゥレイ・カルタ」の指導者たちも「嘆きの壁」の前での祈禱を禁止したが、その理由はレイボヴィッツとは若干異なり、不敬の者どもが収めた勝利に便乗してはならないというものだった。

たとえ、改革派ユダヤ教を掲げる大部分の集団が、「六日戦争」の後、シオニズムとの距離を大きく縮めたというのが事実であるとしても、改革派のラビたちのなかに、高揚する愛国主義の風潮に異を唱えた人々がいたことも忘れてはならない。彼らは暴力の連鎖を嘆き、シオニストたちがその暴力を煽り立てたとして批判し、そして、戦いを回避する者こそを讃えるユダヤ教の伝統を思い起こさせようとしたのである。ロンドンの改革派ラビ、ジョン・レイナー（一九二四―二〇〇五年）は、復讐の虚しさを説くために、やはりエサウとヤコブの兄弟関係をめぐる物語を援用した[81]。トーラーは、二兄弟の末裔、エドム人《びと》とイスラエル人《びと》の双方に紛争を避けるよう命じている。「汝、エドム人を憎むべからず。これは汝の兄弟なればなり。またエジプト人《びと》を憎むべからず。汝もこれが国に客たりしことあればなり」（「申命記」二三の8）。トーラーは、ここでエジプト人に言及しながら、イスラエル人が復讐心よりも感謝の気持ちを持たねばならない根拠に言い及んでいるというのだ。加えて、レイナーは、ユダヤ教の伝統が武力行使を拒否するものであることを思い起こさせるため、ラビン暗殺**の六周年集会で彼が目にしたスローガン、「平和、それこそは健全なる復讐」を紹介している。

一部の専門家たちによる政治分析、歴史分析に合致する形で――もちろん、そうと意識しているわけではまったくないのだが――、シオニズムを批判するハレーディたちは、普通、イスラエルの政界を構成しているとされる二大潮流、いわゆる「左派」と「右派」を区別する必要はないと感じている。彼らにとっては、この二大潮流も一つ穴のむじなである。なぜといって、シオニズムとは、そもそも原理として多元的にはなり得ないものであるからだ。たしかに、この二潮流のあいだを分け隔てる戦略や言葉遣いの差異は、両者をまとめ上げる要素――シオニズムの合法性に対する確信――に比するなら微々たるものにすぎないのかもしれない。事実、労働党は、ヨルダン川西岸の植民地化推進において、政敵であるはずのリクードに優るとも劣らない積極姿勢を示した。政党、政治団体のなかで、占領地への入植に首尾一貫して反対してきたのは、わずかに「メレツ（活力）」と「グーシュ・シャローム（平和ブロック）」のみである。

一九六七年に始まったパレスティナ占領の余波は、今日なお、随所にありありと感じられる。国家の意思決定者たちが占領地からの即時撤退を呼びかけるレイボヴィッツやタイテルボイムらの声にまったく耳を貸そうとしないなか、逆に、いかにすれば占領地を手放さずに済むかという議論の方がイスラエル人の中心的関心事になってしまった。一部、アメリカとイスラエルのラビたちが占領の継続に異議を唱え、占領地での軍務を拒否する兵士たちに対する支持の姿勢を明らかにしている。[82]「人権を求めるラビたち」のようにイスラエル政治に盾を突くラビ組織もあるが、その場合でもシオニズムそのものが再問に付されるわけではない。[83]今ひとつ、ユダヤ教に鼓舞された組織に「オズ・ヴェ＝シャローム／ネティヴォット・シャローム（強さと平和／平和の小径）[84]」があり、シオニスト国家の具体的な挙動に反意を示しながらも、みずからの宗教＝民族派色を鮮明にしている。そのメンバーはアメリカの近代正統派とイスラエルの宗教＝民族派によって占められており、彼らにとってシオニズムへの参画はアイデンティティーの中心的要素をなす。よって、彼らがイスラエル軍やイスラエル警察の暴挙を咎め立てることはあっても、ユダヤ教に照らしてイスラエル国の正当性そのものを問題にすることはない。ただ、その彼らも「みずからの政治について道徳的な問いかけを許容しない社会は必然的に腐敗した社会となる」との懸念だけは共有しているようだ。「残念ながら、現在のイスラエルでは、まさにそのような社会を求めてやまない宗教者の甲高い声があまりに多く耳にされる(85)」。

現代イスラエル史上もっとも物議を醸した戦争、レバノン戦争（一九八二年）は、ハレーディたちによっても、非宗教人の批判者たちと同様の言葉遣いで糾弾されてきた。あの戦争は、ユダヤ人を殺人者として一般世論に印象づける――それ自体、すでに神の名に対する冒瀆を意味する――残酷さの表出をともなうものであったとして、いつになく厳しい批判が寄せられたのである。「二つの国を人質にとるため老若男女の見境なく敵を殺すことができるのは、確信犯的な殺人者のみである(86)」。戦争事由としてイスラエル国民に危険が差し迫っていたことを挙げる議論は一蹴される。なぜといって、「シオニストたちの軍がアラブ人の軍よりも強力であることを知らない者はなかった。アラブ人は軍事面でさほど進んでいないため、シオニスト相手に勝利を収めることなど到底不可能であることは自明だった」。サトマール派のレッベによれば、「生まれつき流血と戦闘を好む性質で、戦争によってもたらされる結末について長期の展望を持つことができない」ような軍人など決して信用してはならないという。ここで暗に名指されているのは、当時、国防相の座にあり、ベギン首相にレバノン戦争の開戦を強く迫ることでその政策を誤らせたといわれるアリエル・シャロンである。**

ユダヤ教の立場からシオニズムを批判する人々は、イスラエルが軍事的勝利を重ねる度に、不敬の輩がこのような軍事的成功を手にするなどということが一体なぜ可能なのか、という問いを発し続けてきた。宗教＝民族派がそこに奇跡の成就、つまり神の好意の印を見て取るのに対して、反シオニストのハレーディたちは、その勝利を悪魔の采配に帰着させる。彼らが、日頃、偶像崇拝者とみなしている人々に神が助け船を出すなど、断じて考えられないことなのだ(87)。かくして事態のコントラストがはっきりと打ち出されることになる。つまり、一九六七年の勝利は、神のなせる業であるか、あるいは、義人を罠にかけるため、贖いの蜃気楼を映し出す悪魔のなせる業か、そのいずれかなのである。この二極化した歴史観において、中間の妥協的な解釈などあり得ない。シオニズムの告発者たちにとって、この軍事的勝利は、シオニズムの勃興からショアーを経て不可避の没落へといたる一連の破滅のプロセスのなかに書き込まれたものであった。

一九七六年、エンテベ（ウガンダ）におけるイスラエルの軍事行動は、ツァハルが収めた勝利のなかでもっとも目覚ましい――そして、批判の対象とされることがもっとも少ない――ものであるが、それさえも、ユダヤ教の視点に立つ人々にとっては、人間の慢心を戒める契機の一つにほかならなかった。テル＝アヴィヴとパリを結ぶエール・フランス機がハイジャックされ、イスラエル軍がその人質を見事、解放してみせた出来事であるが、その時、ユダヤ教徒たちのなかにも、安堵とともにイスラエルの軍事力に対する誇りを感じる者が少なくなかった。実際、軍事作戦の数日後、ブネイ＝ブラクのある大きなイェシヴァーの精神的指導者が、「一滴の矜持ですら偶像崇拝の兆候となる」として、エンテベの出来事とイスラエルの軍事行動について誇らしさの感情を抱くことのないよう、生徒たちに戒めなければならなかった事例が報告されている。(88)

シオニズムの判型に沿ってユダヤ史に自己を同一化させることは、最終的に、犠牲者としての自己イメージを補強することを意味する。そして、「エイン・ブレーラー*（ほかに選択の余地がない、仕方がない）」の一句〔本書二五五頁参照〕が、ここでは、イスラエル政府がみずからの軍事行動を正当化するための常套句として用いられるのだ。国際世論の場でも、数多くのユダヤ人団体が、イスラエルの軍事行動を支持しながらその常套句を鸚鵡返しに繰り返す。さらに、アラブ側のメディアの大半が反ユダヤ主義の紋切り型に依拠していることも手伝って、ユダヤ人に対する過去数世紀の迫害と、いま現在、テロ攻撃、とりわけ自爆テロの危険に日々さらされているイスラエル人の寄る辺なさとのあいだで情緒的な連関性がますます補強されてしまうのだ。

イスラエルの批評家たちが指摘しているように、すでに地域一帯でずば抜けた軍事力を保有しているイスラエルがその力をますます補強することによっても、ユダヤ人の犠牲者としての自己イメージには何ら変わるところがなかった。(89) たとえ力関係がイスラエルの圧倒的優位に傾いても、武力に関するイスラエル人たちの意識に望ましい変化は見られなかったわけである。このように、実際に保持されている力と、それにもかかわらず維持され続ける非力の意識とのあいだの不均衡が、イスラエル側の独り善がり（self-righteouness）の言説を助長しているのだ。実際、国際政治の場でイスラエルがますます孤立し、アメリカと、そのもっとも忠実ないくつかの衛星国からの支持しかとりつけることができなくなっている今日、「全世界がわれわれを目の敵にしている」という感情がイスラエル人のあいだに広く浸透しつつある。そして、この孤立と急迫する脅威の感情が、「いつの世にあっても、人々はわれわれを根絶やしにしようと立ち上がり、そして、主がわれわれを敵の手から解放してくださる」[90]という過越祭の荘厳な食卓での祈禱の冒頭部に過たずに結びつけられるのだ。

しかし、宗教を政治的に利用しようとする場合の常として、この祈禱の前半部だけが引用され、後半部、神の贖いに関する部分は省略されてしまうのが一般的である。同じように、一八八二年、パレスティナへの最初のユダヤ人入植者たちが創設したシオニズム組織の名称「ビールー」*は、「ヤコブの家よ、来たれ、われら主の光のうちに歩まん」（「イザヤ書」二の5）の聖句の頭文字をとったものであるが、その場合でも「主の光のうちに」の一句は周到に除外されている。さらに、一九六〇―八〇年代、ソ連からイスラエルへの移住を希望する人々を支援する運動のスローガンとして、「わが民を去らしめ」（「出エジプト記」九の13）の聖句を用いる場合でも、それに続く「われに仕うることを得せしめよ」までが口にされることは断じてなかった。これらの事例において、〝後略〟されてしまったのが神との規範的な絆であることはいうまでもない。

他方、イスラエルやディアスポラ（離散）の地に住まう一部のラビたちは、ユダヤ人のあいだに拡散してしまった犠牲者ぶりの文化に異議を唱えている。「個人的に、私は、ユダヤ人を永遠に憎む異教徒というイメージが現実を映し出すものであると思ったことは一度もない。それは純粋単純なる神話であり、しかもかなり醜悪な神話であるように思われる」[91]と、あるアメリカのユダヤ教指導者は述べる。いまひとつ、ユダヤ教を根拠として諸々の民のユダヤ人に対する永遠の憎悪なるものを既定とみなすための根拠にされるのが、タルムード*の「エサウはヤコブを憎む」の一句である。しかし、ネツィヴ（ナフタリ・ツェヴィ・イェフダー・ベルリン）を含め、何人かのラビたちは、将来において、エサウとヤコブは、ラビ、イェフダー・ハ＝ナーシーと皇帝〝アントニヌス〟がそうであったように（本書二三五頁参照）深く敬愛し合うようになるだろうと断言する。[92] この解釈に照らせば、往時のラビたちが、なぜローマの権力側との交渉にあたってヤコブとエサウの逸話を源泉にしようとしたか、理解できるであろう。ほかでもない、彼らは敵を友に変容せしめることを欲していたのである。

第二次インティファーダの開始（二〇〇〇年九月）をもって、イスラエル社会は絶望の時期に突入した。イスラエルの軍事力をもってしても、住民に平和と安全をもたらすことはもはや不可能であると感じられるようになったのだ。ラビたちも、また軍の将軍連も、対パレスティナ人政策として武力を行使することの非効率性を口にするようになっている。パレスティナ人たちによる自爆テロは、いまや「申命記」の以下の一節になぞらえて解釈される。「その山に住めるアモリ人《びと》、汝らに向かいて出で来たり。蜂の追うがごとくに汝らを追い散らし、汝らをセイルに打ち破りて、ホルマに及べり」（「申命記」一の44）。この一節に対するラシの注釈によれば、「ちょうど人を刺した蜂がその後すぐに死ぬように、汝らを追い散らすアモリ人たちは即座に死ぬ」。タルムード研究の刷新者にして、イスラエルの軍事行動を間近から眺めてきたイツハク・ゼエヴ・ハ＝レヴィ・ヴェルヴェル・ソロヴェイチク**（俗称「ブリスクのラビ」、一八八六―一九五九年）は、このラシの注釈にみずからの注釈を加えながら、アラブ人に対する戦争の無意味さを強調する。

彼ら［シオニストたち］は、アラブ人を殺すことによって彼らに恐怖感を植えつけることができると思っている。［……］しかし、アラブ人は最後の最後までユダヤ人への攻撃をやめないだろう。アラブ人たちがわれわれを攻撃するのは、天が彼らを送り込んだからだ。［……］彼らがわれわれを攻撃するのは、彼らがツァハルをものともしないからではなくて、誰かが天の高みから彼らを遣わしたからなのだ。ここで「最後の最後まで」［ヘブライ語では［上記「申命記」の一節にもとづき］「ホルマまで」と表現される――引用者注］というのは、ほんの一人のユダヤ人を殺すためだけに百万人のアラブ人が自己を犠牲に捧げる覚悟ができているという意味である。[93]

このように、イスラエルの子らが神意への服従を拒否する姿勢に凝り固まる時に彼らに降りかかることとなっている凶事に言い及んだ「申命記」の一節が、ブリスクのラビの予言的な聖書注釈において、現代のイスラエル人を殺すためにみずからの命を犠牲にする若きパレスティナ人たちへの言及として読み替えられるのだ。ミズラヒ系のラビで、ある時以降、シオニズムには距離を置くようになったモシェ・ソベル**は、一九九〇年、また別の言葉遣いで次のように述べている。

パレスティナ人はイスラエル人よりもはるかに多くの苦しみを味わうことになろう。それが暴動なるものの常である。しかし、イスラエル人の死者一名はわれわれの社会構造を確実に弱めるだけであるのに対して、パレスティナ人の死者一名は、彼らの組織をますます強固にするのに役立つ。これは勝ち目のない戦いである。(94)

サトマール派のレッベ、ヨエル・タイテルボイムは、ユダヤ教徒・ユダヤ人が一人も苦しむことなくイスラエル国が消滅に向かいますように、との祈りを捧げることがしばしばあったといわれる。なにがしかの政治的解決手段を提唱するわけではなくとも、イスラエル国をユダヤ教徒・ユダヤ人にとっての大きな脅威とみなす点においては彼も変わらなかったわけである。ほかの反シオニスト・ユダヤ教徒と同様、レッベも、イスラエルが消滅にいたる筋書きを予示することは決してなかった。それを描き出す作業は、ひとり神のみに許された業であるという信念にもとづくものである。彼の弟子たちのなかには、ソ連が——核兵器、通常兵器ともにあれだけのものを保有していながら——きわめて平和的な崩壊の道を辿り得たという事例から、イスラエルにおいても同じような奇跡的変容が起こり得ないはずはないとの見方を示す人々もいる。タイテルボイム同様、イスラエル軍の度重なる勝利がユダヤ教徒・ユダヤ人の身の安全に寄与するものではなかったとして懐疑的な見解を述べるラビは決して少なくなく、そして、その無意味さの感覚は、ラビの世界の枠を超えて一般の人々にも広がりを見せつつある。

たとえば、ユダヤ教の政治的伝統に関する研究の草分け的存在であるダニエル・エラザール（一九三四—九九年）の編による、ある重要な書物のなかには、現代イスラエルに自重を促す以下のようなメッセージが打ち出されている。

出来事から二千五百年を経て、歴史的な後知恵を手にしたわれわれは、当時の政治を実際に牛耳っていた政治家たち——すなわち王や貴族たち——ではなく、見者の目を備えた預言者たちの方こそ、国際的な舞台における現実主義者であったことをよく知っている。事実、出来事の流れは、アハズ、ヒデキヤの両王ではなく、アッシリアの危機に対して中立を守り抜くことを説いたイザヤの方に理があったことを証明した。その一世紀後には、バビロニアに対する蜂起に反対するエレミアの忠告を聞かずに事を起こした宮廷内の「愛国」党の情熱が、王国の崩壊、〈神殿〉の炎上、そしてユダヤの民のほぼ全面的な無化の引き金になったのである。[95]

この見解が、武力行使に反意を唱えるラビたちの見解と完全に一致していることは明白だろう。エラザールが、「エルサレム公共事業センター」なる政府シンクタンクの創設者であり、数代にわたってイスラエル政府の顧問をつとめ、民族主義系の派閥とも深いつながりを持つ人物であったことが、むしろ意外に思われてくるほどである。

事実、軍事優先主義は、イスラエル建国のはるか以前、シオニズムの勃興を目の当たりにしたラビたちからの激しい反意にさらされていた。たとえば、十九世紀末、ウィーンのラビ、ギューデマン[**]は、シオニストたちが、ダビデとゴリアテの役割をすっかり入れ替えたような、大砲と銃剣のユダヤ教を作り出してしまうであろう、そして、それは戦争の賛美や戦士の神格化などからはおよそ無縁のものとしてあったユダヤ教の完全なる倒錯にいたるであろう、と予言していた。さらにギューデマンは、あるオーストリアの詩人の言葉を引きながら、シオニストたちが「民族主義を介して野獣性へと突き進む」人類の歩みをそのままなぞっていると結論づけている[96]。

ギューデマンと同時代を生きたルバヴィチのレッベ*（シャローム・ドーヴ・ベール・シュネールソン**）によれば、忍耐と「魂の穏やかさ」こそはユダヤ人の存続を保証するものである。物理面での劣等は、いつか、人間の粘り強さの源泉としての真価を発揮することになるというのだ。この見解は、ユダヤ教において古典的なものである。数世紀前、モシェ・ベン・マイモン（マイモニデス）の父が残した言葉のなかに、すでにその指標が見出されるのだ。「水の流れが壁を突き崩し、大岩を穿つあいだ、柔らかきものはそのまま立ち続ける。そのように、流謫が大いなる柱を砕き、巨大な城壁を崩すあいだ、聖なるものは、弱く、柔らかき民を救い、それが水の流れに運び去られることのないようにする[97]」。

第二次インティファーダの継続としてやむところを知らない暴力の光景を前に、反シオニストのラビたちは、イスラエルの軍事行動と、ユダヤ教、ならびにユダヤ教徒一般のあいだに明確な区別を打ち立てるための努力を続けている。とりわけ彼らは、ヨーロッパや北アメリカで発行されている英語表現の日刊紙の広告欄を買い取り、そこで絶え間なく繰り返される暴力を告発し、それが過たずにイスラエル国の創設とその維持というシオニストたちの野心にのみ帰されるべきものであることを強調し続けている。二〇〇二年二月、アメリカのアラブ人とイスラーム教徒の諸団体が共同で組織したデモ行進に合わせて、街頭では「ネトゥレイ・カルタ」による以下のようなビラも配布された。


それ「イスラエル」によるパレスティナ人の残酷な扱いは、すべての人間に対して正しく、懇ろに接しなければならないという創造主の命に背くものである。

今日ここに、われわれは、世界中のアラブ人、イスラーム教徒の兄弟たちに向けたメッセージを発する。あなた方の紛争はユダヤの民、トーラーの民とのあいだの紛争ではない。われわれは、あなた方とともに、同じ苦しみのなかに立っている。われわれはあなた方の痛みを感じる。われわれはあなた方と共にある。

パレスティナ人の側からも、ユダヤ教徒の側からも、もはや無垢の犠牲者が出ることのないようにしよう。

神の助けにより、いつかシオニスト国家が遠くおぞましい思い出になる日が到来するよう、共に祈ろう。(98)


人数こそごく限られたものであるが、ユダヤ教・反シオニズムの活動家たちは、パレスティナ人との和解とイスラエルの軍事行動に対する糾弾のメッセージを、かなり広い範囲のアラブ人、イスラーム教徒に届けることに成功している。たとえば、彼らは、アラビア語圏の隅々で放映されているアル゠ジャジーラのテレビ放送や、イラン国営放送、その他、さまざまな新聞や雑誌の紙面でも対談に応じるなどしている。二〇〇二年、〈聖地〉は暴力の激発のなかでプーリム祭を迎えることとなったが、その時、ユダヤ教・反シオニストたちは以下のような声明文を出した。「プーリム祭は、野蛮さに対する信仰の勝利を言祝ぐ祭日である。その日、われわれがシオニズムの異端と暴力を断固拒否するのは、まさに時宜に適ったことである」。実際、彼らは、その日、いくつかの町の街路でイスラエルの国旗に火を放ち、そして以下のようなメッセージを公表したのであった。

シオニストの実験は、その不可避の結論に到達した。死者の数は増える一方であり、解決法は一向に見えていない。ゆっくりとではあるが、ユダヤの民はシオニズムの現実に目覚めつつある。シオニズムとは、つまるところトーラーに示された流謫と贖いの視点の棄却であり、そこに異邦人一般と、とりわけパレスティナ人に対する攻撃的な姿勢が結びついたものであったのだ、と。

イスラエルの旗を焼き払うことにより、われわれは、イスラエル国が、その不条理極まりない自己主張とは裏腹に、ユダヤの民を代表するものなどでは断じてない、ということを象徴的に宣言する。事実、イスラエル国によるわれわれの信仰の破棄、そしてイスラエル国によるパレスティナ人の虐待は、この国家がユダヤ教に対する反定立であることを如実に示している。

他方、世界中のユダヤ教徒の義務は、ディアスポラの地において愛国的な市民であり続け、

すべての人間とともに平和を追い求めることに存する。(99)

改革派ユダヤ教の内部からも、シオニスト国家の存在自体を疑問視し、アメリカのシオニストたちの抜きがたい偽善者ぶりを告発する声があがっている。たしかに「六日戦争」以来、アメリカの改革派シナゴーグがイスラエルとの絆をますます強めてきたとはいえ、「アメリカ・ユダヤ教評議会」自体は伝統的反シオニズムの姿勢を崩していない。同組織の創始者、エルマー・バーガー**は、正義と平和のために闘うと称しながら、シオニズムの企図に対する糾弾だけは手控えようとする同僚のラビたちの一貫性のなさを指摘する。「ラビたちがアメリカにおける人権擁護の闘いに参加しながら、シオニスト国家の下部構造が行なっているアパルトヘイトの類似物については沈黙を保ったままでいる——あるいは、ひょっとしたら単に無知でいる——のを見て、私は、悲しみと可笑しさの奇妙な綯い交ぜを感じたものである」(100)。いまひとつ、改革派ユダヤ教の立場から発せられた言葉には、二十一世紀初頭、ユダヤ教徒たちのあいだで広く共有されている視点が打ち出されている。「自分たちの信仰にもとづく人間的な宗教の伝統を取り戻し、これまであまりといえばあまりの頻度でその腐敗の原因となってきた民族主義からその伝統を切り離そうとするユダヤ教徒の数は日に日に増えており、そうした人々の目に、ユダヤ教の諸価値とイスラエルが見せる武力行使のあいだの矛盾は、もはや疑うべくもない現実として立ち現れている」(101)。ウィリアムズバーグのラビ、エイブラハム・レイトナーの目に、イスラエル国はその存在自体によって暴力を生み出すものと映っている。「アラブ人とイスラエル国とのあいだに和平を打ち立てることは、ややもすれば、メシアをこの世に到来させることよりも困難な業であるのかもしれない[102]」。

テロリズムの起源に

反シオニストたちが、ユダヤ民族解放運動の残虐性を示すためにしばしば言及する事例として、かつて「アグダット・イスラエル」*のスポークスマンであったヤーコブ・イスラエル・ド・ハーン**（一八八一―一九二四年）の殺害事件がある。

オランダ生まれの詩人、ジャーナリストにして弁護士でもあったド・ハーンは、シオニズムへの共鳴から〔一九一八年〕パレスティナに移住する。彼はエルサレムのユダヤ人上流階級に受け入れられ、実力者たちに囲まれて、めきめきと頭角を現していった。当初、彼がオランダの新聞に寄稿していた時評には、シオニズムに寄せる無限の信頼が映し出されていた。一九二〇年には、アラブ人を狙った組織的暴力を企てたとして告訴されたヴラディミル・ジャボティンスキー**をさかんに擁護する論陣を張ったこともある。しかし、ジャボティンスキーほか、当時、ヨーロッパのファシズム運動を信奉し、のちにイスラエル右派の指導者となる人々[103]を深く知るにつれ、ド・ハーンは、次第にシオニズムの持つ暴力的な側面に対する危機感を強めていった。以後、シオニズムの企図に見られる攻撃性に対する公然たる批判を開始し、「アグダット・イスラエル」に名を連ねた彼は、いつしか宗教的反シオニズムの代弁者をつとめるまでになっていた。彼はまた、シオニストたちが、雇用面での差別、道徳的な弛緩、そして、それまで地域一帯には不在であった民族主義意識の導入によって、アラブ人とのあいだに不断の紛争の種を播いている現実をも目の当たりにした。

もとよりド・ハーンは西洋社会にいくつもの重要な人脈を持っており、シオニストたちがパレスティナの伝統的なユダヤ教徒居住区に狙いを定めて進めていた計画を阻止するため、その人脈をいつでも活用する用意があった。彼はアラブ人の指導者たちとの会見を重ね、さらにロンドンの知人たちに対しても、現地パレスティナの敬虔なユダヤ教徒たちがアラブ人住民の脅威となることは断じてないこと、彼らのもとで民族主義的な野心など皆無であり、それによって彼らは、パレスティナの地で熾烈化の一途を辿る民族闘争の文脈上、有益な立場を占めていることを説いて回るのであった。しかし、まさにこの微妙な差異こそ、当時、外部の観察者たちの見落としがちな点なのであった。人々は、シオニストの集団とそれに対するもっとも執拗な抵抗者たちの集団を、単に両者ともユダヤの名を冠しているという理由だけで同一視する傾向が顕著だったのである。

エルサレムほか、パレスティナ各地に住まうラビたちの大部分は、日常語としてアラビア語を話し、アラブ人の隣人たちとも頻繁に行き来しながら暮らしていたが、西洋の諸言語、いわんや民族の定義をはじめとする西洋産の抽象概念には、当然のことながらほとんど疎遠であった。他方、まさにその民族概念こそを思想の中心に据えるシオニストたちの方では、黒の長いカフタンをまとったラビたちよりも、背広姿の西洋人たちとのあいだで意思疎通がはるかに容易であった。こうして、一九二〇年代初頭、パレスティナのユダヤ教徒たちにとって西洋世界を相手とする際の代弁者の存在が不可欠となった時、ド・ハーンがその役割を見事に買って出てくれたわけである。

ド・ハーンがオランダやイギリスに書き送る時事通信は、ある時期以降、完全に反シオニズム色に染められるようになった。そのうちに彼は、「アグダット・イスラエル」、その他、敬虔なユダヤ教徒たちの集団をまとめ上げ、そこに現地のアラブ人名士たちをも加えた一種の反シオニスト連合組織の結成を思い描くようになる。そのように、平和を求めるユダヤ教徒、イスラーム教徒、そしてキリスト教徒の連合を築くことにより、いまだ少数派でありながら、みずからの使命に燃え、ユダヤの民全体の名において語り続けるシオニスト集団の信頼を失墜させることができると考えたのだ。当然、シオニストたちはド・ハーンを疎外し、貶め、侮辱するようになった。当時、大部分、左派のロシア系シオニストたちによって形成され、強力にイデオロギー化されたエルサレムのユダヤ人社会にあって、一介の西ヨーロッパ系ブルジョア・ユダヤ人が反シオニズムの立場を標榜することがいかに困難な業であったかを如実に物語る逸話が、ド・ハーンの周囲には満ち溢れている。たとえば、ある時、オランダからの旅行者がド・ハーンと連れ立ってエルサレムの街路を散歩していたところ、何人かの通行人が地面に痰を吐いてすれ違っていった。「これはいささか敬意を欠いた態度であるとは思いませんか」と旅行者が尋ねると、ド・ハーンは、「いやいや、あれは逆にあなたに対する敬意の表明ですよ。なぜといって、もしも私一人だったら、彼らは私の顔面に痰を吐いていくでしょうから」と答えたという。

ほどなくド・ハーンのもとには殺害予告の脅迫まで届くようになったが、彼は、パレスティナの地を離れ、反シオニズムの活動を放棄することだけは断固として拒んだ。最終的には、ある新聞紙上に、彼が近々ロンドンを訪れ、それに続いて反シオニズム組織を結成しようとしているとの一報が掲載されると、その数日後、数名のハガナー*の隊員が、シナゴーグでの祈禱を終えて通りに出てきたド・ハーンを襲い、その命を奪ったのであった。あるハガナー史の著者は、この殺害の動機を以下のように説明している。

「アグダット・イスラエル」は、ユダヤ共同体の内部抗争の中心に躍り出た。第一次世界大戦まで、エルサレムの〈古き居住区（イシューヴ・ハ＝ヤシャン）*〉はオスマン帝国軍の管理下にあった。「アグダット・イスラエル」は、〈古き居住区〉のユダヤ人居住者の大半を傘下に収めていたが、彼らは自分の家に居つつも、さながら牢獄に暮らしているような気分を味わっていた。その後、〈古き居住区〉は、非宗教のシオニストたちによる支配も拒否するにいたった。［……］彼らがシオニズムと袂を分かち、別個の居住区を築いた時、誰もその邪魔をしなかった。もしもド・ハーンがいなかったなら、彼らは、政治的にも、地域的にもさしたる重要性を持たない自分たちだけの小さな居住区を築いて事足りたであろう。しかし、ド・ハーンは、この抗争を国際政治の領域に移し替えるため、みずからの人脈を活用した。彼は、当時まだ幼少期にあり、足固めが十分でなかったシオニズム運動に競合する政治組織を築こうとした。それこそはド・ハーンの危険性であった。(104)

つまり、シオニストたちは、ド・ハーンがシオニズム運動の民族主義的野望を打ち砕き、アラブ人の指導者たちとも協力関係を築き得るラビ指導者たちからなる競合組織を本当に結成してしまうのではないかと戦々恐々であったわけだ。その可能性が、パレスティナの人口構成としていまだ少数派であったシオニストたちをして、ド・ハーンの殺害に踏み切らせるほどの恐怖を醸していたわけである。

当時、イギリス警察の一員としてド・ハーン殺害事件の調査を担当したダヴィッド・ティドハール（一八九七―一九七〇年）は、同時にハガナーの隊員をも兼ねていた。事件の共犯者らがこの暗殺におけるハガナーの役割を認めたのは、事件から四十年後のことである。ティドハールは、あるラジオ番組でのインタヴューに答えて以下のように語っている。

ド・ハーンがかなりの害悪をなした後、ハガナーの内部では、彼を消し、そのロンドン旅行を妨害するという決定がなされたのであった。彼があのまま生き続けていたら、いろいろな厄介事を引き起こしていたことは間違いない。私は、彼を始末する任務に自分が選ばれなかったことを残念に思っている。私の任務は実行犯を援護することだった。ド・ハーンが、午後の祈禱のため、シャアレイ・ツェデクのシナゴーグに来ることは事前にわかっていた。私は警官の大部分がアラブ人であったマハネ・イェフダー地区の担当だった。そして、その日は、午後三時から五時まで、アラブ人の警官を詰め所に配置しないように命じられていた。よって、私は、アラブ人の警官をユダヤ人の警官に交代させた上、彼らには、もし銃声が聞こえた場合でもその場を動かず、私からの命令を待つようにと言い渡しておいた。このように警官配備を終えたのち、私は当該の地区に移動し、狙撃の瞬間を待った(105)。

「裏切り者を消せ」との命は、シオニズム運動の上層部から発せられたらしい。そもそも、ド・ハーンに適用された「裏切り者」という表現自体、シオニストたちがロシア・テロリズムの強い影響を受け、その修辞をそのまま借用していたことを示すものだ。ボルシェヴィキ同様、シオニストもみずからの政治綱領に対する反対をすべて非合法とみなす。運動内部における戦術の相違はかろうじて許容するが、シオニズムの綱領に対する原則上の反対は断じて許さないのである。この不寛容が、必然的に暴力の正当化に結びつくのだ。

ハレーディ*の指導者、ラビ、ゾネンフェルド**は、みずからの政治綱領によって盲目となったシオニストたちが落ち込んでいった精神の淵を嘆く。

> ヤコブの末裔たちが、エサウの手法を用い、ヤコブとイスラエル［ド・ハーンが冠する二つのユダヤ名――引用者注］の声を抹殺するために行なった殺人行為は、必然的に、われわれの精神とトーラー*に無縁の影響力からわれわれの陣営を守り抜く闘いの備えをさらに強める方向へとわれわれを導くのだ。あの清き血は、汚された小タッリート（男性ユダヤ教徒の下着）からこう叫んでいる。「この房は、汝らにこれを見て主の諸々の戒めを思い出し、それを行なわしめ、汝らをしてその放縦《ほしいまま》にする自己の心と目の欲に従うことをなからしむるための

ものなり」[「民数記」一五の39]。この一節について、賢者たちは「これは異端に言い及んだものである」との解釈をほどこしてきた[106]。見るがよい、シオニズムの指導者たちが身を落とした、この深みを。そして、人々に告げるがよい、「汝ら、この会衆を離れよ」[「民数記」一六の21]と[107]。

ド・ハーン殺害事件は、ゾネンフェルド、その他、パレスティナ在住の敬虔なユダヤ教徒たちに深い嫌悪感を抱かせた。まさに彼らをして「自分の家にいつつも、さながら牢獄に暮らしているような気分[108]」を味わわせる、シオニズム式植民地主義の前代未聞の攻撃的性格とはかくのごときものであったのだ。そして今日、ユダヤ教の立場からシオニズムを批判する人々の目に、ド・ハーンの逸話は、テロリズムそのものの起源とその変移を映し出すものであり続けている。テロリズムとは、二十世紀前半、ロシア系シオニストたちがパレスティナに持ち込んだものであり、それが世紀の後半にいたり、翻って彼らの末裔たちに刃を向けるようになったのだ。実際、ド・ハーン殺害の首謀者たるハガナー以外にも、その後、「レヒ」、「イルグン」といった武装組織がテロ行為を繰り返し、そして、そうした組織のただなかから、イツハク・シャミール、メナヘム・ベギン**といった、のちのイスラエル首相らが輩出しているのだ。これらの軍事組織に共通しているのは、民族的な綱領の実現のために、まずもって住民に恐怖を教え込み、ついで敵勢をも恐怖で震え上がらせなければならないという確信である。皮肉なことに、時とともにパレスティナ人たちが採用するようになったのも、これとまったく同じ手法であったのだ。

総じてイスラエル国は、第二次世界大戦以後の民主国のなかで唯一、政治的暗殺がその目的を果たし得た国といえるかもしれない。アンワル・アッ＝サーダート大統領の暗殺（一九八一年）がエジプトの対イスラエル政策を変えることはほとんどなかったが、宗教＝民族派（ダーティ・レウミ）のユダヤ教徒青年によるラビン[**]首相の暗殺（一九九五年）は、彼がオスロで着手したパレスティナ人との和解路線に終止符を打った——あるいは少なくとも、その実現を大きく遅らせることになった——のだから。その意味では、パレスティナの地における最初の政治的暗殺、ド・ハーン事件も、当初の目的を達したといえるのだろう。なぜといって、それにより、一九二〇年代、〈聖地〉における反シオニズムの一大勢力が世界の列強国とのあいだで開始しつつあった接触の試みに終止符が打たれたからである。いずれの場合も、テロによってもたらされたのは、ユダヤ人とアラブ人の不和という苦い果実であった。

トーラーの教えによれば、不敬の輩が誤謬のなかに居座り続け、三世代ないし四世代を経てもトーラーのもとへ立ち返ろうとしない場合、その末裔たちは、一世代目から累積している罪の総体によって罰せられることになっている（「出エジプト記」三四の6—8）。この見方に従うならば、今日、パレスティナ側が行なっているテロリズムは、シオニストたちの絶えざる侵犯行為に対する相応の罰として下されたものと考えられなくもないのである。

モシェ・ソベル[**]によれば、それはまた神を既得物として扱ったことの罰であったということにもなるのだろう。ソベルは、彼の周囲の宗教＝民族派の集会などでしばしば目にされるユダヤ教信仰のあり方に疑問を禁じ得ずにいる。

あたかも、イスラエルの未来に対する信の欠如は、神ご自身と、神が歴史を成就していかれる力に対する信の欠如にも等しいと言わんばかりだ。つまるところ、われわれの方では、ただ紅海に向かって歩いていけばよい。紅海は、ふたたびわれわれの前で二つに裂けてくれるであろう、と考えられているのだ。〔……〕

ラビとして、私も宗教信仰のあるべき姿を常に問題としている。ほかの諸宗教と同様、ユダヤ教においても、神に対する信頼が最重要の価値としてある。しかし、はっきりと理解しておかねばならないことは、ユダヤ教における神への信頼は、〝われわれ自身の行ない如何に関わりなく、万事は滞りなく進行するであろう〟といったたぐいの盲目的な信頼ではないということだ。

神に対する信とは、神の方でわれわれをいますぐひっ摑まえようとしておられるわけではなく、われわれにしばしの猶予をお与えになり、じっくりとわれわれの相手をしてやろうとお思いになっているということ、そして、神は、われわれが行なうべきことを行なっている限りにおいて、われわれを公平かつ慈悲深く扱ってくださるであろうということ、そのような意味における義と愛に満ちた神によってこの宇宙は統べられているのだということを理解することである。かりに、われわれの方でそれに値していないにもかかわらず、神がわれわれを窮地から救ってくださることがあったとしても、それは神の善意のなせる業であって、われわれの方であらかじめ当てにすることなどできないことなのだ。数十年前、ナチスに抗する神の介入の遅さは到底耐えがたいものであったなどという誤った考え方をする人々に対して、この点をはっきりさせておかなくてはならない。神には神ご自身の日程表、歴史の計画があるということ、そして、時には一部の人間が、われわれの目にはいかにも不公平と思われる仕方で、しかし依然として神の量りがたきご意思に沿って扱われることもあるということだ[109]。

シオニズムが生み落とす暴力に対してラビたちから寄せられる批判の言辞は、ユダヤ人、アラブ人を問わず、宗教とはまったく無縁の人々から発せられる批判の言辞と見分けがつかなくなるほどまでに似通っている。たとえば、エルサレムの「ネトゥレイ・カルタ*」を率いるアムラム・ブロイ**は、シオニストには人命尊重の概念が欠落しているとして以下のように述べる。「彼らは、かつてアラブ人たちが住んでいた〈聖地〉の諸地域にも自分たちの管轄を拡大しながら、非常に無責任な姿をさらした。彼らは、それによってアラブ世界全体とユダヤの会衆とのあいだの紛争に火をつけたのである[110]」。他方、無宗教のドイツ・ユダヤ人女性にして、西洋文化に完全なる同化を果たしていたハナ・アーレントも〔一九四八年の時点で〕、これとほぼ同趣旨の分析を行なっていた。

たとえユダヤ人が戦争〔独立戦争（第一次中東戦争）〕に勝つことができたとしても〔……〕、今度はその「勝ち誇る」ユダヤ人たちが、敵対心をあらわにするアラブ人住民に取り囲まれ、絶えず脅かされた境界線の内側で孤立し、物理的自衛の必要に忙殺されることになってしまうであろう。[……]そして、それらすべてのことは——どれほどの移民を受け入れることができるか、とか、その境界線をどこまで拡大することができるか、といったこととは無関係に——、数において圧倒的で、かつ敵意に満ちた隣人たちの前で、依然、ごく小規模の民であり続ける一国民の運命となるであろう(111)。

シオニズムは、結局のところ、ユダヤ教の伝統が戦争なるものに対して示してきた態度への支持不支持をも左右することになったといえるのかもしれない。これまで学術研究によって示され、歴史小説(112)などでも度々繰り返されてきたとおり、かつて、キリスト教世界の王家や貴族に典型的に見られるロマン主義的な「丈夫《ますらお》ぶり」の価値観と、彼らの顧問役をつとめるユダヤ教徒たちが掲げる徹底した平和主義とのあいだには、くっきりとした対照が観察されたものである。しかるに今日、ディアスポラ(離散)の地における一部のユダヤ教組織の指導者たちが、イスラエル＝パレスティナ紛争についても、アメリカによるイラクへの軍事介入についても、武力行使を支持する陣営に与する姿が見られる。しかし、こうした指導者たちの登場をもって、ユダヤ人が総体として攻撃性重視の方向に舵を切ったとみなせるかどうか、はなはだ疑問である。アル＝アクサ・インティファーダ開始から二年、イスラエルのユダヤ民間人のなかからもすでに数百名の死者を出していた二〇〇二年の時点で、いくつかの信頼性の高いアンケート調査に示されたところによれば、アメリカ・ユダヤ人のうち、〈聖地〉の紛争解決のために武力を重視すると答えた人の割合はわずか八パーセントにすぎなかった(113)。武力行使に対する嫌悪感は、シオニズムとイスラエル国が一世紀以上にもわたってユダヤ人たちに及ぼしてきた疑うべくもない影響力にもかかわらず、依然、ユダヤ的生活の中心部に位置し続けているといってよいだろう。ユダヤ教の立場からシオニズムに反意を唱える人々は、その平和志向において、アメリカ、その他のディアスポラの地に住まうユダヤ人の主流からも、さほど遠くない位置を占めていると考えられるのだ。

第五章　協調路線の限界

主の山に登るべき者は誰ぞ。その聖所に立つべき者は誰ぞ。手清く、心潔き者、その魂、虚しきことを仰ぎのぞまず、偽りの誓いをせざる者ぞ。
（「詩篇」二四の3―4）

十九世紀末、〈聖地〉に古くから居住する人々の大部分が、シオニストたちの到来を快く思わなかった。そして、エルサレムの敬虔なユダヤ教徒たちこそ、それに対する最初の抵抗を示した人々であった。彼らは、シオニストたちのうちにトーラー*への反逆者、よって当然のことながら悪意と危険に満ちた人々の姿を見て取ったのである。彼らは、「新しいシオニスト諸集団の管理下に置かれたユダヤ人居住地に属する人々とは、たとえ家族分裂の代償を払ってでも関係を断ち切ること」(1)を呼びかけていた。二十世紀初頭、エルサレムのメア・シャアリーム地区がこれら侵入者たちに対する抵抗拠点となり、以後、ニューヨーク、モンレアル（モントリオール）、アントウェルペン（アントワープ）、ロンドンと手を携えながら、反シオニズム、反イスラエル運動の強固な中核をなしてきた。

他方、アラブ人たちによるシオニズム拒絶には、しばしの時間を要した。当初、アラブ人たちは、ハイーム・ヴァイツマンをはじめ、経済ないし政治面での協働計画を提示するシオニズム指導者たちと、むしろ良好な関係を取り結んでいたからである。ほどなく、アラブ側の指導者らがシオニズム運動の政治的野心のいかばかりかを正確に把握するに及んで、彼らも敬虔なユダヤ教徒たちに合流し、今日のアラブ世界に隅々まで行き渡っているシオニズム拒否の立場を採用するにいたったのだ。

　つまり、敬虔なユダヤ教徒たちは、新参者たちの政治的な狙いなどを理解するまでもなく、彼らの非宗教性が〈聖地〉のユダヤ教徒には到底受け入れがたいものであったがゆえに、シオニズムを拒絶したわけである。アラブ側の抵抗が主として政治的なものであったのに対し、伝統を重んじるユダヤ教徒たちによるシオニズム拒絶、そしてのちのイスラエル国の拒絶は、あくまでもユダヤ教に根ざすものであり、政治的な考慮などにはほとんど影響されない性質のものであった。アラブ人が、シオニストたちのうちにみずからの経済、政治上の福利を脅かす植民地主義的侵入者の姿を見て取ったのに対し、ハレーディ*たちは、彼らの目に何よりもまず不信心者として映るシオニストたちが、その立ち振る舞いによって〈イスラエルの地*〉の全住民の頭上に降り注がせることになりかねない神の罰を恐れたのである。

　すでに述べたように、トーラーを侵犯し、ほかの人々にもトーラーを侵犯させる挙動は、それがとくに〈聖地〉で行われる時、一層重大な罪となる。ユダヤ教徒が日に三度、朗誦するアミダー（立禱）には、この種の罪を犯す人々にいかなる姿勢で臨むべきかがはっきりと示されている。

不敬の輩には一切の希望が絶たれんことを。あらゆる邪悪さが一瞬にして滅ぼされんことを。汝の敵勢が速やかに取り除かれんことを。汝が、ふしだらな罪人どもを、即座に——われわれが生きているあいだに——根こそぎにし、打ち砕き、打ちつけ、貶めんことを。敵を打ち破り、ふしだらな罪人を貶める汝、主よ、讃えられてあれ。(2)

一部の祈禱書には、唱えるべき文言の深い意味について注解が添えられているが、ハレーディたちが使用する祈禱書では、この一節に対し、わざわざ以下のような注解がなされている場合もある。「シオニスト国家が、われわれが生きているあいだに、できるだけ速やかに、しかしユダヤ教徒たちにいかなる苦悩も損害も与えずに消滅するよう、意図しなければならない」。同様の指示は、ローシュ・ハ＝シャナー（新年祭）の祈禱の一節にも加えられている。

かくして義人は見、そして喜びを味わうであろう。まったき者は勝ち誇り、敬虔なる者は楽しき歌に沸き立つであろう。不公正はその口を閉ざし、悪徳は煙のように消えてなくなるだろう。主よ、汝がこの地上から悪の王国を取り除きたもう、その時に。(3)

これらの呪詛の言葉がシオニストたちに差し向けられる時、その意味はきわめて深長なものとなる。ここでシオニストは、かつてのカライ派やシャブタイ・ツェヴィの信奉者たちよりもさらに悪質な仕方でユダヤ教徒を正道から逸らし、その魂を腐敗させる存在として位置づけられているのだ。
対するシオニストたちも、当初、人数比においてかなりの劣勢に立たされていたにもかかわらず、正統派ユダヤ教徒たちとの闘いに、むしろ積極的に乗り出していった。第一次世界大戦中、パレスティナのオスマン帝国軍の指揮に当たっていたあるドイツ人の将軍が残した回想録は、当時、ユダヤ陣営の内部で繰り広げられていた論争を第三者的な視点から描き出している。

今回の戦争によって、シオニストと非シオニストのあいだで例を見ないほどの激しい闘いが繰り広げられるようになったのは、なんとも奇妙な光景である。しかも、これはユダヤ人全体の利益を推し進めることには断じてならない、醜い争いである。非シオニストたち、つまり、これといった政治的目的を持たず、正統派ユダヤ教の流れに与している人々が、当時、パレスティナ住民の圧倒的多数を占めていた。これに対し、パレスティナ在住のシオニストは人口の五パーセントを占めるにすぎなかったが、その彼らが非常に活動的かつ狂信的な振る舞いを見せ、非シオニストたちを恐怖で震え上がらせていた。戦争中、非シオニストたちは、トルコ人の力を借りてこの恐怖状態から抜け出そうと試みたほどだ。彼らは正しく事態を先取りして、早晩、シオニストたちの活動により、パレスティナに古くから住むユダヤ教徒とアラブ人とのあいだの良好な関係が破壊されてしまうことになるのではないかと危惧していた。(4)

〈聖地〉におけるシオニズムへの抵抗

ユダヤ教徒であれ、アラブ人であれ、パレスティナの古株の住民たちは、「国なき民」の代表を自称する社会主義系の新しい移民たちが思い描く「民なき国」のイメージには折り合わない存在であった。シオニストたちは、数世紀来、ユダヤ教徒、イスラーム教徒、キリスト教徒が共存する土地に新たに到来したのであった。しかしながら、シオニズム・イデオロギーに染められた彼らの目に、その〈地〉はあくまでも空《から》と映っていたのだ。地元の伝統的な宗教人たちの居住地など、彼らにとっては、せいぜい絵画の題材として役立ちそうな風物の一部にすぎなかった。つまり、シオニストたちは、アラブ人のみを「あってなき」存在とみなしたのではなかった。彼らはまた、大方セファラディ系で、アラブ人の経済生活にすっかり融け込んで暮らしている敬虔なユダヤ教徒たちの存在にもまったく目をとめることがなかったのである。

「新しい生に向けて」と題するルーマニア語のポスター

オスマン帝国が〈聖地〉におけるユダヤ教徒の代表として認めていたのはセファラディ系ユダヤ教徒たちであり、その長「ハハム・バシュ*（賢者の長）」は、帝国の官僚機構のなかでもかなりの高位に位置づけられていた。他方、アシュケナジ系のユダヤ教徒たちは、相互扶助と義援金の分配を司るそれぞれの組織に属し、ヨーロッパ各地のユダヤ居住区から寄せられるその義援金を唯一の収入源として暮らしていた。しかし、シオニストたちは、これらの敬虔なユダヤ教徒たちを過ぎ去った時代の遺物として、早晩、シオニズム植民地事業の竜巻に呑み込まれ、雲散霧消を余儀なくされる存在とみなした。他方、ヨーロッパにおける政治決定論の伝統にあくまでも忠実なシオニストたちは、自分たちの影響圏を最大限に見積もり、世界におけるユダヤ人の「前衛」を名乗っていた。彼らの目にユダヤ人の〈イスラエルの地〉*帰還は不可避と映っており、たとえユダヤ人たちの意識化に時間がかかっても、また一部にはそれに反対する人々がいたとしても、シオニストが、唯一、ユダヤ人の「真の利益」を反映する存在であることに変わりはないとされていた。

第一次アリヤー*（一八八二—一九〇三年）、第二次アリヤー（一九〇四—一四年）の時期をつうじて、シオニストたちと現地ユダヤ教徒の〈古き居住区（イシューヴ*・ハ＝ヤシャン）〉との接触はほぼ皆無であった。一九〇三年、「ユダヤ民族会議」を招集しようとするシオニストたちの試みも、パレスティナの敬虔派ユダヤ教徒住民の関心を引くことはまったくなかった[5]。しかし、一九一七年十一月のバルフォア宣言以来、シオニストたちはイギリスの支持をほしいままにし、パレスティナの地に住まう全ユダヤ人の名において語る権利をイギリス当局に認めさせることに成功する。一九一八年、ハイーム・ヴァイツマン率いる「シオニスト委員会」のパレスティナ訪問をもって、シオニズムが現地のユダヤ教徒・ユダヤ人の生活を全的に掌握しようとする試みの嚆矢とみなすことができよう。当初、〈古き居住区〉のラビたちに撥ねつけられたヴァイツマンは、イェシヴァー*への資金援助という飴をちらつかせる。これにより一部の批判者は懐柔されたが、残る人々は依然として妥協を拒み、長期的に見て、シオニストの側からの資金援助にはイェシヴァーの運営資金を枯渇させる狙いが込められているのではないか、との疑いを抱き続けた。

実際、この頃、「世界シオニスト組織」は、世界中のユダヤ居住地から〈聖地〉に寄せられてくる義援金の経路を一本化することを目指しており、そのように一部のイェシヴァーに進んで資金を提供することにより、それまで個々に行われてきた資金調達の経路を遮断しようとしたのである。しかし、この試みは部分的にしか成功せず、ハレーディ*の諸集団は、今日にいたるまで、「UJA（ユナイテッド・ジューイッシュ・アピール）」のような中央機関ではなく、彼ら自身の組織を基盤とした資金調達網を維持し続けている。

〈古き居住区〉のラビ権力は、シオニズムに対する断固たる抵抗を共通の基盤としながらも、制度的にはいくつもの集団に分裂していた。この時、パレスティナ高等弁務官、ハーバート・サミュエル卿（一八七〇―一九六三年）がラビ法の適用の面で一元化された構造体の創設を呼びかけた結果、一九二一年に招集にこぎ着けたラビ会議において、オスマン帝国時代に存在していたのと同様の組織体を構成することが決議されたのである。これにより、パレスティナ大ラビ（首席ラビ）なる職階に二つの席――アシュケナジ系とセファラディ系にそれぞれ一席ずつ――が設けられ、今日のイスラエル国にまで受け継がれることとなった。

本書でもすでに触れたとおり、アシュケナジ系の初代大ラビに任命されたのが、当時、著名ラビたちのあいだでもっともシオニズムに融和的な態度を示していたラビ、クーク**であった。しかし、このようなユダヤ教権力の一元化の努力も、ごく限られた成果しか上げることができなかった。新しい大ラビの権威をまったく認めようとしないエルサレムの一部のラビたちにとって、旧来のラビ法廷をさらなる上位の審級に従属させるなど、およそ考えられないことであった。ここから、ハレーディたちの集団と新しいラビ権力構造とのあいだの乖離分裂が始まり、その後、教育体制の限りない細分化や、そしていうまでもなくシオニズムとのちのイスラエル国との関係にいたるまで、さまざまな余韻を残すこととなる。

「アグダット・イスラエル」*党は、シオニストらが〔一九二〇年に〕組織した「ユダヤ民族評議会」との協調路線を拒否したが、その時、拒否声明に用いられた言葉が実に興味深い。いわく、敬虔なユダヤ教徒は、「ユダヤの民の君主たる神とトーラー*を首座から引きずり下ろすことを高らかに謳い上げる宣言」を出すような評議会には協力できないというのだ[6]。ここでも拒絶の動機は政治的なものではなく、あくまでもシオニズム運動が定着させようとする新しいユダヤ・アイデンティティーに対する原理上の反意なのだ。当時、ラビ、ゾネンフェルド**の指導下にあった「アグダット・イスラエル」がシオニストらによって多数派を占められた機関に由来する統制力を拒絶したのは、もっぱらその新しいアイデンティティーを受け入れることが不可能であったからなのだ。

ゾネンフェルドは、「アグダット・イスラエル」をシオニズムから完全に自律した組織体として認めてもらうため、イギリス委任統治当局や種々の国際機関、とりわけ国際連盟への働きかけを怠らなかった。一度は、宗教生活の統率権をシオニストたちの手に委ねてしまいかねない法案を認可しないようイギリス当局に申し入れ、実際にその要請を聞き入れさせることに成功したこともある。そのほかにも「アグダット・イスラエル」は、前述ヤーコブ・ド・ハーン**の尽力により、ヨーロッパの実力者たちとの接触も試みていた。

すでに何度も述べたとおり、ユダヤ教の伝統において、〈聖地〉への集団移住の可能性が云々され得るのは、まずもって自己の改悛とトーラーへの回帰を経たのちのことであるとされている。しかし、その機が熟するまでのあいだ、〈古き居住区〉のラビたちも、居住区の住民の安全を確かならしめ、ヒジャーズ王国のフサイン王（フサイン・イブン・アリー、一八五三―一九三一年）ほか、アラブ側の指導者たちとの連携を強めるという現実の必要に迫られていた。こうしてゾネンフェルドは、一九二四年二月、ド・ハーンと連れ立ってフサイン王のもとを訪れ、王に請願書を提出する。請願書はまず、正統派ユダヤ教徒たちがあくまでも平和的な意図にもとづいて行動していることを王に理解させ、ついで、今後、パレスティナの未来に関する議論が行われる場には必ず正統派ユダヤ教徒の代表も出席させるよう求めていた。「われわれは国王陛下に確言いたします。ユダヤ教徒の住民は、どこにいようとも調和的な友愛の心をもって隣人に接してまいりました。そして、聖地においても、われわれはこの伝統を守り続け、将来、すべての民と力を合わせ、すべての民族集団に祝福と平和が訪れるよう、その土地の構築と繁栄に努めてまいります」（この請願書の文言は、今日もしばしば「ネトゥレイ・カルタ*」の刊行物に転載されている[7]）。さらに請願書は、シオニズムがアラブ人の土地に住まうユダヤ教徒に及ぼしかねない悪しき影響を懸念し、「国王陛下が、すべてのアラブ諸国に住まうユダヤの民の幸福のため、その絶大な影響力を行使してくださいますように」との嘆願で締めくくられていた。

この会見はまた、かねてよりド・ハーンがフサイン王の子にしてトランスヨルダンの首長アブドゥッラー（アブドゥッラー・イブン・フサイン、一八八二―一九五一年、のちのヨルダン王）とのあいだに築いていた協力関係を強化する目的も兼ねていた。首長アブドゥッラーは、前年の一九二三年〔ド・ハーンとの面会の折〕、一通の文書をものし、そのなかで、パレスティナへのユダヤ移民がいかなる政治的野心の表明をも差し控える、つまり、ユダヤ国家の創設などを志向しないという条件のもとで、彼らの流入を歓迎するとの見解を明らかにしていた。この手紙は、同年、ウィーンで開催された「アグダット・イスラエル」の大会で読み上げられ、当時のパレスティナ情勢をめぐる文脈において最重要の意味を持つ文書となった。同文書は、〈イスラエルの地〉にユダヤ人が大挙して移住し、平和的な居住地を築くことを認めるとしながら、当時、伝統を重んじるユダヤ教徒にも、またアラブ人たち自身にもまったく理解不能であった「ユダヤ民族主義」なる概念は断固として撥ねつけているのだ。この文書の原本は、一年後、シオニストらによるド・ハーン暗殺〔一九二四年六月三十日〕に続き、彼の自宅が何者かによって荒らされた際、いずこかへ姿を消してしまった。この文書とともに、個々人の平等な権利を基礎として構想されていた和平の構築案も消え去ってしまう。シオニズム民族主義にとっては、この文書に打ち出されていた合意事項が現実のものとなることだけは、いかにしても防がなければならなかったわけだ。だが、同文書の記憶は、当時、ユダヤ人とアラブ人のあいだの和平が十分可能であると考えられていたことを示す何よりの証拠である。そして、エルサレムの古い居住歴を誇るユダヤ教徒たちに刃向かい、この計画を頓挫させたのが、ほかでもないロシア出自のシオニスト移民たちが築き上げた政治学だったわけである。

ド・ハーンの殺害は、敬虔派がアラブ世界ならびに西洋の諸列強とのあいだで模索していた連携の絆を一刀のもとに断ち切ってしまう。以後、それでなくとも西洋式の教育に信用を置いていない敬虔派のユダヤ教徒たちのなかから、外界との淀みない意思疎通の能力を備えた人間が出てくることは稀であった。ハレーディとは、その服飾上の独特の規定によってもっとも人目を引く存在でありながら、日頃からの主張の表現においては、すでに述べたとおり、その声をもっとも聞き取りにくい存在である。彼らは、シオニズムに対するみずからの反意をほかの言語に訳し替えて伝えることとすら、非常に苦手とする人々なのである。むろん、ド・ハーンの往時の夢が、現代イスラエルの政界にまったく余命をつないでいないわけではない。たとえば、一九九〇年代半ば、数度にわたる戦争によって何万人という犠牲者を出したのち、一部のハレーディたち——そのうちの一人は元クネセット*（イスラエル国会）議員である——がラビン＝ペレス主導の「新中東構想」を一九二〇年代のド・ハーンの構想になぞらえたこともあった。

対するシオニストたちは、ド・ハーン暗殺事件の後、アリヤーと生産労働によるユダヤの民の再生に寄せる不動の信念をもって、イギリス委任統治権力が導入したユダヤ自治機構を統括していった。それまでシオニズム運動の専属であった「ユダヤ機関」には公式の肩書が与えられ、もともと東ヨーロッパ出身のシオニストたちによって結成された組合「ヒスタドルート」は、パレスティナにおける労働運動の中枢組織となって、企業ネットワークに労働力を送り込んだり、病院、文化クラブなどをつうじて社会奉仕活動を行なったりしながら公共事業に乗り出していった。(8)

このように、シオニズムがパレスティナの地で急速な成長を遂げ、もはや到底無視し得ない存在になったのを見た〈古き居住区〉のアシュケナジ系ラビたちは、ヨーロッパ在住の同胞たちとのあいだで連携強化の方向を探り始める。ラビ、ゾネンフェルドは、一九二七年、「アグダット・イスラエル」を離れ、「エーダー・ハレーディト（神を恐れる者どもの会衆）」を結成する。この分派には、アシュケナジ系、セファラディ系を合わせ、パレスティナに住むほぼ半数のユダヤ教徒がつき従った。

当初、シオニズムへの反意を表明したのは、大部分、アシュケナジ系ユダヤ教徒であったが、セファラディ系ユダヤ教徒たちのなかからも厳しい批判の声が聞かれなかったわけではない。イスタンブールの「サヴァー・ハ＝カドシュ（聖なる祖父）」として知られる「ハハム*（賢者）」、シュロモ・エリエゼル・アルファンダリ**（一八二六年頃―一九三〇年）は、セファラディ系ユダヤ教における反シオニズムの象徴的存在である。彼によれば、ミズラヒ*運動と、それに対抗する目的で形成された「アグダット・イスラエル」とのあいだにはほとんど違いはないのだという。「ミズラヒとアグダー*は、ただその名によって異なっているにすぎない。両者を結びつけているのは、天の栄光［を守る姿勢］よりも、むしろ金と権力である[9]」。

いま一人、パレスティナのセファラディ系初代大ラビに任命されたヤアコヴ・メイール（一八五六―一九三九年）は、一九二八年、イギリス高等弁務官、ハーバート・プルーマー（一八五七―一九三二年）のエルサレム離任に際して、厳しいシオニズム批判の言を繰り広げた。シオニズムに連なるユダヤ共同体の代表連が列席して行なわれた離任式の席上、「ハハム」メイールは激しい抗議の辞を述べ始め、彼自身はそのようなユダヤ共同体を認めておらず、またそれに所属してもいないこと、そして、敬虔なユダヤ教徒は全員、そのような共同体からは身を引き離すべきであることを強調した。さらに彼は、ゾネンフェルドとの連名でプルーマー宛の書簡をしたため、そのなかでシオニストを糾弾し、イギリス当局に対しては、シオニストによる管理体制から敬虔なユダヤ教徒たちを解放してほしいとの要請を行なった[10]。その後、エルサレムのハレーディたちの代表団から同様の要望が寄せられたのを受けて、国際連盟は、メイールの主張に沿って、シオニストたちが押しつけてくる社会構造の外に身を置く権利を彼らに認めたのであった。

この隔絶状態（当節の用語でいう「排除されてある権利」）には、一九四八年、イスラエル国の建国をもって、形式上、終止符が打たれることとなったが、ユダヤ教内部の反シオニストたちは、国際連盟が国際連合と名を変えた後もなお、同様の権利を主張してやまなかった。彼らは、みずから独立宣言に署名するような挙には断じて出なかったことを強調する。かたや、独立宣言への署名に応じた「アグダット・イスラエル」には、「一九四八、四九年の紛争時、数千人のユダヤ人の命を巻き添えにしたことの責が問われるべきである」という[11]。このようにイスラエル国の承認を拒むユダヤ教・反シオニストたちの姿勢は、その後、彼らを一切の政治・社会的権利から遠ざけることになる。こうして、彼らのいう「シオニスト政体（Zionist entity）」――彼らのみならず、アラブ諸国も［「イスラエル国」との呼称を避けるために］用いている呼称――からの自律とは、周囲の社会からの完全なる排除のうちに生きることを意味するのである。

ゾネンフェルドの「エーダー・ハレーディット（神を恐れる者どもの会衆）」が採用した自主的隔

離の方針は、シオニストたちとの接触が考えられるおよそすべての領域にわたって徹底された。しかし、一九三二年、ゾネンフェルド死去の後、「エーダー・ハレーディト」内の一集団が分離し、とりわけ教育の面でさらに厳格な方針を追求し始める。それこそは、ラビ、アムラム・ブロイ**が主導する「ネトゥレイ・カルタ」の集団であった。一九四五年、「ネトゥレイ・カルタ」は母体組織である「エーダー・ハレーディト」の全体を掌握するにいたり、一九五三年には、組織の長としてサトマール派*のレッベ*、ヨエル・タイテルボイム**を選出する。こうして「エーダー・ハレーディト」を、世界中のディアスポラ(離散)の地に分散するサトマール派のハシード*たち、ならびに「ネトゥレイ・カルタ」の構成員たちに統合するユダヤ教・反シオニズムの一大連合が形成されたのである。この連合体は、シオニズム、ならびに建国以来のイスラエル国との協調路線をことごとく拒み、背後に現代の名だたるラビたちを多数擁しながら今日にいたっている。

「ネトゥレイ・カルタ」自体は組織としてかなり小規模のものであるにもかかわらず、その領袖、アムラム・ブロイの葬儀〔一九七四年〕は、反シオニズムがユダヤ教徒たちのあいだで意外なまでの人気を博している様を映し出すものとなった。葬儀の当日、メア・シェアリーム地区の街路に数万人規模のユダヤ教徒が繰り出し、ブロイの棺を見送った。しかも、葬儀の主催者があらかじめ通告を出し、市議会、国政を問わず選挙の投票に行ったことのある者、ひいては、いささかなりとも国の補助金を受けている学校——たとえそれが正統ユダヤ教に連なるものであっても——に子弟を通わせている者にはブロイの棺に手を触れることを固く禁じる、と言い渡してあったにもかかわらずである。[12] 余談ながら、故アムラム・ブロイは、それがイスラエル国との構造的なつながりを保っているとして路線バスと電車の利用を拒み、もっぱらハレーディィ、ないしアラブ人の個人営業によるタクシーを移動手段として用いていたことも付言しておこう。

ディアスポラの地におけるシオニズムの拒絶

ユダヤ教の立場からシオニズムを批判する人々のそれぞれが西洋文化に対していかなる態度をとっているか、という点は、彼らのシオニズム批判を理解する上でさしたる要件ではない。西洋文化にほとんど門戸を閉ざしているハレーディィ*たちも、シオニズム批判を展開するに際しては、西洋文化を受け入れ、時としてそれを信奉さえしている正統派のラビたちや、ドイツ、アメリカにいて、日々、西洋文化を呼吸しながら暮らしている改革派のラビたちと共通の論拠に立脚しているのである。

シオニズム思想に対する抵抗の姿勢が、まず、その思想そのものの揺籃の地であった中央・西ヨーロッパで結晶化したのは当然の成り行きである。いかなる形であれシオニストとの協調を拒もうとする姿勢は、十九世紀末、二十世紀初頭のドイツにおいてとりわけ顕著であった。そもそもドイツのユダヤ教徒たちがシオニスト会議の自国での開催を許可しなかったため、第一回の会議（一八九七年）の開催地がスイスに移されたことを想起しよう。(13) ユダヤ民族主義なるものを受けつけまいとするその姿勢は、ザムゾン・ラーファエル・ヒルシュ**をはじめとする権威あるラビたちの思想に裏打ちされたものであった。

われわれが、われわれの地における参集を願い祈るのは、諸々の民のなかの一つの民として光輝を放つためではない。それは、その参集の場と、約束され与えられた地——しかも、それがトーラー*の遵守のために約束された地であることを忘れてはならない——において、われわれの精神的な使命をよりよく果たすためなのである。しかし、まさにその使命によって、われわれは、神がわれわれを〈聖地〉に呼び戻してくださるまでのあいだ、神がわれわれをお住まわせになった現在の場所で、愛国者として暮らし、仕事に励まなければならない。そして、われわれを住まわせてくれている国々の福利をさらに向上させるべく、体力、財力、気力、その他、イスラエルにおいて高貴なるものすべてを傾注しなければならないのである。さらに、われわれの使命は、かの遠き地に対するわれわれの思いを、もっぱら喪の悲しみとして、あるいは希望として、その希望の成就の待機を義務づけられたユダヤ教徒の務めを誠実に満たすために表現するにとどめることをわれわれに課しているのだ。逆に、精神の手段以外によって、この参集の実現やかの地の所有のために努力することは、何ぴとにも禁じられている[14]。

ヒルシュが「ヒバット・ツィッヨーン*（シオンへの愛）」を〈聖地〉への帰還について志を同じくする協力者とみなすことを拒否した理由がここにも示されている（本書第三章参照）。この拒否自体、預言者エズラが〈第二神殿〉の建設にサマリア人を参加させなかったという事蹟を踏まえている。

汝らはわれらの主に家を建てることに与るべからず。われらのみ、みずからイスラエルの神のために建てることをすべし。これ、ペルシアの王クロスのわれらに命ぜしところなり。

（「エズラ記」四の3）

つまり、〈神殿〉の建設はあくまでも聖なる営みであり、そのために不敬の者たちと協力することは禁じられている。そして、その禁を犯すくらいならば、いっそ〈神殿〉とその土地をそのまま放置することの方がまだしも望ましいとされるのだ。かくして、〈神殿〉の再建者を自任する「ミズラヒ」*党は、東ヨーロッパ同様、ドイツでも一様に断罪された。「シオニズム内部の一党派、ミズラヒの説くところは、正統ユダヤ教の基本原則と相容れないものであった[15]」。

右のエズラの言葉は、シオニズム的企図の別の側面を照らし出すものであるように思われる。つまり、エズラの時代の政府も民も、王の命に背き、いつでも暴挙に転じかねない事業に乗り出してはならないことをすでに十分心得ていたということだ。

こうして二十世紀初頭、ドイツの正統ユダヤ教徒たちのあいだでは、シオニズムとの闘いが改革派との闘いよりも重きを占めるようになった。ユダヤ教改革運動が、トーラーの読み直しの必要を唱えながら、依然、トーラーを中心に据える宗教運動であったのに対し、シオニズムは、まさにそのトーラーの中心的にして本質的な位置そのものを否定するものだったからである。正統派と改革派の二派は、シオニズムに対する原理上の反意を示す段になると、むしろ日頃の係争点を忘れ、共同戦線を張ろうとする傾向が顕著であった。よって、トーラーの名においてシオニズムの正当性に異を唱えたのは、なにもハレーディたちばかりとは限らなかった。ドイツならびにアメリカのユダヤ教改革派もまた、とりわけ第二次世界大戦以前、正統派とおおむね同一内容のシオニズム批判を展開していたのである。

改革派のラビたちは、宗教的アイデンティティーの重要性を強調し、それを民族的ないし人種的な概念に転換しようとする向きを厳しく批判した。彼らは、台頭する民族主義を牽制しつつ、一九四〇年代半ば、パレスティナにおいて「民族的出自や宗教信仰が政治生活への参加の妨げとならないような」民主的社会構造のモデルを提唱したことがある(16)。しかし、この改革派ユダヤ教からの提案は、ユダヤ民族アイデンティティーの維持を困難にするという理由でシオニストたちの反対にあってしまう。この時のシオニズム陣営と改革派ユダヤ教の衝突が、後述のとおり(本書第七章)、イスラエル国とディアスポラ(離散)の地のユダヤ教の関係にも大きな影響を及ぼすこととなる。

改革派ユダヤ教の陣営からなされるシオニズム批判は、第二次世界大戦前にそのピークを迎え、その後、衰退に向かった。その原因としては、ショアーによって人々のあいだに引き起こされた感情、シオニストたちが援用した人道主義的な議論、そして、一九六七年の(「六日戦争」(第三次中東戦争)における)イスラエルの勝利が挙げられよう。だが、全体としての衰退のなかにも、「ネトゥレイ・カルタ」*の活動家たちとほぼ同様の原則に沿ってイスラエル国の存在に異議を唱え続けた改革派ユダヤ教の集団がいくつか存在した。たとえば、改革派ユダヤ教内部の反シオニストとしてもっとも名の知られたアメリカのラビ、エルマー・バーガー**は、「六日戦争」前のエルサレムにおいてアラブ人の聴衆を前にして演説を行い、そのなかで、シオニズムの脅威は「その最後にしてもっとも悲劇的な犠牲者」たるユダヤ教徒たちの頭上にこそ漂っていると述べた(17)。この種の予言めいた発言は、改革派シナゴーグとはまさに百八十度反対の位置を占めるハシード派*による反シオニズム論と見紛うばかりのものである。このように、ことシオニズムの拒否に際して超党派的な見解の一致が見られることから、その内部での激しいイデオロギー的対立にもかかわらず、依然としてユダヤ教全体を貫く一定の感性の所在が察せられるのだ。

かくして、ディアスポラの地における反シオニズムは、日頃から孤立と分離を常態としがちなハレーディたちをほかのユダヤ教の潮流と連携させる機能も果たしている。ただ、同じ反シオニズムを掲げるラビたちのあいだでも、ユダヤ教を実践しないユダヤ人たちとどこまで協調体制を築くべきか、という点については大きく意見が分かれる。一部のハレーディたちは、現実的な理由からその種の協調に強く反対する。「単にイスラエル政府の内部構成を変えれば済むと思っているような人々と、どうして協調することができるでしょう？　彼らのお好みの党が政権の座についた瞬間、彼らは反対活動をやめてしまうことでしょう。私たちにとっては、かりにイスラエル人が一人残らず、隅々までトーラーを実践するようになったとしても、イスラエル国が存在すべきでないことに変わりはないのです(18)」。

ハレーディ系のラビたちの大部分は、それがトーラーに深く根ざした立場であるとの確信から、みずからのシオニズムへの反意を世に知らしめようとしているわけだ。よって、トーラーの権威を認めない人々との連携など端から問題にならない。しかし、なかには非宗教系の反シオニズム組織とのその場限りの協力関係を築くことに、より開放的なハレーディもいる。それによってみずからの原理原則を曲げるつもりはなくとも、非宗教系の組織体の方が宣伝能力と読者層の規模において上回っていることがわかっている場合は、技術的な協力にも決して吝かではないということだ。ただ、その場合でも、彼らの逡巡の姿勢は相当の域に達する。たとえば、イギリスのラビ、ヨセフ・ベッカーは、一九八〇年代半ば、ほかの非ハレーディの書き手たちとともに一冊の共著を出版するにあたって、自分の論考だけは、書物の一部としてではなく、頁のあいだに挟まれた小冊子の形で印刷、刊行させたほどである[19]。

セファラディ系のユダヤ教徒が反シオニズム闘争に加わるのは、主として〈イスラエルの地〉*でのことである。ディアスポラの地におけるセファラディ系共同体は、アシュケナジ系共同体をその都度大きく揺るがせた政治的分裂やイデオロギー抗争をほとんど経験してこなかったためであろう、内部の統制も比較的よくとれている。無宗教のユダヤ・アイデンティティーの確立という手続き（本書第二章参照）がディアスポラのセファラディ系共同体にはほとんど欠如していたため、近代化のプロセスもより滑らかだったのではないかと推察される[20]。一般に、セファラディたちがユダヤ教の法を犯す場合、それをあえてユダヤ教に対する挑戦として行なう者は少ない。彼らは、ラビの伝統の有効性を十分認識しつつ、ただ、近代生活がちらつかせるさまざまな誘惑に対して自分たちが「あまりに弱い」存在であると感じているのだ。イスラエル移住後も、セファラディ系の移民はユダヤ教の信仰を保ち続ける傾向が強く、彼らのあいだで非宗教性の戦闘的な支持者は依然として稀である。逆にイスラエルから外に移住する場合、セファラディたちは、アシュケナジたちとは大きく異なり、ディアスポラの地のユダヤ共同体に容易に融け込んでいく。総じて、セファラディ系のユダヤ・アイデンティティーは、より伝統に忠実であり、より中庸を重んじ、ヨーロッパでもイスラエルでもアシュケナジ系ユダヤ人の生き方を特徴づけてきた、「宗教人」と「非宗教人」の二極分化の構造をなんとか緩和しようとする傾向を見せる。

このように全体として政治抗争に馴染みの薄いディアスポラのセファラディたちが反シオニズムの意思を明確に示した稀な例として、ピール委員会が提唱したパレスティナ分割案（一九三七年）に対する抗議声明がある。その時、モロッコ・ユダヤ教の実力者たちが、イスラーム教徒の同国人たちとの連名で外務機関に宛てた檄文を公表したのである。ピール委員会報告の数週間後、一九三七年八月九日付のこの文書は、「アラブ人とユダヤ人の望ましからぬ紛争がもたらしかねない悲惨な結末」について警告を発していた。そして、その末部で「議会制民主主義にもとづく独立パレスティナ国家」の創設を呼びかけながら、それが「二つの集団にとってかくも思い入れの深い土地、パレスティナにおいて、両者に平等な権利を確保し得る唯一の体制」であるとしている。(21)

しかし、それぞれの居住地においてシオニズム勃興の余波をじかに被った最初の人々は、何といっても東ヨーロッパ、とりわけロシア帝国のラビたちであった。彼らは、シオニストたちがユダヤ人の生き方としてまったく新しい形態を提唱しているということ、そして、ユダヤの民と〈イスラエルの地〉との関係にもまったく新しい意味を付与しようとしているのだということを、ほかのどの地域のラビたちよりも早く察知したのであった。一般にディアスポラの地における反シオニズム闘争が、今日にいたるまで、アシュケナジ系のラビたち、なかんずく旧ロシア帝国出自のラビたち――そして、やや遅れてハンガリーのラビたち――を中心として繰り広げられてきたのはこうした事情による。当のシオニズムが、〔思想としては中央ヨーロッパ起源のものであっても〕実践の水準において、優れて「ロシア的現象」であったことから（本書第四章参照）、それがまずロシアのラビたちの抵抗に直面したのも当然の成り行きであった。

しかも、この抵抗は、当初から相当の激しさをともなうものとなった。一八八四年、「ホヴェヴェイ・ツィッヨーン*（シオンを愛する者）」が運動の指導者として二人の非宗教人――つまり伝統の目からするならば罪深い者――を任命した時、当初、運動を支持していたラビたちの大半が即座に脱退した。「ビールー*」や「ホヴェヴェイ・ツィッヨーン」のようにロシアからパレスティナへの移住を促す最初の「原＝シオニズム」集団が提唱する生活様式は、ラビたちの大きな顰蹙を買った。あるラビは、以下のような強い口調で警告を発している。「ホヴェヴェイ・ツィッヨーンに献金する者は、来たるべき世においてみずからの分け前を失う。しかもそれは、その者がこれまで積み重ねてきた、そしてこれから死ぬまで積み重ねていく慈悲の行ないのすべてをもってしても取り返しがつかない」(22)。ミシュナー*のよく知られた一節、「ユダヤ教徒は皆、来たるべき世にてそれぞれの分け前に与る」に照らしてみるならば、これがユダヤ教の実践者にとっていかに重い意味を持つ宣告であるか、理解できよう。

ロシアのラビたちは、「ビールー」運動の指導者らが形式的に用いる宗教的な修辞を単なる陽動作戦とみなしていた。第二回シオニスト会議に代表として参加した経歴を持つポルターヴァのラビ、エリヤフ・アキヴァ・ラビノヴィッツ（一八六二―一九一七年）と、元来、イェシヴァー*を周囲の文化に開放することについてきわめて積極的な姿勢を示していたプリルーキのラビ、イェフダー・レイブ・ジレルソン（一八六〇―一九四一年）という二人の実力者が、それまで表明してきたシオニズム支持を撤回し、逆にシオニズムへの反意を掲げる運動を組織すると、そこへ、ルバヴィチ*のレッベ*、シャローム・ドーヴ・ベール・シュネールソン**をはじめ、ユダヤ教指導者の重鎮たちが合流し始める。この反対勢力の連合は、一九〇〇年、ハシード派*、ミトナゲッド派*双方のラビたちの見解をまとめた選文集『オール・ラ＝イェシャリーム（廉直なる者たちへの光）』を刊行する。シオニズムがユダヤの民の存続にもたらす危険を説くこの書物は、それ以降、シオニズムに反意を唱えるユダヤ教徒たちにとって重要な典拠の意味を持つようになった[23]。一九〇二年には、ユダヤ教の立場から反シオニズムの姿勢を打ち出す二冊の選文集、『オラー・レ＝ツィッヨーン（シオンへの光）』、『ダアト・ハ＝ラバニーム（ラビたちの見解）』[24]も刊行されている。いずれにおいても、シオニズムに対するラビたちの見解は有無をいわせぬものであった。

> われわれが大いなる驚きとともに知ったところによれば、天の王国の軛を受け入れない人々、われらが聖なるトーラーの道に一度も従ったことのない人々、みずからの同胞を知らず、また愛してもいない人々［……］、こうした人々が、イスラエルの家に救いをもたらすことができると喧伝しているということだ[25]。

ルバヴィチのレッベ、シャローム・ドーヴ・ベール・シュネールソンは、すでに十九世紀から二十世紀への移行期にあって、タルムード*における「かの男」――ユダヤ教においてしばしばイエス＝キリストを指して用いられる表現――への言及との兼ね合いにおいてシオニズムを分析している。たしかにタルムードの文言からは、往時のユダヤ教徒たちが「かの男」を完全に撥ねつけてしまうのではなく、むしろ自分たちの方から彼に近づいていき、彼がユダヤ教徒の会衆から乖離することを回避させるべきだったのではないかという示唆が読み取れる。しかし、ルバヴィチのレッベによれば、そのやり方はおそらくシオニストたちには有効ではないという。なぜなら、シオニストたちは、「かの男」イエスが――当然のことながら――決して行なわなかったこと、すなわち神の観念そのものの棄却を経由してしまったからだ。よって、シオニストたちがみずからの運動を正当化するため、ユダヤ教の権威からの支持をとりつけようとしているいま、むしろ彼らから可能な限り遠ざからなければならない[26]。このように、ユダヤの連続性にとってシオニズムがキリスト教以上の脅威を構成するという見解は、シュネールソンほどの権威あるラビから発せられたものとしてきわめて重い断罪の意味を持つ。シオニズムは、ユダヤ人とユダヤ教のあいだの絆を、一見、罪のない仕方で断ち切ろうとするものであるが、しかし、それこそはキリスト教の伝道者たちが数百年の昔から到達を目指してきた最終地点であったと考えることもできるのだ。

ついでながら、いまから一世紀ほど前にシュネールソンから発せられたこの断罪の言葉の正しさが、とりわけ二十世紀最後の数十年間、一部のキリスト教福音主義派（エヴァンジェルカル）の集団がシオニズムに寄せる無条件の支持という現象のなかで見事に裏打ちされたとみなす人々もいる。その際、併せて想起されるのは、シオニズムが、非宗教の反ユダヤ主義のみならず、キリスト教の宗教思想からも実に多くの要素を借り受けているということだ。シオニズム思想家のなかには、「ユダヤ人がみずからの身を贖いたい（名誉を挽回したい）なら、まずもってユダヤ教を否定しなければならない」と公然と言いきる者もいる[27]。そして、何百万人というシオニズム支持派のキリスト教徒がイスラエル国にもたらす巨額の支援は、明らかに、ユダヤ人の〈聖地〉への帰還が彼らのキリストへの帰依の序曲となり、そしてキリストに帰依しない者にとっては単に身の破滅への第一歩になるであろうという一定の見通しにもとづいて行われているのだ。敬虔なユダヤ教徒であるゲルショム・ゴレンベルグは、著書『時の終わり』（二〇〇〇年）のなかで、ユダヤ人の大規模なキリスト教改宗と、それを拒むユダヤ教徒たちの大破局という、多くのキリスト教シオニストたちのあいだでもてはやされているメシア主義的な筋立てに対する危惧を表明している。彼の表現に従えば、「福音主義の台本は五幕構成であり、ユダヤ教徒は第四幕で姿を消すことになっている」というのだ[28]。

福音主義派の説教師、ジェリー・フォールウェル（一九三三―二〇〇七年）にとって、一九四八年のイスラエル建国は、歴史上、イエス昇天以来の最重要事であり、「イエス＝キリストの復活が近いことの証拠」である。「〈聖地〉にイスラエル国なくして、イエス＝キリストの復活も、最後の審判も、この世の終末もあり得ないだろう[29]」。

これら福音主義派のキリスト教徒集団が、イスラエル社会のなかでもっとも強硬な姿勢を見せる民族主義勢力に、政治面でも資金面でも、莫大な支援を送り続けている。この視点からすれば、イスラエル国の主たる機能は、キリストの再臨を準備し、ユダヤ教ならびにユダヤ教に頑迷にしがみつく人々を厄介払いすることに存すると考えられなくもない。とすれば、キリスト教シオニストたちがイスラエル国支援の領域でますます重要な役割を果たすようになったのも当然というべきだろう。事実、これら何百万人という福音主義派キリスト教徒たちによる支援活動が継続されているあいだ、イスラエルのユダヤ教徒人口はじりじりと減少し続けているのである(旧ソ連から非ユダヤ教徒のユダヤ人が多数流入したこと、そして、世界各国から非ユダヤ教徒の契約労働者が多数滞在するようになったことによる)。

しかるに、キリスト教シオニストたちからの支援の恩恵を被っている民族主義系のラビたちの方では、イスラエル国は「ユダヤ教徒よりもキリスト教徒にとって重要な存在[30]」であると公然と主張するキリスト教シオニズムの黙示録的言説に対し、一貫して見ざる聞かざるの態度を保っている。むしろ、キリスト教シオニズムと同様のメシア主義的ヴィジョンに突き動かされているのは、宗教＝民族派(ダーティ・レウミ)に与する人々、なかでももっとも動機づけがはっきりしており、この二十一世紀初頭にあってもっとも首尾一貫したシオニストといってよいであろうヨルダン川西岸の入植者たちである。

イスラエル国自体、いまや世界のいくつもの国にまたがって無条件の支持基盤を提供してくれるキリスト教シオニストたちとの連携を積極的に強めている。その連携のための外交活動に携わっているあるイスラエル人外交官が筆者に語ってくれたところによれば、「私が「イスラエル」という言葉を口にしたとたん、彼ら〔キリスト教シオニストたち〕は「ハレルヤ」を歌い始めるんだ。われわれに対してこんなに好意的な聴衆はほかに考えられないだろうね」ということである。むろん、ユダヤ教・反シオニストたちの目からすれば、このような連携が成立するということ自体、シオニズムが原理的に反ユダヤ教的なものであり、それがキリスト教の伝道師たち――ユダヤ教徒にとって常なる警戒の対象であった、あの伝道師たち――よりもさらに大きな危険を構成するものであることの確証と映っていることはいうまでもない。

国家との関係

イスラエルにおいては、クネセット*（イスラエル国会）の議員選挙期間が、同時にイスラエル国の存在を認めない人々にとって態度表明の絶好の機会となる。たとえば、エルサレムにおけるハレーディ*系反シオニズム運動の拠点となっているイェシヴァー*、「トーラー*・ヴェ＝イルアー（トーラーと畏怖）」は、毎回、国政選挙に先立って抗議デモを組織し、「選挙に参加する者は神の法廷の前で殺人の罪に問われることも覚悟せねばならない」と信徒たちに投票忌避を呼びかけている[31]。

セファラディ系の著名ラビたちも、イスラエルの国政選挙を象徴的な開戦事由ととらえている。イラク出身のラビ、ヤアコヴ・ムツァフィ（一九〇〇―八三年）も、イスラエル国の選挙を「不浄」とみなし、投票忌避の運動に加わった[32]。彼のイスラエル国に対する抵抗には、当然、国民保険の保険料支払い拒否も含まれていた。[33]

しかし、大部分のハレーディたちは、シオニズムへの抵抗という基本姿勢において変わりはなくとも、イスラエル建国をもって、幾分その態度を和らげざるを得なかった。イデオロギーを否定することは簡単でも、国家の実在をかわしながら生き続けることはそう容易い業ではなかったのである。国家は、個々人の税負担の見返りに公共サーヴィスを提供し、市民に対し、その政治的見解の如何にかかわらずアイデンティティーを押しつけてくる。その国家を、種々の制度、通貨、その他の要素もろとも完全に撥ねつけることは、もはやごく一部のハレーディ集団を除いて不可能となった。むろん、その一部のハレーディたちにおける国家の拒否にも、実践の度合いにはさまざまな程度の違いがある。

あるイェシヴァーの校長は、生徒たちに国家の樹立宣言がもたらす見せかけに騙されてはならないと警告を発していた。

アマレク人、あのエレーヴ・ラーヴ(寄せ集められた者)どもは、さまざまな姿を見せる。[……]かつてシオニズムと呼ばれ、信仰篤きユダヤ教徒たちによって撥ねつけられていたものが、いまや国家と呼ばれている。[……]かつて、会衆の外に放り出されてあるべきとされた自称「開拓者」どもが、いまやクネセットの構成員となっているのだ。[34]

国家と協調する者は、よっていかなる敬意にも値しないとされる。そして、ラヴィツキが指摘していうように、敬虔なユダヤ教徒が国家と協調しても、それによって国家が合法化されることには断じてならない一方、その協調によって当のユダヤ教徒が非合法化されることは常にあり得ることとなのだ。こうして、ハレーディの急進派は、「アグダット・イスラエル」*が政治的現実主義路線の悪しき傾向に屈してしまったとしてさかんに糾弾する。「アグダー」*が運営する学校、その他の組織が政府への協力姿勢の見返りとして得た財政面での利得は、すでにそれだけで協力者たちの評価を失墜せしめるものであったというのだ。「汝、賄賂を取るべからず。賄賂は賢き者の目を眩まし、正しき者の言葉を曲ぐればなり」(「申命記」一六の19)。こうして、公の予算からなにがしかの資金を受け取るハレーディは、周囲から偽善者として扱われかねない[35]。

しかし、ハレーディの大部分は、シオニズム・イデオロギーを拒絶しながら、そのイデオロギーにもとづいて実際に設置された国家的諸制度と、条件つき、かつ限定的な仕方で協調している。リトアニア派のラビ、エルアザル・メナヘム・シャハ**の姿勢は、その意味において、イデオロギー的な堅固さと慎重この上なき現実主義の並存を示す格好の例であろう。イデオロギーの水準において、シャハは「神の王国に対する集団的反逆」たるイスラエル国に妥協なき抵抗を突きつける。しかし、実践の水準においては、むろん国家の公的制度に正当性を認めるような挙だけは慎重に回避しながらも、みずから率いる正統派ユダヤ教の少数集団の存続によってユダヤの民全体の保存を確かならしめるという究極の目的の方を優先させるのであった。シャハのこの現実主義のおかげで、彼が正統派ユダヤ教徒の諸政党を指導していた時期、これらの政党による政治参加の度合いがかなり増したのであった。

こうした態度選択を支える思想の根源に位置するのは、〔著書の題名に由来する〕「ハゾン・イシュ（人の幻）」の名で親しまれた、いま一人の権威あるラビ、アヴラハム・イェシャヤフ・カレリッツ[**]（一八七八―一九五三年）である。彼は、イスラエル国の政治体制の正当性を否定しつつも、ユダヤ教徒がそれに参加することが許される理由を以下のような喩え話で説明していた。「森のなかで、追い剥ぎが私に襲いかかり、武器で私を脅したとしよう。そして、私が、どうか命だけは助けてくれ、といってその追い剥ぎと議論を始めたとしよう。それによって私は、その追い剥ぎに正当性を認めたことになるであろうか？　否。私にとって、その者は、依然、追い剥ぎであり続ける」[36]。これは、そのまま国家との協調姿勢を批判された敬虔なユダヤ教徒が批判者に返す言葉でもある。そこにおいて、公の領域と私の領域のあいだに微妙な一線が引かれていることに人は気づくであろう。つまり、シオニスト組織のメンバーになることは私的な決断によるものであるが、国家への参画は強制されたものであり、よってその規範的価値の大半をおのずと喪失した挙動であるとされるのだ。

　こうしてハレーディのユダヤ教徒と彼らを率いるラビたちは、国家を事後的に受け入れていることになる。つまり、普通、一国家が住民に提供して当然とされる社会福祉、その他の公共サーヴィスを必要としていることに変わりはないユダヤ教徒・ユダヤ人が織りなす集合体としてのみ、国家を受け入れているということだ。この姿勢は、ユダヤ法において、ある禁じられた行為が、過失により、あるいは本人が知らないあいだになされてしまった場合に適用されるものだ。たとえば、牛乳と肉を混ぜた調理はユダヤ教の法によって禁じられている。しかし、肉のスープのなかに、うっかり牛乳を数滴こぼしてしまった場合はどうしたらよいのか？　ユダヤ教の法においては、たとえスープの味をよくしようと思ったなど、しかるべき理由があったとしても、そこに牛乳を加えることは量の如何にかかわらず禁忌とされる。しかし、過失により、スープの六十分の一以下の量の牛乳がこぼれ落ちてしまった時は、法の適用が緩やかになる。その場合、スープは「ベディアヴァド*（〔アラム語で〕事後的、遡及的）」にカシェール（食用可）であるとみなされるのだ。同様に、大多数のハレーディィたちが国家を受け入れるのは、あくまでも「ベディアヴァド」のことなのである。彼らは、非宗教系、宗教系の別を問わずシオニズム思想を拒絶し、独立記念日、その他、国家によって制定された祝日を決して祝わず、国家に由来する一部の実践行動を毛嫌いして、多数派の非宗教人たちとの接触も避ける。彼らの子弟がイスラエル軍に連なることは決してなく、その子女が兵役に代わる義務を果たすことも断じてない。毎年、決まった日時にイスラエル国のために犠牲となった兵士たち、あるいはショアーの犠牲者たちを追悼するための黙禱を促すサイレンが鳴らされても、彼らの多くは、しばし立ち止まろうとする風すら見せない。心ならずもイスラエルの市民となってしまった彼らは、国の正式名称を用いることとさえ拒み、自分たちは「イスラエルの地に住んでいる」という言い方をする。この点において、非シオニストないし反シオニストのユダヤ教徒を見分けることは実に簡単である。彼らは「イスラエル国（メディナット・イスラエル）」、さらには単に「イスラエル」という言い方をも避け、その代わりに「イスラエルの地*（エレツ・イスラエル）」、あるいは「聖地（エレツ・ハ＝コデシュ）」という伝統的な言葉を——大抵の場合、アシュケナジ系の抑揚とともに——口にするのである。

ユダヤ教を実践する人々のなかで、唯一、イスラエル国に流謫以前の「マルフート（王国）」に連なる特徴を見出そうとしている宗教＝民族派（ダーティ・レウミ）の姿勢も、ハレーディたちによって完全に退けられる。今日、〈聖地〉で何百万人のユダヤ人が寝起きしていようと、ユダヤ教徒が置かれた状況には、本来、一切関係がない。ユダヤ教徒は、伝統に即したまま、依然、流謫の境遇にあり、過去のユダヤ諸王国に比較し得るいかなる法的資格をも集団として獲得することはないからだ。たとえば、ルバヴィチ*派最後のレッベ*、メナヘム・メンデル・シュネールソン**（一九〇二―九四年）は、イスラエル政府に言及する際、ユダヤ教の規範的な意味において「政府」を意味するヘブライ語「メムシャーラー」を避け、「管理部」、「役員会」など、明らかに数段格下の組織集団を意味する「ハンハーラー」を用いていたという。[37] 当然のことながら、ハレーディたちが「マルフート（王国）」、あるいは「バイト・シェリーシー（第三神殿）」などといった表現を用いることは断じてない。いうまでもなく、そうした言葉は、第一神殿時代、第二神殿時代との連続性を言外に想定することで、イスラエル国に暗示的な正当性を付与しかねない用語だからである。

ハレーディたちが安全保障の問題を論じる際、イデオロギーに関する要素は一切捨象される。国家が打ち出す安全保障政策との兼ね合いで問題となるのは、その政策によって人の命が守られるかどうかという、その一点のみである。宗教＝民族派とは異なり、聖書を根拠として、ある特定の領土がユダヤの民に属しているといい得るか否かといった議論が彼らの態度決定の過程に入り込んでくることはない。その上でなお、安全保障をめぐる議論には、ハレーディたちの内部でもさまざまな意見の衝突が見られる。たとえば、ラビ、シャハ**は、レバノン戦争（一九八二年）を無謀にして挑発的として批判したが、ルバヴィチ派最後のレッベ、シュネールソンは、逆にその公然たる支持者となった。ラビ、オヴァディア・ヨセフは、ヘブロン、シナイ半島、その他の占領地域からのイスラエル軍撤退に賛同したが、彼の後継としてセファラディ大ラビの座についたモルデハイ・エリヤフは、時としてハレーディよりも宗教＝民族派に近い言葉遣いに傾きながら、軍の撤退には反対の意向を示している。ただ、いずれの場合も、ハレーディたちによる安全保障の議論はロマン主義やイデオロギー闘争の産物ではなく、メシア主義の傾向からもはっきりと一線を画していることに注意すべきである。彼らが〈イスラエルの地〉を政治的に掌握する目的で、いわゆる聖書の〈約束〉を持ち出すようなことは断じてないのである。クネセットのあるハレーディ系の議員は、むしろ単刀直入に次のように述べている。

シオニストたちは間違っている。〈イスラエルの地〉に対する愛を育むためなら、その全土にわたって政治・軍事的支配を打ち立てる必要などまったくないはずなのだ。人は、テル＝アヴィヴにいながらにしてヘブロンの町を愛することができる。ヘブロンにイスラエルの支配を打ち立てることによって、人々の愛着をヘブロンにつなぎ止める必要はまったくないのだ。ヘブロンの町は、それがたとえパレスティナ側の支配下に置かれたとしても十分愛され得るだろう。イスラエル国自体は一つの価値ではない。価値の範疇に属するのは、もっぱら精神に関わる事象のみである。(38)

しかし、逆説的なことに、ユダヤ教の伝統にかくも激しく挑みかかった、かのベン＝グリオン**こそ、〈イスラエルの地〉に対するシオニストの権利を正当化するに際し、モーセ五書の巻冊を指で指し示す癖があったといわれる。

ハレーディのシオニズム批判者たちは、軍政に関する宗教＝民族派の立場に絶えず批判の矛先を向けている。当初、国政の舞台では一介の少数勢力にすぎなかった「ミズラヒ*」運動が、「六日戦争」(一九六七年)以来、急速に勢いづいたのは、ほかでもない、「六日戦争」の勝利を神が起こした奇跡ととらえ、占領地域への入植を神が是認した印ととらえる、その解釈の仕方が広く人気を博したからである。イスラエル国は戦争で獲得した領土を順次併合していくべきという主張をトーラーの身勝手な解釈にもとづかせる「大イスラエル主義」の担い手たちは、ハレーディたちにとって、ある意味で非宗教のシオニストたちよりもさらに厄介な敵対者である。時としてハレーディたちは、宗教＝民族派をなぞらえるのに、ユダヤ教の法解釈において確立済みの偽預言者という範疇を持ち出さねばならなかった。

聖なるトーラーは、偽預言者どもから距離を置くよう、そして戒律に関する彼らの解釈を耳にすることすらせぬようにと、われわれに命じている。たとえ彼らの言葉が神に奉仕するものであったとしても、それに耳を傾けることは禁じられる。なぜなら、トーラーは、たとえ正しき主張が述べられている場合でも、偽預言者には耳を貸してはならないと命じているからだ[39]。

さらに一部のハレーディたちの目に、宗教＝民族派は、数千人の命の犠牲をともなう戦争を煽り立てた人々として、殺人の共犯者と映っている。「彼らからは可能な限り遠く離れていなければならない。なぜといって、彼らと同伴することは身体と魂の両方にとって重大な危険となるからである」[40]。これまで「アグダー」がイスラエルの歴代政府——レバノン戦争の開始を決断した政府を含めて——に参加してきたという点は、同様の非難の対象になり得る。ユダヤ教における武力行使の禁忌のみならず、単に人道主義的な見地からしても、ユダヤ教徒・ユダヤ人を戦場に送り出す権利は何びとにも備わっていないからである。「彼らは何千人というユダヤ人《びと》を戦争に送り出しておきながら、子供を殺された母親、父親たちの苦悩と悲惨には片時も思いを馳せなかった」[41]。

いまやハレーディたちにとって欠かせぬ基本文献となっているヴァセルマン**、タイテルボイム**、ベック**といったラビたちの著書を別とするならば、イスラエル国の拒否に関して彼らの思想の源となっているのは、もっぱら口伝えで広められる一連の逸話である。そうした逸話の一つに、ハゾン・イシュ（アヴラハム・イェシャヤフ・カレリツ）**とベン＝グリオン首相の対面に関するものがある。ある時、ベン＝グリオンが、新しい国家体制にハレーディたちを取り込みたいという意思を持って彼のもとを尋ねてきた際、ハゾン・イシュは、この「イスラエル建国の父」と握手を交わすことも、また、その目を直視することもなかったという。そして、その態度は、おそらく不敬の輩の顔を直視することを禁じたタルムード*の規定(42)を踏まえたものであったとされているのだ。

古参のハレーディ党、「アグダット・イスラエル」は、かなりの留保とともにではあるが、イスラエル国の存在を認めている。同党の主眼は、まずユダヤ教の信徒をできるだけ多くイスラエルに住まわせ、彼らの利益を守ってやることに存するのだ。こうして「アグダー」は、これまで何度かイスラエル政府に参加し、国家の行政機構の要職にもそのメンバーをつかせてきながら、大臣職だけは引き受けないことによってかろうじて不参加の体裁を維持している。実のところ、「アグダー」のメンバーが大臣候補に挙がると、首相はその者を省の副大臣に任命し、大臣職の方は空席のままにしておくという純粋に法的な虚構に依拠する。これにより「アグダー」は、党員たちの反シオニスト的感受性に配慮しつつ、その政治、経済上の利益向上をも図る折衷策としているのだ。

このように、一口にハレーディといっても、サトマール派*からルバヴィチ派*、さらには「アグダー」支持者まで、相互の距離はかなりかけ離れたものであるが、皆、イスラエル国に対してユダヤ教の立場からの正当性を付与すまいとする点においては一致している。ただ、そのなかにあってもっとも国家に対して和解的な態度を示す「アグダー」が、国家を単に形式的にでも認める必要が出てくるような場合、しばしば紛争の中心に位置してしまうことがある。たとえば、一九七九年、エルサレムで「世界アグダット・イスラエル」の大会が開催された時、主催者たちは、来賓名簿からイスラエル首相〔当時ベギン**〕を外し、会場にイスラエル国旗が一本も掲揚されないよう周到に手配した。そのように国家を排斥する姿勢に批判的な人々が早速声をあげ、「首相を来賓として拒むことは、たまたま現在その職にある人間に対してではなく、イスラエル国全体に対する拒絶の態度である」(43)と指摘したが、「アグダー」側は、むしろその指摘のとおりであるという趣旨で、かつて、不敬のユダヤ人をいかなる行政職にもつけてはならないと教えたモシェ・ベン・マイモン（マイモニデス）の言葉を引用してみせたのであった。(44)「ミズラヒ」の支持者たちにとって、イスラエル国は神自身の手による業であり、それを侮辱することは冒瀆の名に値するわけであるが、(45)この点に関する「アグダー」指導部の反応は、むしろ敬虔なユダヤ教徒たちの常識的な理屈に沿ったものであった。

シオニズムは、それが夢であり希求であった時から、すでに危険な存在であった。しかし、それが独立した一国家として具現されてしまったいま、さらに危険な存在になっている。この国家は力を有しており、人々に影響を及ぼす手段も持っている。人々は、その魅力と力強さに目を奪われてしまうかもしれない。シオニズムは、それをいま、司っている人間「メナヘム・ベギン」が天の名を口にするようになったからといって、本来の危険性を減じたわけではない。逆に、首相が宗教に対して積極的な姿勢をとり、そしてその連合体制に「アグダー」が加わる時、誤謬の危険性は一層高まるのだ。人々は、いつしか状況が変化したのだと思うかもしれない。よって、われわれは、それがジャボティンスキー型**のものであるか、労働党連合によるものであるかに関係なく、シオニズムに対するわれわれの歴史的闘争を継続せねばならない。というのも、この意味においては、その両者のあいだにまったく違いはないからである。[46]

ここでもまた、敬虔派のユダヤ教徒がシオニズムに突きつける抵抗が、パレスティナ人たちによる抵抗との共通点を見せていることがわかるであろう。パレスティナ人たちもまた、イスラエルの二大政治潮流は同じシオニズム・イデオロギーを共有しており、そのコンセンサスは両者のあいだの差異をすべて消し去るものであると絶えず主張しているのだから。たとえば、「アグダー」は、先に見た一九七九年のエルサレム大会の折、一九六七年の占領地すべてを手元に引きとどめておくことに躍起となる宗教＝民族派の立場を自分たちは支持していないことを示すため、聖書の読みから導き出される国境線には一切言及しない姿勢を貫いた。結局、大会の結論として、「アグダー」はその直前にクネセットで採決されたＰＬＯとの対話拒否の方針に従うものではないこと、そして将来のパレスティナ国家樹立の可能性も排除するものではないことが確認されたのであった。「アグダー」はまた、エルサレムがユダヤ教徒の精神生活に占める中心的な位置を認めながらも、「統一エルサレムをイスラエル国の永遠の首都とする」旨を定めた法（一九八〇年）に賛成票を投じることは忌避した。かくて、みずからの傘下の諸団体が国家から受け取っている補助金の見返りとして、「アグダー」が国家に示しているのは、ぎりぎりの程度にまで抑え込まれた寛容の姿勢であるということができよう。

ハレーディたちの主たる関心事は、みずからのイェシヴァーの維持と発展である。そのため、その時々の政府に協調するかしないかの決断は、それがタルムード研究の諸組織にどれほどの財政援助をしてくれるか、という見通しにもとづくことが多い。イェシヴァー以外では、家の建築費用が、ハレーディたちの家庭——多くの場合、低収入、かつ子沢山である——が国家に期待する財政支援の項目となる。それ以外の要素は、ハレーディたちが国家の政策決定や問題解決に関わることがない以上、一切度外視される。こうしたハレーディたちの態度がシオニストたちの目にシニカルなものと映るのも無理はあるまい。ハレーディたちは、国家に何ももたらさず、逆に国家から何かを受け取ることばかりを考えている寄食者ではないか、との誹りを受けることになるのだ。これに対し、当のハレーディたちは、先述のとおり、〈聖地〉のユダヤ人を守っているのはツァハル（イスラエル国防軍）の戦車や戦闘機ではなく、軍に入隊する代わりにトーラーの学習に打ち込んでいる何千人かの若者たちの方である、と応じるのを常としている。ここにもまた、ハレーディたちを一般の住民たちから隔てる文化の溝が横たわっているわけであるが、この議論は、実のところ、国家との協調という問題に関して時とともに形成されてきた、「義父モデル」とも名づけることのできる発想の型にもとづくものなのだ。

伝統的なユダヤ教徒の家庭——とりわけ東ヨーロッパの家庭——では、タルムード学でもっとも秀でた若者が、もっとも裕福な家の娘と結婚するならわしになっていた。結婚に先立つ取り決めとして、花婿がその後もトーラーの学習をつつがなく継続することができるよう、娘の父親、つまり花婿の義父となる者が、新しい家庭の経済生活を支える仕組みになっていたのである。ハレーディたちは、この構図を自分たちとイスラエル国の関係に重ね合わせている。つまり、ハレーディたちは国に大した税収をもたらさず、兵力も提供せず、むしろ、家族手当、社会手当の形で、あるいは宗教系の学校への補助金の形で国庫から汲み出すものばかりを汲み出しておきながら、それでもなお、自分たちは〈聖地〉において神の意思を遂行し、その住民に真の安全をもたらしていると感じているのである。彼らに言わせると、もしも彼らが不在であったなら、イスラエル国において久しく行われてきたトーラーに対する数々の侵犯行為によって、とうに住民たちに神罰が下されていても不思議はなかったということになる。こうして彼らは、かつてアブラハムがソドムの地でいくら探しても見つけることができなかった「義者」(「創世記」一八の20―33)の役割を自分たちが果たしているのだと――むろん、恥ずかしげに声を潜めながらではあるが――仄めかしているわけである。

独立記念日は、これらシオニズムへの敵対者たちにとって、イスラエル国に対する自分たちの色を鮮明に打ち出す格好の機会となる。もっとも過激な者たちは、イスラエル国旗を燃やし、荒布と灰による嘆きのしぐさを見せる。ラビの伝統にもとづく反シオニズムの最重要の典拠となったタイテルボイムの『かくてモーセ好めり』によれば――

[独立記念日を祝うことは]偶像崇拝以上の悪行である。それによって人々が、それ[記念日]を受け入れるのみならず、それを言祝ぎ、神と聖なるトーラーに対する恐るべき反逆を前に歓喜を表現するからだ。自分が神に仕えていないことを知り、そのことに心を乱されている罪人、あるいは不信心者さえ数多くいる。彼らは自分たちを惑わす偽りのイデオロギーの誘惑に抵抗することができなかった人々なのだ。しかし、彼らが犯した罪を前にして歓喜を表

現する人々は、それよりもさらに重い罪、すなわち冒瀆の罪を犯していることになる。(47)

ハレーディたちの大多数は、その日、国家的祝祭にまつわるすべての様相に無視の態度を決め込む。いつもどおりの改悛の祈りを唱え、普段とまったく変わらない一日として過ごそうとするのである。この点について、ハレーディたちの態度はおおむね一致しているといってよさそうだ。ハシード派*のなかでももっとも国家に妥協的な態度を示すベルツ派*の指導者、イスラエル・アイヒレルが、ある年の独立記念日の前日に述べた以下の言葉は、『かくてモーセ好めり』の内容とほとんど変わるところがない。

> われらが聖なるトーラーを根こそぎにしようとする異端者、反逆者たちを退けなければならない。彼らに向かってこう言ってやらねばならない。「あなた方の喜びは、われわれの喪であり、われわれの絶望である」と。しかし、彼らのなかでほとんど教育を受けていない者たちに対して、われわれは、〈イスラエルの地〉におけるイスラエル国という、このわれわれの流謫の物語を語って聞かせる義務を負っている。というのも、この流謫こそ、あらゆる流謫のなかでもっとも困難なものであるからだ。この流謫は、国家の樹立を宣言した者の、その宣言そのものの上に据えられた流謫なのである。(48)

この一節には重要な暗示が込められている。「国家の樹立を宣言した者」とは、いうまでもなく、ハレーディたちのあいだで危険視され、忌み嫌われている建国の父にして初代首相、ベン＝グリオンを指す。しかし、それよりも意味深長なのは「流謫の物語」という表現だ。ベルツ派の代表は、これをもって過越祭のハッガダー*、すなわちファラオ時代のエジプトでの流謫を想起させ、それに今現在のイスラエルにおける生活をなぞらえているのだ。このように「自分の家」にいながらにして包囲状態に置かれているという感情こそ、イスラエルのハレーディたちに特有のものだ。彼らは、国家の象徴物にもイデオロギーにも自己を同一化させることなく、依然、内的な流謫の境遇を生き続けているのである。彼らは、〈聖地〉を非宗教的なやり方で再構築することができるという考え方も、ユダヤ民族主義という発想そのものも断じて受け入れることができない。イスラエルで「不敬の者ども」に取り囲まれ、「尊大な罪人ども」の指揮のもとに生きるということは、彼らにとって二重の流謫、つまり、その辛苦において二倍の流謫を意味するのである。しかるに、この感情は、単にイスラエル国での日々の生活体験にのみ由来するのではなく、とりわけ、国家に存立の余地を与えたイデオロギーとの関係をも反映したものなのだ。ラビ、ヴァセルマンは、早くも一九三七年、シオニズムの教義に即して構想された一国家の勃興という事態を先取りして、「新しい流謫の始まり」を予見し、それが「ユダヤ人たちのただなかでの流謫」、「イェヴセクツィア*（ソ連共産党内のユダヤ人部局）の流謫」になるであろうと占っていた(49)。

ここに相互に根本的に異なる、あるいは真っ向から対立する二つのアイデンティティー、二つの行動様式があり、そして、その双方でそれぞれ深い疎外感が醸し出される仕組みとなっている。というのも、イスラエルの非宗教人たちの方では、彼らの目に宗教の押しつけがましさと映るすべてのものに常に業を煮やしているのに対し、ハレーディたちの側では、トーラーによって禁じられたすべてのことについて、日々、じわりじわりと、放任と弛緩の波に防御線を突破される思いで暮らさねばならないのだから。[50] 一般にユダヤ人内部での絆を強める方向に機能するといわれているアラブの脅威も、この場合は火に油を注ぐ一方である。なぜといって、ハレーディたちが自宅でじっと身動きせずにいるあいだ、非宗教人（ならびに宗教＝民族派）は、国家防衛のため、戦線に駆り出されるのであるから。

その一方で、われわれは、ハレーディたちが言説の水準でシオニストたちの誘い水に決して応じまいとする姿勢を貫きながら、シオニスト国家が物質的な便宜、とりわけ住居の面での補助を彼らに提供しようという場合についてはその限りではないという現実も目にしている。たとえば、一般に子沢山で収入も少ないハレーディの家庭にとって、通常の不動産市場で住宅を購入することはほとんど不可能である。この経済的基盤の脆弱さが、一部のハレーディたちをシオニズムの企図、少なくともシオニズム的世界観に近づけるための効果的な糸口となり得る。かつて、アリエル・シャロンが住宅建設相の職にあった頃、一九六七年の占領地にハレーディの町を建設する用意がないわけではない、として誘いをかけたことがあった。その時、一部のハレーディ指導者らがそのような申し出を受け入れてはならぬと命じたほかは、一般のハレーディたちは沈黙を守った。結局、そのようにして建設されたイマヌエルの町は、逆説的なことに、もっとも強硬なシオニスト勢力が住まう入植地のただなかに築かれた非シオニスト・ハレーディの孤塁となったわけである。イマヌエルの町は、その後ほどなくパレスティナ人によるテロ攻撃の標的とされ、そのハレーディの住民たちも、過たず、時の政治状況の人質とされてしまった。皮肉なことに、普段から反シオニズムの主張を掲げている彼らが、大方、宗教＝民族派からなるヨルダン川西岸の入植者たちと完全に同一視されてしまったのである。

占領地区に建設されたイマヌエルほか、いくつかのハレーディ入植地を死守するという要請が、ハレーディたちをして非宗教系の右派政党、とりわけリクード党の支持に踏み切らせるきっかけにもなった。一九九六年、ハレーディのラビ権力が、首相選挙で非宗教人の候補に票を投じることを許可する裁決を下して以来、ハレーディの票田が非宗教系の諸政党にとっても重要な意味を帯びるようになった。一般にハレーディたちは、右派よりも反宗教色が濃厚であるとして左派を毛嫌いし、リクード党の候補者に大量の票を投じる（たとえその候補者が、個人的な振る舞いにおいてトーラーの基本的戒律を公然と犯す人間であったとしても）。一部の論者が言うように、このハレーディとリクード党との接近が、政治のメインストリームに多くのハレーディたちを統合させ、与党が政権を組むにあたってますます特定の宗教系政党に頼らざるを得なくなる前触れなのかもしれない[51]。同時に、それにより、シオニズムとイスラエル国を完全に拒絶しようとするハレーディたちと、かたや、イスラエル国が構造的に抱え込んでしまった対パレスティナ紛争との兼ね合いにおいて、安全保障を理由として国家の政治に積極的に関わっていかざるを得ないと感じている別のハレーディたちとのあいだで、今後、徐々に溝が深まっていくことも予想される。

こうして、「アグダット・イスラエル」に連なるハレーディ諸集団は、形式上、シオニズムを拒絶しながらも、イスラエル国に対する批判の調子を徐々に和らげる傾向にある。たとえば『絵で見る歴史シリーズ』との総題のもとに刊行されているユダヤ史の書物に、このようにシオニズム運動の基本的公理を受け入れ、愛国主義と政治、軍事面での行動主義を鼓舞しようとする傾向がはっきりと示されているといえるだろう。(52) そこでは、アラブ人がしばしば敵として描かれ、「ユダヤ民族主義」という言葉が受容可能、あるいは積極的に正の意味を帯びたものとなっている。「シオニスト」という言葉の使用頻度は徐々に減り、問題は、「アグダー」を含むハレーディたちとシオニストたちの衝突よりも、むしろ敬虔な信徒たちと非宗教人たちの二分状態の方なのだという語られ方が目につくようになっている。「シオニスト」という言葉は、依然、ハシードたちと一部のミトナゲッド*たちのあいだで侮蔑語扱いされているが、かたや、「アグダー」に連なる一部のアシュケナジ系住民のあいだでは、自分たちのことを指して「ハルダル」なる言葉が用いられるようになっている。字義どおりには「洋辛子（マスタード）」を意味する「ハルダル（HRDL）」が、「ハレーディ（HRDY）」と「ダーティ・レウミ（DThY-LVMY）」の二語を合わせた頭韻語になっているのである。この集団に属する人々の身の処し方は、二十一世紀初頭、イスラエルの民族主義右派のもっとも強硬な砦を形成している「ミズラヒ」のそれに徐々に近づきつつあるのかもしれない。

「アグダット・イスラエル」を含め、一部のユダヤ教・反シオニスト団体が、一定の政治協力への見返りとしてイスラエル国家予算からの補助に与っているのに対して、みずから進んで国家から排除されてあろうとする反シオニズム非妥協派の人々は、国庫から、助成金、家族手当のたぐいを一切受け取らない。それればかりか、彼らは、自分たちの身を公式にイスラエル国家主権の外に置き、なおかつ、その場に居住し続ける権利だけを認めるような政治的枠組みの適用を求め続けているのだ。「ネトゥレイ・カルタ」のアムラム・ブロイ**は、晩年、ニクソン米大統領に面会し、反シオニストのユダヤ教徒たちが、イスラエルのみを除いたすべての国で保護を受けられるような仕組みの実現を求めようとしたことがあった[53]。むろん、この要求は今なお満たされていない。ユダヤ教・反シオニストたちは、欧米諸国の政府を自分たちの大義に引きつけようにも、必要とされる実務経験、資金、当の欧米諸国との文化的親近性、そのいずれをも欠落させているのだ。親シオニスト系の諸組織が、とりわけアメリカにおいて長期の視点に立った政治活動をさかんに展開しているのに対して、反シオニストのハレーディたちは、政治の舞台ではごく散発的にしか人の目を引くことができずにいる。

国家とユダヤ教

ここまで見てきたとおり、ユダヤ教の立場からシオニズムに反意を唱える大部分の人々にとって、問題は、イスラエル国の非宗教的な性格ではなく、そのような国家を建ててしまったこと自体に存する。人間がメシアのみに許された特権を横取りすることは、神の意思に対する重大な侵犯行為であるからだ。このラビの見解が、ユダヤ人をイスラエルに呼び集め、その土地で民族自決なるものを実現しておきながら、それぞれのユダヤ人の生活様式、あるいは各人のトーラー*に対する関係は一切顧慮しないシオニズムの姿勢に抗するものとして述べられていることはいうまでもない。この水準において、日頃から人々に宗教を強制することには共に反対の姿勢を貫いているサトマール*派のハシード*たちと非宗教の自由主義者たちは、実のところ、「国家とユダヤ教は一切無関係である」という同じ見解を採用していることになる。違いはただ、サトマール派のハシードたちにとってイスラエル国が単に非合法であるのに対し、非宗教人たちの方では、国家なるものは一定の宗教を住民に課すべきではないと考えているという、その点のみである。シナゴーグと国家の分離はこれら二集団の共通目標であり、ただ、それを主張するに際して異なる原則に依拠しているだけなのだ。一方にとってはイスラエル国の反ユダヤ教的性格を拒絶することが主眼であり、他方においては多元主義的自由主義の擁護が主眼となっているわけだ。

この共通の視点に立つならば、イスラエル国は、そもそもユダヤ人であることの定義とか、豚を飼うことの禁止といった問題には口を差し挟むべきではないはずである。たとえクネセット*（イスラエル国会）によって採択された法〔一九五〇年の「帰還法」〕が、ユダヤの民への帰属に関する正統ユダヤ教の定義〔ユダヤ人を母とする者、またはユダヤ教に改宗した者〕を踏襲したものになっていても、一部の批判者たちは、一国の議会が宗教法に関わる領域で立法行為に手を染めること自体の正当性を疑問視せざるを得ない。彼らによれば、たとえクネセットが安息日の遵守を義務化する法を制定したとしても、そのような決定は、ユダヤ教が人為によって作られた宗教だったという誤った考えを人に抱かせるくらいの意味しか持たない。一体、ユダヤ教徒・ユダヤ人は、創造主の存在を認識し、その法に従おうとするから安息日を守るのか、あるいは、単に品行方正なる市民として、国の法に従順であるためにそうすべきなのか？　クネセットが定めるすべての法律にユダヤ教の法の一部だけが取り込まれ、ほかの部分は取り込まれないままであったとしよう。すると、必ずやユダヤ教の法と国家の法のあいだに混乱が生じ、単に国家の法を守っているにすぎないのに、あたかもユダヤ教の伝統に即して暮らしているかのような錯覚を与えてしまいかねない。よって、ユダヤ教の法を非宗教化して転用しようとするすべての試みは、神の啓示たるトーラーの冒瀆に行き着かざるを得ないのである。

非宗教のシオニストたちとしっかりとした協調体制を組んでいる宗教＝民族派（ダーティ・レウミ）の集団も、非宗教人たちとその諸制度が自分たちの子弟に及ぼしかねない影響力には常に神経を尖らせてきた。すでに二十世紀初頭、ラビ、ライネス**の口から聞かれていた危惧の念が、一世紀後の今なお、一部に受け継がれているのだ。たとえば、イスラエル軍では、ある時期、宗教者の若者たちが兵役期間中にユダヤ教の実践を捨て去ってしまうという現象があまりに頻繁に観察されるようになったため、宗教人の兵士たちを非宗教人の兵士たちから分離して軍務につかせる仕組みが導入されて今日にいたっている。宗教＝民族派の若者たちは、イスラエル軍そのものと「イェシヴァット・ヘスデル」と呼ばれる特殊なイェシヴァー*とのあいだを行ったり来たりしながら兵役をこなすため、その期間が一般と比べて極端に長くなる。このように非宗教人たちとの協調行動は、その「感染力の強い」生活様式のみならず、政治的な見解の相違によっても宗教＝民族派から危険視され続けている。

すでに述べたとおり、宗教＝民族派の若者たちは、聖書に示された〈イスラエルの地〉*の全土をユダヤ人の住民で満たさねばならないというメシア主義的な教義に突き動かされている。実際、一九六七年の占領地に入植する者たちのなかでももっとも熱意に溢れ、もっとも非妥協的なのは、これら宗教＝民族派の人々である。他方、非宗教人の兵士たちの多くは、この占領地での軍務命令に納得の行かない思いを抱いている。彼ら自身の目にも単なる狂信者たちの一群としか映らない入植者たちを守るため、己の身を危険にさらさなければならないからだ。そのような雰囲気のなか、宗教＝民族派の若者たちが非宗教の兵士たちと接触することは、就学期間をつうじて徹底的に叩き込まれてきたメシア主義的な愛国主義を希薄化させる恐れもある。

他方、宗教＝民族派の若者をハレーディ*たちの影響から守らなくてはならないという声も聞かれる。宗教＝民族派と非宗教人の将校たちが、ハレーディ系の教育者たちによる講義と講演を何回か聞いた末、軍務を捨ててタルムード*の学徒になったという事例もあるほどだ。先述のとおり、イスラエルの慣習としてタルムードの学徒は軍務を免除されている。なかには、ハレーディの若者たちの兵役免除の制度を維持することには、伝統的ユダヤ教に備わった分析力をもってシオニズムの体系を覆してみせかねないハレーディの影響力からほかの若者たちを引き離しておく目的もあるのではないか、との穿った見方もあるほどだ。ハレーディたちは、若い兵士たちにユダヤ教の教えを説く講演会を開催したいと言って軍事基地に赴き、対する軍当局は敷地内に彼らの立ち入りを禁ずるのに躍起となっている。それでもハレーディたちは、その正統性の趣と、服装を含めイスラエル社会のごく普通の習慣に対する完全なる無視の姿勢をもって、一部の若者たちを確実に引きつけている。たとえば、彼らは、かりにツァハル（イスラエル国防軍）の基地に足を踏み入れたとしても、なお、彼らの習慣として「イスラエル国」という言葉を口にすることをあくまでも忌避することであろう。私的な会話の端々では、彼らも自分たちの講演がイスラエル軍の若き新兵たちにもたらしている転覆的な効果を意識している。あるルバヴィチ派*のラビが、かつて私に以下のように漏らしてくれたことがある。「われわれは皆、シオニズムとその国家に反対しています。しかし、われわれのあいだには手法の違いがある。サトマール派*は正面の入り口から攻撃を仕掛けるでしょうが、われわれは、まずわれわれの思想をわかってもらうため、脇の入り口も使ってみてはどうかと思うわけです(54)」。

「テシュヴァー」*と呼ばれるトーラーへの回帰現象は、若い改悛者たちのほとんど全員をハレーディの学びの部屋へと集めている。シオニズム支持派のユダヤ教の方は、はるかに開放的にして、はるかに近代的なものでありながら、一定の精神性を追い求め、ユダヤ教を真に実践する人々の会衆への仲間入りを志向する人々をほとんど引きつけていない。ユダヤ教の戒律の道に新たに入っていくことを決意した非宗教者たちは、常にといってよいほど非シオニスト系、時として反シオニスト系の宗派を選択するのである。

たとえば、反シオニズムの面でもっとも強硬な姿勢を見せるハレーディ集団の一つ、「レーヴ・ターホール*（清き心）」――その本部は、二〇〇〇年、イスラエルからカナダ〔ケベック州〕に移された――には、ある時期以降、ハシード派のユダヤ教を奉じ、その後、ツァハルを退き、続いてイスラエル国そのものを捨て去るにいたった数名の元将校が名を連ねている。あの緑色の軍服を真っ黒のフロックコートに着替え、長い鬢《びん》（ペオット）*を生やした彼らは、その身のこなしからして、かつてハレーディ系ユダヤ教を発見する以前はおそらく彼らの常態であったにちがいない軍隊式の趣をことごとく消し去っている。ほかにも、この集団には宗教＝民族派の環境から鞍替えしてきた人々もいる。彼らは、日々の生活のなかでヘブライ語を使わなくても済むよう、〔もともとセファラディ系のハシード集団であったにもかかわらず〕イディッシュ語を身につけさえした。モンレアル（モントリオール）の北、ローランティッド（ローレンシアン）の山中に腰を落ち着けた彼らは、子供たちに〔現代〕ヘブライ語を教えることはしない（それが彼らの大部分にとっての母語であるにもかかわらず）。その人工的とさえ映る言語教育の方針は、ほかでもない、いまから一世紀以上前、ベン＝イェフダー**が、祖国たるロシアと母語たるイディッシュ語を捨ててパレスティナに移り住み、彼自身の手で民族の固有語として「脱＝神聖化」されたヘブライ語（本書第二章参照）を採用するために繰り広げた努力のまさに逆の道筋を辿ろうとするものだ。つまり、「レーヴ・ターホール」のハシードたちは、トーラーの学びによってヘブライ語を「再＝神聖化」する一方、日常語としては断じてイディッシュ語しか使うまいとしているのだ。本書の筆者が何度か、山中にある彼らの居住地を訪れた時は、彼らも〔現代〕ヘブライ語で応じてくれたが、それも彼らのレッベ*が、みずからの反シオニズムについて私と議論するためならばと、やむなく「シオニストの言語」を使うことに同意してくれた上でのことであった。いわば、彼らは、その生活様式そのものをもって時間を遡り、シオニズムの一世紀を——あたかもそのようなものなど最初から存在しなかったかのごとく——抹消してみせたのである。そして同時に、日頃から彼らの精神的指導者が説いてやまないイスラエルの解体（本書第七章参照）を、個と集団の水準で体現してみせたわけである。

ハレーディのユダヤ教こそ参照すべき真の手本であるという気持ちは、実のところ、宗教＝民族派たちのあいだにもかなり広く行き渡っている。かつてニューヨークに本拠を置く宗教シオニズム運動「エーダー」がエルサレムで学術大会を開催した際に一部のイスラエルの教育者や宗教指導者たちが披露した見解によれば、いまや、ますます多くの宗教＝民族派（ダーティ・レウミ）が、自分たちの路線は妥協路線であり「ベディアヴァド*（事後的承認）」の路線であることを認め、それよりもハレーディの世界観の方が正統的で好ましいものであることを認めるようになっているという。実際、宗教＝民族派の人間が思い直して自陣を離れ、ハレーディの社会の仲間入りを果たした時、彼らはしばしば自身のことを「バアル・テシュヴァー（改悛者）」と定義づける。それも、彼らがそれまでトーラーを実践し、安息日とユダヤ教の祭日を遵守し、子供たちを国家が運営する宗教系の学校に通わせてきたにもかかわらずである。このように、シオニズムによって即時のメシア的救済が実現されるとの期待が徐々に失望に変わるなか、宗教＝民族派のあいだにもハレーディに対する劣等感が広がりつつあるように感じられる。タイテルボイム**の『かくてモーセ好めり』の縮約版をはじめ、宗教的反シオニズムの古典が、ガザとヨルダン川西岸の入植者たちのあいだで何百部という単位で売れているという証言もある。[55]

ハレーディたちが「国家ユダヤ教」との観念連合をことごとく退けようとする際の一つの方法に、ダビデの星の使用忌避がある。いまや全世界的にユダヤの象徴として受け止められているダビデの星が、実のところ、国家とユダヤ教のあいだの緊張関係、そしてハレーディたちがシオニズムとイスラエル国との関係において、日々、味わっている疎外感をもっとも雄弁に物語る標章にほかならないのだ。一般の目にいかに意外に思われようと、ハレーディたちは、象徴、装飾としてダビデの星の使用をことごとく避ける。この標章がユダヤ教の文脈で使われ始めたのは、せいぜい［ヨーロッパにおけるユダヤ教徒の］〈解放〉後のことにすぎないが[56]、第二次世界大戦前に建設されたシナゴーグでは、たしかにダビデの星が装飾として頻繁に用いられていた。ところが、イスラエルの建国を経て、この標章は、もはやシオニズムへの連帯の姿勢を公然と表明するシナゴーグでしか目にすることができなくなったのである。イスラエルでも、ディアスポラ（離散）の地でも、非シオニスト、ないし反シオニストの姿勢を保つシナゴーグは、まさにそれがイスラエル国の象徴になったという理由から、装飾の要素としてダビデの星の使用を控えるようになった。しかもその際、ハレーディィたちは、かつてある種の墓石を使っていたユダヤ教徒たちが、それを不信の者どもも真似して使い始めたという理由により、ある時期以降、その型の墓石を使わなくなったというタルムードの一節を尊重する意味も込めて[57]、この忌避を実行しているというのだ。ダビデの星の使用忌避は、また、ツァハル（イスラエル国防軍）が「ダビデの星を血で穢し[58]」ながら繰り広げている人間抑圧の行為に対する嫌悪感によっても説明づけられるのかもしれない。

現代の権威あるラビたちのなかでもとくに重要な意思決定者の一人、ロシア出身でニューヨークに居を構えたモシェ・ファインシュタイン（一八九五―一九八六年）は、より明示的な仕方で、シナゴーグにイスラエル国旗を掲げることを禁止した。彼の議論の中心には、イスラエル国がユダヤ教の価値を一切体現しておらず、よって、ユダヤ教信仰の場に関係を持つものでもないという判断がある[59]。ラビ法の権威としておそらくセファラディィ系ではもっとも名の知れたエルサレムのラビ、オヴァディア・ヨセフは、ラビ、ファインシュタインの裁決を支持し、彼自身の注釈のなかで「この旗を国家の象徴として選んだ者たちは悪人である」と明言した。「虚しく、意味のない物体」たるその旗をシナゴーグから取り除く作業はあくまでも平和裏に行われねばならないとした上で、彼は、「悪人どもの行ないを思い起こさせることのないよう、その旗につながりのあるすべてのものが一掃されなければならない」と述べている。[60] ラビ、ヨセフの立場は、彼がラビ、シャハ**とともに共同発起人となった政党「シャス」*の独特な反シオニズムを代弁するものだ。ハゾン・イシュ（アヴラハム・イェシャヤフ・カレリツ）**は、さらに強硬な立場をとり、イスラエル国旗で飾られたシナゴーグには、たとえその周囲にほかのシナゴーグがなかったとしても足を踏み入れてはならぬと教えた。この点についてハゾン・イシュに伺いを立てたユダヤ教徒が、それは男も女も必ずシナゴーグに足を運び、アマレクに関する聖句を聞かなければならないとされている年に一度の安息日であってもやはり許されない行為なのか、と尋ねると、ハゾン・イシュは、たとえその日であっても立ち入ることは許されない、と答えたという。[61]

かたや、イスラエル国のうちに解放の約束、十全に花開いた生活の約束を見出し、ロシアやアルゼンチンから移ってくる非宗教人の移民たちの心に満ち溢れる民族主義の感情を思う時、その明暗は一層強烈である。これらの新しい移民たちは、国家の構造とイデオロギーに自己を同一化させ、特定の政党を支持したり、あるいはみずから新しい政党を作ったりもするであろう。その点で彼らは、多くの場合、何世代も前からイスラエルに住んでいるハレーディたちとは正反対に、現代イスラエルを「わが家」と感じつつ暮らすことができる人々なのだ。[62] しかし、サトマール派、「ネトゥレイ・カルタ」**、あるいは「レーヴ・ターホール」などに連なるハレーディのユダヤ教徒たちにとって、イスラエル国との協調はあくまでも非合法である。そして、この拒絶の理由を説明する際の鍵となるのが、二十世紀のユダヤ教徒たちの苦しみについて彼らがシオニズムのうちに見て取っている責任、とりわけショアーに関連する責任の所在なのである。

第六章　シオニズム、ショアー、イスラエル国

わが右の手に目を注ぎて見たまえ。一人だに、われを知る者なし。われには避難所なく、またわが魂を顧みる人なし。
（「詩篇」一四二の5）

第二次世界大戦期に行なわれたユダヤ人数百万人の工業的な抹殺、いわゆるショアーは、シオニストたちの言説のなかでも、またシオニズムの批判者たちの言説においても、等しく中心的な出来事としてとらえられている。ジャボティンスキー**ほか、一部のシオニストたちは、虐殺の悲劇を予見し、それを避ける手段としてパレスティナへの大量移住を説き勧めていた。以来、シオニストたちの大部分にとって、ショアーは、ディアスポラ（離散）の地においてユダヤ人を脅かす危険の所在を示す究極的な証拠としての意味を保ち続けている。また、それによってイスラエル国の創設が、反論の余地なきものとして正当化されるとも考えられている。第二次世界大戦後、シオニズム運動は、みずからの政治綱領にショアーへの応答としての意味を持たせ、ナチスが設置した死体焼却炉の最後の一基から火が消された、そのわずか二年後、ユダヤ人国家建設に対する国連の合意をとりつけたのであった。その後、ショアーのような出来事がふたたび起こるのを

防ぐという名目は、新国家がその建国当初から獲得し、以来、増強の一途を辿ってきた軍事的覇権を正当化するものと考えられるようになるだろう。他方、ユダヤ教の立場からシオニズムとイスラエル国を拒絶する人々のなかには、ショアーをつうじて相対的にほかのいかなるユダヤ人集団よりも大きな苦しみを味わわねばならなかったハレーディ*たちと、逆に、この惨事から直接的な被害をほとんど受けなかったアメリカの改革派ユダヤ教徒たちの二者がいる。加えて、宗教的反シオニズムの思想家たちが提起する議論のなかには、ショアーをめぐり、とりわけこの三十年間ほどをつうじて形成されてきた一般の感受性を大きく傷つけかねないものも含まれている。

大災厄の原因

「天に対する恐れを除き、すべては天の手中にあり(1)」というユダヤ教の伝統的な言い回しは、普通、個々の人間には例外なく自由意思なるものが付与されているという意味に解釈される。自由意思とは、よって神からの授かり物であり、その悪用はいつでも神の怒りを招きかねないのだ。ここから、人間の身に同じく降りかかる災厄でも、じかに神の手によってもたらされる災厄(たとえばソドムとゴモラの滅亡)と、神の〈摂理〉が引きこもってしまったことに起因する災厄とのあいだで重要な区別が行なわれることになる。つまり、神自身は決して罪人しか罰しないのであるが、ただ、神が引きこもる時──「彼、面《かお》を隠したもう時」(「ヨブ記」三四の29)──、懲罰が人間自身に起因し、無垢の者たちもが辛酸を嘗めさせられることはあり得るとされているのだ。敬虔なユダヤ教徒たちのあいだで完全に共有されているこの見方において(2)、災厄とはユダヤ教徒をしてみずからの行いの検証、そして個人ないし集団としての改悛へ向かわせるものとしてとらえられている。それは、加害者を告発したり、ましてや、みずからの行いを政治、イデオロギー、社会、その他の要因によって説明づけたりするための機縁ではない。加害者――それがファラオであれ、アマレクであれ、ヒトラーであれ――は、神による懲罰の代行者として、ユダヤ教徒を改悛に導くために用いられる残酷な手段にすぎないのだ。(3)これと同じ意味において、過越祭の食事の最後を飾る「ハド・ガディア」の歌は、会食者たちに、彼らがその場で言祝いでいる解放は、唯一、神の摂理にのみ由来し得るものであることを思い起こさせるためのものとなっている。(4)

この論理に従うならば、ユダヤ教徒たちの頭上に降りかかる大災厄も、もっぱら神の摂理によってのみ説明づけられることになる。ラビ、ヴァセルマン**は、彼自身、ナチスの手で命を奪われることとなる数年前、次のように述べていた。「ヒトラーが一介の広告貼りから身を起こし、諸民族の運命を一手に握る全権の覇者の地位にまで瞬く間に昇りつめたという事実は、人間の歴史における通常の流れでは説明がつかないことである。われわれに残された唯一の手段はトーラー*への依拠だ。そこにわれわれは、われわれの病の原因説明と治療法の両方を見出すことができるだろう」。彼の著書『メシアの時代』(5)は、ユダヤ教にもとづくシオニズム批判のための基本文献の一つである。この書物を執筆した頃、晩年のヴァセルマンは、ドイツ・ナチズムがユダヤ人にとっていかに危険な存在であるか、すでに十分認識していた。それでいてなお、彼は、ナチズムという現象が、神の秩序にもたらされた刷新であるとか、そこから逸脱した現象であるなどとは断じて考えなかった。
ヴァセルマンにとって、彼自身を犠牲者として葬り去ることとなるナチスのユダヤ人迫害は、ほかならぬ、シオニズムの直接の帰結であった。同時代に提起されたさまざまな「主義」のなかでも、彼がとりわけ厳しい批判を浴びせたのは、ユダヤの民と〈天の王国〉とのあいだに戦争状態をもたらした張本人と彼の目に映るユダヤ民族主義である。彼によれば、ユダヤ民族主義の目的はイスラエルの子らの心から神の存在を抜き取ってしまうことに存する。シオニズム指導者たちが現状の活動方針を破棄しない限り、そしてみずからの罪を悔いない限り、救いは一切不可能のままであり続けるだろうというのだ。同様に、パレスティナにおけるシオニズムの企図にとってまさに槍の穂先の役目を果たしていた社会主義をもさかんに批判しながら、ヴァセルマンは、民族主義と社会主義という、当時、東欧のシオニストたちのあいだでさかんにもてはやされていた二つの偶像が合体して民族＝社会主義（ナチズム）を産み落とし、それがヨーロッパのユダヤの民全体に怒りの雷を降り注ぐことになったという事実のうちに、一つの神の正義を看取していた。

今日、ユダヤの民は、社会主義と民族主義という二つの偶像を選び取り、それらにさかんに捧げ物をするようになった。［……］これら二種類の偶像崇拝が、ユダヤの民の若者たちの精神と心に毒を注ぎ込んだ。そして、それぞれの偶像には、物書きや演説家の姿をとって、みずからの業を完成に導く偽預言者たちの一群がつき添っていた。ところが、そこで一つの奇跡が起こった。天の高みで、これら二つの偶像崇拝が一つに融け合わされ、民族＝社会主義（ナチズム）となったのだ。こうして、この地上のあらゆる場所でユダヤの民に振り下ろされる恐るべき棍棒が作り出されてしまった。かつて、われわれ自身がそれを前にして平伏したところの醜悪な偶像が、今、われわれを打ち据える番を迎えたのである。(6)

こうしてヴァセルマンは、ショアーが——むろん、その時点で彼はのちの出来事の規模の大きさを予感しているにすぎないわけであるが——、シオニストたちによって鼓舞され、実行されてきたトーラーの廃棄に対する懲罰であると信じて疑わない。この論理に従うならば、シオニズムの企図がこのまま継続される限り、ユダヤの民は、シオニズムに内包された個々の侵犯行為に対し、人の命の形で高い代償を払わされ続けることになるのだ。かつて、あの三つの誓い〔本書一八五、一九九頁参照〕の破棄は、「まるでシカとレイヨウの血でもあるかのごとく(7)」ユダヤの民の血を流させたのであった。同じ理屈にもとづくならば、いま、かれこれ半世紀前からイスラエルの住民たちを苦しめている暴力は、当然、イスラエル国の建国とその維持に対し、引き続き下されている神の懲罰ということになろう。

シオニストたちも、またその批判者たちも異口同音に認めているのは、数世紀来、ユダヤ人が周囲から差し向けられてきた敵意は尋常の域をはるかに超えるものであったという点である。それは他所に決して例を見ない、唯一無二の敵意であったというのだ。ただ、シオニストたちのあいだでこの敵意の理由を説明しながら問題とされるのが、かつてのユダヤ人たちの政治的かつ軍事的な無力さであるのに対し、ユダヤ教徒たちの側では、この激しい憎悪の根源に、ユダヤ人《びと》自身が犯した罪の重さを見て取ろうとする。

ユダヤ人が、みずからの遺産と、この世におけるみずからの使命の意味を見失う度に、敵が現れ、ユダヤ人に本来の能力をふたたび取り戻させてやることが不可欠となる。その際、敵の規模や、ユダヤ人を目覚めさせるために用いられる手段の厳しさは、もっぱらユダヤ人の倦怠状態の深刻度に比例する。そのことの喩えを、火がついた家で眠っている男の例に見て取ることができよう。男の眠りが浅ければ、彼に危険を悟らせるため、手でちょっと触れてやるだけで済むだろう。しかし、男が深い眠りに落ちてしまっている時には、その命を救ってやるため、彼を強くぶってやらなければならないだろう。それと同じように、ユダヤの民がまだしもユダヤ教に関する意識を保っているあいだは、反ユダヤ主義も、ユダヤの民にみずからの宿命を忘れさせない程度の小規模な騒擾として表出する。しかし、ユダヤ人が、かつて神が彼らの祖先とのあいだに交わした契約を完全に忘れ、地上のほかの民と同じように暮らしたいなどと思い始めた時には、まさに今日、われわれの目の前で繰り広げられているように、野獣のような反ユダヤ主義者らの群れが恐るべき力と猛々しさをもってユダヤ人を叩きのめすことになるのだ(8)。

ショアーに先立ち、反ユダヤ主義の原因について与えられたこの説明が、ヴァセルマン、そして彼以外にも実に多くの人々によってユダヤの連続性との公然たる決別とみなされたシオニズムに対する弾劾を兼ねていることがわかるであろう。こうしてヴァセルマンは、聖書の一節、「汝ら、みずから慎むべし。心迷い、翻りて、ほかの神々に仕え、これを拝むなかれ」（「申命記」一一の16）を引き、さらにユダヤ教における聖書理解の欠かせぬ道具となったラシの注釈、「人はトーラーから目を背けたとたん、偶像崇拝に陥る」を引いてみせるのであった。これを換言すれば、トーラーからほんの少しでも離れてしまうことが遠からぬ全面的決別の予兆となり、よって、すでにそれだけで、迷える者をふたたび正道に呼び戻すための懲罰に値するということだ。こうして、ヴァセルマンは、みずからの師ハーフェツ・ハイーム［ことイスラエル・メイール・カガン（ハ＝コヘン）**］の言葉——「トーラーなくして神への信はなく、そして、神への信なくしては、この世界が存在理由を失う」——にもとづきながら、きっぱりと結論づける。「ユダヤ史上、先例なきものとして、現在、われわれに降りかかっているこの災厄の原因は、トーラーの学びが放棄されてしまったことにある[9]」。

ナチス当局に身柄を拘束された瞬間にヴァセルマンが放ったとされる最後の言葉は、彼のショアー解釈をさらなる別の光で照らし出してくれるものだ。

> ユダヤの民の贖罪のためにわれわれの身体が選ばれた、というところから見て、どうやらわれわれは天上で敬虔者とみなされているようである。よって、われわれは、いま、即座に改悛しなければならない。われわれに残された時間は多くない。われわれは、改悛することに

よってよりよき捧げ物になるのだということを念頭に置かねばならない。そうすることによって、われわれは海外に住むわれわれの同胞の命を救うことができるのだ。この捧げ物を不相応なものにしかねない、いかなる醜い考えも、われわれの心を横切らないようにしなければならない[10]。

このように、古典に依拠しながらユダヤ教独自のショアー観を打ち出す文献は、アウシュヴィッツ(オシフィエンツィム)以前から数多く存在する。そのいずれもが、シオニストたちによる流謫の打ち切りが大災厄の原因であり、そして、シオニズムによる侵犯行為が集団的になされたものである以上、それに対する懲罰も集団的なものたらざるを得ないだろうとの見方を示すものだ。ここで問われているのは、トーラーの賢者たちがユダヤの民全体に対して負っている責任である。「アウシュヴィッツに向かう途上、あるユダヤ教徒が、なぜ神はこのような災厄をユダヤ教徒の上に降り注ぐのか、とラビ、シュロモ・ザールマン・エーレンライヒ(俗称「シラージのラビ」、一八六四―一九四四年)に尋ねた。するとラビは、こう答えた。「シオニストたちに対するわれわれの闘いが十分でなかったため、われわれは罰せられるのだよ」。それというのも、トーラーに対する冒瀆行為は、たとえそれが個人的なものであっても、会衆全体に跳ね返るものだからである[11]」。

タルムード*は、「破壊の天使は、一度その自由を手にするや、もはや罪ある者と無垢の者の分け隔てをしないものである」と警告する[12]。そして、神はあるユダヤ人の侵犯行為について他の者を罰することもあるとして、連帯責任の観念をも導入している。[13] 第二次世界大戦中に起きたユダヤ人六百万人の死という事態も、こうして、シオニストたちが普遍的な水準で犯した侵犯行為への罰として、そのような罪を一度も犯さなかった人々をも呑み込む出来事であったと解釈されるのである。

　これに対して、ラビ、イサハル・シュロモ・タイヒタル（一八八五―一九四五年）は、一九四三年、ブダペストで書かれた本のなかで、両大戦間期、ハレーディ*たちが〈イスラエルの地*〉へのヨーロッパ・ユダヤ移民の波を押しとどめようとしたのは間違いであったとして告発した。当初、反シオニズムに与していながら、みずからショアーの犠牲となる直前になって立場を一変させたこのラビは、〈聖地〉への移住の可能性を拒絶したことが、逆にショアーの引き金になったとする。[14] 今日、彼の存在は、もともと彼の同志であったハレーディたち――しかも、その遺著が読者として狙いを定めていたハレーディたち――のあいだではほとんど知られていないが、かたや、宗教＝民族派（ダーティ・レウミ）の陣営では、その著書が基本書の一冊として読み継がれている。このタイヒタルのショアー解釈によれば、神は、ユダヤ人の〈聖地〉への帰還を促す目的で、流謫の地での苦しみを利用したということになる。よって、ハレーディたちは、さながら自分たちの町の近辺で犯された殺人行為の責任を回避しようとする「申命記」の長老たちのように、ショアーの後になってから、「われらの手はこれらの血を流さず」（「申命記」二一の7）などと口にすることはできないであろうというのである。この理解の仕方は、ユダヤ教の世界においてあくまでも例外的なものにとどまっているが、その糾弾の意味は依然として重いものといわねばならない。[15]

むろん、人の生死を決する因果関係を神学の機械仕掛けとして把握すること自体、所詮不可能事なのであろう。ただ、ハレーディたちにとって、ユダヤ人がいつの時代にも周囲から差し向けられてきた、この不合理な、しかし強烈な憎悪を説明するための方法として、この因果関係を持ち出す以外になかったわけである。ロンドンのラビ、イスラエル・ドンブ**によれば、この憎悪の原因は、その直接の対象となっている人々にとってさえ理解不可能なものであるという。その例として彼が挙げているのは、アウシュヴィッツに収容されていたあるラビ神学生の逸話だ。ある時、この神学生が、自分を拷問にかけるSS隊員に向かって、なぜ彼が自分をかくも憎むのか、その理由を尋ねたところ、SS隊員は「上層部の命令に従っているだけだ」と答えたという。ならば、その命令を発している上層部とやらに理由を尋ねて、教えてほしい、と執拗に食い下がったところ、最終的に、上層の人々自身、その理由がわかっていないようだとの回答が返ってきた。「その日以来」と、その若き神学生は記しているという、「私は、依然アウシュヴィッツにいながら、SSの姿もガス室の様ももはや目に入らないようになった。私の目に見えていたのは、ただ、タナハ（聖書）の聖句が、その完全なる成就の生きた恐怖のままに、私の目の前で動き回っている様のみであった[16]」。

実際、ヒトラーは、この世に生をつなぐためならば、彼に奉仕することも、その戦争遂行の一翼を担うことも決して厭わなかったかもしれない何百万という人間を、ただ単に、ひたすら死に追いやっていた。戦争の最後の三年間、ドイツが深刻な労働力不足に見舞われるなか、ヒトラーは、強迫的としか形容のしようのない憎悪に見境を失い、目の前の自国の利益に反する行動をとった。こうして彼は、ユダヤ人を死のキャンプに送り込むために鉄道網をフル稼働させ、その作業を自軍への物資供給作業よりも優先させたのだった。そして、むしろ戦場でこそ本来の任務を有効に果たしたにちがいないSSの隊員と将校たちを何千人と、もっぱらユダヤ人絶滅作戦に関わる任務につかせたのだった。説明づけがきわめて困難なこの憎悪について、ラビ、ドンブも、以下の「申命記」の一節を引きながら、ほかの何人かの正統派ユダヤ教思想家たちと同様、そこに神がみずからの民とのあいだに保つ特殊な絆の所在を見て取ろうとしているように思われる。(17)「わが怒りによりて、火、燃え出で、深き陰府《よみじ》に燃えいたり、また、地とその産物とを焼き尽くし、山々の基《もとい》を燃やさん」(「申命記」三二の22)。

みずからショアーの生き残りであったサトマール*のレッベ*、タイテルボイム**は以下のように述べる。

われわれの侵犯行為のゆえに、われわれは大変な苦しみを味わった。その苦しみはニガヨモギよりも苦く、イスラエルが民となって以来の最大の苦しみであった。[……]それ以前は、災いがヤコブの頭上を襲う度に、事態が検証され、その原因が問われ——つまり、いかなる罪がその災いを招いたのか——、そうして、われわれが悔い改め、主のもとに帰ることが可能であった。[……]しかし、われわれの世代においては、もはやわれわれの災いの原因となった罪を探し出すために、それほど遠くを見る必要がなくなった。[……]異端者どもが、これらの誓い〔三つの誓い――本書一八五頁参照〕を破り、力をもってのし上がり、そして、定められた時期よりも早く、自分たちの手で主権と自由を手にしようと、あらゆる努力を払った。〔……〕彼らは、世界の創造以来、見たためしのないような恐ろしい異端思想へとユダヤの民の大多数をおびき寄せた。〔……〕主がお怒りになるのもまったくもって当然であった。〔……〕そして、罪人たち、誘惑者たちの不正が原因で命を奪われる義人たちもいたのは、それほどまでに神の怒りが大きかったからである[18]。

ラビ、アムラム・ブロイ**によるショアー解釈は、さらに簡潔にして有無をいわせぬ語調を響かせている。「もしもシオニズムの罪がなかったら、ヨーロッパの惨劇は起こらなかったであろう[19]」。ラビ、ブロイは、シオニズムの信奉者たちのあいだに広く根づいている仮想、すなわち、もしもイスラエル国が一九三〇年代に建国を成し遂げていたならば、そこにより多くのヨーロッパ・ユダヤ人を吸収することができていたにちがいないという見方には断固として異議を唱える。「それは完全なる異端思想である。繰り返しいうが、ショアーは、シオニストたちの罪に対する報いとして起きたのだ。彼らは、ユダヤ国家なるものの建設に向かうことを諫める神の命としてタルムードに記された、あの三つの誓いを破り、それによって、ユダヤ人の体がナチどもの使う石鹸に変えられてしまうような大災厄を引き起こしたのである。無信仰の人々の目には問いとして映ることも、われわれにとっては答えそのものなのである[20]」。

ラビ、ブロイの寡婦、ルート**は、シオニズムとショアーのあいだの因果関係に一つの歴史的な脚注をつけ加えてみせる。二十世紀初頭、テオドル・ヘルツル**とマックス・ノルダウがヨーロッパの政治指導者たちにさかんに説いて回っていたメッセージ、すなわち、「ユダヤ人は現在住まっている国において異質かつ破壊的な要素を形成している」というメッセージに対して、オーストリア皇帝フランツ・ヨーゼフに仕えるある大臣が以下のような言葉を残しているというのだ。「ユダヤ人が世界にとっての危険分子であり、革命勢力である、などという悪意のある宣伝が今後も続けられるようであれば、シオニストたちは、ユダヤ国家を建てる代わりにヨーロッパ・ユダヤ人の壊滅をもたらすことになろう」[21]。ルート・ブロイは、この引用に書き加えて、「不幸にして、ヒトラーが、その後五十年も経たないうちにこのオーストリアの大臣の懸念を現実のものにしてしまった」としている。

戦後、国連に対してエルサレムの伝統的なアシュケナジ系ユダヤ教徒の集団を代表する立場にあったラビ、ヨセフ・ツェヴィ・ドゥシンスキー**（一八六八―一九四八年）は、一九四七年、国連パレスティナ特別委員会に宛てた文書のなかで、シオニズムこそ、アラブ人たちとのあいだで暴力や諍いを引き起こし、それによって、一九三〇年代の終わり頃、パレスティナへのユダヤ移民を制限する方向にイギリス政府を動かしてしまった張本人であると述べている。つまり、ショアーの犠牲者、数百万人の命を救う道を閉ざしてしまったのはシオニズムであるということだ。

第二次世界大戦中、ナチスの手による、われらの同胞、何百万人の虐殺という事態は、かなりの程度、回避され得るものであったはずだ。というのも、ここ十年間行なわれてきたようなユダヤ移民の制限にはまったく正当性がなかったのだから、われらの同胞の多くが、本来、〈聖地〉で平和裏に暮らすこともできたはずだからである。[22]

ドゥシンスキーはこうして、一九三九年、パレスティナへのユダヤ移民流入に厳しい制限を課す「マクドナルド白書」が出された背景にシオニズムの好戦的な態度を見て取り、その責任を厳しく追及しているわけである。歴史に仮定法を適用しながら、ラビ、ドゥシンスキーの結論を言い換えるならば、もしもパレスティナのユダヤ居住区の諸組織が、民族的野心をいささかも持ち合わせない伝統的ラビの指導者たちの手に委ねられていたならば、アラブ人住民との調和的関係を普段どおりに保ちながら、ヨーロッパで命の危険にさらされたユダヤ人たちに門戸を開くことも可能だったかもしれないということだ。この種の過去の反実仮想的な議論が、先に見たとおり、ショアーはシオニズムに対する神の懲罰であったという、とりわけアムラム・ブロイによって提起された神学的な議論を下支えしているのだ。

シオニストたちがショアーから導き出そうとする教訓は、一部のユダヤ教思想家たちから強い批判を浴びせられる。ラビ、イスラエル・ドンブによれば——

正しき結論を導き、神の意思の表れを自分たちに対する咎めとして受け入れる代わりに、彼らは、この恐ろしい打撃によってもたらされた混乱を利用し、それを、実のところユダヤの民の利益に反した政治的目的の遂行に役立てようとした。シオニズムの強力な宣伝工作が大災厄の直後から開始され、出来事の意味を論理的に説明すると称して、実のところそれを歪め、間違った方向に解釈し始めたのだ。彼らは、声の限りを尽くしてこう叫んだ。「シオニズムの理念が長らく受け入れられなかったために、あのような出来事が起こってしまった。われわれがみずからの身を守り、逆に攻勢に転じる手段を持たなかったのがいけないのだ。よって、われわれは、われわれ自身の領土へ行って武装しなければならない。いったんシオニスト国家が建設されさえすれば、われわれの未来は安泰であろう」などと。(23)

ヴァセルマンの言によれば、トーラーに関する無知、そして信仰心の消滅が多くのユダヤ人のあいだに広がった結果、彼らは「人間たちのあいだでもっとも不幸な存在」になってしまったという。「彼らは自分たちの苦しみの理由を知らない。苦難に遭遇して、一体どこに目を向けたらよいのか、わからなくなっている。誰が彼らの絶望と幻滅の深さを想像できよう？」(24)。今日、かくのごときユダヤ教の歴史観を意識しているユダヤ人はきわめて稀である。しかし、ヴァセルマンによれば、そのように逆境を解釈するための伝統的な枠組みを失ってしまったことで、無信仰のユダヤ人は救いなき状態に置かれるようになってしまった。それればかりか、そこから発して、他者、ひいては自分自身に対する暴力に駆られるようにさえなっていったと考えられるのである。

ショアーに対するシオニストたちの姿勢

民族という概念に思想のあり方を規定されているシオニストたちのあいだでは、当然のこととして、ドイツのナチ体制にユダヤ世界が一丸となって抵抗したとの見方が共有されている。たとえジャボティンスキー**の信奉者たちのなかに、「ヒトラーはドイツを救った」とし、反ユダヤ主義の一点だけを除いてナチスのイデオロギーにはことさら反意を突きつける余地はないと考える人々がいたというのが事実であるとしても、(25)やはり、シオニズム陣営内でもっとも戦闘的な姿勢を示したこのジャボティンスキー派の一角が、ドイツの新政権に対してもっとも挑戦的な言辞を操っていたことに変わりはない。ジャボティンスキー当人は、あたかも自分がユダヤ武装組織の最高司令官であると言わんばかりの行動を見せていた。彼は、ポーランドの官営ラジオからドイツ批判の演説を流し、ヨーロッパ数カ国の新聞に同趣旨の記事を寄稿していた。こうしたジャボティンスキーの演説や記事について、ナチスの指導者たちは、「ほかのシオンの長老たち〔1〕も怖じ気づき、少し手控えてはどうかと思いそうなほどの明快さをもって」、「その人種の綱領の中身を明かそうとする」人間の手によるものと評していた。(26)実際、一枚岩としてのユダヤ民族を語る時のジャボティンスキーの言辞は、ユダヤの世界陰謀なる幻影をちらつかせてドイツ民族を恐怖に陥れようとしていた人々〔反ユダヤ主義者たち〕にとって、まさに思う壺だった。そして、このような好戦的シオニストたちの態度こそ、一部のハレーディ*系のラビたちが、当時から挑発的として批判していたところのものである。

一九三〇年代をつうじて、さまざまなユダヤ組織がナチ・ドイツに突きつけた非妥協的かつ挑戦的な態度について、ラビたちから批判が発せられることは決して少なくなかった。ラビたちは、ナチ政権下のドイツで相ついで反ユダヤ政策が打ち出されるなか、そうしたユダヤ組織——とりわけシオニスト系の組織――の姿勢は無責任かつ危険極まりないものであると考えた。ヴァセルマン**によれば、「ユダヤ人は敵と戦うべきではない。［……］トーラー*と祈禱だけがわれわれの武器である」(27)。そして、彼は、ユダヤ人の「新しい指導者たち」がトーラーと祈禱よりも闘いと権利要求を好む人々であるとして告発するのだ。「一体、われわれは誰に対して戦いを挑むのか？」と彼は皮肉を込めて問いただしている。「われわれの相手は世界の最強者たちであるという。それらに対して、われわれはボイコット運動をし、大会を開き、新聞記事でもって攻撃を加え、そうしてその者たちの心に恐怖を注ぎ込んでやらねばならないというのだ」(28)。このようなキャンペーンの愚かしさを指摘しながら、ヴァセルマンは、ユダヤ人を前衛に据えて反ドイツの政治運動を組織することに異議を唱えたのであった。

先に見たとおり、一部の権威あるラビたちにとって、ショアーの原因となった罪とは、ほかならぬシオニズムであった。シオニストたちが不遜にも「諸々の民」を挑発し、ディアスポラ（離散）のユダヤ人の安寧をかき乱し、第二次世界大戦中、ほかの人々による交渉と救出の努力の邪魔をしたのではなかったか。さらにシオニストたちは、戦前、ヒトラーとその国に対して宣戦布告し、ドイツ経済を麻痺させるためのボイコットを呼びかけ、結局、独裁者を激怒させてしまったのではないか。

ベルリンの権威あるラビ神学校「ラビーナー・ゼミナール」で後進の育成に当たっていたヴァインベルグ**を筆頭に、当時の著名ラビたちは、ボイコット運動と反独宣伝活動を危険かつ無責任な挙として批判した。アメリカの史家、マーク・シャピロによれば、ハイーム・オゼル・グロジンスキ（一八六三—一九四〇年）、エルハナン・ヴァセルマン**、ヨエル・タイテルボイム**ほか、数人の権威あるラビたちは、ボイコット運動そのものをユダヤ教の伝統に背馳するものとして退けていたという(29)。ここで相互に相容れない二つの態度が真正面から対立していることがわかるだろう。一方には、交渉と妥協を模索する伝統的ユダヤ教の態度があり、他方に、自己の栄誉を重んじ、それを守るためならば格闘をも辞すまいとするユダヤ人の新しい姿勢があるのだ。

人間生活のあらゆる場面で、好戦的にして挑発的な自己主張が当たり前のものとなった今日の世界において、ユダヤ教の伝統を形成するこの懐柔的な態度自体、すでに理解不可能のものになっているかもしれない。しかし、相手との衝突を起こすよりも、いかに困難であろうとも最後の最後まで調整を試みることの方が好ましいとするこの姿勢こそは、ディアスポラの地におけるユダヤ教が何世紀もかけて築き上げてきた——そしてシオニストたちの世代にいたって軽蔑の対象とされるようになった——現実主義の賜物なのである。しかも、この場合、シオニストたちが起こそうとしていたのは相手との衝突ですらない。それはむしろ、もっぱら自陣内に向けてしか効力を発揮しないたぐいのプロパガンダ作戦であった。というのも、ユダヤ共同体が比較的強い影響力を行使していたアメリカさえ、ナチ・ドイツと交戦状態に入るにあたっては、日本による真珠湾攻撃〔一九四一年十二月七日〕を経て、ドイツ側からの宣戦布告〔同十一日〕を待ったほどではないか。いずれにせよ、ユダヤ人の好戦主義が世界大戦全体の趨勢に対して及ぼす影響力など、当初から微々たるものにすぎなかったのだ。

ヴァセルマンが述べているように、かつて預言者の時代、偽預言者の方が本物の預言者よりもはるかに数が多かった。そして、真の預言者に限って、人々から否認され、滑稽視され、中傷されていた。それでもなお、真の預言者たちは命の犠牲を恐れなかった。

真の預言者の使命は、イスラエルの民をその精神のまどろみから覚ましてやることだった。対する偽預言者たちの方は、甘い夢をもってイスラエルの民をまどろませることを目的としていた。すべては明快だ。水の流れに乗って泳ぐことの方が、それに抗して泳ぐことよりも簡単なのである。今日、われわれのうちに真の預言者はいない。偽の預言者なら十分すぎるほどいる。〔……〕そして、かつてイスラエルが偽預言者たちに耳を貸したがために恐ろしい代償を払わされたように、今日、われわれも同じ罪の代償を払っている。〔……〕われわれを神に対する戦争の状態に引き込んだぺてん師たちがわれわれを導いている限り、われわれの境遇が改善される見込みはない。逆にそれは、日々、悪化の一途を辿るであろう。われわれが解放にいたるために残された道筋は、わずかに一本である。それは、われわれと、天にましますわれわれの父、イスラエルの守り手とのあいだに平和を実現することである。その時、初めてイスラエルに平和が訪れるであろう(30)。

このように、シオニストたちが一部のラビたちから「偽預言者」、「ぺてん師」との酷評を受けているあいだ、シオニズム運動の本性は、なお両義的なままであった。一方で、とりわけ両大戦間期のシオニズムの活動家たちは、西欧諸国に対し、パレスティナでの活動の目的は迫害を受けたユダヤ人たちに避難地を確保してやることであるとしきりに強調していた。それは、当時、シオニズムの政治的野心、とりわけユダヤ人国家の創設という案が、アメリカをはじめシオニズムのための募金活動がさかんに行われていた国々のユダヤ人たちのあいだで支持をとりつけるにはいまだほど遠い状態にあったからだ。他方、この頃のシオニズムの内部における議論は、それが窮地に置かれたユダヤ人の救助を意図した現実的な活動である前に、まずもって民族自決を目的とするイデオロギー運動であることをはっきりと示していた。たとえば、彼自身、ロシア出身者であったハイーム・ヴァイツマンに帰せられている発言に次のようなものがある。「ロシア・ユダヤ人の苦しみがシオニズムの根源に位置しているなどという見方ほど、皮相的にして不正確なものはない。シオニズムの基本的な動機づけは、いまも昔も毫も変わらず、民族的な本拠地の取得に向けた揺るぎなき意志である」[31]。これまで多くの歴史家やラビたちによって、シオニストたちの〔現実に苦境に置かれた人々に対する〕無関心、冷淡さとして批判されてきたのは、まさにこのイデオロギー的立場であるといえるだろう。その意味において、現実に起きてしまったショアーも、ユダヤ国家の取得に向けてシオニズム指導者たちの政治的意志をさらに強固なものとする役割しか果たさなかった。そして、その実現に向けて彼らが手にした議論は、たしかにたぐい稀なる説得力を宿したものであった。

　ナチズム台頭の直後、シオニストたちは、ベルリン政府に対し、六万人のドイツ・ユダヤ人をその私財もろともパレスティナに移動させる計画〔ハアヴァラ協定〕を持ちかけ、合意をとりつけていた[32]。シオニスト勢力と反ユダヤ勢力とのあいだの関係が往々にしてそうであるように、この時も、ドイツに派遣されたシオニストの代表団は、ナチ当局、とりわけ、当時、ユダヤ人の国外移住問題を担当していたアードルフ・アイヒマンとのあいだで実に円滑な協調体制を築くことができたのだった。シオニズム支持者としてアメリカで多くの読者を獲得している歴史家、ハワード・M・サッカーによれば、この時、アイヒマンは「パレスティナからやって来たシオニストの代表たちを丁重にもてなし、きわめて協力的な態度を示した。シオニストたちが、将来のパレスティナ移民たちのために職業訓練キャンプを開設したいと申し出ると、アイヒマンは、そのために必要な住居と設備を喜んで提供しようと約束した(33)」。

この協定の後、イギリス委任統治政府によってパレスティナへのユダヤ移民が厳しく制限されると、シオニスト組織は、パレスティナ以外の場所にユダヤ移民を受け入れさせようとする活動を妨害するようになった。この点について、シオニストたちは、改革派、ハレーディ系を問わず一部のラビたちから――そして、のちにはイスラエルの多くの知識人たちからも――厳しい批判を受けることになる。批判が集中したのは、いうまでもなく、シオニスト指導者たちが、絶滅収容所でユダヤ人を待ち受けている運命よりも将来の国家建設の方をはるかに多く気にかけていたのではないかという点だ。実際、ハンガリー、その他の国で何度か行なわれたユダヤ人救出の試みは、その都度、シオニズム指導部からの抵抗にあったという。ユダヤ教・反シオニズム関連の文献には、いくつか、シオニストたちが実際に口にしたとされる言葉を具体例に掲げて断罪するものがある。たとえば、あるシオニズム指導者は、ヨーロッパ・ユダヤ人に支援の手を差し伸べようとの呼びかけに対し、「ポーランドのユダヤ人を全部ひっくるめたよりも、パレスティナにいる一頭の牝牛の方がよほど価値がある」と答えたという。また別のシオニズム指導者は、第二次世界大戦後に国家を樹立することの重要性を強調して、次のように述べたという。「われわれの側でかなりの犠牲者を出さなければ、国家を要求する権利などまったく認めてもらえないだろう。[……]よって、敵に資金まで差し出して、われわれの側の流血を押しとどめようとすることはまったくもって馬鹿げた行ないなのだ。われわれは、もっぱら血によって国家を手にすることになるのだから(34)」。

「ユダヤ機関」の代表、ルドルフ・カストネル（一九〇六—五七年）博士は、彼がナチスとのあいだで行なったとされるある取り引きをめぐって、戦後、イスラエルで裁判にかけられることとなった。起訴状によれば、彼は、ナチスが数千人の若いユダヤ人にパレスティナ移住の許可を与えさえすれば、それを餌として収容所内のユダヤ人たちを落ち着かせることができると持ちかけ、結局、ナチスの収容所運営に手を貸していたというのだ。一審で有罪判決を受けた彼は、しかし、ベン＝グリオン**内閣からの上訴を受けた最高裁により無罪放免となった。それでもなお、一般国民、とりわけショアーの犠牲者の親族たちの憎悪を一身に集めることとなった彼は、ほどなくテル＝アヴィヴの路上で射殺されている(35)。

ユダヤ教・反シオニズム陣営にとって、下されるべき審判の中身ははっきりとしている。「二十世紀、老若男女合わせて六百万のユダヤ人が、国家の創設者、指導者らの手により、その国家設立の交換条件として犠牲に供された。はたして正常な感性を備えた人間として、かくもおぞましき行為を思いつく者がいるだろうか？(36)」。なかには、ベン＝グリオンその人が「人間」の名に値したかどうかを疑問視する声さえある。というのも、一九三八年、ドイツ・ユダヤ人に対する物理的暴力の幕が切って落とされた「水晶の夜」の直後、ベン＝グリオンは次のような言葉を放ったとされるからだ。「かりに、あのユダヤ人の子供たちを救うに際して、イギリスにならばその全員を連れ出すことができるが、パレスティナにはその半分しか連れ出せないということが事前にわかっていたとしても、私はその後者の選択肢をとるであろう。なぜなら、そこで賭されているのは、単にその子供たちの命運であるのみならず、ユダヤの民そのものの歴史的命運でもあるからだ」[37]。この立場から、ベン＝グリオンは、「救出作戦のための技術と資力を備えた大規模な公的組織を創設することや、こうした救出作戦のためにシオニスト組織をつうじて集められた資金を使うことには反対の姿勢を示した。彼はまた、アメリカ・ユダヤ人を動かして、こうした使途の義援金を集めさせることにも消極的であった」[38]。別の折、第二次世界大戦のさなかに、ヴィルニュス・ゲットーのある生存者の女性がヨーロッパ・ユダヤ人の絶滅についてイディッシュ語で実体験を語り聞かせる催しがあった。その場に居合わせ、締め括りの発言を行なったベン＝グリオンは、「非常に冷たく、ほとんど敵意を感じさせるような口調で」、彼女が語り聞かせに用いた言語を「異邦の耳障りな言語」と評したという[39]。

ベン＝グリオンの個人的資質は別として、シオニズム運動全体に対しても、それがショアーをつうじて目的どおりの効果が得られそうな場合を除いてヨーロッパ・ユダヤ人の運命からは目を逸らし、そして、みずからの政治綱領にそぐわない救出作戦はことごとく妨害していたのではないか、という批判が差し向けられている。シオニズム指導者たちは、「ヨーロッパ・ユダヤ移民にパレスティナに向けての出立を余儀なくさせるため、地球上のそれ以外の場所に彼らを導こうとする計画に横槍を入れていた」というのだ。[40] 二十世紀末にいたり、イスラエルの歴史家たちによって行なわれるようになったこうした指摘の数々は、実のところ、黒のフロックコートに身を包んだラビたちが久しく述べ続けてきたことを裏打ちするものにすぎない。しかしながら、それまでは、ユダヤ世界のある種のコンセンサスによって、ラビたちの言葉など真に受けるものではないという空気が支配的であった。たとえその種の告発が、文化的にアメリカの社会と矛盾せず、むしろそこに完全に融け込んでいる改革派のラビたちから発せられた場合でも、ほとんど黙殺されるのが常であった。

アメリカの改革派ユダヤ教に連なるラビ、モリス・ラザロン**(一八八八―一九七九年)は、第二次世界大戦前、ヨーロッパ各地のユダヤ居住地を訪問し、その際、みずから目にした現状に抗議の意を表明した。一般に、ナチスの脅威にさらされたユダヤ人の救出活動を犠牲にしてまで、パレスティナの入植地建設計画に予算を集中的に捻出しようとする傾向が顕著に認められたというのだ。彼はまた、シオニストたちが、ユダヤ人の安住の地としてパレスティナをおいてほかにないという固定観念を人々のあいだに広めようとしている点についても抗議している。この世界は、彼らがユダヤ人であるというただそれだけの理由をもって遅かれ早かれ彼らを見捨ててしまうであろう、という見方をユダヤ人大衆に植えつけようとするシオニズムのプロパガンダに我慢がならなかったのだ。ラザロンによれば、ドイツ政治の動向を根拠として、アメリカ・ユダヤ人が〈解放〉に寄せる期待を放棄するよう誘導し、その信頼感を掘り崩す謂われはどこにもないはずであるという[41]。

同じくアメリカの改革派ラビ、バーガー**も、ハレーディたちと同趣旨の批判を展開している。すなわち、シオニストたちは、第二次世界大戦開戦当初から難民のための庇護国を探し出す方向で下されていたルーズヴェルト大統領の決断を含め、ヨーロッパ・ユダヤ人の救出を意図した率先行動をことごとく骨抜きにしてしまったというのだ。ルーズヴェルト大統領自身、シオニストたちの論理をどうやらすっかり見通し済みであったらしい。

「たしかに、彼らの視点からすれば、彼らに理があることになろう。シオニズム運動は、パレスティナが、現在も、そしてこの先しばらくのあいだも、他所からの寄付で成り立つ社会となることをよく心得ている。彼らは、寄付者たちに向かって「この哀れなユダヤ人は、ほかに行く場所がないのです」と言うことによって、パレスティナのために莫大な基金を引き出すことができる、ということをよく心得ているのだ」。続けてルーズヴェルトは言った。「ところが、もしも世界規模の政治的庇護の制度があって、そこでは人種も、信仰も、肌の色も問われないとなった場合、彼らは彼ら独自の資金調達ができなくなってしまう。なぜといって、金を寄付したくない人々は、決まってこう言うようになるだろうからだ。「〝あの人たちにはパレスティナ以外に行き場所がない〟なんて、どういうつもりでおっしゃっているのですか？　あの人たちは世界でもかなり人気の高い被保護者なのに」と[42]」。

ルーズヴェルト大統領のこの発言を伝えているのは、彼の側近にして人権運動の活動家でもあったモリス・アーンスト（一八八八―一九七六年）であるが、そのアーンストが、ある時、大統領のこの見方が本当に正しいかどうか試してやろうと思い立った。彼は、シオニストの友人たちに〔難民のための庇護国を探し出すという〕ホワイト・ハウスの決断を伝え、その反応をじっくり確かめることにしたのだ。「当然のことながら、私は友人たちのサロンから締め出しをくらったよ。「モリス、これは裏切り行為だよ。君はシオニズム運動を妨害しようとしている」と言われてね。私は答えてやった。「たしかに、私はシオニズム運動を妨害しているのかもしれない。しかし、私は、そんなことよりも、全世界の被抑圧者、五十万人、百万人のために庇護国を見つけてやることの方によほど関心があるのだ」と」。こうした状況に憤りを抑えきれなかった『ニューヨーク・タイムズ』紙の記者は、「神の名において、なぜ、これら不幸な人々の命運が、国家を求める一つの叫び声よりも低い位置に置かれなければならないのだろうか？」とのコメントを付している。(43)

「六日戦争」の後、ルート・ブロイ**は、その戦争の前夜――むろん、彼女は、戦争勃発の全責任がイスラエルの指導者たちの側にあると見ていたわけである――、イスラエルに寄せられた多額の義援金と、かつて何十万人かのユダヤ人をショアーから救うため、一人当たり五十ドルの義援金の支払いが求められた時、一般に観察された冷淡さとのあいだの大きな乖離を浮き彫りにしている。「一九六七年のあの大騒ぎと、一九四〇―四五年、ホロコーストをめぐるシオニズム指導者たちの死の沈黙――その現実について彼らが隅々まで知り尽くしていたにもかかわらず――

は、なんという好対照を描き出していることであろう[44]」。

一部の文献には、シオニズム運動が対象者の「選抜」を行なっていた、つまり、政治ないし経済の観点からシオニズムの企図に積極的な貢献をなし得る人々のみをパレスティナに受け入れようとしていたという批判も散見する。ここで批判者たちが用いている「選抜」という言葉は、とりわけ重々しい観念連合を内部に宿すものだ。なぜといって、かつて絶滅収容所に到着したユダヤ人を貨物列車から下ろす際、SS隊員らが、当面、第三帝国の経済に貢献し得る人々を「選抜」する一方、その「選抜」から漏れた人々は、即刻、ガス室に送り込まれていたからだ。のちにイスラエル初代大統領となるハイーム・ヴァイツマンの一九三八年の演説は、まさにこの文脈において引用されるのである。

パレスティナはヨーロッパのユダヤ人たちを吸収することができない。われわれは、もっぱらユダヤ人青年層の最良の部分だけがわれわれのもとにやって来てほしいと思う。パレスティナの文化を豊かなものするため、十分な教育を受けてきた人々だけに入ってきてほしいと思うのだ。それ以外のユダヤ人には、いまいる場所にとどまり、彼らを待ち受けている運命に直面してもらう以外にない。その数百万というユダヤ人も、いってみれば歴史の歯車に付着した埃にすぎず、いつどこに吹き飛ばされても不思議はない存在なのだ。われわれは、そういう人々がパレスティナに溢れることを望まない。われわれは、テル＝アヴィヴの町がさらなる低級なゲットーになってしまうことを望まないのである[45]。

この時、ヴァイツマンは、なにも迂闊に口をすべらせてしまったわけではなかった。その一年前にも、彼は同じような言葉遣いで以下のように述べていたのである。「老人は消え去るがよい。彼らはただ自分たちの運命を待っていればよいのだ。彼らの存在は、経済的にも、精神的にも、まったく重要ではない。彼らはただ、自分たちの運命と折り合いをつけることだけを求められているのだ」。これまで、宗教心にもとづく反シオニストたちに何度となくあげつらわれてきた、このシオニストたちの態度が、西欧の言論界の目にもとまらなかったわけではない。たとえば、第二次世界大戦直後、ある人権擁護活動家は以下のような評を残している。「もしも、ほかのユダヤ人たちからかけられた反ユダヤ的な圧力が現実の効力を発揮しなかったならば、一体どれほどのユダヤ人の命がヒトラーの爪牙から救われることになったか、何ぴとも言い当てることはできまい！(46)」。

シオニズム運動がショアーについて負っている歴史的責任について、ハレーディ系、改革派を問わずラビたちが述べ続けてきた糾弾の言葉は、今日、イスラエルの一部の歴史家たちによっても裏づけられるようになっている(47)。それぞれ異なる言葉遣いを見せながらも、歴史家たちは、ベン＝グリオンとその同志たちがヨーロッパのユダヤ居住地を絶滅から救うための努力を妨害したという点、そして、彼らが人間を「資源」として扱い、結局、何百万人という人々の生死を政治の道具として利用したという点において、すでに見解の一致を見ているのだ。

事実、個々の人間を「人的資源」とみなす視点はシオニズム運動の歴史をつうじて頻繁に観察され、それが優生学に直結していた事例もある。ワルシャワで医師をつとめていたシオニスト、シュネオル・ザルマン・ビホフスキ（一八六五―一九三四年）は、パレスティナ移住を許可する対象を「健常なる人的資源」に限定する必要性を訴えていた。彼はシオニストたちに呼びかけて、「結婚とは個々人の心に適った私的行為などではなく、人種の未来を左右する社会的行為である」ことを理解させようとした。そして実際に、シオニストの開拓者たちは、「父祖の土地への帰還のうちに民族の生命にとっての優生学的一大革命を見て取ることができない者は、木を見て森を見ていないに等しい」というビホフスキのメッセージを正確に理解していたのである。(48)のちにエルサレムのハダッサ病院で衛生局長をつとめることとなるモルデハイ・ブルーホフは、「一民族がほかの民族に仕掛ける目に見えない文化闘争においては、みずからの子孫の生物学的価値の名において人種の改良に努めた側にこそ勝利が輝く」と断言していた。(49)シオニズムの中心的指導者の一人、アルトゥア・ルッピンもまた、「ユダヤ人種の浄化」の必要を訴えた。一九三三年、彼は、ナチ・ドイツにおける人種問題の専門家、ハンス・ギュンターのもとを訪れ、ユダヤ人種の特徴について意見交換を行なっている。(50)

近年の優れた研究書の一節で次のような文言に触れることにより、われわれは、ユダヤ教の立場からなされる反シオニズムの主張をよりよく理解できるようになるのではなかろうか。

中央ヨーロッパ、東ヨーロッパに散在するユダヤ居住地は、［イスラエル国の］創設者たちにとって、主として開拓に従事する人々を送り出す供給源としての重要性を持つものであり、その存在自体における価値はほとんど考慮されていなかった。そして、第二次世界大戦のさなかにあってさえ、優先順位にまったく変更はなかった。ベルル・カツネルソン**が定めた優先順位の第一位は、ユダヤ人の救出ではなく、ヨーロッパにおけるシオニズム運動の組織化であった。[……] こうして民族に関係するすべての出来事は、シオニズムに対する貢献度という唯一の基準によって評価されるのだった。(51)

つまり、シオニズム運動も、二十世紀のほかのさまざまな社会改革運動の例に漏れず、機能第一主義のモラルを採用していたということだ。ここにもまた、シオニズムがロシア共産主義とのあいだに保つ文化的親近性を見て取ることができよう。レーニンは、ロシアで権力奪取に成功した数カ月後、共産主義者の青年たちが集うある大会の場で、古きモラルを捨て去り、そして、労働者の階級闘争にとっての有益性を唯一の基準とするような新しい階級のモラルを作り出さねばならないと述べていた。シオニストたちがショアーとのあいだに保っていた関係にも、これによく似た信念が映し出されていると考えられるのだ。「シオニストたちが見て取ったとおり、シオニズムとは、民族の救済を目指すものであって、個人としてのユダヤ人を救い出すためのものではなかったのである」(52)。もちろん、個々の人間の利害と国家事由が正面衝突を起こしたのは、歴史上、これが初めてではない。しかし、今回の場合、国家がいまだ一個の観念にすぎなかった時点で、その衝突の代償があまりにも悲劇的であったという点で、やはりきわめて特異な事例であったといわねばなるまい。

ここで、個人のモラルと国家のモラルのあいだを区別すること自体が、すでにユダヤ教の伝統との断絶を意味するものであることをつけ加えておこう。そして、あるイスラエルの政治史家が[2]述べているように、ユダヤ教の立場から反シオニズムを唱える人々に独特のものとして見出される道徳的な感性は、それでいて、なにも彼らだけの独占物ではないのである。

〈預言者〉たちのもとで、そして聖書の全体を貫いて、善と悪、義と不義をめぐる同一の標準が、神の行ないにも人間の行ないにも、個人の行ないにも民の行ないにも等しく適用される。残酷さと不正義、暴力と抑圧は、彼らにとって、宇宙の構造に組み込まれた原則に対する侵犯行為であった。そして義の行ないが善をもたらし、不義の行ないが災いをもたらすという、この原則は、個人の生活であるか、国家の政《まつりごと》であるかの別を問わないのである。私が「因果の法則」と名づけたこの原則は、物理世界におけるあらゆる法則と同様、それを侵す者に必ずや罰を与えずにはおかない。［……］個人の倫理と政府の道徳性のあいだに二分法を打ち立てようとする者は、すでにユダヤ教の伝統をないがしろにしていることになる。事実、ユダヤ教の伝統は、そのような二分法が人間的経験の証言には合致しておらず、いずれ破綻を余儀なくされていると明言しているのだ。［……］政治と道徳のあいだに二分法を打ち立てようとする考え方は——アラブ＝イスラエル問題を考える際にも、その他、まったく別の問題を考える際にも——一切排除されなければならない。(53)

たしかに、ショアーからの人命救助についても、大災厄後の難民との関係においても、国家主義的な思想は、人の心に伝統的な思いやりの感情が入り込む隙間さえ奪い去ってしまったのかもしれない。ユダヤ教の立場からシオニズムを批判に付す人々の怒りをかき立ててやまないのは、まさに、この道徳上の一大転換なのだ。ユダヤ人の定義、力に対する信仰、国家に捧げられた盲目的な愛——すべてこうした要素をめぐってシオニストをナチスになぞらえたのは、おそらくハレーディ系ユダヤ教徒と改革派ユダヤ教徒たちが最初であった。彼らは、シオニストたちが犠牲者に対して示した冷淡さはナチスの官吏たちの場合とまったく変わらなかった、との糾弾を浴びせて憚らないのだ(54)。ただ、当時からかなり頻繁に行われていたこの比較が、のちにソ連の政治宣伝、さらには多くのアラブ諸国のメディアに引き継がれた結果、幾分、その信憑性を落としてしまった印象があるというにすぎない。

今日、シオニズム指導者たちがショアーの犠牲者に示した非情さは、歴史資料の次元でもはっきりと確かめられている。あるイスラエル人研究者の調査からは、シオニストたちが、ショアーを生き延び、ヨーロッパの避難民用のキャンプに収容されていたユダヤ人たちに対して「恐怖政治」の体制を敷いていた事実が浮かび上がってきた。当時、一部のシオニズム組織の代表者らが、食事をお預けにする、暴力を振るうといった手段で、ショアーの生存者たちから金品を巻き上げたり、彼らにイスラエル軍への入隊を強制したりしていたというのだ。また、戦後、英米共同の調査委員会がユダヤ難民にパレスティナ以外の場所への移住可能性を提示した時、シオニストたちに強制され、自分たちはどうしてもパレスティナに行きたいという主旨の嘘の証言をさせられた人々が何千人もいたといわれる。そういう場合、シオニストたちは、「祖国を失ったユダヤ人は自動的にユダヤ国家の市民となり、ほかのイスラエル市民とまったく同等の権利を行使し、まったく同じ義務を果たさねばならないのだ」と説明していたという[55]。さらに、シオニストによる妨害行為としてしばしば言及されるものに、オタワのカナダ下院で俎上に載った議論がある。ある時、カナダの移民担当大臣が演壇に立ち、イスラエル政府がユダヤ移民のカナダ流入に障壁を打ち立てようとしている事実を明らかにしたのである。「カナダ政府は、イスラエルからの移民に便宜を提供する方面でまったく進歩を遂げておりませんし、また、その方向に進歩を遂げようとする意思も持ち合わせていません。その理由は、むしろ自国への移民の流入を欲しているイスラエルの政府が、われわれがその方向に進むことを望んでいないからです[56]」。

こうした告発のなかで浮き彫りとなるのは、すべてのユダヤ人を潜在的な自国民とみなすイスラエル政治の常数的態度だ。このように、ディアスポラ（離散）の地のユダヤ人を「私物化」しようとする傾向——とりわけ当のユダヤ人たちが居住地を移そうとする瞬間に——は、必ずしもショアー前後の時代のような悲劇性をともなわずとも、イスラエル国の歴史全体をつうじて繰り返し表面化している。こうしてイスラエルの歴代政府は、どの党が政権を担当するかによらず、あらゆるユダヤ移民の流れをイスラエルへ向かわせようとして、事実上、ロシアのユダヤ人がアメリカやドイツへ、アルゼンチンのユダヤ人がアメリカへ、マグリブのユダヤ人がフランスへ向かうことを阻止しようとしてきた。ディアスポラのユダヤ人をあたかも自国の資産でもあるかのように扱い、国家事由を個人の自由の上位に位置づけるこの習慣は、シオニズムのみならず、二十世紀に勃興したいくつかの革命的政治体制に備わる主意主義的な本性を図らずも露呈するものといえよう。

奇跡的再生か、継続的破壊か？

シオニストたちがショアーから導き出す教訓は明快そのものである。つまり、いかなる犠牲を払ってでも国家を手に入れ、それを強靭なものにし、そして、アラブ側からのあらゆる異議申し立てを退けつつ、そこに可能な限り多数のユダヤ人を流入させなければならないというものだ。イスラエルのドイツ史家、モシェ・ツィメルマンによれば——

ショアーはたいそう使い出のある一個の道具である。あえて皮肉な言い方をするなら、ショアーは、イスラエルの内外で、一般世論、とりわけユダヤ世論を操作するのにもっとも役に立つ品物である。イスラエル政治において、ショアーは、非武装のユダヤ人など死せるユダヤ人に等しいことの証明として用いられるのだ[57]。

しかしながら、本来、ショアーから導き出されるべきまた別の教訓は、個人のモラルを超越し、人種差別を実践し、人道に対する罪に手を染めるような一つの強力な国家に対する不信感を募らせることであってしかるべきだ。そもそも、ショアーという現実があったにもかかわらず、あるいはそれがあったがゆえに、人間の平等とリベラルな民主主義が、いまだに多くのユダヤ人にとって最重要の理想であり続けていると考えることもできるのだ。

ショアーがイスラエル国の建設に一定の役割を果たしたことを知らない者はいない。そして、ユダヤ教・反シオニストたちがイスラエル建国という事態を説明する際にも、その点は十分に踏まえられている。

第二次世界大戦の恐ろしい破壊にともない、ヨーロッパのユダヤ教徒たちは、それぞれの居住地の主立った指導者をほとんど失ってしまった。加えて、深い混乱が多くの生存者たちの心を支配するにいたった。そして、非ユダヤ人の世界は、ホロコーストの時期に自分たちが消極的な態度に徹してしまったことについて埋め合わせに躍起となっていた。だからこそ、一九四八年、シオニストたちが勝利を収めたのである。しかし、ユダヤ史を虚心坦懐に読むならば、シオニズムが、その構想段階から、すでにトーラー*の実践者と信仰心のあるユダヤ人たちの圧倒的多数によって反意の的とされてきたことは一目瞭然のはずである[58]。

実際、イスラエル国の創設者たちは、唯一可能な償いの仕方であると同時に「ユダヤ人問題」の解決法となり得るのは、ユダヤ人のための国家の創設であると国連の場で訴え、大多数の加盟国の賛同をとりつけたのであった。彼らによれば、ディアスポラ（離散）の地におけるユダヤ人の生活は危険にさらされており、唯一、独立国家のみが彼らを保護することができるとされていた。シオニストたちは、こうして破壊行為の最たるものであったショアーと、その後の再生の機縁として提示されたイスラエル国とのあいだに直接の関係を打ち立てたのだ。以来、ショアーの記憶を甦らせる手法のなかには、シオニストたちがそこから引き出そうと思う教訓があらかじめ刷り込まれることになるであろう。

イスラエル政府は〔一九五九年〕、惨劇の記憶を新たにするための公式の記念日として「ショアーの日（ヨム・ハ＝ショアー）」を制定した。現代ユダヤ史最大の出来事としてショアーとイスラエル建国の二つのあいだの関連性を強調するため、「ショアーの日」は「独立記念日（ヨム・ハ＝アツマウート）」の数日前に置かれている。日付の選択は、シオニストたちの軽蔑の対象たる「消極的な苦しみ」の記憶をかき消し、それを一九四三年のワルシャワ・ゲットー蜂起という積極的な抵抗の象徴に置き換えたいという新国家の指導者たちの意向によって説明づけられる。[3] この記念日の当初の正式名称は「ショアーと英雄主義の日」であった。公式行事は、その前日、エルサレムのショアー記念館「ヤド・ヴァ＝シェム（記念の印と名）」[4]において、軍も加わった荘厳な式典をもって幕を開ける。記念日当日には、まず〔午前十時に〕一斉にサイレンが鳴らされ、イスラエル国民を二分間の黙禱に誘う。そして、その日一日、ラジオやテレビでは特別番組の放送があり、さまざまな公開講演会も催される。記念日の主旨に誤解の余地はない。それはつまり、国家がわれわれを守ってくれる限りにおいて、もはやショアーは起きないであろうという一点に尽きるのだ。シオニストたちは、さらに、もしもイスラエル国が第二次世界大戦以前に存在していたならばショアーは決して起こらなかったであろう、とまで公言したりもする。

ツァハル（イスラエル国防軍）の軍事教練担当の将校たちに配布されている教本には、「ショアーの日」が新兵たちにユダヤの民への帰属意識と国家への忠誠心を植えつける機会になるべきであると記されている。

ほかの解決法がすべて失敗に帰するなか、イスラエル国を樹立するというシオニズムの解決法は、ユダヤの民の存続をめぐる問いに一つの答えを出すことを意図したものであった。ホロコーストは、その恐ろしさのうちにも、この二十世紀にあってユダヤ人がみずからの運命の主となり、みずからの存続を守る力を手にしない限り、その存続はまったく保証されていないということを示したのであった[59]。

この公式の教本には次のような表現も見られる。「ショアーの時期、ユダヤ人が選び取った立場は、現在継続中のこの紛争におけるわれわれの立場の基底部をなす道徳的かつ精神的な力を反映している」。つまり、今日のツァハルの軍事行動はショアーに対する抵抗の論理的帰結にほかならないというのだ。

イスラエル国民に愛国主義と好戦主義のメッセージを浸透させるためにショアーを利用する手法は、一九六〇年代以降、ほぼ日常的なものとなった。つい先頃〔二〇〇三年九月〕は、イスラエルのF15戦闘機が三機、ポーランドで開催された航空ショーに参加する機会を利用し――アウシュヴィッツ（オシフィエンツィム）記念館からの抗議をものともせず――、ナチ絶滅収容所跡の上空で模範飛行を繰り広げて見せた。ダビデの星の標章を掲げるその三機のパイロットたちは、いずれもショアーの犠牲者の末裔であった。そして、アウシュヴィッツに隣接するビルケナウ絶滅収容所跡には二百人のイスラエル軍兵士が陣取り、この模範飛行を注視するのであった。この日の飛行を振り返って、パイロットの一人は、イスラエルの軍事力への信頼を次のように語っている。「これはわれわれにとっての勝利です。六十年前、われわれは何も持っていなかった。国もなければ、軍隊もなかった。そのわれわれが、いま、われわれ自身の飛行機でこの場所にやって来て、亡くなった方々への敬意を表することができるのですから」(60)。

ショアーをめぐる公式典は、この種のメッセージを伝えるための機会をふんだんに提供してくれる。ある時、イスラエル軍参謀長が、ワルシャワ・ゲットーの闘士たちに捧げられた記念碑の前で次のように述べたことがある。「イスラエル軍の力の源がどこにあるのか、知りたいと思ったならば、ショアーの聖なる犠牲者たちとゲットー蜂起の英雄たちのもとへ足を運ぶがよい。[……]ショアーは[……]われわれの企図の根源であり、かつその合法性である」(61)。その一方で、ワルシャワ・ゲットー蜂起の歴史をシオニズムの大義に結びつけることが常に容易であるとは限らない。蜂起の際に殺害されたあるユダヤ人の娘は、のちに以下のような胸の痛む問いを投げかけている。

たとえパレスティナ人たちが「かつてワルシャワ・ゲットーでユダヤ人がそうされたように」一列に並ばされて一斉に射殺されているわけではなく、一日に一人ずつイスラエル軍に殺されているだけであるからといって、われわれユダヤ人は、道義性や正義について思い煩う必要がないということになるだろうか？　ナチズムなるものがユダヤ人にとって悪を裁定する際の唯一の基準になったからといって、いかなる行為も、それが完全なまでにナチズムの複製でない限りにおいて道義的に許容されるという意味になるのだろうか？[62]　ホロコーストは、ユダヤ人の道徳的感性にその程度のものしかもたらさなかったのだろうか？

戦後も、依然としてポーランドに住み続けているワルシャワ・ゲットーの旧闘士、マレク・エデルマン**は、パレスティナ人の対イスラエル抵抗運動と連帯し、そこに対ナチ闘争に通じる多くの共通点を見出している。そして実際、「かくも〔ワルシャワ・ゲットーほどの〕勇敢な歴史を持ちながら、同時に反シオニストであり続ける〔エデルマンのような〕ユダヤ人が提起してくる議論ほど、シオニストたちを憤慨させるものはないのである[63]」。

ディアスポラの地におけるユダヤ人の生活が根本的に危険なものであることを強調する必要も、おそらくここに由来している。たとえショアーほど重々しい出来事であっても、それが歴史上のある限られた時期に起きたものである以上、何かに永続的な正当性を付与するための根拠としては、なお不十分である恐れがあるからだ。みずから宗教＝民族派（ダーティ・レウミ）出身であるイスラエルの前教育相の次のような言葉も、おそらくその方向で解釈されるべきなのだろう。「ホロコーストは、一度起き、そして過ぎ去ってしまった異常事なのではない。それは、この世界からいまだ消え去っていないイデオロギーなのである。そして、今日なお、この世界は、われわれに対して同様の犯罪がなされるのを黙って見過ごさないとも限らないのだ[64]」。

多くのユダヤ人が、ショアーをイスラエル国の究極的な正当性証明としてとらえる。その傾向は、ショアーを実際に体験した世代の一部もさることながら、むしろ、その二世、三世の代にいたってより顕著になっているように思われる。その意味できわめて象徴的な事例は、イスラエル初の宇宙飛行士［イラン・ラモン、一九五四―二〇〇三年］がとった行動だ。みずからショアーの生存者の家系に連なる彼は、アメリカのスペース・シャトルに乗り組むにあたって、かつてテレージエンシュタット強制収容所で、ある少年が描いた月世界の絵を携行したのである。その行為に込められたメッセージは、何かの再生に託す希望であり、また、ヨーロッパでみすみす命を落とす屈辱の反対物としてイスラエルに属することの誇りでもあったにちがいない。

　イスラエル国は、また、未来のあらゆる脅威からユダヤ人を守り抜く存在とみなされている。ディアスポラの地において、一種の保険契約のようにしてイスラエル国に寄せられている支持の大部分は、この信念によって説明づけられるであろう。しかし、正統派のラビたち、しかも宗教＝民族派の思想を少なくとも部分的に共有しているラビたちのあいだにあってさえ、この信念に疑問を投げかける人々がいる。たとえば、モシェ・ソベル**は、万が一、アメリカ政府がアメリカ・ユダヤ人たちを迫害し始めた場合、イスラエルが彼らのために何かしてくれる保証はどこにもないと言う。彼は、そのような保証を求めること自体が滑稽千万であるとし、タルムード*を引用しながらこう結論づける。「あなたの保証人自身が保証人を必要としているのだ！　喩えて言うなら、それはあなたが死去する日に倒産することとなっている保険会社の生命保険に加入するようなものである[65]」。

イスラエル国の存在はショアーに対する償いの意味を持つのだという意識を、イスラエル人にも、またディアスポラの地のユダヤ人の若者たちにも植えつけるため、シオニストの教育者たちはさまざまな手法を用いる。なかでももっとも効果的なのは、一九八八年に始まった「生の行進（ミツアド・ハ＝ハイーム）」であろう。この行進に参加するユダヤ人の若者たちは、まずポーランドを訪れてアウシュヴィッツ絶滅収容所をはじめとするショアーの歴史的跡地を見学し、それからイスラエルに行き、独立記念日を祝う。ここから発せられるメッセージはきわめて強力だ。つまり、死の後に生があり、アウシュヴィッツのバラックの後に、青と白の国旗に飾られ、独立記念日を祝うイスラエルの町々があるということだ。ただ、近年、第二次インティファーダの余波を受けて、この行事の日程も幾分かき乱されがちだ。ポーランド旅行の引率だけを行なって、イスラエルには若者たちを連れてこないこともしばしばである。ある時期以降、ディアスポラのユダヤ人の親たちがイスラエル国をあまりに危険と感じ、わざわざそこに足を向けることを子供たちに禁じるようになったため、この行進のクライマックスともなるべき行程があえなくキャンセルされているのだ。

かくてショアーは、イスラエル国の存在理由にかなり強い説得力を付与するばかりでなく、イスラエル国への具体的支援の梃子入れを促す契機にもなっている。あるイスラエル国会議員によれば——

かつて、ユダヤの民の最良の友と思われていた人々も、ヨーロッパ・ユダヤ人を救い出すための具体的な援助は手控えたし、死の収容所の煙突にも背を向けたのであった。[……]だからこそ、今、自由主義の世界全体が[……]、イスラエル国に対する外交、防衛、経済の面での支援をつうじて、その改悛の姿勢を示すことが求められるのだ。[66]

この種の文言を目にしたいと思うならば、なにもノーマン・フィンケルスタインの『ホロコースト産業』[67]のような論戦的な書物に依拠するまでもなく、イスラエルの宗教＝民族派のシオニストたちによる情勢分析に耳を傾けるだけで事足りる。そして、そこには、ショアーのイデオロギー的かつ政治的利用が習慣化し、日常茶飯事となっているという事実、さらにはその利用法が集団的罪悪感の操作をも含むものであることがはっきりと示されているのである。

ショアーの記憶に対する政治的な操作が、シオニストたちのあいだにあまりに広く、あまりに深く根づいてしまった現状を憂慮するアヴラハム・ブルグは、近著『ホロコーストは過ぎ去った』[68]をもって、ユダヤ人大量虐殺の時代はすでに過ぎ去ったのだという認識に読者を立ち返らせようと試みている。ごく最近の研究によれば、今日なお、多くのイスラエル人がみずからを永遠の憎悪の被害者とみなしており、中東を舞台として打ち続く紛争の一方の当事者であるとの認識はきわめて稀薄であるという。

イスラエル・ユダヤ人の意識は、被害者意識、強迫観念、盲目的愛国心、好戦性、独善、そしてパレスティナ人の非人間化と彼らの苦しみに対する無関心によって特徴づけられる。[69]

ついには、イスラエル政治に対する批判に、ナチスによるジェノサイドの記憶さえ動員されるようになった。二〇〇八—〇九年、ガザ地区への攻撃が多くの国々のユダヤ人たちからも激しい抗議にさらされた時、あるフランスのユダヤ人がイスラエル首相宛に一通の公開状を書き、かつてナチスに殺害されたみずからの祖父の名を、以後、「ヤド・ヴァ゠シェム」記念館から抹消してほしいと要求したのである。

首相閣下、あなたの手でその命運が左右されるこの国家は、ユダヤ人のすべてを代表するのみならず、ナチズムの犠牲となったすべての人々の記憶をも代表するとの自負を表明しています。しかし、それこそが、まさに私の懸念の種であり、どうしても耐えがたい点なのです。ユダヤ国家の中心に位置する「ヤド・ヴァ゠シェム」記念館に私の親族の名を保存しながら、あなたの国家は、シオニズムという鉄条網のなかに私の家族の記憶を幽閉してしまっています。そして、日々、まさに正義に対する挑戦としかいいようのないおぞましい行為を、いわば道義的に正当化するために、人質としてその記憶を利用しているのです。(70)

イスラエル国によるショアーの利用形態はさまざまである。まずもって、ここ数十年のあいだ、ショアーはイスラエルの外交にとっての強力な道具であり続けてきた。それは、六百万人の犠牲者の集団的相続人として提示された国家に対する批判を押し殺し、逆に共感のみを募らせる効果を果たしてきたのである。しかし、今、この使用法も効力を失いつつあるように見える。ヨーロッパにおいて、戦争を体験した世代が権力の座からほとんど姿を消したいま、一部には、イスラエル国がショアーというこの強力なカードを濫用してきたのではないかと考える向きも出てきたのだ。イスラエル人作家、アモス・オズは、イスラエル人のこうした開き直りの態度に憤りを抑えきれなかった。

われわれは苦難を体験したことによっていわば免責証、つまり道義上の白紙委任状を与えられたも同然なのだ。けがらわしい非ユダヤ人どもがわれわれにしたい放題のことをしたのだから、だれからも道徳について説教されるいわれはない。なにしろこちらは白紙委任状を手にしている。それもわれわれが被害者としてあまりにも辛い体験をしてきたからだ。かつて被害者であり、いつも被害者だった。被害者であり続けたがゆえに、当然、道義のらち外に置かれてしかるべきだ、という含意である。(71)

イスラエルの政治学者たちのなかには、ショアーの記憶の政治的利用が、これまでイスラエルの同盟国だった国々からもいずれ反感を買うようになるのではないかと懸念する人々もいる。「ホロコースト神話の中心性は［……］、なぜイスラエル国が、その友好国の多く、ひいては自国の市民のなかの一部からも非理性的と思われるような仕方で行動するのかを理解するための鍵となる(72)」。その際、彼らが例証として引くのは、一九八二年、イスラエルによるレバノン侵攻にあたってベギン首相**がレーガン大統領に送った書簡である。そのなかでベギンは、「掩蔽壕に潜伏するヒトラーを始末するため、勇猛な軍隊をベルリンへと進軍させている」ような気分であると述べている。(73) つまり、過激派シオニストたちにとって、パレスティナ人とは「新しいナチス」であったということだ。(74)

ガザ地区ほか、一九六七年の占領地からの撤退をめぐる議論の途上でも、ショアーが頻繁に言及されてきた。シャロン政権が〔二〇〇四年に〕打ち出した撤退計画に反対する人々は、撤退を「抑留」になぞらえ、それは第二次世界大戦以後、久しく行なわれていなかった「ユーデンライン（ユダヤ人抜きの）」空間を作ろうとする試みにほかならないとした。占領地からの撤退という発想自体を頑として受けつけまいとする民族主義者たちの言説において、一九六七年の国境線は「アウシュヴィッツ境界線」と呼ばれていた。同じくイスラエルの民族主義系のメディアは、〔二〇〇五年八月〕ガザ地区から入植者を立ち退かせるために送り込まれたイスラエル軍兵士たちをSS隊員になぞらえた。ほかにも、ガザ地区からの撤退は新しいショアーを〈イスラエルの地*〉そのもので引き起こすことになるだろうと述べる人々がいた。入植者たちが運営しているあるラジオ局が、シャロンをスターリンに、イスラエル総保安局（シン・ベート）を「イェヴセクツィア*（ソ連共産党のユダヤ人部局）」になぞらえるかと思えば、イスラエルのある幹線高速道には「シャロン＝ヒトラー」との落書が見られるという有り様であった。(75) かつてのラビン首相**も、暗殺される直前、オスロ協定反対派が配布したビラのなかでSS隊員の制服をまとわされていたものである。しかし、そのようにしてショアーの象徴主義が、とりわけ民族主義系の活動家たちによって最大限に活用されているあいだ、当の民族主義者たち自身も、その批判者たちによってファシズムの喧伝家として非難されるのであった。イェシャヤフ・レイボヴィッツ**ほどの人物でさえ、入植者たちの自警団を指して「ユダヤ＝ナチス」なる呼び名を採用しているほどだ。

ショアーの記憶の政治的利用に対する疑義が、一部の確信的なシオニストたちのあいだにさえ見られるようになった一方、ユダヤ教の立場からシオニズムを批判してきた人々は、ショアー、そしてとくにワルシャワ・ゲットーにまつわる公式記念行事が、かえって出来事の真相を歪め、ユダヤ教にはまったく無縁のモラルを打ち広めようとしているとして非難する。彼らにとって、これらの公式行事の中心を占める力の称揚や、それぞれの出来事における「抵抗」の側面――実際のところ、抵抗の姿勢を示した人々はきわめて稀であったにもかかわらず――をことさら強調しようとする姿勢は到底受け入れがたいものである。さらに、彼らにとっては、当のワルシャワ・ゲットーの闘士たちさえ非難の対象とされねばならないのだ。「神を信じ、神の意思に従って生きる者は、みずからの死を早めるようなことを決してしてはならない。まして数万人という同胞の死を早める行ないについては何をか言わんやである(76)」。

ハレーディ*たちのあいだでも、同じ会衆に属する一部の人々――「アグダット・イスラエル*」に連なる人々であることが多い――が、ワルシャワ・ゲットーの蜂起に敬虔なユダヤ教徒も混じっていたことをことさら思い起こさせようとすることに対する批判の声が聞かれる。「無信仰の人々の集団が、かつて彼らの同志たちが示したユダヤ教的ならざる英雄主義の旗を振りかざす時、そこに敬虔なるユダヤ教徒たちも参加していたことを言い落としてくれる方が、われわれにとってはるかに好ましいのである」[77]。この批判には、先に見たとおり、英雄的ロマン主義をことごとく拒絶しようとするユダヤ教の姿勢と並んで、ショアーの記憶を制度化することに対するユダヤ教・反シオニストたちの拒否の姿勢が表れている。

　ここに、ショアーを生き延びたハシード派*ユダヤ教徒たちの実話を集めた感動的な書物がある[78]。そこにわれわれは、神とその摂理に寄せる揺るぎなき信仰心の数々の実例を見出すことができる。そのなかの一つ、ごく短い逸話として、あるゲットーでSS隊員らの手にかかって殺害された女性たちの話がある。殺される前、彼女たちは、ユダヤ教の典礼に適った浄めの沐浴「ミクヴェー」を行なう許可を願い出た。担当のドイツ人将校が、「全世界に汚染を広げる汚らしい人種」の側からなされた、この奇妙な申し出の理由を彼女たちのうちの一人に尋ねたところ、彼女はこう答えたという。「神はわたしたちの魂をこの世に持っていらした時、それを清いまま、わたしたちの両親の清い家に運んでくださいました。いま、わたしたちは、天にましますわれらの父に、それをきちんと浄めてからお返ししたいのです」[79]。ベルゲン＝ベルゼン収容所に送り込まれたあるハシード派のラビが、過越祭のマツァー（種なしパン）を作るための小麦と釜を提供するよう、大胆にも収容所司令官に申し入れたのも、やはり、神に対する絶対の信のなせる業である。彼は、いつもどおりにハッガダー*を朗誦し、そして、それに加えた注釈のなかで、目の前のショアーは「われわれの贖いの始まりである」とハシードたちに教えた。そして、ハシードたちは、ふたたびそれぞれのバラックに戻りながら、「ベルゲン＝ベルゼンの血まみれの床の上、彼ら自身の足音のなかにメシアの足音がこだましていると信じて疑わなかった」という[80]。

興味深いのは、この実話集の選者が、序文のなかで、「このハシード派の実話集は［……］、生きるため、あるいは誇らしく死ぬために武器をもって行なわれる抵抗や物理的闘争の価値を断じて否定しようとするものではない」として、あらかじめ読者を安心させることをもってみずからの義務と感じている点だ。(81) しかし、実際に頁を繰ってみると、そこには抵抗にまつわる話など一つも見当たらず、むしろ、一般の記念行事の場などではほとんど耳にすることができないような、犠牲者たち自身によるショアー解釈が淡々と示されているだけなのである。選者による序文の断り書きは、いかに現代のユダヤ人にとって、いまだシオニスト的感性に影響されていないショアー解釈、つまり、極限状態においてユダヤ教の伝統を確認し、目の前の惨劇に精神的な意味を与えようとする解釈の仕方を受け入れることが困難になっているか、図らずも露呈するものといえよう。

よって、シオニズムのうちにみずからの居場所を見出すことのできないユダヤ教徒たちのもとで、ショアーの記憶と解釈が一般とはまったく異なる様相を示すとしても、まったく驚愕には値しないのである。その変種のすべてをここに網羅することは不可能であるが、少なくとも、すべての解釈に〝ショアーはわれわれの罪によって起こり、われわれを改悛へと導く〟という思想が共通分母として見出されるように思う。すでに見たとおり、一部の宗教思想家たちはショアーの責任をシオニズムに帰する。シオニズムが諸々の民に突きつけた挑戦、そして、ユダヤ人たちのあいだに急速に広めてしまったトーラーの棄却こそが、あの大災厄の原因であったとして非難するのだ。彼らに言わせるなら、ショアーとイスラエル国をめぐる筋書は、すでに三千年以上も前からトーラーのなかで予告済みであったのだ。

　トーラーが発する警告は、主として偶像崇拝、つまりイスラエルの子らを誘惑する「異国の信仰」に関するものであるが、一部の現代の注釈者たちによれば、わずか一カ所だけ、無神論と非宗教化という二十世紀に固有の概念に関係する警告があるという。


　彼らは、神ならぬ者をもて我に嫉妬を起こさせ、虚しき者をもて我を怒らせたれば、我も民ならぬ者をもて彼らに嫉妬を起こさせ、愚かなる民をもて彼らを怒らせん。すなわち、わが怒りによりて、火、燃え出で、深き陰府《よみじ》に燃えいたり、また地とその産物とを焼き尽くし、山々の基《もとい》を燃やさん。我、災いを彼らの上に積み重ね、わが矢を彼らに向かいて射尽くさん。彼らは、飢えて、痩せ衰え、熱の患いと悪しき疫とによりて滅びん。我、また彼らをして獣の歯にかからしめ、地に匍う者の毒に当たらしめん。外には剣、内には恐れありて、若き男をも、若き女をも、幼子をも、白髪の人をも滅ぼさん。（「申命記」三二の21—25）

　ここで語られるべきは「面《かお》を隠す」神でも「神のかげり」〔5〕でもなく、むしろ神の歴史のなかへの積極的な顕現である。

　ラビ、モシェ・ドーヴ・ベック**は、一度、ニューヨーク州、モンジーにある彼の質素な自宅に筆者を招いてくれた。エルサレムのメア・シェアリーム地区で目にするのと同じ、縦縞の入った黒カフタンをまとった彼は、私に伝統にもとづくショアー解釈をわかりやすく説明するために一つの喩え話から始めた。私がイディッシュ語を解さないため、普段、日常語としてのヘブライ語使用を回避している彼が特別にヘブライ語で話してくれたが、それはアシュケナジ系の抑揚がたっぷり盛られたラビ・ヘブライ語であった。

ある時、王の息子が業病にかかり、世界中の名医たちも何もなす術を持たないまま、王子は刻々と死の時に近づきつつあった。そこへ突如として一人の男が現れ、王子の病を治してみせようと言った。ただし、条件として、一切麻酔を使わずに手術をさせてほしいという。父王は一瞬躊躇したが、息子の一刻を争う容態に鑑み、その条件を呑むことにした。王は手術室の外に控えていなければならなかったが、ガラス製のドアをとおして、息子本人は見ることができない手術の様子を一部始終眺めることができるようになっていた。手術が始まり、息子が恐ろしい苦痛の叫びをあげ始めると、父王の心は引き裂かれんばかりとなった。叫び声が聞こえる度に王は全身を震わせるのであったが、しばらくすると彼の顔には安堵の笑みが戻っていた。息子が病から癒えつつあったのだ。王子は、手術の痛みに完全に打ちのめされ、自分の身に何が起こったのかさえわからないまま、父王の名を呼んだ。しかし、父親はその呼びかけに答えなかった。息子は、父が自分を見捨ててしまったのではないかと不安になった。だが、実際は、父はただ単にその顔を隠していただけだったのだ。

ショアーは、たしかに、もっとも耐えがたい苦しみの源であった。しかし、神は断じてわれわれをお見捨てにならなかった。神は、また、その顔を隠すことさえなさらなかった。われわれを冒している病の名は「非宗教化」であるが、今日、第二次世界大戦前と比べるならば、より多くの若者たちがトーラーを学ぶようになっている。治療が一定の成果を上げたわけだ。しかし、一部の者が事の意味を取り違えてしまった。彼らはそれを、もはや父がいなくなってしまった、いや、昔から父などいたためしがなかったのだ、という意味にとってしまった。こうして彼らは、ショアーのなかに、ユダヤの民の弱さ、そしてユダヤの民のための軍の不在、国家の不在ばかりを見るようになった。あたかも、ついさっきまで自分を殴るために使われていた棒に噛みつく犬のように、シオニストたちは、ショアーの背後に神の手を見ることができない。そして、いうまでもなく、彼らはショアーから、間違った、危険な教訓を導き出してきたのだ(82)。

喩え話を交えたこの力強いショアー解釈は、ユダヤ教の伝統が、償いと罰、美徳と侵犯、神を前にした謙虚さと驕傲といった枠組みのなかでとらえてきた一連の惨劇の一つとして、かの出来事を位置づける。つまり、ショアーも、金の子牛、モーセとアロンに対するコラの反逆、二つの〈神殿〉の破壊など、聖書の物語に引きつけて解釈されるべき一つの出来事なのである。よって、ショアーの記憶を甦らせるにあたっては、ユダヤ暦アヴ月九日に帰されるほかのすべての惨劇と異なるやり方に依拠する必要はまったくないということになる。タイテルボイム**ほか、ハレーディ系の思想家たちにとって、ショアーとイスラエル国は、破壊と再建といった「正＝反」の関係にあるのではない。むしろ、その両者が共に、贖いにいたる序曲、悪の力の最後の噴出として連続した同一過程を形成しているのだ。イスラエル国がショアーによって開始された破壊と暴力の連鎖の一コマにすぎないという考え方は、ユダヤ教における反シオニズム思想の反復主題である。この主題が、別の言葉遣いによってではあるが、改革派ユダヤ教徒たちによる反シオニズム文献にも顔を覗かせているわけである。

　イスラエル国は、まずドイツから、そしてのちにはショアーの実現に手を貸した――あるいはそこから実利を引き出した――とされるほかの国々からも具体的な補償を受け取ってきた。今日の世界には、イスラエル国は絶滅された数百万のユダヤ人たちの正当な嫡子である、との見方が深く根づいている。しかし、ハレーディ系、改革派を問わず、ユダヤ教徒の批判者たちは、当の犠牲者たちが相続人としてイスラエル国を指定したわけでもない以上、イスラエル国がドイツから補償金を受け取るのは不法な行為であったと主張してやまない。批判者たちは、また、スイス、その他の第三国の銀行に損害賠償を請求しようとする運動の主導者たちにも自重を促す。こうした運動の先頭に立つユダヤ人弁護士らの攻撃性を見て、日頃から矜持と戦闘性の表出をことごとく退けるハレーディたちは、自称「ユダヤ人の利益」を追求するこの集団的運動がユダヤ教徒・ユダヤ人全体への反発を生みかねないと懸念しているのだ。

　われわれのこの二十一世紀の幕開けに際して、反ユダヤ主義がふたたび勢力を増してきているとの指摘が一部にある。そして、シオニストたちは、シオニズムに対するあらゆる批判、イスラエル国の正当性を疑義に付すあらゆる試みが、それ自体としてすでに反ユダヤ主義を構成していると主張する。こうして彼らは、早くも十九世紀末、ユダヤ人のために国家を作ることによっても反ユダヤ主義は決して消え去らず、逆に、ユダヤ人憎悪を濃縮し、彼らの身をより一層の危険にさらすことになろう、とさかんに警告を発していた最初のシオニズム批判者たちに理があったことを暗に認めているわけだ。他方、ユダヤ教の伝統は、ユダヤ人を一つの同じ場所に集住させることの無謀さをはっきりと警告していた〔本書二三六頁参照〕。モーセ五書をつうじて、ユダヤの民が集住する様が描かれる稀有な箇所の一つが、やはり神への反逆として失敗を余儀なくされた〈バベルの塔〉の建設であったことを思い起こそう（「創世記」一一の1—9）。現代の聖書注釈者たちのなかには、こうした警告の中身が、いま、最悪の仕方で現実のものとなったとみなす人々もいる。なぜなら、イスラエル国が「諸々の国」のなかの一つとなり、しかも、ユダヤ教徒・ユダヤ人にとってもっとも危険な場所と化してしまったからだ。そして、イスラエル国の創設によって引き起こされた紛争は、通信と移動手段の急速な発展により、ディアスポラのユダヤ居住地にも、日々、激しさを増す暴力を伝播させているのだ。

かつて、シオニズムの初期の酷評者たちによってなされた黙示録的な予言は、それがなされた当時、つまり、いまだ若く、希望に満ち溢れたシオニズムに人々の熱狂が徐々に吸い寄せられつつあった時代よりも、むしろ今日においてこそ、その現実味と恐ろしさを遺憾なく発揮しているように思われる。イスラエルの強硬な政治姿勢と、シオニストたちが全ユダヤ人の名において繰り広げてやまないイスラエル国擁護の弁舌が、今日の世界の文脈において、無視し得ない危険因子となっていることは明らかだ。イスラエル国とシオニズムの批判者たちの側では、ディアスポラの地のユダヤ人が折々の時局や政局から「とばっちり」のようにして被っている迷惑も、シオニストたちにおいては、自分たちの確信をますます補強するための契機にしかならないことをよく心得ている。それでもなお、ユダヤ教徒の反シオニストたちがメディアにメッセージを流し続けるのは、予想される惨劇を正確に告知せねばならないと思うからだ。こうして彼らは、「ユダヤの統一性」なるスローガンを、シオニズム的であると同時に反ユダヤ主義的なものとして退ける。ほかでもない、この種のスローガンは、あたかもすべてのユダヤ人に共通の政治的利益がどこかに存在しているかのように思わせ、それにより、ディアスポラのユダヤ教徒・ユダヤ人の至福と安寧を危険にさらす意味しか持たないからだ。そもそも、住民を政治的に千々に分裂させる一方のイスラエル国にあって、その種のスローガンのデマゴギー性は一瞬のうちに露呈されてしまう。むしろ、「ユダヤの統一性」なるものを語り得るとするならば、それは、ディアスポラの地に点在する数多くのユダヤ教組織が、頼りとなる民主的な機構をまったく欠いたまま、日々、熱心に維持に努めている信徒間の絆の方であろう。

アメリカのラビ、モリス・ラザロン**は、一九三五年のドイツ訪問の折、あるユダヤ人の劇団が「エステル記」を元にして組み立てたオペラの上演に立ち会い、深く心を揺さぶられたという。そのオペラは、プーリム祭の当日、ベルリンの劇場で、ハインリヒ・ヒムラー臨席のもとで演じられた。ラビ、ラザロンは、迫害者たちを前にして、自分たちの最終的な救いへの強い信念を演技に託したユダヤ人たちの勇気に感動を禁じ得なかったのである。ついでながら、プーリムの物語において、一度は不可避と思われた大災厄の実現をぎりぎりで押しとどめたのは、宮廷内の秘密の取り引きであったことを思い起こそう。

しかし、二十世紀のプーリム物語はまったく異なる展開を見せた。そして、その大災厄から導き出される結論もまた、まったく別の趣を呈している。かくして、ラビ、タイテルボイムによれば、イスラエル建国は宇宙的秩序の破棄にほかならず、よって、一つの厳罰に値する挙であった。

異端者や背教者たちが〈聖地〉に建てた建物が、メシアにより、土台部分にいたるまで、すべて跡形もなく焼き払われることになるのは間違いない。そして、主は、われわれのために、至高の聖性に浸された新しい建物を建ててくださるであろう。「汝らの回りに残れる国々の民は、すなわち我、永遠主が、崩れしものを再興し、荒れたるところに植えつけすることを知るにいたらん」［「エゼキエル書」三六の36］。その時、再興された建物は、以前とは異なったものになろう(83)。

この黙示録的な予言によれば、早晩、完全にして絶対、そして一瞬のうちなる破壊がイスラエル国を待ち受けていることになる。しかるに、ユダヤ教・反シオニストたちにとっても、現今のシオニスト国家が消え去る際の具体的な様相は、人の生死に関わる一大問題であることに変わりはない。よって、イスラエル国の廃止を呼びかける彼らの見通しにおいて、望ましいのは、ユダヤの民にこれまでにない損害をもたらしかねない諸々の国人《くにびと》の介入ではなく、神からじかに下される懲罰である。こうして彼らは、日々、神に訴えかけ、神が慈悲深くあらせますよう、そして、破壊を決断なさる場合でも、それを神ご自身の手で実行してくださいますように、と祈り続けるのだ。

シオニズムを否定するラビたちが残した言葉のなかで、この破壊の様相は、ショアーのイメージにもましてわれわれの想像を超え出たものとなっている。たとえば、あるラビ〔アヴラハム・アズライ、一五七〇年頃―一六四三年〕が残した注釈によれば、メシアの到来時、〈イスラエルの地〉*にはわずか七千人のユダヤ人しか残っていないだろうという。[84]むろん、この種の破壊の予言は、ヨナのそれのように、単なる警告で終わることもあり得る。ユダヤ教の体系においては、真摯な改悛が神の懲罰の脅威を帳消しにする力を備えているからだ。いわゆる宿命論がユダヤ教の伝統には無縁とされる所以もここに存する。

第七章　破壊の予言と存続のための戦略

ああ、主よ、我、深き淵より汝を呼べり。主よ、願わくはわが声を聞き、汝の耳をわが願いの声に傾けたまえ。主よ、汝、もし諸々の不義に目を留めたまわば、誰か、よく立つことを得んや。
（「詩篇」一三〇の1―3）

「イスラエル国が危機に瀕している」。熱烈なシオニストたちの口からしばしば聞かれるこの種の言葉は、これまでユダヤ人の避難地――場合によっては最後の避難地――といわれてきたイスラエルが、実のところ、彼らにとってもっとも頼りない場所になってしまっていることとの逆説的表現でもある。今日、ますます多くのイスラエル人が「血の罠」に囚われていると感じ始めた。これにより、ユダヤ教・反シオニストたちの重々しい予言の正しさが裏打ちされた格好だ。第一次インティファーダ（一九八七年）の開始以前、イスラエルとディアスポラ（離散）の地のユダヤ人たちの大部分は、イスラエル国の存在にすっかり慣れ、それをごく自然な現実――あるいは「永遠の」現実――ととらえていたものである。たとえば、一九八〇年、クネセット*（イスラエル国会）が「統一エルサレムはイスラエル国の永遠の首都である」と宣言したのもその表れといえよう。しかし、その後、国家の脆さの印象が人々のあいだにじわじわと広がりつつある。アリエル・シャロンは、少なくともその地域一帯において最強の軍を指揮していながら、パレスティナ人の蜂起を前にして、イスラエル国が、一九四八年の創設直後に匹敵する危機的状況に置かれていると述べる。しかし、ツァハル（イスラエル国防軍）がこれほど堅実に国防の責務を果たしているなか、本当に「国家」が危機に直面しているのかどうか。危機に直面し、みずからの脆さを痛感させられているのは、むしろ、イスラエルの市民とディアスポラのユダヤ人の方なのではあるまいか。

イスラエルの国益とディアスポラのユダヤ人の利益は断じて一致しないものである、と言う人がいる。また、イスラエル国家の利益が、その民主政体にもかかわらず、イスラエル国民の利益に背馳していると指摘する人もいる。パレスティナ人、アラブ人、イスラーム教徒を悪者に仕立て上げて事足れりとする人々がいるかと思えば、ヨルダン川西岸のユダヤ人入植者たち、そして一般に強硬路線の支持者たちを諸悪の根源として指弾する人々もいる。しかし、これらすべての意見にもまして頻繁に耳にされるようになってきたのは、中東において――イスラエル人が嘆きを込めて言うところの「危険な隣人たち」のあいだで――、この先、イスラエル国が存続していくこと自体に対する疑念だ。一部ながら、すでにイスラエル国の市民ないし支持者たちの目にも、イスラエルは、地球上のいたるところで脱＝植民地のプロセスが始まったまさにちょうどその頃に創設された世界最後の植民地国家として映り始めているのだ。

これまで長きにわたり敵勢の包囲に持ちこたえてきたイスラエル社会は、いま、国内のアラブ住民の掌握にほとほと手を焼くようになっている。そして、パレスティナ人を周辺のアラブ諸国に強制移住させ、一九六七年の占領地を正式に併合してしまうことに賛意を唱えるイスラエル人が数を増しているともいわれる。他方、そうした強硬姿勢は、イスラエル内外の多くのユダヤ人に嫌悪感を抱かせている。なかには、いまのままの状態でイスラエル国を維持することが、伝統的なユダヤ教の道徳とは相容れない価値の尺度を要するものであることに気づいている人々もいる。こうしたユダヤ人——これまで度重なるイスラエルの戦争を経験してきた古参兵であることが多い——は、ある種の恐怖感に囚われている。それは、いうなれば、自分たちの力ではもはやどうにも制御できなくなっている状況に人質として捕らわれてしまったような気持ちである。彼らは、彼ら本来の誠実さの感情にも合致するものとして、平和的な出口を探し求めている。そして、そのような出口が見出せないことの絶望感から、ようやく、一世紀以上も前から提起されている議論——すなわち、シオニズムとイスラエル国がユダヤ人にとっていかに危険なものであり得るかという、ユダヤ教・反シオニズムの陣営から提起されている議論——にも耳を貸してみようかという気持ちになっている。

しかし、この二十一世紀初頭の文脈上で、ユダヤ教・反シオニズムのさまざまな思想家たちは、一体何を提案しようとしているのか？

ユダヤ教の実践者が遵守する典礼の一部をなしている、ある祈禱の文言は、ユダヤの連続性に〈聖地〉が占める位置に光を当ててくれる。出エジプトの事蹟に関係する祭日——つまり〈神殿〉時代のユダヤ教徒がエルサレムで祝っていた過越祭、五旬節、仮庵祭——に、イスラエル人も、ディアスポラの地に住まう彼らの同胞たちも以下の同じ祈禱の言葉を唱えるのだ。

神よ、われらの父祖の神よ、われわれは、われわれ自身の罪により、国を追われ、土地から遠ざけられました。われわれは、汝の選びの家、かつて汝の名が宣せられたあの偉大にして聖なる家で、われわれの義務を果たすことができずにおります。それもすべて、ある手が、汝の聖所に振り下ろされたからです。おお、永遠主よ、われらの父祖の神にして慈悲深き王よ、願わくは、汝の大いなる慈悲をもって、われわれのもとに戻り来、われわれと、そして汝の聖所とを哀れみたまえ。聖所をふたたび建て、その栄光を高めたまえ。父よ、王よ、われらの神よ、汝の王座の栄光を表したまえ。汝の姿を現し、生ける者すべての目の前で、われわれの主として君臨したまえ。散っていったわれらの同胞を諸々の民のあいだからふたたび引き寄せ、地の果てからもわれらの離散の民を集めたまえ。われわれを歓喜の歌のうちに、汝の町、シオンへと導き、永遠の喜びのうちに、汝の聖所の町、エルサレムへと導きたまえ。(1)

ユダヤ教の伝統において、歴史には終点があるとされている。いわゆるメシアの到来がそれだ。しかし、先に見たとおり（本書第三章）、この同じ伝統によって、メシアの到来に要する時間を計算したり見積もったりすることが禁じられ、また、その到来を早めようとしたり、メシアの到来を願うあまり過度の熱を込めた祈りを捧げたりすることも控えるべきであるとされている。今日、たとえ世界のユダヤ人口のほぼ半数がイスラエルに住んでいるとしても、祈禱書の文言に変更が加えられたわけではない。つまり、メシア待望はそのまま維持されており、数百万人のユダヤ人が物理的にイスラエルに集住しているという事実によっても、それはまったく変質を被っていないのである。しかし、現実として、ユダヤ教を実践する者ならば誰もがこの同じ祈りの言葉を唱えながら、彼らの感情は二手に大きく分かれている。一方には、イスラエル国の創設が、究極の贖いの時が間近に迫っていることを告げる奇跡であるという、歓喜に満ちた確信があり、他方には、神に対するシオニストたちの反逆が、早晩、恐ろしい懲罰をもたらすのではないかという、禍々しい予感がある。見解の二極化は、人間の歴史におけるイスラエル国の位置づけとその役割をめぐって、ひときわ顕著となる。

ユダヤの連続性のなかにイスラエル国が占める位置

救いはあくまでも奇跡として起こるものであるという、ユダヤ教・反シオニズムの典拠のなかにしばしば見出される思想は、きわめて古典的なものである。しかも、この信念を打ち出しているのはユダヤ教の内部で反シオニズムの立場をとる人々ばかりではなく、宗教＝民族派（ダーティ・レウミ）の人々もこの考え方をしっかりと共有しているのだ。違いはただ、宗教＝民族派において、シオニズムの企図が神の意思の顕現、つまり、かつて出エジプトの際に起こった「神の指」の顕現（「出エジプト記」三一の18）にほかならないとされている点である。見解の二極化は、贖いに先立つ全面的な破壊をめぐってではなく——破壊が行なわれるということ自体については、ハレーディ*も宗教＝民族派も見解を一にしているのだから——、破壊によって引き起こされることの定義をめぐって生じているのだ。

宗教＝民族派にとって、破壊はすでに一九四五年をもって終了している。そして、ショアーは贖いに向けての跳躍板にほかならなかったわけだ。それに対し、ラビの伝統にもとづく反シオニズムの理論家たちによれば、すでに前章で見たとおり、ショアーは長い破壊のプロセスの端緒にすぎず、イスラエル国の存在は、そのプロセスを一層恐ろしいものにしかねない一つの要素である。後者の人々にとって、シオニズムの産物はすべて、〈聖地〉を完全なる荒廃の状態で目にするであろうメシアによって無に帰されることとなっている。このように、シオニズムのメシア主義を完膚なきまでに否定する見方からすれば、イスラエル国は、贖いの道の途上に置かれた障害物以外の何ものでもないわけだ。何百万というユダヤ人をあれほど危険な場所に集住させるなど、この論理からすれば狂気の沙汰としか思われないのである。

荒廃の状態と奇跡の贖いの状態を分けるはっきりとした明暗は、トーラー*やラビたちによるトーラー注解のなかにも常に見られるユダヤ教思想の不可避の主題といえるだろう。その明暗の構図は、当然のことながら、ハレーディたちの反シオニズム思想においても頻繁に繰り返される。反シオニズムの理論家としてもっとも有名なラビ、タイテルボイム**によれば、「メシアの到来前に、冒瀆の国家は姿を消すだろう。それ以外に通るべき道はないのだから」。「ダビデの子は、イスラエルの名に値しない王国の消滅後に、ようやく到来するであろう」[2]。言い換えるならば、イスラエル国は贖いにいたる道の途上に置かれた障害物であり、そして、贖いとは、あくまでも「量子飛躍」のような仕方で起こる以外にないということだ。

タイテルボイムがモシェ・ベン・マイモン（マイモニデス）を引用しながら強調しているのは、かつて、エジプトから脱出する直前に、ファラオの顧問たちが、イスラエルの子らはもはやどうしようもない凋落の状態にあり、彼らがそこから立ち直る見込みはまったくないと見ていた〔神からのトーラー拝受を間近に控えた状態にはとても見えなかった〕という点である。もちろん、こうした見方が、つい最近まで、イスラエル社会、とりわけ宗教＝民族派のあいだに広く浸透していた感情のまったく逆を行くものであることはいうまでもない。なにしろ、彼らにおいて、贖いとは、彼らが〈イスラエルの地〉*に渡って入植を始めた日に始まり、その後、段階的に進行していくプロセスとしてとらえられているのだから。こうして、同じトーラーを典拠とする両陣営のあいだで、贖いの性格をめぐる論争が繰り広げられることとなる。つまり、贖いとは、神によって、直接、しかも不意に成し遂げられる業であるのか、あるいは、人間の現実行動によって——イスラエルで流行の言い方によれば「既成事実によって（ウヴドット・バシェタハ）」——開始させることもできる段階的なプロセスなのか、ということだ。

とりわけ宗教＝民族派のもとで顕著に見受けられる戦闘的メシア主義は、当然のことながら、宗教的反シオニズムに与する人々から批判の対象とされている。このメシア主義は、すでに本書（第四章）でも見た武力行使の是非をめぐる問いとの関わりにおいてさまざまな理論的な問題を提起し、それが目眩く現代イスラエル史の文脈においてたちまち現実的な意味を帯びてしまうのだ。偽預言者シャブタイ・ツェヴィに関する著作もあるゲルショム・ショーレムは、かつて、メシア主義の力に対する懸念を次のように言い表していた。「ユダヤ人の歴史が具体的現実に再入しようとすると、必ずや、その深みからメシア主義的な権利要求が汲み上げられてしまう。しかし、はたしてユダヤ人の歴史は、その権利要求自体によって破壊されてしまうことなく具体的現実の次元に突入することができるであろうか？[3]」。

ルバヴィチ派*最後のレッベ*、メナヘム・メンデル・シュネールソン**とリトアニア派ハレーディの指導者、エルアザル・メナヘム・シャハ**は、さまざまな見解の相違にもかかわらず、ユダヤの連続性におけるイスラエル国の位置づけについてはおおよそ同意見であった。ラビ、シャハによれば、ユダヤの民は、メシアが到来するまで、今現在住んでいる場所（イスラエルを含め）で流謫の境遇を生き続ける以外にないとされる。また、時とともにユダヤ民族主義者たちに対してより開放的な姿勢を見せるようになった、ラビ、メナヘム・メンデル・シュネールソンも、かりに多くのユダヤ人が〈聖地〉にアリヤー*を果たしても、それがそのまま預言者の書に描かれている流謫者の再集結を意味するものではないとした[4]。彼にとって、イスラエル国とは、贖いの観念を複雑なものにし、ユダヤ人に混乱を与える存在である。「偽の贖いは真の贖いの実現の妨げとなる。なぜなら、すでに贖いの時を生きているのだと考える者たちは、流謫の終了と真の贖いのために求められている戒律を遵守しなくなるからである。それによって彼らは、個の流謫、会衆の流謫、イスラエル全体の流謫、そしてシェヒナー（神の臨在）の流謫をむしろ長引かせることになる[5]」。

　そのメシア主義をいったん措くとしても、宗教＝民族派の教義はまた別の水準でも厳しい批判にさらされている。かつて宗教＝民族派の出発点となった、ラビ、クーク**や、ラビ、ライネス**、そして彼らの弟子たちは、シオニズムの入植活動が、すでに無信仰者となってパレスティナの開拓にやって来た人々をふたたびトーラーに近づけるという贖いの効果を発揮するにちがいないと主張していた。しかし、この期待は現実のものとならなかった。むしろ、先述のとおり（第二章）、新しいイスラエル人アイデンティティーは、ユダヤ教アイデンティティーからの乖離の度合いを深める一方であった。このように、すでに多くの宗教＝民族派の人々の目にさえ偽の予言と映り始めたものが、当初からシオニズムを「異端の企図、ユダヤの連続性に対する脅威」[6]として退けていた人々の立場を補強しないはずはない。多くの無宗教のユダヤ人、ひいては宗教＝民族派の人々にとっても、イスラエル国は公民宗教であり、また彼らのアイデンティティーの支柱であり続けるのに対し、多くの宗教人、とりわけハレーディたちにとって、それはユダヤ教から神への服従という大黒柱を抜き取った上で、そこから借りてこられた象徴物や実践行為を不消化のまま混ぜ合わせたものにすぎない。国家による宗教的象徴物の利用は、断じて伝統的宗教への回帰を意味するものではない[7]。そして、かりにそのようなものをもって宗教への回帰と呼ぶことができるとした場合でも、国の人口にユダヤ教徒が何パーセントを占めるかといったようなことをもって、自分たちが現行の「シオニスト政体（Zionist entity）」を拒絶する基本方針が左右されることは絶対にあり得ない、とハレーディたちのなかのもっとも強硬な反シオニストたちは言う。彼らの目からすれば、イスラエル国のあらゆる痕跡が、メシアの到来以前に跡形もなく消え去ることになっているのである。

イスラエルという名の公民宗教は、そもそもきわめて脆弱な構造体である。ハレーディたちがそれを断固として撥ねつける理由は、その構造体が、まさにユダヤ教に取って代わるものとして導入されたからだ。他方、無宗教のユダヤ人たちの目にも、この同じ公民宗教が、ユダヤ教の伝統から都合のよい部分だけを切り出して「血と大地」式の時代錯誤的なイデオロギーに貼りつけたものとして映り始めている。しかも、ユダヤ教を実践しないユダヤ人でも、ユダヤ教の伝統のなかに、エレミア、ヨハナン・ベン・ザッカイといった遠い時代の「反体制分子」を発見し、その徹底した平和主義と政治的現実主義に魅せられることを機縁として、ふたたびユダヤ教の伝統に接近する道は開かれている。無信仰のユダヤ人でも、その道筋を辿るなかで、イスラエルの公民宗教を却下するユダヤ教の古典的反シオニズムのメッセージに共感を覚える余地は十分に残されているのだ。

イスラエルを、なにかユダヤの民にとって積極的な価値を持つものとして提示するなど、盲目の教条主義のなせる業としか思えません。ユダヤの民の避難場所を自称して建設されていながら、それがここ五十年来、ユダヤ人にとって、間違いなく世界でもっとも危険な場所だったのですから。しかもそれは、何万人というユダヤ人の死、多くの家族の四散の原因でもあった。イスラエルは、その背後に、悲しみに暮れる寡婦、孤児、友人の喪の隊列をずらりと引き連れているのです。［……］そして、われわれとしては、このユダヤ人の物理的な苦しみの一覧表にパレスティナ人たちのそれをもつけ加えることを忘れないようにしましょう。貧困、迫害、屋根もない生活、覆い被さるような絶望、そして、大抵の場合、早すぎる死。すべてそうしたものを余儀なくされてきた、あの一民族のことを。[8]

この発言の主であるハレーディ系反シオニズムの活動家〔イスロエル・ドヴィッド・ウェイス〕において、形而上学の水準における警告と、人道性ならびに道徳の水準における懸念が表裏一体の関係にあることが察せられる。「〔流謫に関する〕神の命をないがしろにするような行為は、初めから血塗られた失敗を運命づけられていることを知るべきです。ある民の希望を実現すると言って、それがほかの民の希望を打ち砕きながら行なわれるようでは駄目なのだ、ということを知るべきです(9)」。

ところが、現実には、ショアーの過去や、現在のイスラエル住民の生活を根底から脅かしている治安の悪さなどを盾にとって、イスラエル国は、あらゆる道義的検証の作業から免除されてしまう。それも「ユダヤ教が神に対する人間の義務をその価値体系の中心に据え、共同体に対する義務をそこから演繹するものであるのに対して、公民宗教は、個人がみずからの民族に対して負っている義務を中心に据える(10)」ものである以上、至極当然というべきなのかもしれない。イスラエルの政治学者たちによれば、公民宗教が、みずからの信徒たちに最大限の犠牲を求めておきながら、その究極的な意味についてはいかなる答えも与えようとしない理由はそこにある。また別の論者によれば、イスラエルの公民空間が、とりわけ「祖国のための死」に結びつけられる理由もそこにあるのだという(11)。

ムッソリーニによる有名な「民」の定義に、それは共に戦争を戦う個人の集団の謂いである、というものがある。現在のイスラエルにおいてこの定義が実効性を持っていることは疑えないが、イスラエル国民の圧倒的多数は、依然、そのような民族アイデンティティーをファシズム的と評するにちがいない。加えて、イスラエル在住のユダヤ教徒のなかで重要な地位を占める少数派、ハレーディたちは、軍事活動への参加を拒否し、ツァハル（イスラエル国防軍）の持つ国民的価値など一切認めていないのである。

それでもなお、この公民宗教を受け入れる人々は、かつてシオニズム時代に人間の美質として称揚された「筋骨たくましさ」を礼賛し、逆に「流謫的」と評される伝統的ユダヤ教の特徴との断絶を推奨する人々なのだ。ハレーディたちの多くが、イスラエルの日常生活において力の議論がもっとも大きな説得力を持つにいたったと嘆く所以もここにある。さらにハレーディたちは、イスラエルの政治家が、しばしばユダヤの民の名のもとに語りながら、イスラエル軍の行動が世界各地でいかなるユダヤ人のイメージを築き上げているか、ほとんど気にもかけていない、として糾弾する。たしかに、今日、ますます多くの人々が、日々、テレビに映し出される戦車と機関銃の映像に、ユダヤ人、そしてユダヤ教さえをも重ね合わせるようになっている。イスラエルの政治家たち、そしてディアスポラの地における彼らの支持者たちが示す好戦的な態度は、ユダヤ人、非ユダヤ人を問わず、もはや「ジュダイズム（Judaism）」なる語の本来の意味さえわからなくなっている人々のあいだに混乱の種を播き続けるのだ。だからこそ、ユダヤ教の立場からシオニズムに反意を突きつける人々は、あらゆる機会をとらえて以下のようなメッセージを発し続けねばならないのだ。「ユダヤの民は、ほかの民を抑圧するために創られたのではない。ユダヤの民は道徳の模範となるべく創られたのである。あらゆる代償を払ってでも国を手にしようとする欲求は、われわれの集団的道徳の使命に反するものである」[12]。

一方のユダヤ民族主義と、他方のトーラーに対する絶対服従。この二つを隔てる根本的な差異を強調しながら、ハレーディ系、改革派を問わず、シオニズムの批判者たちは、あくまでも妥協を重んじるユダヤ教の伝統的感性と、どこまでも勝者たることを追い求める新しい価値体系とのあいだでますます広がりつつある溝の所在を明かしているのだ。イスラエルが新しい型の反ユダヤ主義に直面しているというシオニストたちの主張を認めながらも、批判者たちは、その新しい反ユダヤ主義、これまでよりもさらに悪質な反ユダヤ主義を作り出してしまったのは、ほかならぬシオニズムではなかったのか、と切り返しているのだ。ブルックリン、ウィリアムズバーグのラビ、マイヤー・ウェーバーマンによれば、「シオニストたちは、その横柄な態度と喧嘩腰の姿勢をもって、反ユダヤ主義の最悪の紋切り型を地で行っている」。さらに、「シオニストと彼らの国家が助長したユダヤ憎悪は、ナチス——その記憶こそ消されてあれ——がかき立てていた憎悪よりも、さらに激しく、さらに公然たるものになっている」という[13]。

公的な議論とその限界

ユダヤの連続性にイスラエル国が占める位置について、ユダヤ教の立場からシオニズムを批判する人々の側では公的な議論の輪の拡大に努めている。彼らは、二十一世紀初頭、ユダヤの民が迎えた新たな危機の時代にあっては、それぞれの集団がそれぞれの政治的立場の背後で結束を密にすることよりも、ユダヤ教の伝統に依拠した思想の議論を組み立てることの方がはるかに有益な業ではないかと考えるのだ。諸世紀をつうじて、ユダヤ人はあまりに頭脳派、あまりに知性主義的であると評されてきた。そのユダヤ人が、非宗教化、ショアー、そしてシオニズムという時の流れを経て、今度は、冷静な議論に乗り出すためにはあまりの情熱家、あまりの感情優先主義者に変身してしまったとでもいうのであろうか？　イスラエル国を再問に付すことは、本当に禁忌の主題なのだろうか？　なるほど、ディアスポラ（離散）の地においては、シオニズム再問を端からいかがわしい挙動と決めつけるコンセンサスが成立し、それがほとんど「思考不可能の対象[14]」と化してしまっていることも事実だ。時にイスラエルの一部の政策を批判に付すことは許されても、ユダヤ教からのシオニズム批判、つまり、ユダヤ教の観点からイスラエル国の正当化を問い直す試みは、ことごとく非合法化されてしまうのだ。さらには、ユダヤ教徒たちのなかにはシオニストではない人々も存在するのだということ、ユダヤ教徒はイスラエル国とはまた別の視点を持っているのだということを単に口にしただけで、問答無用の拒絶反応に突き当たってしまうこともある。

反シオニストたちと議論することは単に時間の無駄であるばかりではない。それによって人はみずからの品位を貶めることにもなる。今日、行なわれるべき知的闘争は、ユダヤ人国家は存在すべきではなかったと主張する反シオニストたちではなく、ユダヤの民族的観念がもはやその務めを終えて古びてしまい、個の自己表現のため、また、来たるべき世紀のポスト主権世界に入るための妨げになっていると考えるポスト・シオニストたちを相手にして繰り

広げられなくてはならない。(15)

ディアスポラの地に住む多くのユダヤ人は、みずからのユダヤ人としての主たる役目はイスラエル国を擁護することであると考え（「その立ち振る舞いの正邪にかかわらず、イスラエルこそ、われらが祖国」）、この点についてはいかなる反論も受けつけようとしない。その情緒の高ぶりを示す一例として、たとえば、カナダのある有名なラビが、ある時、イスラエルがその政策によってディアスポラのユダヤ人を危険にさらしてはいないかと問いかける一文を公にしたユダヤ教徒を「ユダヤの民の最大の敵」と評したことがある。もしも同じ書き手が、無神論の立場からユダヤ教を批判する一文を書いたとしても、それほどまでの断罪は受けなかったにちがいない。まさに、あるハレーディ*のラビが透徹した皮肉とともに指摘したように、今日、人はみずからの宗教に対する批判は甘受できるが、みずからの偶像崇拝への批判はどうしても我慢ならなくなっている。つまり、多くのユダヤ人たちの価値体系においてイスラエル国が神に取って代わっており、その点では一部のラビたちも例外ではないということだ。事実、多くの宗教＝民族派（ダーティ・レウミ）のユダヤ教徒のもとで、「特定の社会＝政治的構造を絶対の領域に移行させ、そこに超越的な価値を付与し、その社会＝政治的構造を神聖化することをもって宗教信仰の役割とみなす」(16)傾向が顕著になっていながら、それに対する批判、いや疑義の表明さえ許されないのだ。国家が神的なものとなり、軍事まで含め、そのすべての所為が神聖視される。霊的なものと軍事的なものとの区別が曖昧となり、そして――ふたたびラヴィツキが指摘しているように――、「いまや神の軍となったイスラエル軍が、シオンの丘から招集され、中東全体、そして究極的には世界全体に「パックス・ユーダイカ（ユダヤの平和）」を打ち立てながら、予見されたこの世の終末の成就を準備する」のである。(17) むろん、この種のヴィジョンをそのままわがものとして受け入れるのは、ユダヤ教シオニズムのなかでも少数派に限られようが、しかし、同時にこの種のヴィジョンが、イスラエル国に対する批判を抑圧することにかなりの熱意を注ぐキリスト教シオニストたち数百万人のもとで強いアピール力を保っていることも確かなのだ。

他方、公の討論の場でシオニストの知識人たちからまったく認知されないまま、ハレーディの反シオニストたちは、ほかの多くのユダヤ人たちから「ユダヤの民の裏切り者」呼ばわりされ続ける。本来、議論や討論への嗜好がユダヤ世界の伝統的特徴の一つであったはずなのだが、今日、主流派のユダヤ組織も、大学の知識人も、一見、われわれの世界を覆い尽くしてしまったかにも見える親イスラエルのコンセンサスに対してユダヤ教・反シオニズムから突きつけられた挑戦を、なかなか正面から取り上げようとしない。このように論争自体を始めることに対する消極性には、以下のようないくつかの理由が考えられよう。

第一に、イスラエルの公的機関も、その代表ないし同盟組織も、自分たちが代表し、また擁護している国家の存在を再問に付すことができずにいるという、きわめて単純な理由がある。人類の政治史においては、むしろその逆の事例の方が稀であったというべきなのだろう。ただ、その稀な例の一つとしてシオニズムの批判者たちもしばしば言及しているものに、ソ連崩壊の例がある。ソ連は、当時、実際に国家の指導部にいた政治家たちの判断により、外からの脅威、圧力もまったく受けることなく解体を迎えたのである。核兵器まで保有していた、あの超大国が、いささかの暴力もともなわずに存在をやめ、そして、その崩壊が安全保障の面でほとんど重大な帰結をともなわなかったのである。ユダヤ教・反シオニストたちにおいて、このソ連の平和的解体は、ユダヤ人も現在のイスラエル国の政体を終わらせて構わない、という天上からの合図として受け止められている。むろん、現状においてイスラエルにゴルバチョフの登場を期待することは、現実のゴルバチョフがソ連の最高権力の座についた時点で、彼が数年後にソ連を解体してくれるだろうと期待することよりもはるかに非現実的な挙であるように感じられるのであるが。

第二に、正統ユダヤ教からシオニズムに寄せられた批判の言説が、ユダヤ系、非ユダヤ系を問わず、公論の場でほとんど知られていないという現実がある。神の至高の権威を認めることから始まり、トーラー*の名において行動する反シオニストたちがほかのすべての一神教の信徒たちと共有している中心命題が、今日の平均的な読者層にとって、無縁、ひいては奇怪なものにさえなり果てているのだ。たしかに、ユダヤ教・反シオニストたちの言説は、ほとんどの場合、トーラーの学識者たちの集い以外の場所ではほとんど知られることのないタルムード*の引用やユダヤ教の典拠などを満載した言語で構成されている。最近になって、ようやく一部のハレーディ系反シオニストたちが、より現代的で一般読者にもよりわかりやすい言葉を用いることに意識的になり始めたところだ。ユダヤ教・反シオニズムの主張が盛られたいくつかの論文が、一般の政治学研究誌にも掲載されるようになっている。(18) むろん、シオニスト系のユダヤ・コミュニティーが運営するメディアからは、依然として反シオニズムの言説は締め出されているが、西欧とアラブ諸国の言論界はユダヤ教・反シオニズムの存在に少しずつ目を向け始めている[19]。

ユダヤ教徒のシオニズム批判者たちは、より広い読者層や聴衆を獲得しようと現代のメディアを駆使し、限られた予算内で可能な限り、抗議の意思表示を行なっている。一部のハレーディ系反シオニストたちは、イスラエルの左翼活動家たちに倣い、パレスティナ人、アラブ人、イスラーム教徒たちとの連絡を密にし、イスラエルの存在を糾弾するテレビ番組への出演の機会を逃さずにとらえている。皮肉なことに、ユダヤ人のメディアから締め出されたハシード*派の代弁者たちが、インタヴュー記事をつうじて、また、世界各国の大新聞の紙面で宣伝広告欄を買い取るなどして、一般のメディアの世界でより広く読者を獲得するという現象も見られる。

ユダヤ教・反シオニズムの言説は、もちろんインターネット上にも広く存在している。いくつかの専門的なサイト[20]を別として、この種の言説は、国際派の左翼運動のサイト、アラブ系のサイト、さらにはキリスト教系のサイトにも見出される。この意味において、ユダヤ教・反シオニストたちの存在もまったく不可視であるわけではない。しかし、メディア上でかなりの反響を呼んでいるにもかかわらず、トーラーの名においてなされた反シオニズムの言説が持続的な議論の対象とされる気配は、イスラエルでも、ディアスポラの地でも、ほとんど皆無である。イスラエル国の未来に対して多くのユダヤ人が抱いている不安感が、この種の議論にその都度ブレーキをかけているように思われる。

シオニズムとは、ユダヤ史における断絶であり、ユダヤ人の集団意識における不連続点であり、ユダヤ教に対する公然たる挑戦であるという、この思想自体、ディアスポラの地のユダヤ人たちのあいだではほとんど反響を呼ばない。かつて、シオニズムの急進的な部分にみずからの理想を見ていたディアスポラのユダヤ労働運動は、今では過去の遺物としてかろうじて痕跡をとどめているにすぎず、革命という概念そのものも、ディアスポラの地ではもはやまったく人目を引くことがない。人間の自己防衛的な論理に従うならば、シオニズムのコンセンサスを危うくしかねないものはすべて最初から避けておくに越したことはないのだろう。まして、コンセンサスの危機がイスラエルそのものからやって来るという場合はなおさらのことである。こうして、たとえばイスラエル建国五十周年に際し〔一九九八年〕、アメリカの一部のユダヤ人団体は、予定されていたイスラエル人歴史家たちによる講演を中止させるよう、主催者側に圧力をかけたのであった（それが「スミソニアン協会」のような権威ある場で開催された記念行事の枠内であったにもかかわらず）(21)。今から数年前、哲学者レイボヴィッツ**は、あるアメリカのユダヤ・コミュニティーから、「われわれは一つ（We Are One）」という題で講演を依頼されたことがあった。これに対し、レイボヴィッツが、演題としてはむしろ「われわれは一つか？（Are We One ?）」と疑問形にした方がよいだろうと応じたところ、招聘の話はたちどころに打ち切られたという。このように、あらゆるイスラエル批判に対して、それがどこから来ようとも——そして、それがイスラエルそのものから来る場合は一層——過敏に反応してしまうディアスポラ・ユダヤ人の感受性を説き明かすことはさほど難しい業ではない。それは、ほかでもない、ディアスポラの地のほとんどのユダヤ人たちにおいて、みずからの身にユダヤ・アイデンティティーをつなぎ止める最後の絆が、ユダヤの宗教からイスラエル国への忠誠心に置き換わってすでに久しいことの証左なのである。

かくて、実に多くのユダヤ人が、自分たちこそイスラエルの最後の擁護者であると思いなし、この擁護の妨げとなり得る考え方を、すべて容赦なく切り捨ててしまう。なかには、政治的シオニズムに対するあらゆる批判をもって、そのまま第二のショアーを容認する姿勢とみなす向きもある。ヨルダンと地中海のあいだに位置する土地を、そっくり全世界の市民のための自由国に創り替えてはどうかという案に反意を表明して、あるイスラエル擁護派が以下のように述べている。「そのような国家を創るという解決案の背後に、何か恐ろしいものが潜んでいる。ユダヤ人国家としてのイスラエルがユダヤの民の中心であり、ホロコーストの遺産継承者であるのならば、そうした案をつうじて、われわれは一つの国家の清算のみならず、実質上、一つの民の壊滅を想定していることになる」[22]。こうした感情が、アメリカの「ユダヤ人防衛同盟」や、そのイスラエル支部「カハ」といったユダヤ民族主義の過激派集団を支える情緒的な支柱にもなっている。これらの過激派集団は、アラブ人たちのあいだに恐怖感を行き渡らせるのみならず、イスラエル国を貶める立場——彼らにとっては、それがユダヤの民全体を貶めることを意味する——をとるユダヤ人をも脅迫の対象とする。たとえば、「カハ」は、そのインターネット・サイト上[23]で、「イスラエルを脅かす自己嫌悪のユダヤ人」として七千人の氏名を公開した。リスト化の作業は徹底したものと見え、そこには、ハレーディ、改革派、イスラエルの左翼活動家など、本書にも登場する存命中の思想家、活動家がほとんど含まれているほか、ヘンリー・キッシンジャー、ウッディ・アレンといった著名人の名前も散見する。一瞥した限り、イスラエル人はごく少数のようだ。リスト作成者は、昨今の「内部からの脅威」に大いに気を揉み、「ユダヤ人の名に値さえしない」

ユダヤ人の名前を通報してくれるよう、サイトの読者に呼びかけている。その際、協力者の匿名性だけは保証されているのだという。

イスラエルへの気遣いは、よって、個々のイスラエル・ユダヤ人の命運に思いを馳せるといった水準にとどまるものではない。すでに何人かの知識人がはっきりと述べているように、政治体制としてのイスラエルは、ユダヤ人全体の幸福をも凌ぐ価値を有するとされているのだ。アヴィネリによれば、中東からイスラエル・ユダヤ人を撤退させることは「新しいホロコーストに匹敵する。なぜなら、ディアスポラのユダヤ人の目に、唯一、国家としてのイスラエルの存在だけが規範的な様相と意味をまとうからである。[……]イスラエルは、単にその住民の総和としてはとらえられない。その存在そのものが、内在的価値と規範的立場を身にまとうのである」[24]。こうしてイスラエル支持の姿勢が新しいユダヤ・アイデンティティーの核になる時、イスラエルに対するほんのわずかな疑義の提示さえ不可能となるのだ。

ユダヤ教に立脚したシオニズム批判が、イスラエルとディアスポラの地のいずれでより人々の理解を得ているのか、今ひとつ判然としない。一般に、たとえ賛否両論のきわどい主題であっても、より明け透けな議論が展開されるのはイスラエルの方である。他方、ディアスポラのユダヤ人たちの一部は、中東紛争の恐るべき跳ね返りを感じ取り、自分たちがイスラエル政治の寄る辺なき人質になってしまったと考えている。批評家のなかには、ハレーディの会衆が人口を増加させる一方、イスラエルがみずからの住民に安全を保障することが依然として困難であり続けていることから、トーラーの名におけるイスラエル疑問視が、今後、ユダヤ人の公論の場で一定の重みを獲得するのではないかと懸念する向きがある。むろん、当のユダヤ教・反シオニストたちの側では、その点について何ら懸念の種はない。

今日ほど、シオニズムの狂気が完全なる失敗であったことが明らかになったことはない。和平構想は失敗した。右翼の「最重鎮」アリエル・シャロンは、何ひとつ解決できない姿をみずから露呈している。日々、死者の数は膨らんでいる。シオニズムが提示し得るすべての選択肢がすでに試された。民衆は、古くさい紋切り型の向こうへ踏み出したいと感じ、そして、新しい——ということはつまり真の意味において古く、伝統的な——解決法を望んでいる。シオニズム再考を先送りにすることのつけは、日々、膨らむ一方である[25]。

たしかに、サトマール派*のレッベ*をはじめ、ハレーディたちが繰り広げる激しいシオニズム弾劾の言説は、真実味を欠き、誇張され、無からでっち上げられた産物として人の目に映ることが多い。シオニズムがイスラエル建設の快挙を成し遂げ、そこに恐るべき軍事力を付与することにも、数百万のユダヤ人を集住させることにも見事に成功したのを見て、反対派の無力感が攻撃性に転じた結果にすぎないのではないか、ととらえられることが多いのだ。しかし、時を経るにつれ、これらの弾劾の多くが正鵠を射ていたことが、イスラエル人の、しかもほとんどの場合シオニストとしての定見を持った専門家たちによって確かめられるようになった。イエメンの子供たちの拉致、ショアーの犠牲者たちに対するシオニズム指導部の冷淡さ、モロッコ、その他の地でシオニスト工作員が行なった反ユダヤ主義的暴動の挑発、新移民のとりわけ青年層をトーラーの遺産から引き離すことを目的としてシオニストが行なった措置など、すべてこうした断罪事項は、いまや、歴史的に検証済みの事実である。それでもなお、その種の告発の言辞が「黒のフロックコートを着た狂信者たち」の口から発せられる時、人々は、突如、聞く耳を失ってしまうのだ。かつてサン＝テグジュペリが見事に描き出した、選択的な知覚という現象がそれである。

その星は、一九〇九年に、トルコのある天文学者が、望遠鏡で、一度見たきりの星なのです。そこで、その天文学者は、万国天文学会議で、じぶんが発見した星について、堂々と証明しました。

ところが、着ている服が服だというので、だれも、その天文学者のいうことをほんとにしませんでした。おとなというものは、そんなものです。

さいわい、B―六一二番の星の評判を傷つけまいというので、トルコのある王さまが、ヨーロッパ風の服を着ないと死刑にするというおふれをくだしました。そこで、その天文学者は、一九二〇年に、たいそうりっぱな服を着て、証明のしなおしをしました。すると、こんどは、みんなが天文学者のいうことをうけいれました。[26]

しかるに、ユダヤ教・反シオニストたちは――ことさら同伴を要請したわけでもない「新＝歴史家」たちと相並んで――、常にこの種の陶片追放に遭遇し、「公衆の面前で汚れた下着を洗ってみせる人々」との酷評にさらされている。たしかに、「公衆の面前で」という部分は当を得た表現なのかもしれない。これらの反シオニストたちの多くが、ユダヤ教の普遍性に関する揺るぎなき確信をもって、非ユダヤ人たちに積極的に言葉を差し向けているのだから。その場合、彼らの主眼は教義と実践の両方を兼ねている。彼らは、ユダヤ教徒・ユダヤ人の皆が皆シオニストであるわけではなく、その皆が皆、イスラエル国、ならびにその国家がユダヤ人全員の名のもとに繰り広げている行動に自己を同一化させているわけではないということを、全世界の目にはっきりと示したいと思っている。そして、その意味において、彼らは、ほかの諸々の民の眼前でユダヤ教の名誉を守るという、ユダヤ教の伝統において「キドゥーシュ・ハ＝シェム（神の名の聖別）」[1]と呼ばれる行為を成し遂げつつあると感じているのだ。

彼らが一般大衆に投げかけているメッセージの一例として、先に〔二〇〇一年二月〕アリエル・シャロンがイスラエル首相に選出された数日後、『ニューヨーク・タイムズ』に掲載された声明を引いてみよう。

> イスラエル国での選挙を受けて、人々のあいだでは、宗教的なユダヤ人とその党派が和平プロセスを遅らせ、押しとどめようとする候補者を支持しているとの見方が常識化しつつある。正統派のユダヤ教徒が、トーラーの伝統的信仰をもって、占領地区とエルサレムの〈神殿の丘〉でイスラエルの主権を維持しようと躍起になっている、との印象が醸し出されているのだ。

われわれはここに明言する。そうした見方ほど真実から遠いものはない。

二千年前、〈神殿〉破壊の際、ユダヤの民は、メシア時代の到来前に〈聖地〉に主権を行使することを創造主から禁じられた。ユダヤの民は、また、その流謫のあいだ、いかなる形であれほかの民とのあいだに戦争を行なうことを禁じられた。むしろ、ディアスポラの地におけるユダヤ教徒の生活の基準は、世界中どこにいようと、自分たちを受け入れてくれた民に対し、礼儀正しく、誠実に、感謝の心をもって振る舞うことであった。

二千年以上にもわたり、ユダヤの民は流謫を神の命として受け入れてきた。ユダヤ教徒は、以来、みずからを受け入れてくれた民、その他の民に対して反逆を試みたことなど一度もない。ユダヤの民の流謫の歴史をつうじて、〈聖地〉をその支配者や住民たちから奪い取ることが企てられたことも一度もない。すべての時代をつうじて、この流謫を終わらせるためにユダヤ教徒が用いてきた唯一の手段は、祈り、改悛、そして善行である。

この同じ考えにもとづいて、〈第二神殿〉の斜陽期、ラビ、ヨハナン・ベン・ザッカイは、同時代のユダヤ熱心党の人々を批判し、ローマとのあいだの降伏交渉を主導したのであった。

この信念と実践は、今からおよそ百年前、シオニズムの登場まで一様に保たれていた。しかし、当時、ほんの少数の人々の運動を代表するにすぎなかったシオニストたちが、形而上学的にも不可能なことを求め始めた。彼らの公式目標は、流謫に関する神の命を覆すことだったのである。[……]

近頃、きわめて戦闘的な修辞が「宗教的シオニスト」を自称する人々の口から聞かれるようになった。悲しいことに、彼らの立場は、何千年にもわたって受け継がれてきたトーラーの賢者たち、そしてユダヤ教徒の大衆の信仰を踏みにじるものである。

　トーラーのユダヤ教徒が目指すところは、まったき敬虔のうちに生き、すべての民との平和のうちに暮らすことである。この神の計に沿って生きる人々は、いかなる戦争にも関係を持たない。現在、誤ってユダヤ人の戦争と呼ばれているものは、正しくはシオニストの戦争なのである。(27)


　この声明文によってシオニズムの新しい側面を発見した読者も少なくなかった。また、反シオニズムを掲げるインターネット・サイトの管理者たちによると、二〇〇〇年、〔第二次〕インティファーダの開始以来、サイト利用者たちからの反応を含め、一般世論の関心は確実な高まりを見せているという。(28)

　ユダヤ教の伝統において他者への中傷が厳しく戒められていることを盾にとり、それをユダヤ教・反シオニズムへの逆批判に利用しようとする人々もいる。なかには、聖書中、エジプトから〈イスラエルの地〉*に送られた先遣隊が〈イスラエルの地〉のことを悪し様に語った罪により、かの「四十年間の荒野での彷徨」が引き起こされたという事例（「民数記」一四の33）を援用しようとする者もいる。これに対し、ラビ、タイテルボイムの弟子にして、今日のサトマール派**の重要な指導者となっているあるラビは、彼の率いる集団が北アメリカの主要新聞に反シオニズムの宣伝広告を掲載したことの正当性を次のように説明する。ラビは、まず、ユダヤ教の姿を歪めて提示しようとする人々を公の場で告発することを義務づけたモシェ・ベン・マイモン（マイモニデス）の『ミシュネー・トーラー』を引き合いに出す。[29] その上で、ラビの説明によれば、シオニストたちが〈イスラエルの地〉の所有権をトーラーにもとづかせ、ヨルダン川西岸のもっとも戦闘的な入植者たちが敬虔なユダヤ教徒の名のもとに行動してきたために、人類の大部分の目に、シオニズムがユダヤ教の同義語となり、イスラエル国がキリスト教徒たちのお墨つきを得たメシア計画の一部とみなされるにいたってしまった。よって、今、これらシオニズムに関わるすべての運動と計画をユダヤの宗教とその戒律から切り離すことが、真のユダヤ教徒に課されている最優先の義務である。こうして、ラビは、トーラーとはユダヤ教徒に責任と義務を課すものであり、彼らが嘗めさせられてきた辛酸を理由として彼らに特別な権利や肩書を付与するものでは断じてないという点を思い起こさせようとするのである。

ユダヤ教・反シオニズムの最終目標は、イスラエル国が全ユダヤ史の論理的ないし不可避的な到達点であるという、一般大衆に広く浸透した思想を掘り崩すことである。そして、シオニズムとイスラエル国に正当性を認めないラビたちの著作を普及させることによって、ディアスポラの数多くのユダヤ教団体からイスラエル国に寄せられている持続的かつ自動的な支援を幾分なりとも弱めようとしているのである。この点においては、ラビたちに由来する批判の言説の方が、左翼のユダヤ人に由来するものより、シオニストたちにとってはよほど大きな脅威と感ぜられることであろう。左翼のユダヤ人が反シオニズムを唱え出した場合は、その当人たちに「ユダヤ人ならざるユダヤ人」、「自己嫌悪のユダヤ人」、ひいては「反ユダヤ主義的なユダヤ人」との汚名を着せてやることもできる。しかし、数世紀来、もっとも厳格に、しかも途絶えることなくユダヤ教を実践してきたハレーディたちに同種の汚名をもって応じることはほぼ不可能な業である。ノーム・チョムスキーのような非宗教の反体制派やイラン・パッペのような「新＝歴史家」たちならいざ知らず、ルバヴィチの先代レッベ、サトマール派のレッベ、ラビ、ヴァセルマン**、あるいは「ハハム*（賢者）」アルファンダリ**といった人々を反ユダヤ主義者呼ばわりすることは到底不可能であるからだ。「批評精神も地図も持ち合わせずにアメリカやイスラエルに自己を同一化させるユダヤ教やユダヤ的生活のあり方が〝正統的〟であり、国家と権力に奉仕することを拒むユダヤ教徒たちは〝非正統的〟である[30]」と考える人々にとっては、シオニズム批判者たちのもとでしっかりとユダヤ教に根拠づけられた権威こそ、かなり手強い存在となるのだ。

　ここで、シオニストたちの手による最初の政治的暗殺の犠牲者、ヤーコブ・ド・ハーン**が、イギリスと国際社会に対してパレスティナの伝統的ユダヤ教徒たちの居住区を代表する社交界の名士であったことを思い起こそう。このド・ハーンが真っ先に犠牲に供されたことは、一見、非合理的に見えるかもしれない。一九二〇年代のパレスティナでは、〔少数の正統ユダヤ教徒集団などよりもっと手強い反対勢力として〕何千人という社会主義系ないし共産主義系のユダヤ人がユダヤ国家の構想には反意を表明していたのではなかったか？　しかし、今になって、真っ先にド・ハーンを葬ることが完全に論理に適った選択だったことがわかる。というのも、シオニストたちが、以後、ユダヤの民の前衛を自称するためには、少数派ではありながら、彼らなどよりはるかに「ユダヤ的」な正統派ユダヤ教徒の集団こそをなんとかせねばならなかった。彼らのもとからやって来る反対の意思表示が、一般の人々の目にも、とりわけ正統的にして説得力のあるものと映ってしまいかねなかったのである。

かつて宗教＝民族派（ダーティ・レウミ）の陣営に身を置いていたあるラビは、以下のように告白している。

正直に言って、私は確たる答えを持ち合わせていない。神学者として、私は、神の自由の行使を制限することは不可能であると固く信じている。神は、神自身の量りがたき理由をもって、いわばホロコーストの時のように、われわれを見放す決断をお下しになったのかもしれない。一九四八年、偉大なる宗教思想家、サトマールのラビ、タイテルボイムは、ユダヤ教の指導者らに警告を発した。神の意思に関する彼自身の解釈によれば、イスラエル国を創ることは、長い目で見て、きわめて高い代償をともなう誤謬である、というのだった。その時、彼の言葉は、沿道で振られる旗、行進する軍隊、花咲く砂漠といったものの催眠術にかけられたユダヤ共同体の圧倒的多数により却下されたのである。しかし、もしかすると、彼は、エレミアその他、凶事を予告するがゆえに不人気であった真の預言者の列に連なる人物であったのかもしれない。この点について、私たちは何も確言することはできない[31]。

約束か、脅威か？

イスラエル国が全世界にもたらしかねない黙示録的危機という主題が、ユダヤ教・反シオニズムの言説において頻繁に繰り返される。自爆テロが中東から世界の四方に拡散しつつある現況も、この不吉な予感を煽り立てるのに少なからず与っているのだろう。ハレーディ*系ラビたちのなかには、そこから発して、神に抗する身の程知らずの反逆たるイスラエル国の創設が、必ずや世界規模の大破局をもたらすにちがいないという従来の確信をますます深める人々もいる。そして、この見方は、期せずしてヨーロッパの一般世論を反映したものともなっている。二〇〇三年に行なわれた世論調査の結果、イスラエルは、世界平和に対する脅威度としてイラン、アメリカ合衆国をも上回るとの数値が出されているのだ[32]。

ハレーディ系、改革派の別を問わず、反シオニストのラビたちは、シオニズム批判を圧殺する方向に機能している現今の「ポリティカル・コレクトネス（政治的公正）」が、いつの日か解消した暁に、世界中のユダヤ教徒・ユダヤ人が一転して西洋人たちからの強い非難にさらされることになるのではないかと懸念している。イスラエルに対する支援が、その実、みずからの民の利益に反するものであったと気づいた時、その反動は止めどなきものになるのではないか、というのだ。さらに彼らが懸念しているのは、ショアーに関する西洋の罪悪感が、いつの日か、ツァハル（イスラエル国防軍）の軍事行動に対する批判意識と釣り合ってしまうであろう瞬間、今度はイスラエルに起因する暴力によって呼び覚まされた諸国民の怒りがすべてのユダヤ教徒・ユダヤ人の頭上で猛り狂うことになるのではないかという点だ。そうなれば、ユダヤ人は、それぞれの居住国で平和裏に暮らすどころか、その居住国の利益に反してまでイスラエル国の利益を優先させる人々として絶えず後ろ指を指されることになろう。

実際、反シオニストのラビたちは、イラク戦争の折、保守派のパット・ブキャナンをはじめとするアメリカの時事評論家たちが、あたかもイスラエルの戦略家たちとその意を汲んだワシントンのシオニストたちが戦争そのものの率先行動主体であるかのごとき見方を打ち広めるのを見て大いに憂慮した。長期の視点に立って、この軍事介入がやはり失策であったということになれば、ユダヤ教徒は、もっぱらイスラエルの利益のために、本来、アメリカの国益とは無縁、あるいはそれに背馳さえする行動にアメリカ軍を引き込んだとして糾弾されることになるのは目に見えているからである。同じ理屈によって、イスラエルは世界中のイスラーム教徒たちの反米感情を煽り、その感情が、二〇〇一年九月十一日の同時多発テロをはじめ、欧米に広がったテロリズムの大波の主たる要因であったのだと言われることは必至であろう。「私は、これまでほとんど条件反射のようにして行なわれてきたイスラエルへの支援が、アメリカを標的とする前例なきテロ攻撃の主たる原因であると考えている」とは、あるアメリカの元外交官が改革派ユダヤ教の定期刊行物に寄せた文章の一節である(33)。

一部、ハレーディ系反シオニスト集団のなかから聞かれる声には、黙示録的な響きをたたえ、ややもすれば古典的反ユダヤ主義の言説とも混同されかねない外見を呈するものもある。そこにおいては、ニューヨークとワシントンを同時に襲った自爆テロがイスラエル＝パレスティナ紛争に直接関連づけられるのみならず、そのテロ行為のなかに、イスラエルの戒律侵犯に対する神の懲罰の開始予告が聞き分けられているのだ。今日、アメリカにおけるユダヤ教・反シオニズムの代表格の一人、ラビ、ウェーバーマンによれば、イスラエル国はこの地球全体の秩序に対する暴挙であり、神の意図の裏をかこうとするすべての試みは、やはり地球規模での大災厄にいたる以外にないのだという[34]。

さらにユダヤ教・反シオニストたちのもとで、より現実的な懸念の種となっているのは、ディアスポラ（離散）の地に打ち立てられたシオニズムの代表権、イスラエル国のイデオロギー的覇権である。

そもそも、確信に満ち溢れたシオニストたちの側で、自由主義世界にあって繁栄を享受しているディアスポラの地がユダヤの民族意識をさらに高揚させるにあたっての主たる障害物として受け止められているとしても無理はない。世界のユダヤ人口のうち、イスラエルに住むよりディアスポラの地にとどまり続けることを選んでいる半数以上が、人間の平等に信を寄せ、寛容を重んじながら暮らしている一方、確信に満ちたシオニストたちの方は、平等、寛容といったものの価値については懐疑的なままである。「社会というものの自由主義的な観念を受け入れることは、「シオニズムの創始者たちにとって」自律した単位としてのユダヤの民の終焉を意味する」と、イスラエルの政治学者、ゼエヴ・シュテルンヘルは指摘する[35]。

しかも、ディアスポラの否認は、シオニズムの思想と実践においてすでに長い歴史を持つ。反シオニストのラビたちのなかには、イスラエルのあらゆる政治、軍事的行動の正当化のためにディアスポラのユダヤ人が動員されていること自体、すでに、この否認の暗黙の一要素であるという見方を示す人々もいる。彼らによれば、一方のイスラエル国と、他方のユダヤ人ないしユダヤ教の自動的な同一視を許してしまうことは、一見、些細な過誤のように見えながら、その実、危険極まりない行為である。なぜなら、それは、現代にあって人間の身の安全を守るには、自由主義世界の多元的社会よりも単一民族的な国家主権をもってする方がよほど効果的であるというテーゼを暗黙のうちに受け入れることになるからだ。

実際、一部のディアスポラ・ユダヤ組織がこれまでイスラエル国に寄せてきた無条件の支持と支援は、一般の公論の場において、シオニズムとユダヤ教の区別、ユダヤ人とイスラエル人の区別をほとんど曖昧なものにしてしまった。まさに、この混乱を少しでも是正しようと、ハレーディィの反シオニストたちとユダヤ出自のリベラル派の批評家たちが——ことさら相互に連絡をとり合おうとしたわけでもなく——、ディアスポラのユダヤ人の利害がイスラエル国の利害に服従させられている現状を声を揃えて告発しているのである。ところが、これまでしばしば目にされてきたとおり、ディアスポラの地におけるイスラエル擁護派は、まさに「ローマ教皇よりもカトリック的」との表現を地で行くがごとく、イスラエル国の公式な態度表明より二歩も三歩も先を突き進もうとするのである。たとえば、「ユダヤ人法曹人国際連盟」の会長、ネイサン・ルーウィンや、ハーヴァード大学法学教授、アラン・ダーショウィッツをはじめ、アメリカ・ユダヤ人の著名弁護士たちは、先頃、自爆テロ実行犯の家族たちの処罰を可能にする法制度作りを提案し、その施策は、倫理の面からも、またユダヤ法の観点からも正当化され得るという見解を示した。在米イスラエル大使館のスポークスマン、ならびにアメリカの改革派ユダヤ教の指導者たちが慌てて声明を出し、これらのあまりに熱狂的なイスラエル支持者たちの提案を退けなければならなかった。[36] また、最近では、北米のシオニズム指導者数名が、ガザ地区からの撤退についてシャロンを「裏切り者」呼ばわりした。ガザ撤退は、また、一部の著名な宗教シオニストたちがイスラエル国に対する支持から目を覚ますきっかけともなった。そのなかの一人は、サトマール派*のレッベ*の反シオニズムの立場を「先見の明」と評したほどである。[37]

俗にいう「ユダヤ共同体の代表者」たちの正統性も徐々に疑問視されるようになっている。彼らは、本当にその土地その土地の同宗者たちを代表しているのか、それとも、まずもってイスラエル国の擁護者を自任した人々であるのか？　この問いが、〈聖地〉での紛争が激化の兆しを見せる度に人々の口から発せられるようになったのだ。「われわれは一つ！（We Are One !）」のスローガンは、たしかにシオニズムの擁護と顕彰のために功を奏したのかもしれない。しかし、ユダヤ教・反シオニストたちによれば、そのスローガンはまた、反ユダヤ主義の顕彰にもかなり功を奏したと見るべきであり、昨今の反ユダヤ主義再燃の兆しはイスラエル国とパレスティナ人のあいだの紛争に起因していることは疑いを入れないという。イスラエルの新聞『ハ＝アーレツ』は、フランスのユダヤ人の状況を分析しながら、人々の懸念を以下のように要約している。「弛緩しきった無知なのか、連帯感の欠如か、あるいは移民申請の件数増大こそわれらが唯一の目標とでもいうかのごとき醒めきった世界観のなせる業なのか。世界中のユダヤ人の庇護者をもって自任するイスラエルも、そろそろ人々の困惑の原因が自分自身であることに気づいてもよい頃だ」[38]。

なかには、シオニズムと反ユダヤ主義をめぐる悪循環の所在を指摘する人々もいる。つまり、ユダヤ人指導者が人々を無条件のイスラエル擁護に引き込めば引き込むほど、その周囲で反ユダヤ主義が助長され、それが翻ってシオニズムに正当性を付与し、保安警察としてのイスラエル国の存在を不可欠と思わせるという仕組みなのだ。この政策を続けていけば、いつかそれがディアスポラのユダヤ人にとって自殺行為となるであろうという声は、ハレーディィ系、改革派を問わず、ニューヨークでも、エルサレムでも、ラビたちのあいだから聞かれる。その時、彼らは、そうと知らずにイスラエルの左派知識人たちの言葉をそのまま引き取っているのだ。というのも、この後者の人々もまた、ある時期以降、問題の同じからくりに目をとめ、そして、トーラー*の道徳的音信が有する永遠の価値をふたたび呼び起こそうとしているからである。

イスラエルの行動が世界中で嫌悪感と反感を引き起こす。それが反ユダヤ主義を助長する。その危機に直面して、さまざまなユダヤ組織がイスラエルの擁護に乗り出し、イスラエルへの無制限の支援を行なう。するとその支援が、今度は、反ユダヤ主義者たちに、イスラエル政府のみならず、イスラエルのユダヤ人を攻撃する口実を与える……。その繰り返し。［……］もしも意見を尋ねられたら、私は、世界中のユダヤ組織に以下のような忠告をしたいと思う。この悪循環から抜け出しなさい。反ユダヤ主義者たちの武装を解除させなさい。われわれの政府が行なうことすべてに自動的に自己同一化する、その習慣を断ち切りなさい。あなた方の良心に口を開かせなさい。「汝、ただ公義をのみ求むべし」［「申命記」一六の20］、「和睦を求めて切にこのことを努めよ」［「詩篇」三四の15］という伝統的ユダヤ教の価値に立ち返りなさい。そして、これらの価値を、日々、自分たちの家族の団居で守り抜こうと頑張っている、このもう一つのイスラエル［ユダヤ教信徒の集合］に合流しなさい、と。いま、世界中で、この道を進もうと考える新しいユダヤ教徒の集団が増えつつある。彼らは、さらにもう一つの神話、すなわち、〝ユダヤ人たるものは、どこに住んでいようとわれわれの「イスラエルの」政府の命に従う義務がある〟という神話をも打ち破りつつあるのだ。(39)

ハレーディの反シオニストたちは、ディアスポラの地における反ユダヤの事件数増加をイスラエルの政治に直結させる。「それぞれの場所で反ユダヤ主義が強度を増しているというのはまったくの作り話です」と、あるハレーディの活動家は断言する。彼によれば、イスラエルこそ、その種の事件を誘発しておいて、その余波を各地のユダヤ人にイスラエル移住の決心を促すために利用しているのだという。(40)さらに、彼の見解によれば、その種の悪循環こそ、イスラエル国が、自国でも、またディアスポラの地においても、ユダヤ教徒・ユダヤ人にとって最大の危険要素になっていることの証拠である。ひと昔前のユダヤ教徒・ユダヤ人ならば、「卵を全部、同じ籠に入れるような真似」はしなかったはずだ。つまり、危険を察知していながら、すべての非常口を塞ぐような真似はしなかったはずであるというのだ。ここで想起されているのが、かつて、対ローマのエルサレム攻防戦に住民を駆り出すため、包囲された町の出口をすべて塞いだという「ビリオーン」たち（本書二二六頁参照）であることはいうまでもない。

さらに、ユダヤ教・反シオニストたちの議論は、神学の水準と日々の具体的現実の水準が交差する場で提起されていることを思い起こそう。

政治的シオニズムは二重の忠誠心を教え諭す。そして、その好機さえ到来すれば、いつでも、自分が生まれた国ないし帰化した国よりもイスラエル国に対して大きな忠誠心を抱くことを教え諭そうとする。こうして、政治的シオニズムは、善き市民としての立場とは両立不可能のものとなる。加えて、それは、反ユダヤ主義の増殖のためにもっとも好都合な種を播き散らす。政治的シオニズムは、意識的に反ユダヤ主義を助長しているのである。［……］その当初から、政治的シオニズムは、ユダヤ人への憎悪をかき立てるような政策を意図的に実施し、事後に、その憎悪の所在を指差しながらユダヤ人国家を正当化するという手段をとってきた。厚顔無恥のマキャベリズムとはまさにこのことである。(41)

実際、さまざまなユダヤ教・反シオニストたちの言説のなかで、かの恥ずべき反ユダヤ主義文書『シオンの長老たちの議定書』〔2〕――まさにシオニズム運動の胎動期と同時代の産物――に盛られた告訴箇条の一部が、今日、われわれの目の前で現実のものとなっていることを指摘する者が少なくない。周知のとおり、『議定書』は、ユダヤ人が、みずから市民となった国の利益には無関係、時にはそれに背馳する特殊な政治的利害関係のなかに生きていることをあげつらうものであった。そして、その利害関係が、すべての国々に触手を伸ばす世界的ユダヤ陰謀組織、「シオンの長老たち」によって操られているというのだ。二十世紀初頭にあって、この種の告発はほとんど空想譚の域を出るものではなかった。ユダヤ人は、それぞれの国において善良な市民であり、軍を含め、社会のあらゆる活動領域に参加していた。それから一世紀、そしてショアーから半世紀を経た今日、世界的規模のユダヤ組織は数えきれないほどまでに増え、ほとんどの工業国において、政治、法律、ジャーナリズム、学術界、その他、数限りない職業分野でその存在感を見せつけている。そして、これらの組織が、公式、非公式に採用するにいたったイスラエル中心主義の原則にもとづき、それぞれの活動はイスラエル国の政治と利害にぴたりと合致しながら展開されている。歴史家にして、元パリ駐留イスラエル大使、エリー・バルナヴィは、外交的言辞のあやふやさを一切抜きにして、直截にも「イスラエルの臣下たるディアスポラ」という表現を用いている(42)。

このようなイスラエル＝ディアスポラ間の主従関係について、「ヒレル国際」(正式名「ヒレル――ユダヤ人の大学生活のための基金」)(一九二三年、アメリカ、イリノイ大学で発足)が格好の例を提供してくれる。当初、「ヒレル」の存在意義は、ユダヤ人の大学生たちに、仮宿泊所、カシェールのカフェテリアなど、宗教、文化面でのさまざまな便宜を提供することにあった。シオニズムを現代ユダヤ文化の欠かせぬ一部ととらえた「ヒレル」は、イスラエル情勢に関する講演会、現代ヘブライ語講座、イスラエル式のダンス・パーティーなどをさかんに組織してきた。しかし、インティファーダの開始以来、イスラエル情勢への関心が高まると、「ヒレル」は〔主としてアメリカの〕大学キャンパスにおいてイスラエル政治の主たる弁護者の役割を果たすようになる。毎年、何百人という「ヒレル」会員がイスラエルでオルグの研修を受け、それぞれの国に帰ってイスラエル国の立場をよりよく代弁できるよう研鑽を積んでいる。しかし、親イスラエル、ひいてはイスラエル国代理としての「ヒレル」のイメージが定着するに及んで、一部の大学では、ユダヤ人学生に対する反感も顕著となった。そうした反感がじかに「ヒレル」の運営するカシェールのカフェテリアやタルムード講義*に向けられているわけではなくとも、周囲に包囲網を築かれたように感じ始めたユダヤ人学生たちは、徐々に戦闘的シオニズムとの連帯を深め、周囲の反感を「反ユダヤ主義」と名づけるようになっていったのである。

このように、反シオニスト的なあらゆる所為を「反ユダヤ主義」と名づけることが、ユダヤ人をシオニズムに自己同一化させるための有効な手段なのである。ロンドンのラビ、ゴールドバーグは、ユダヤ人がそこから途方もない時代錯誤に陥ってしまう危険性を以下のように指摘している。

> 現代のイスラーム世界がイスラエル国に対して示す政治的反応と、かつてキリスト教神学がユダヤの民に差し向けた誹謗中傷とを等号で結ぶことは、危険なまでに反＝歴史的な行為である。[……]テロリストの残虐行為に対するイスラエル軍の報復措置が行き過ぎていると言って批判するリベラルな評論家と、『シオンの長老たちの議定書』の真正性を説いてやまない「国民戦線」の愚か者、その双方に、同じ力を込めて「反ユダヤ主義者め！」と叫ぶことで、われわれユダヤ人は明らかに自分たちの立場を悪化させる挙に出ていることになる。[43]

しかし、この所作が裁判にまで持ち込まれる事例が後を絶たない。フランスの有名なユダヤ系知識人、エドガール・モランは、ある新聞の紙面でイスラエルの政策を非難したところ、それが反ユダヤ主義に相当するとしてフランス法廷で有罪判決を受けた。[3] また、イスラエルの映画制作者、エイアル・シヴァンも、そのイスラエル＝パレスティナ紛争をめぐるドキュメンタリー映画[4]が反ユダヤ主義的であるとして告訴された。権威あるフランスの政治学者、パスカル・ボニファスも、その『イスラエルを批判することは許されているか？』（二〇〇三年）という著書のタイトルへの応答でもあるかのようにして、反ユダヤ主義者として告発を受けている。テレビ・レポーター、シャルル・アンデルランは、数十年前、みずからフランスからアリヤー*を果たすほどのシオニストでありながら、フランス向けにインティファーダを報じた際の言葉遣いが原因で反ユダヤ主義者の烙印を押されている。

二十一世紀初頭にいたり、ディアスポラの地では、多くのシオニストがますます苛立ちを募らせ、時として、みずからのイスラエルに対する連帯感を現在の居住国に対する断罪、ひいては拒絶の域にまで推し進めることがある。そして、同様の情緒的な反応は、より慎重な言葉遣いのうちにもディアスポラのユダヤ人の代表とみなされる組織の指導者たちのあいだにも見出される。そうした指導者たちは、もちろんそれぞれの居住国のれっきとした市民でありながら、ある時期以降、イスラエルの外交官のことを「われらが公使」、「われらが大使」と呼んで憚らなくなった。一九四八年の建国当時との比較において、まさに隔世の感がある。たとえば、かつて、イスラエルの初代外務大臣の座についたロシア出身のモシェ・シャレット（シェルトーク、一八九四―一九六五年）は、バーゼルでの大会〔一八九七年〕以来、シオニズム運動の旗として使われてきたものとは別の国旗を創案すべきであると提案したものである。シャレットは、ディアスポラの地から新国家に対する支持、支援を確保することの重要性を十分認識しながらも、ディアスポラのユダヤ人がそれぞれの国でシオニズム運動の旗を掲げることで、二重の忠誠心（二重国籍）の疑いをかけられるようなことがあってはならないと考えたのだ。(44) それに対し、われわれの二十一世紀初頭にあって、ユダヤ人の生活動向を見つめる何人もの論者たちが認めているように、問題は、もはやシオニズムに対する初期の反対者たちが懸念していた二重の忠誠心の嫌疑をいかに払拭するかではなく、むしろ、イスラエル国に対するまったき忠誠心をいかにしてディアスポラの地から表明できるか、ということの方だというのである。

対イスラエルの盲目的な支援が、遅かれ早かれ、二重の忠誠心の嫌疑を醸し出すことになるのではないかと私は懸念している。馬鹿げたことのように思われるかもしれないが（少なくとも現時点では）、［アメリカ］国務省外交局官僚の定年退職者として、私は、アメリカ・ユダヤ人が、アメリカの中東政策への支持の姿勢に疑いありとして、外交局、その他、国家機密の厳守が求められる諸機関から締め出されてしまうのではないか、という悪夢のような予感を抱いている。どうか、第二のジョナサン・ポラード〔5〕が出てきませんように、と祈るばかりである。(45)

アメリカ軍事システムのなかを自由に泳ぎ回るイスラエルのスパイというこの事例は、依然、きわめて例外的なものであるとしても、ポラードが殉教者として祭り上げられたり、彼を擁護することがいつしかユダヤ・コミュニティーの大義とみなされてしまったりする風潮は、アメリカ・ユダヤ人とその同胞たちに深い懸念を抱かせた。「ポラード事件のもっとも悲しく、そしておそらくもっとも危険な側面は、彼の釈放を求める［ユダヤ諸機関からの］声が、反ユダヤ主義者たちにとって願ってもない僥倖になっている点だ。［……］よって、皆さんにお願いしたい。しばし立ち止まって、あなた方のポラード擁護があなた方の同国人たちの目に一体どのように映っているか、少し考えてみてください、と」[46]。

たしかに、ユダヤ団体の活動のほとんどがイスラエル人とそのディアスポラの地における無条件の支持者たちの手に集中している状況に、周囲から猜疑の目が向けられてもまったく不思議はない。ニューヨークのハレーディたちが、デモ行進の際、「わたしたちはアメリカ人。イスラエル人にはあらず！」とのプラカードを掲げるのは、なにも彼らがアメリカ国務省で職を得たいと思っているからではないのである。ディアスポラの状況とその主たる関心事によく通じているあるイスラエル人の言によれば――

イスラエル国が引き起こす問題は、たとえばスイスなどと同じ水準では論じられないのだということを忘れないでいただきたい。スイスへの忠誠心を維持しながら、善きアメリカ市民であることは十分可能でしょう。しかし、イスラエルが世界中に醸し出している紛争によって、イスラエル国に忠誠を誓うことは比べものにならないほど危険な行為となっているのです。いずれ選択が不可避です。しかし、私は、その前に非ユダヤ人たちの方が、頃合いを見計らって選択に踏み切るのではないかと心配しています。そうなったら、われわれユダヤ人は、〈解放〉によって手にしたものすべてを失ってしまうことになります。シオニズムは、われわれを二世紀近くも後戻りさせてしまったのです。(47)

つまり、イスラエルの存在をユダヤ世界全体にとっての脅威ととらえ、ユダヤ人のユダヤ人たる理由がイスラエル国への忠誠に取って代わられたことを嘆いているのは、なにもイスラエルのブネイ＝ブラク、アメリカのウィリアムズバーグなど、正統ユダヤ教の拠点に住まうハレーディの反シオニストたちばかりではないのだ。さまざまなユダヤ人団体に関わり、ある時期以降、公の制度──当人いわく、「ユダヤ・コミュニティーのマッカーシズム」──から距離を置くようになったあるヴェテラン活動家は、ほとんどのユダヤ組織が、「君がイスラエル政府を支持しない場合、問題となるのは君の政見ではなく、君のユダヤ人性そのものなのだよ」というような空気に包まれているという。(48)あるアメリカの女性作家によれば、もしもシオニズムの制度がみずからの意思を押しつけ、シャロンを支持しないユダヤ人を片端から「除名」するようなことになれば、「シオニズムは、アメリカ・ユダヤ社会の創造性、多様性、その精髄を永久に歪める、あるいは破壊してしまう恐れさえある。人は、その時初めて──ハース・ヴホーリレー！（どうか、そのようなことになりませんように！〔イディッシュ語〕）──、シオニズムがアメリカ・ユダヤ人にとって史上最大の脅威であることに気づくであろう(49)」。

このように、シオニズムがユダヤの連続性そのものにとっての脅威であるという認識の成立を示す兆候がいくつも見受けられる。「二十一世紀の現実において、ユダヤ教がアメリカで存続していく道はただ一つ、人を引きつける倫理と道徳の力としてであって、親イスラエル外交政策の妥協なき声などとしてではない」[50]。ラビ、マイケル・ラーナーが、雑誌『ティックン（改善）』の周囲に組織している「ティックン運動」も、やはり同じ懸念を表明し、アメリカにおけるユダヤ人の生活をイスラエル国支持に帰納してしまおうとする傾向に異議を唱えている[51]。

シオニズムの信条と、イスラエル以外の場所でのユダヤ教徒の生活とのあいだの溝は深まる一方である。ここにいたり、人間の出自に重きを置く民族主義よりもリベラルな諸価値の方が有望視されるにいたった証拠と見てよいだろう。とくにアメリカの若いユダヤ教徒たちは、ユダヤ教の普遍的な使命の再確認に達しつつあるようだ。

単にユダヤ人を存続させるためだけのユダヤ教など、意味をなさない。[……] 真のユダヤ問題は、単にユダヤの部族はどうあるべきか、といった話ではない。それは目の前の現実に語りかけ、そして、われわれの古い宗教的な使命をふたたび根底から新しいものとして——しかも決定的に重要なものとして——見直させてくれる何かであるはずなのだ[52]。

かくして、ユダヤ共同体の公式代表を自称する諸団体の意向とはまったく逆に、ユダヤ教・反シオニストたちの方では、ますます不可避と映る周囲からの反発心ができるだけユダヤ教徒全体に跳ね返ることのないよう、努力を傾注しなければならない状況に置かれている。彼らは、非ユダヤ人の一般世論に訴えかけるのと並行して、世界中のユダヤ教徒にも呼びかけ、「この国家〔イスラエル国〕とのつながりを断ち切り、そして、ユダヤ教は、このように異端者によって代表された状態で、なおかつすべての人間、すべての民族とのあいだに良好な関係を築くことは到底できないのだということを全人類に向かって宣言する」よう促すことを義務と心得るようになっている(53)。彼らは、イスラエル政治をめぐって果てしない議論に入り込むことをすでに無益とみなし、むしろ、より長期の視点に立ってユダヤ教徒の利益を守ることの方に重点を置く。敵対するシオニストたちとはまた別の意味において、彼らもユダヤの民の前衛をもって自任し、その過去と未来の橋渡し役になろうと欲しているわけである。

「シオニストの圧力からユダヤ教徒を守る国際組織」のプラカードを掲げるハレーディたち

ハレーディの反シオニストたちのなかには、状況の分析とイスラエル国の断罪から、さらに一歩、歩を進めようとする人々もいる。〈聖地〉におけるユダヤの主権を一切認めない基本原則から発して、彼らは、従来のイスラエル国に代わって、〈聖地〉の住民全員を人道的かつ平等に遇する一個の自由主義国家の創設を提案するのだ。しかも、たとえそれ以外の政体――たとえば、既存の別の国の政府による統治――でも、実現されるだけですでに十分な改善になると考える。

ユダヤ教徒は、世界中どこにいても、非ユダヤの政府のもとで平和かつ安全に暮らしている。同じ状況は、ここ〔〈聖地〉〕でも十分に可能なはずである。また、周辺地域のアラブ諸国とともに一種の「合衆国」を創ることも考えられよう。〔……〕われわれは、数世紀来、アラブ人と平和裏に共存してきた。そして、シオニズムの煽動者たちさえいなければ、そこにわざわざ騒擾を引き起こす理由などまったくなかったのである。私自身、バルフォア宣言に先立つ二十年間、エルサレムでアラブ人と一緒に暮らした。だから、私は断言することができる。アラブ人は、いま現在、世界中のユダヤ人が共に暮らしている非ユダヤの人々とまったく変わるところのない人々である、と[54]。

非宗教人からハレーディに鞍替えした元イスラエル人を多く擁しているユダヤ教・反シオニスト集団、「レーヴ・ターホール*（清き心）」もこの見方を共有している。カナダ、アメリカ、イスラエルに居を構える「レーヴ・ターホール」の活動家たちは、選文集『デレフ・ハツァーラー（救いの道）』のほかにも、英語、ヘブライ語、アラビア語で小冊子を発行し、そのなかで彼らの活動の概要を知らしめている。現実的な解決策として、彼らは、パレスティナ人への主権移譲のほか、非宗教的な民主国家を新たに創設するという案も受け入れている。後者は、かつてPLOの要求事項として掲げられていたものであり、今日なお一部のパレスティナ抵抗組織において受容の余地ありとされている解決策である。加えて、「レーヴ・ターホール」は、イスラエル国が居住のためにはあまりに危険になったとして、イスラエル人に国外への移住を勧告している。

かつてシオニズムの指導的立場にあったアヴラハム・ブルグも、イスラエルの同国人に外国のパスポートを所持しておくことを勧めている。そして実際、イスラエルにおいては、ドイツなどEU諸国のパスポートの発行件数が、ここ数年、急激に増加しているという。そして、かつてナチズムを逃れてきた人々の末裔も、彼らの祖先の国に舞い戻ることにまったく抵抗を感じていないようである。(55)

一般のユダヤ人のなかには、一九四八年のユダヤ人国家の創設がはたして賢明な選択であったのかどうか、疑問を禁じ得ずにいながらも、それが半世紀以上の存在歴を持ち、現に五百万以上のユダヤ人口を抱えるにいたった現状に鑑みて、今後もイスラエル国を支持していかざるを得ないと感じている人々が多い。それに対して、より根本主義的なシオニズム批判者たちは、イスラエル国を歴史上のあるまじき誤謬とみなす。唯一可能な解決は、よって、ユダヤ、アラブ、双方の現地住民の意思に反して、つまり神の意思そのものに反して獲得された国家主権を放棄することである。このことはまた、以後、ユダヤ人がユダヤの特殊名のもとになされる政治行動を一切放棄することをも意味する。

こうして、一部のユダヤ教・反シオニストたちは、すでに「ポスト＝イスラエル」の状況に備え、パレスティナ側との接触に入っている。たしかに、そうした接触は、多くの場合、実質的な内容をともなうものではなく、単なる象徴の水準にとどまるといわざるを得ないものかもしれない。メア・シェアリーム地区のラビ、モシェ・ヒルシュがパレスティナ当局のユダヤ問題担当大臣に任命されたのも、その一例であろう。しかし、たとえば、ヤーセル・アラファートがパレスティナ自治政府のヘッダー入りの便箋に自署している一通の公式書簡は、ユダヤ教・反シオニストたちの活動が実を結びつつあることの一つの証明である。その書簡中、アラファートは、ハレーディたちがイスラエル国に抗議の意を示し、インティファーダのあいだ、パレスティナの民衆の苦しみに共感を示してくれたことについて感謝の意を述べた後、以下のような一節で締めくくっていたのである。

このような意思の表明は、数百年の昔にまで遡るユダヤ教徒とアラブ人のあいだの持続的な関係を示す貴重な例証である。全世界の目は、そこに、ユダヤ教の永遠にして麗しい諸価値と、攻撃的なシオニズムのうちに体現している諸価値とのあいだの著しい対照を見るであろう。こうした意思の表明は、また、パレスティナの民と世界中のアラブ人が、そのはっきりとした差異を目にし、イスラエル国の行動が、ユダヤ教の伝統、信仰、法、そのいずれにも根拠を持たないものであることを理解することができるという意味においても、きわめて重要なものである。これこそは、ユダヤ教徒とアラブ人のあいだにはいかなる紛争もないということを示すために欠かせない要件なのである(56)。

このようにアラブ側に身を開き、あくまでも妥協と交渉を重んじる姿勢は、政治的柔軟さの伝統に忠実なハレーディたちならではものである（この姿勢が、それを「弱者の伝統」として軽蔑し、勇気と矜恃の価値観に立脚するシオニストたちからの強い批判にさらされるわけであるが)。ハレーディたちは、何よりも、ユダヤ教徒が地球的な尺度に照らして微細な集団であることを忘れない。イスラエルの政治家や、その後につき従うユダヤ人指導者たちのように、紛争につぐ紛争を好んで求める姿勢は軽率そのものと映るのだ。むしろ、いまは、誇大妄想と自己の全能信仰を捨て去り、これまで何世代にもわたってユダヤ教徒に進むべき道を示してきた導きの糸に立ち返るべきなのだ。ロンドンのラビ、ジョン・レイナーによれば、この導きの糸は、間違いなくユダヤの精神的遺産を貫いて走っている。それは、たとえば、「ラビ、ナタンのアヴォート」の一節、「もっとも偉大な丈夫《ますらお》とは誰のことか？　それは敵を友に変える者である」に要約されているという。(57)かくして、このイギリスの改革派ラビは、イスラエル政治文化の基本要素としてディアスポラの地におけるユダヤ人の生活にも多大な害悪をもたらし続けている報復の精神に激しい憤りを感じている。まさに「柔和なる答えは憤恨をとどめ、激しき言葉は怒りを起こす」(「箴言」一五の1)、「我、人のなししところに従いて、これに報いん」と言うことなかれ」(同、二四の29)とあるごとくだ。ラビ、レイナーは、この導きの糸こそが〈聖地〉に平和をもたらすと信じて疑わない。

ユダヤ教・反シオニストたちは、紛争をいつ果てるともなく長引かせているのはイスラエル国のシオニズム機構であると断言してやまない。昨今、イスラエルにおいてますます現実味を帯びているパレスティナ人住民の強制移住も、彼らの目からすれば、長期的に暴力の応酬を激化させることにしかつながらない。この点において、ますます強硬な路線を打ち出すシオニストたちと、手遅れにならないうちに国家を解体すべきであると主張するユダヤ教・反シオニストたちは、一つの共通見解を分かち合っている。つまり、両者とも、この中東の一郭がシオニスト国家の存在をその懐に受け入れることは断じてあるまいと観じている。それぱかりか、両者とも、今、〈イスラエルの地〉*において、ユダヤ人が集団的殺戮の脅威に直面していることを認める点ではまったく見解を一にしているのだ。違いはただ、シオニストたちがこの殺戮を阻止するのは国家であると考えるのに対し、その敵対者たちの方では、ほかならぬ、その国家こそが、殺戮の脅威の紛うかたなき責任主体であると見ている点だ。

イスラエル国への支持は、政治のスペクトル分布でいうところの右派からやって来る。右派は、入植という事業の勇壮さや、アラブ人、イスラーム教徒に対する妥協なき態度に価値を見出し、イスラエルの社会と経済の構造において社会主義の遺物をことごとく解体に向かわせることをもってよしとしている。加えて右派は、諸文明の衝突は不可避であるという見方を信条として保持しており、そして、この衝突の原因を、彼ら自身の政治的、経済的欲求ではなく、もっぱらイスラーム教徒の内在的本性に帰そうとする。中東一帯でシオニズムの企図が受け入れられない理由を説明して、「盲目的な憎悪」という表現が頻繁に用いられるのもそのためだ。こうしてイスラエルは、民族ないし人種という観念にもとづく人間の連帯と、階級の連帯、そして民族を超越した倫理の採用という、古来のイデオロギー的二分法が集約された焦点に位置せざるを得ない。世界の多くの国々で、宗教の基盤に拠って立つ財界の指導者たちがイスラエルを支持する一方、労働組合の総同盟のたぐいがシオニスト国家に対するボイコット、投資自粛、ないし経済的制裁に傾くのだ[58]。本来、超=保守の名にも値するハレーディたちが、この件に関しては左翼系の活動家や知識人と同じ陣営に居合わせることになるのも、そうした理由による。だが、この矛盾も見かけ上のものにすぎない。ユダヤ教徒の良心にあっては、正義を掲げ持つことが、依然、中心的な意味を担い続けているからである。

世界中の右派勢力が「イスラエルの存在する権利」、つまり現行の民族分離の構造を永続化させる権利を主張するあいだも、イスラエルの一部の知識人たちは、二千年前の故国喪失からまっすぐ現代に下るユダヤの民が構成しているとされるシオニスト国家の構造体そのものを疑問視してやまない。彼らの言動が、種々のシオニスト団体において絶えざる憤慨の種になっていることはいうまでもない。

歴史には皮肉がつきものである。かつて、反ユダヤ主義者とは、ユダヤ人がその起源からして異質な民族を形成していると主張する人々の謂いであった。今では、反対に、世界中に分散しているユダヤ人が別個の民も民族も形成していないとあえて主張する人々が「イスラエルの敵」とみなされる(59)。

しかし、ユダヤ人が民族学的な意味において「民」の名に値する実体を形成しているのかどうかを、一度、徹底的に疑問視してみることは、現行のシオニスト国家をすべての市民に開かれた別の国家に作り替えるという変革の思考の受容をより容易にすることにもつながるはずなのだ。

そして、もしもこれらの〔ユダヤとアラブという〕二集団が聖書による共通の絆で結ばれているとするならば、なぜ、かつてイギリスの委任統治下に置かれたパレスティナの土地が、ユダヤ人とアラブ人の双方に身柄の安全を保障する国家にはならず、そっくりそのまま、一方の宗教に連なる民だけの避難地とならねばならなかったのかという問いに突き当たる。もしも双方にとって法のもとでの平等が約束されるような国家が成立していたならば、その後、その存在が疑問視されるようなことは決してなかったはずなのである。(60)

かつて、数十年間にわたり、ソヴィエト連邦が世界中の共産主義者たちの心の拠り所であった時代がある。今日では、先述のとおり、その解体の実例がユダヤ教・反シオニストたちの想像力を刺激し、そこにイスラエル国の平和的消滅の予兆を見て取らせている。シオニスト国家としてのイスラエル国も、かのソ連とまったく同じように、犠牲者を出さずに地図上から姿を消すことができるのではないかという見通しが成り立つわけだ。ソヴィエト連邦とイスラエル国、いずれも「人間の意志の勝利」をつうじて、すなわち武力を行使することによって創設されたこれら二つの国家に共通して見られるイデオロギー上の性格から、その消滅のシナリオをも先取りして比較したくなるのだろう。しかも、この種の先走った比較は、早くも第二次世界大戦前、ラビ、ヴァセルマン**の筆のもとにも見出される。彼は、共産主義、民族=社会主義（ナチズム）、そしてシオニズムをも待ち受けている運命の予想比較を行ないながら、そのいずれもが見るも哀れな失墜に終わるであろうことを予見していたのである。(61)

モシェ・ソベル**は、シオニズム構造体の解体という考え方を受け入れ、それにともなう心理的な困難を指摘しながらも、実践の水準においては一定の楽観主義を覗かせている。

解決は不可能ではない。しかも、それは、さほど高くつくものでもあるまい。ただ、われわれがこれまで実に多くの生命の犠牲との引き替えで守ってきた信念を忘れ、目の前の現実に真正面から向き合う覚悟ができるまで、その解決にいたることは無理であろう。われわれは、もはやイスラエルをロマン派の夢として扱うことをやめなければならない。むしろ、その掌握権をめぐり、いずれも誇り高く、ほとんど同じ規模の二つの異なる住民が衝突している、このいかにも不均質な国としてのイスラエルをありのままに見る術を学ばなくてはならない。［……］われわれは、この世界に預言者の言葉をもたらした民として、自分たちが誤っていたと認める謙虚さ、そして、本来の義の行ないを開始する勇気を見出さねばならない。(62)

ラビ、ソベルは、こうして、占領地をめぐる議論をいくら続けていっても、それは、いまひとつの現実、つまりイスラエルが事実上の二民族国家になっていながら、一方の民族には政治的権利を認めていないという現実を隠蔽することにしかならないと考える。彼によれば、このような基本的人権の侵害は、到底、神の意思に適ったものとはいえないはずであるという。

人権に対する関心の高まりは、イスラエルの知的世界が「西洋化」を遂げたことの証であるのかもしれない。また、パレスティナ人たちとの絶えざる抗争の現実と、それが従来の英雄神話に突きつける挑戦から、自由主義的にして平等な新国家の構想により期待が集まっているのかもしれない。ある時、「ネトゥレイ・カルタ*」から出された次のような宣言文は、さまざまなユダヤ教・反シオニズム集団と「ポスト・シオニズム」志向の知識人たち、その双方の言説から浮かび上がる共通分母の所在を示すものといえよう。「パレスティナ人とユダヤ人の双方にとって苦しみと死の連続であった五十年が経過した今、シオニズムの実験が悲劇的な失敗であったことをそろそろ認めてもよい時期だ。それを終わらせるのが早ければ早いほど、人類にとってより大きな貢献となるだろう」。

たとえトーラーを実践する方法において種々に異なっていても、これらのユダヤ教徒集団はすべて、周囲の隣国との協調のうちに、しかもユダヤ教徒・ユダヤ人が〈聖地〉に住まう権利も否定されるようなことなく、イスラエル国が平和裏に解体することを望んでいる。これらの集団の目に、イスラエルとパレスティナ人のあいだの和平交渉の努力は、すべて虚しきものと映っている。

> なぜなら、彼ら〔シオニストたち〕は一つの前提から出発しているからである。つまり、彼らは、イスラエル国が存在せねばならないという一点を公理のように掲げ持っているのだ。過去半世紀のユダヤ史から導き出される明証性にも反して、彼らは、イスラエルの存在がユダヤの民の積極的な発展につながると信じている。〔……〕われわれは、国家の平和的解体を求め続けるであろう。そして、神のご加護のもと、その実現を目の当たりにすることがで

きるよう念じながら、生きていくであろう。われわれは、この土地を、数世紀前からそこに住んでいた人々、つまりパレスティナの民に返すであろう。そして、彼らの主権のもとで、われわれは、シオニストの短い覇権の期間内にユダヤ人とパレスティナ人のあいだに生み落とされてしまった問題を、すべて、義に適った仕方で解決すべく、努力するであろう。［……］現在のおぞましい状況に対して、その代替物としてわれわれが差し出すのは以下のイメージである。つまり、人を殺し、人に殺される必要もなく、神から授かったトーラーの実践という任務を果たし、すべての人々と平和と尊厳のうちに共生すべく解き放たれたユダヤの民のイメージである。(63)

ユダヤ教における反シオニズムの歴史は、本来の意味における「歴史」に値するものではない。そこでシオニズムに対する批判者たちが用いている神学議論は、その最初期、十九世紀の末から、ほとんど変化を遂げていないのだ。たとえ、二十世紀全体をつうじ、ユダヤ教徒・ユダヤ人の生活が大きな変化、そして同時に大きな惨劇を経験してきたとはいえ、ユダヤ教・反シオニストたちは、すべてそうした中間的な出来事を伝統の図式に繰り込み、それぞれの言葉遣いをほぼ同一に保ってきたのである。彼らは、イスラエル社会の変遷さえ、それを間近から眺めながら、本質的には無変化のままであり続けるユダヤ教の概念的枠組みにおいて解釈してきた。

たしかに、批判者によって、シオニズムとイスラエル国のどの側面に攻撃を集中させるか、大きな違いが見られる。ある者は、「天の軛」から解放された新しいユダヤ・アイデンティティーを不当とみなし、ある者は、シオニズムの企図を特徴づける武力行使を断罪する。またある者は、イスラエル国がメシアの計画を妨害していると言って非難の言葉を投げつけるであろう。たしかに、シオニズム自体が決して一枚岩ではない以上、それに対する批判もまた、複雑多岐な様相を示さざるを得なかったという事情がある。いくつもの潮流からなり、内部の激しいイデオロギー闘争に引き裂かれながら、シオニズムは、これまで多くの研究者の関心を引きつけてきたのだ。しかし、ユダヤ教・反シオニズム思想のなかに見出されるアプローチの多様性は、反シオニズムそれ自体の変遷ばかりに還元されるものではない。ユダヤ教の法、ハラハー*は、一定の伝統の枠内に押しとどめられながら、時代とともに変化を遂げる。それに対して、道徳、政治、あるいは哲学の水準でユダヤ教に準拠した解釈は、それをことさら統一化しようとする試みがなされてきたわけではないにもかかわらず、時を経てもほとんど変化せず、ただ、いつまでも、あくまでも多岐多様であり続ける。一定の枠内で一義的であり続けなければならない口伝トーラーの傍らで、その神学的な解釈は、時間軸とはほとんど孤絶したところで実に幅広い多様性を保ち続けるのだ。反シオニストないし非シオニストのユダヤ教徒たちは、日々の暮らしのなかで、イスラエル社会とのあいだ、また、イスラエル国という現象とのあいだで個々の妥協や折り合いを行ないながら暮らしているが、だからといって、そうした歴史的現象に対する彼らの神学的関係がその都度変化しているわけではない。それこそハレーディ、改革派を問わず、ユダヤ教徒特有の生き方である。その両派とも、トーラーの諸価値を生の拠り所としており、そして、その諸価値をないがしろにするつもりは毛頭ないのである。

エピローグ

されど、我に聞く者は平穏に住まい、かつ災いに遭う恐れなく、安らかならん。
（「箴言」一の33）

私が本書のフランス語原著を書き終えようとしていた、まさにその日、挙式を翌日に控えた一人の花嫁とその父親——二人ともユダヤ教の実践者である——が、とあるカフェの店内で談笑していた。そこへ、突如、爆音が轟き、二人の夢は粉々に打ち砕かれた。一人のパレスティナ人によるこの自爆テロは、一瞬にして十五人の命を奪い去った。翌日、結婚式に参列することになっていた人々は、一転して、父親とその娘の亡骸を墓地へ運ぶ役を担うこととなった。弔意を表しに集まってきた群衆の前で、預言者アモスの言葉が鳴り響く。「主、言いたもう、「その日には、我、太陽をして真昼に没せしめ、大地をして白昼に暗くならしめ、汝らの祝いを悲しみに変わらせ、汝らの歌をことごとく嘆きに変わらせ……」」（「アモス書」八の9―10）。しかし、それまでも私が何度か立ち会ったことのあったテロの犠牲者たちの弔いとは異なり、この時は、人々のあいだからアラブ人に対する憎しみや怒りの表現はほんの一言も聞かれなかった。むしろ、この弔いを包み込んでいたのは、ユダヤ暦の新年に先立つ数日間に独特の、沈思黙考の空気であった。

いま、〈聖地〉に猛り狂っている暴力の波のなか、ハレーディ*をはじめ、敬虔なユダヤ教徒たちも、ほかの人々とまったく変わりなくテロの犠牲となり、命を奪われている。先頃は、「嘆きの壁」からハレーディたちを満載して戻ってくる途中の一台のバスが爆破され、二十人ほどの犠牲者が出た。その時、多くのイスラエル人の感動を誘ったのは、その惨劇を身に引き受けるハレーディたちの威厳、そして慎み深さであった。憎しみと報復の感情を抱く代わりに、ハレーディたちは、自分たちが、いつ、どこで罪を犯したのか、自問し続けていたのである。一連のテロ事件の後、メア・シェアリーム地区の家々の壁には、〈聖地〉を「出口のない血みどろの罠」に作り替えてしまったシオニストたちに対し、〈聖地〉掌握の僭越さを今すぐ放棄するよう求めるビラのたぐいが掲げられた。

ユダヤ教からシオニズムに突きつけられた抵抗は、見事なまでの粘り強さを見せてきた。イスラエルが国家として飛躍し、その軍事的勝利と経済成長を全世界の目に見せつけるなか、ユダヤ教徒のシオニズム批判者たちの姿勢はまったくひるむ様子も見せず、むしろ、ますます徹底したものとなったように感じられる。多くの非シオニストたちが、日常生活において既存の国家行政制度と折り合いをつけながら、決して「イスラエル国」という言葉を口にしないなど、ユダヤの連続性におけるイスラエル国の正当性について依然として強固な反意を維持し続けている。そしていま、ますます多くのユダヤ教徒・ユダヤ人が、「ユダヤ人問題の解決」を掲げたシオニズムの試みは、ほかの数々の政治的試みと同様、蹉跌を来たしてしまったということ、そして、唯一、トーラー*とその諸価値への回帰だけがユダヤ教徒・ユダヤ人の未来を約束してくれるということに気づき始めている。

その一方で、ユダヤ世界において力関係の天秤がシオニストたちの側に大きく傾いてしまっていることも事実だ。二十世紀初頭、ユダヤ教・反シオニストたちの声は、高々と、そして重々しく響き渡っていたものである。それから一世紀を経た現在、シオニストたちはユダヤ系のメディアを支配し、一般の言論界にも常に一定の影響力を行使している。この文脈において、ユダヤ教・反シオニストたちの粘り強さは、彼らの信仰心の強度、そしてその大義への献身度によって説明づけられるほかない。

本書の中心的主題ともいえる、宗教的なるものと政治的なるものとの関係は、ユダヤ教・反シオニズムのさまざまな潮流において決して均一なものではなかった。サトマール派*のように、政治的解決にはまったく興味を示さない向きもあれば、「アメリカ・ユダヤ教評議会」やハシード*派集団「レーヴ・ターホール」*のように、政治の水準における調整も視野に入れ、アラブ側の反シオニズム勢力と連絡を密にしようとする向きもある。「ネトゥレイ・カルタ」*の一派のように、パレスティナ人の苦境をめぐる人道的側面に焦点を絞る人々もいれば、クネセット*（イスラエル国会）に議席を占め、政界にも深く関与しながら、イスラエル国のシオニズム的構造の正当性だけは断じて認めまいとする人々もいる。しかし、そのすべてが、トーラーとその諸価値を最高位に位置づける点ではまったく変わらない。両大戦間期にかなり頻繁に行われたシオニズムと悪魔との同一視はさすがに幾分影を潜めたが、その見方を支える神学的基盤は不変のままである。本書で見た、ラビ、ウェーバーマンによる総括的な反シオニズムの言説も、明らかにこの悪魔視の伝統の流れに位置するものである。

その上でなお、ユダヤ教の内部からシオニズムに突きつけられる反意は、一般の目に、最終的には捨象可能なものと映っているのかもしれない。この立場から反意を唱える人々は数として僅少であるし、しかも、今日では大部分のユダヤ人が、その反意を根本から動機づけているユダヤ教の諸価値についてほとんど無知になり果てているからだ。しかし、この反対勢力の重要性は、単にその時間的持続にのみ存しているのではない。「ユダヤ人の歴史をつうじて、少数の厳格主義者がしばしば多数派に転じて勝利を収めてきた」[1]とは、かつて、それ自体、少数派として出発したシオニズムを評価し、ややもすれば称賛しているかにも見える、あるユダヤ史の著者〔ポール・ジョンソン〕が、ユダヤ教内部の反シオニズムについて述べている言葉だ。まさに、この少数派と多数派の逆転劇があるからこそ、ユダヤ教・反シオニズムの起源と真意を理解することがとりわけ有益なのである。たとえば、今日でこそユダヤの民のなかで多数派を占める非宗教のユダヤ人も、ユダヤ史三千年の連続性に照らし合わせるならば、単なる周縁的な存在にすぎなくなる。この視点に立つならば、逆に、シオニズムに抗するユダヤ教徒たちこそ、今日、世界中のユダヤ人居住地に残る燠火《おきび》として、ユダヤの連続性の旗手に見えてはこないだろうか。その意味においても、アメリカでユダヤの代表を名乗る既成の体制によってさかんに繰り広げられる親イスラエル・キャンペーンが、アメリカのユダヤ教徒たちに浸透しつつある「脱゠イスラエル化」現象とのあいだでますます乖離の度合いを深めていることはきわめて興味深い。これらのユダヤ教徒たちは、自分たちの存在を、一個の民族としてではなく、あくまでも宗教的な少数集団ととらえ続けているのである。[2]

反シオニストのラビたちは、現況を決して悲観視していない。「工師《いえつくり》の捨てたる石は、隅の要石となれり」（「詩篇」一一八の22）という聖句にあるとおり、ユダヤ史にあっては、常に少数派が決定的な役割を果たしてきたからである。哲学者レイボヴィッツ**はこの役割を次のように評している。

> 聖書時代、あるいは第二神殿時代にあってさえ、トーラーというユダヤ教の規範からユダヤ人がこぞって逸脱することがあったにちがいない。決定的なのは、歴史をつうじて、こうした逸脱者たちが常にユダヤの民の外部へと吐き出されてきたという点である。聖書時代の大部分をつうじて、ユダヤの民の大半は、バアル、アスタルテを拝み、ナバトの子イェロボアムが作らせた金の子牛を崇拝した。しかし、そうした人々は、その後、ユダヤの民に歴史的な意味作用をまったく及ぼさなかった。そして、バアルを崇拝しなかった人々だけが居残ったのである。第二神殿時代、ヘレニズム化された人々についてもまったく同じことがいえる。[3]

ラビ、アイベシュッツにまつわる以下の逸話は、ユダヤ教においてトーラーに忠実な少数派の存在がいかに重要か、如実に物語るものだ。ある時、一人のキリスト教徒の碩学がやって来て、ユダヤ教の伝統は「多くの人に従いて答えをなす」（「出エジプト記」二三の2）ことをよしとしているのだから、ユダヤ教徒は、ユダヤ教を実践していない諸々の民の多数派に合流するのが理屈に適ったことではないのか、と問い質した。それに対して、ラビ、アイベシュッはこう応じたという。

多数決の規則が適用されるのは、あくまでも疑いがある場合、真実が未知のままである場合に限られる。逆に、疑いがなく、真実の所在がはっきりとわかっている場合、多数派の意見は一切影響力を持たない。われわれは、われわれの聖なるトーラーの正しさを確信しており、そこにわずかばかりの疑いも抱いていない。よって、われわれに抗する多数派も、われわれに影響を及ぼすことはまったくなく、われわれを本来の道から逸らせることはできない。

この逸話を後世に伝えているのは、ラビ、ヴァセルマン**であるが、彼は、第二次世界大戦勃発の前夜、すでに多数派を形成しつつあると彼の目に映ったシオニストと無信仰のユダヤ人たちに抗する闘いの文脈のなかにこの逸話を位置づけているのである(4)。

実際、ほかの諸宗教との比較においても、ユダヤ教徒が多数派を誇ったことはこれまで一度もない。トーラーの聖句においても、神がみずからの民に抱く愛が話題となる際、その愛は、もっぱらトーラーへの忠誠心ゆえのものであり、数の増大や物理的な強さゆえのものでは断じてないのである。少数派集団が反体制派となること自体、ユダヤ教にあってはむしろ誉れ高き伝統である。〈イスラエルの地〉*に送られた十二人の斥候のうち、ヨシュアとカレブの二人だけが、ほかの十人に抗して正しいカナーンの姿を伝えたのであった。エレミアは、王国の敗北を正しく予言したことにより牢につながれた。ヨハナン・ベン・ザッカイは、包囲されたエルサレムにあって、愛国主義の多数派と袂を分かった。ラビ、ヤアコヴ・サスポルタス（一六一〇―九八年）は、シャブタイ・ツェヴィのメシア思想に取り憑かれた多数派に冷や水を浴びせてみせた……等々、ユダヤ史における、いわゆる反主流・正統派の一覧は限りなきものとなろう。たとえ法の次元においては多数であることが決定力を持つのだとしても、思想と信仰の領域においては、少数派こそが往々にして最後に勝利を収める。シオニズムを批判するラビたちが好んで引用する諺は、まさに「小さな光が大きな闇を払う」というものである。

個々のユダヤ教徒・ユダヤ人がイスラエル国とシオニズムとのあいだにどのような関係を保っているかを観察すれば、そのユダヤ教徒・ユダヤ人が、日頃、いかなる行動と自己イメージを理想として生きているのかがよくわかる。そして、この新しい二極分化は、アシュケナジかセファラディか、宗教実践の有か無か、正統派かそれ以外か、ハシードかミトナゲッド*か、といった従来の区別のいずれにも呼応するものではない。それらのカテゴリーの一つ一つの内部に、民族的な誇り、ややもすれば尊大さをユダヤ人としての積極的な価値として捧げ持ち、そして、その種の「生の躍動（エラン・ヴィタル）」や意志の勝利を体現したものとしてイスラエル国を熱狂的に支持する人々の姿が見出される。しかし、同じくそのカテゴリーの一つ一つの内部には、ユダヤ人国家という発想と、とりわけその実現と維持のために不可欠とされる人的、道徳的代償が、ユダヤ教の教え、なかんずく同情、慎み、善行という中心的な価値をことごとく否定するものであると考えているユダヤ人も見出されるのだ。こうした人々にとって、ユダヤの統一性とは、イスラエルの国旗ではなく、あくまでもトーラーの周囲に織りなされるべきものである。そして、彼らの恐れは、イスラエル国の挙動がユダヤ教の普遍的な音信を傷つけてしまいかねないという、その一点に存する。

シオニズムそのもの、あるいはイスラエルの攻撃的な振る舞いに抗議の声をあげるユダヤ組織の多くが、ユダヤ教の道徳的価値に一様に関心を示しているのはそのためだ。[5] たとえば、ユダヤ人であることとの道徳的な責任という観点を前面に押し出しながらアメリカで活発な活動を繰り広げているユダヤ人のグループは、そのまま「ノット・イン・マイ・ネーム（わが名においてではなく）」をグループ名に掲げている。また、パレスティナ人に対するイスラエルの権力濫用を資料の上で示すことを主眼としている別のエルサレムのグループは、「ブツェレム（似姿において）」との名を冠している。これが、「神の似姿において」創造された人間は、皆、平等に遇されなければならない、という思想の喚起であることはいうまでもない。同時に、「アメリカ・イスラエル公共問題委員会（AIPAC）」に対抗する穏健派勢力として「J・ストリート（ジューイッシ・ストリート）」という組織がアメリカで発足している。これは、従来のいわゆる「ユダヤ人指導者」たちと、彼らが代表を自負している一般のユダヤ人たちのあいだに穿たれてしまった深い溝を少しでも埋めようとする試みである。

「今日のユダヤ人は、イスラエルやアメリカにおけるそれぞれの生活実感よりも、ユダヤの歴史と記憶との兼ね合いにおいて、自分がユダヤ人として何を行ない、何を拒絶するかという意識の水準で分裂を起こしている。地理や文化の問題をめぐってではなく、まさに意識の持ち方をめぐって内戦状態に入ったのだ」[6]。この二極分化現象は、かつて黎明期のキリスト教が体験したのと同じほど深刻な仕方でユダヤ世界を引き裂きかねない。原初のキリスト教が、やはりごく少数のユダヤ教徒たちからなる信仰集団であったことを思い起こそう。キリスト教はトーラーのギリシア的な読みから始まり、時を経て、それ自体、少数派集団にすぎなかったユダヤ教から分離していったのであった。シオニズムは、トーラーの民族主義的かつロマン主義的な読みから始まり、そして、キリスト教の先行例に倣うかのごとく、そのヴィジョンを徐々に多数派に受け入れさせることに成功した。他方、この民族主義的なトーラー観を伝統に背馳するものとして拒絶する抵抗分子は、少数派でありながら、決して周縁的として片づけられない存在となった。

ユダヤ民族主義を掲げ持つ人々とそれを徹底的に忌避する人々、その両者を隔てる溝が、いつの日か埋められることになるのだろうか。それとも、逆にシオニズムが、やはりキリスト教の先例に倣い、自律したアイデンティティーの核として結晶化を果たすのであろうか。アリエル・シャロンがみずからの回想録のなかで援用していたアンタイオスの寓話〔本書二六六頁〕が、いつの日か主流の地位を獲得するのだろうか。そしてそれが、ユダヤ教徒・ユダヤ人の精神において、〈イスラエルの地〉とのあいだの条件的にして壊れやすい関係を説く聖書の言説に取って代わる日が来るのだろうか?

トーラーの名においてシオニズムに突きつけられる抵抗は、〈聖地〉において、シオニズムの企図が継続される限り、永遠に存在し続けるものと見てよいだろう。たとえ多くのハレーディたちが、今日、シオニズムの世界観に一定程度の同一化を果たしているとしても、その同一化は、あくまでも情緒的なもの、状況的なものにとどまり、神学的な基盤を欠いたままなのである。彼らにとって、本書で詳説を試みてきたユダヤ教・反シオニズムの思想は、依然、その権威をいささかも失ってはいない。ハーフェツ・ハイーム〔ことイスラエル・メイール・カガン（ハ＝コヘン）〕、ブリスクのラビ、サトマールのレッベ＊、ルバヴィチのレッベ＊、その他、大勢のユダヤ教・反シオニズムの権威的存在を捨て去る、いや、ほんのわずかなりとも相対化することすら、彼らには考えも及ばないことなのだ。

改革派ユダヤ教における反シオニズムの議論もまったく現代性を失っていない。歴史家トーマス・コルスキーによれば、むしろ彼らのいくつかの予言が正しかったことがすでに示されているという。

イスラエルは真の意味で規範的な（正常な）国にならなかった。それは、諸々の民を照らす光にはならなかったのである。皮肉なことに、ユダヤ人を反ユダヤ主義とゲットーのような生活から解放し、彼らに安らぎの地を提供するために創られたはずのイスラエルが、まさに軍の駐屯地のような国家となり、敵意に満ちた隣人たちに包囲される地上の巨大なゲットーにも似た国になってしまった。〔……〕数々の不吉な予感は〔……〕今なおシオニストたちの脳裏にまとわりついて離れない。(7)

ハレーディたちのシオニズム拒否が、一部なりとも近代性そのものの拒否によって説明づけられるのに対して、近代性を正面から受け入れた改革派ユダヤ教や、西洋化の度合いが著しいドイツ正統派ユダヤ教、ひいては一部の宗教シオニズム左派からも突きつけられる反意は、ユダヤ教の価値、実践、信仰など、総体としてユダヤ的事実（Jewish fact）を形作っているものをありのままに肯定しようとする姿勢において、ユダヤ教・反シオニズムの全体を支える基盤の所在を明かすものだ。この反意は、同時に、反ユダヤ主義とショアーの根底に位置するユダヤ人の「客観的」定義（民族的定義、人種的定義、その他）に対して突きつけられたものでもある。

トーラーに示された義と平和の預言的音信を呼び起こしながら、ユダヤ教・反シオニストたちは、トーラーに背馳するものは、すべて短命を余儀なくされていると主張する。シオニズムとイスラエル国に関する議論が、時としてドラマ仕立ての調子を帯びるのはそのためであり、それは、イスラエル国にユダヤ史の最終的到達点を見ようとするシオニストたちの言説においても、また、そこに悪魔的な力の作用を見て取ろうとする反シオニストたちの言説においても変わりはない。この点に関し、イスラエルの歴史家ボアズ・エヴロンは、レイボヴィッツとの対談のなかで、問題からそのドラマ性や悪魔性の外見をそぎ落とした、均衡感覚に満ちた卓見を披露している。

　イスラエル国は、いや、イスラエル国を含めたこの世のすべての国家が、現れては、また消えていくのです。イスラエル国もまた、当然、百年、三百年、五百年後には消えてなくなるでしょう。しかし、ユダヤの民の方は、ユダヤの宗教が存在する限り、何千年も存在し続けると思います。この国家の存在は、ユダヤの民の存在にとってまったく重要ではない。

［……］世界中のユダヤ人は、この国がなくなってもまったく問題なく暮らしていけるのです。[8]

ヨーロッパにおけるユダヤ民族主義の台頭は、大陸全体のなかで見れば比較的遅きに失した現象であった。本書をつうじて見てきたとおり、シオニズムとイスラエル国は、ユダヤ教徒・ユダヤ人が自分たち自身について抱くイメージと、彼らが周囲の世界に投影するイメージの双方を根本的に塗り替えてしまった。この水準において、みずからの民の存続をより確かならしめんと、政治指導者たちが国家としての独立を希求し、また実現してきた、ほかのあらゆる人間集団の事例と比べても、断絶の度合いははなはだ深刻であったといわねばならない。ただ、ユダヤ人の事例に見られる逆説は一つの教訓としての意味を持っている。つまり、この国家という手段によって民を存続させようとすればするほど、現実には、その民を慢性的な軍事紛争の火種にしてしまうのみならず、その民のあり方そのものが、もはや元の姿を思い出せなくなるほど徹底的に塗り替えられてしまうということである。民族は、みずから邪悪になることによってしか規範的な（正常な）存在たり得ないのではないか、という哲学者マルティン・ブーバー（一八七八―一九六五年）の懸念は、なにも彼一人の懸念ではなかったわけだ。[9] シオニズムというこの西洋式の近代化の綱領が、さまざまな伝統文化が交錯するあの土地で、今後、いかなる道筋を辿ることになるのか、見通しはなお不透明である。ロシア、その他、東ヨーロッパ諸国出身のユダヤ人とその二世、三世がこれまで国家の操舵室で享受してきた独占権が、早晩、終焉を見ることにより、新しい機縁が開かれることになるのかもしれない。アラブ諸国出身の政治指導者はいまだ数としては少ないが、彼らもシオニズムによる近代化にはとうに幻滅しており、パレスティナ人とのあいだに、もはや敵としてではなく、同盟者としての関係を築こうとしている。こうした新しい指導者たちが権力の座につくことで、〈聖地〉に大きな変化がもたらされないとも限らない。

今日、アヴ月九日、私は、最初フランス語で書かれ、刊行されたこの本の英語版を完成させつつある。ユダヤ暦においてもっとも重要なこの喪の一日は、エルサレムの二つの〈神殿〉の破壊と、それ以来、ユダヤの民に降りかかった多くの災厄の記憶を甦らせるためのものだ。しかし、ユダヤ教徒が、その日、嘆きの対象としているのは〈神殿〉の破壊行為そのものではなく、その種の破壊をもたらし得る根本的な原因の方であるという点を見誤ってはならない。伝統の重心は、過去の事蹟ではなく、あくまでも現在に置かれているのだ。「私たちは、この喪の一日を、現在の私たちの感情、思想、行ないを振り返るきっかけとして利用しなければなりません。私たちは、今から数千年前、私たちの祖先が、一度ならず二度、流謫に送り出されるもととなった態度や行ないを遠ざけるため、一体何をしてきたというのでしょう?」[10]。今から千九百三十数年前、エルサレムのゼロタイ派（熱心党）が起こした無謀な反乱が、今なお、ユダヤ教徒の集団的記憶には生々しく甦る。そして、今日、ユダヤ教と民族主義の強力な合金を作り上げた宗教＝民族派（ダーティ・レウミ）は、まさにこのゼロタイ派になぞらえられる。この伝統的ユダヤ教徒たちの見方をそのまま引き取るようにして、非宗教系の『ハ＝アーレッツ』紙は厳しく警告する。「今年のアヴ月九日は、精神的に深い省察を求められる一日である」とした上で、「家の基礎を掘り崩そうとしている」現代のゼロタイ派への抵抗を読者に呼びかけるのだ[11]。一方の人々にとって、この一日は民族の独立が失われた日であるが、他方の人々にとって、その同じ一日が、偽メシアたちのせいで幾度となくユダヤの民にもたらされてきた破壊がふたたび起きることのないよう、警鐘を鳴らす日なのである。つまり、シオニズムのうちに新たなる偽メシアの策動を見る人々は、その日、過去の喪に浸るのみならず、同時に未来に対する恐れに戦慄くのである。しかし、すべての敬虔なユダヤ教徒が――シオニスト、非シオニスト、反シオニストの別に関わりなく――、いつの日か、〈贖い〉がこの世に訪れる時、アヴ月九日は祝賀と歓喜の日に姿を転じるであろうと信じている。

むろん、他方には、「苦しみのどん底にあっても、権勢の絶頂にあっても、自分だけは無垢」[12]と感じ、自分の身に起こることすべてについて他者の落ち度をあげつらうことに終始するユダヤ人がいる。こうした人々にとっては、今日、アヴ月九日の喪と断食などまったくのナンセンスであろう。ところが、独善（Self-righteousness）と公正（Righteousness）とは互いに排他の関係にあるものだ。アヴ月九日が歓喜の一日に変わることを願う敬虔なユダヤ教徒たちは、まず自分の罪を認めるところから始める。ユダヤ教徒・ユダヤ人の身に起こったことすべてについて自分の責任を引き受け、そこから未来のための教訓を導き出そうとするのだ。

この同じ精神にもとづいて、私は、本書の英語版に若干の加筆を行なった。いずれも、本書の刊行準備や講演のため、ベルギー、カナダ、フランス、ドイツ、イタリア、メキシコ、モロッコ、スイスを経めぐるなかで、読者の方々から寄せていただいた質問と指摘を汲んだものである。これまで多くの読者から、本書が、往々にしてユダヤ民族主義と混同されがちなユダヤ教をその誤解から救い出してくれた、という評価を寄せていただいた。書評のなかには（アラビア語で書かれた二本を含め）、本書のおかげで中東紛争が醸し出す反ユダヤ教的な感情が幾分なりとも緩和されるのではないか、という見通しを述べるものもあった。あるユダヤ教の碩学などは、イスラエルからわざわざ電話をくださり、本書が「神の名の聖別」〔本書四四二頁参照〕に寄与するものであるとさえおっしゃってくださった。

他方、本書の主題そのものにより、気持ちをひどく傷つけられたと感じる人々も後を絶たない。彼らによれば、この主題は、むしろ覆いのもとに秘されている方が好ましいものであるのだそうだ。「敵にみすみす武器を手渡してやるようなことは慎むべきだ。これでは、公衆の面前で汚れた下着を洗ってみせるようなものではないか」というのである。だが、私見によれば、みずからの過去を隠し、議論を避ける人々は、最終的に自分たちの未来を脅威にさらしていることになると思う。本書のフランス語原著を取り上げてくれたある書評家の言葉を拝借するならば、本書は、「多くのユダヤ人をして、彼らが信仰していると公言する宗教と、彼らに取り憑いたイデオロギーとのあいだの矛盾をはっきりと認識させるものになるだろう」[13]。トーラーは、ユダヤの民に語りかける時、あたかもそれが地上のすべての民の水先案内人でもあるかのような話し方をする。あたかもユダヤの民が模範となり、全人類に教えをもたらし、その発想の泉となり、広く影響力を行使せねばならないといわんばかりなのだ。であるならば、シオニズムとその帰結から発してくれる火と燃えさかる一連の論争が、ユダヤ人、非ユダヤ人の双方に必ずや豊かな教訓をもたらしてくれるはずであると期待する余地も、いまだ十分に残されているのではなかろうか。

原注

プロローグ

(1)「イスラエルが異端と流血の五十四年を「言祝ぐ」」、ネトゥレイ・カルタの配布ビラ、二〇〇二年四月十七日。

(2) ヨセフ・サルモン「東ヨーロッパの伝統的ユダヤ教におけるシオニズムと反シオニズム」、シュムエル・アルモーグほか編『シオニズムと宗教』(Yosef Salmon, « Zionism and Anti-Zionism in Traditional Judaism in Eastern Europe », in Shmuel Almog, et al., dir., *Zionism and Religion*, Hanover, NH, Brandeis University Press and University Press of New England, 1998) 二五頁。

(3) 二〇〇一年九月二十七日、ヨム・キプールに際し、「諸々の民にとっての光?」と題して公表された訓示。「リベラル・ジューイッシュ・シナゴーグ」のインターネット・サイト (http://www.lis.org/Religion/Sermons/Archives/YK5762-JDR.html) を見よ。

第一章　いくつかの指標

(1) ポール・ジョンソン『ユダヤ人の歴史』(Paul Johnson, *A History of the Jews*, New York, Harper and Row, 1987) 五八二頁〔邦訳『ユダヤ人の歴史』石田友雄監修、徳間書店、一九九九年、下巻、四五六頁〕。

(2) ジェイコブ・ニューズナー「ユダヤ人とユダヤ教徒、民族的なるものと宗教的なるもの——これらがアメリカ内部でいかに混在しているか」(Jacob Neusner, « Jew and Judaist, Ethnic and Religious : How They Mix in America », *Issues, American Council for Judaism*, Washington, Spring 2002) 三—四頁。

（3） 同、三、一〇―一四頁。

（4） シュロモ・アヴィネリ『近代シオニズムの形成――ユダヤ国家の知的起源』（Shlomo Avineri, *The Making of Modern Zionism : The Intellectual Origins of the Jewish State*, New York, Basic Books, 1981）八頁。

（5） エリー・バルナヴィ「いくつかのシオニズム」、エリー・バルナヴィ、サウル・フリートレンダー編『ユダヤ人と二十世紀』所収（Elie Barnavi, « Sionismes », in Elie Barnavi and Saul Friedländer, *Les Juifs et le XXe siècle*, Paris, Calmann-Lévy, 2000）二一八頁。

（6） ここで用いた「非宗教的」〔フランス語 laïc, 英語 secular〕という言葉は、ヘブライ語の「ヒロニ（חילוני）」に完全に重なり合うものではない。「ヒロニ」とは、十九世紀来、ユダヤ教の実践を放棄したユダヤ人を意味する言葉であるが、今日のイスラエルにおいてはより戦闘的な意味合いを帯び、「反ユダヤ教的な」、ひいては「反ユダヤ主義的な」という意味で用いられることが多い。

（7） イェシャヤフ・レイボヴィッツ『民、土地、国家』（Yeshayahu Leibowitz, *Peuple, Terre, État*, Paris, Plon, 1995, p. 132）に引かれたボアズ・エヴロンの表現。

（8） この点について、より詳しくは、前掲『シオニズムと宗教』所収、ジェフダ・ラインハーズ「シオニズムと正統ユダヤ教――一つの政略結婚」、シュロモ・アヴィネリ「シオニズムとユダヤの宗教的伝統」（Jehuda Reinharz, « Zionism and Orthodoxy : A Marriage of Convenience »; Shlomo Avineri, « Zionism and the Jewish Religious Tradition » in *Zionism and Religion, op. cit.*）を参照。

（9） ミシェル・アビトボル『今日のイスラエル歴史学』に寄せた序文（Michel Abitbol, « Introduction », dans Florence Heymann et Michel Abitbol, dir., *L'historiographie israélienne aujourd'hui*, Paris, CNRS éditeurs, 1998）一五―一六頁。

（10） シオニズム史のこの側面に関する詳細な記録は、モシェ・ショーンフェルド『〈聖地〉におけるジェノサイド』（Moshe Schonfeld, *Genocide in the Holy Land*, Brooklyn, NY, NK of USA, 1980）に見出される。この書物において展開されたシオニズム糾弾は、数年後、イスラエルの一部の大学人たちによっても追認されることとなった。

(11) ギル・Z・ホックバーグ『分割にもかかわらず――ユダヤ人、アラブ人、そして分離的移民政策の限界』(Gil Z. Hochberg, *In Spite of Partition : Jews, Arabs and the Limits of Separatist Imagination*, Princeton, NJ, 2007)、エラ・ショハット『ユダヤ教徒の犠牲者たちの視点から見たシオニズム――イスラエルの東方ユダヤ教徒』(Ella Shohat, *Le sionisme du point de vue de ses victimes juives : Les juifs orientaux en Israël*, La Fabrique, 2006)。

(12) アビトボル、前掲、二〇頁。

(13) セバスティアン・ブソワ『みずからの過去に直面するイスラエル――〃新＝歴史学〃の影響力についての試論』(Sébastien Boussois, *Israël confronté à son passé. Essai sur l'influence de la « nouvelle histoire »*, Paris, L'Harmattan, 2007)。

(14) アキヴァ・エルダル「イスラエル人の犠牲者意識がパレスティナ人との紛争を永続化させているか?」(Akiva Eldar, « Is an Israeli Jewish sense of victimization perpetuating the conflict with Palestinians ? », *Haaretz*, January 30, 2009)。

(15) レイボヴィッツ、前掲、四七頁に引用。

(16) ヨセフ・ハイーム・イェルシャルミ『ザホール――ユダヤ史とユダヤの記憶』(Yosef Hayim Yerushalmi, *Zakhor : Jewish History and Jewish Memory*, Seattle, University of Washington Press, 1982) 一一頁〔邦訳『ユダヤ人の記憶、ユダヤ人の歴史』木村光二訳、晶文社、一九九六年、三四―三五頁〕。

(17) 同、二四頁〔同、五五頁〕。

(18) 『バビロニア・タルムード』(*Babylonian Talmud : Talmud Bavli*, Brooklyn, NY, Mesorah Publications, 2000, bilingual edition)、「ヨマー」篇、九b。ここで「謂われなき憎悪(שנאת חנם)」という表現は、もっ

ぱらユダヤ教徒たちの属性として扱われているようだ。今日なお、インターネット上で gratuitous hatred という用語を検索してみると、百件ほどの使用例のすべてがユダヤ教のテクストに関連するものとなっている。

(19) 同、「ギティン」篇、五五b。

(20) イェルシャルミ、前掲、二二頁〔同、五〇—五一頁〕。

(21) 同、八六頁〔同、一三九—一四〇頁を参照しながら訳者自身の訳を掲げる〕。

(22) ライオネル・コーチャン『ユダヤ人とその歴史』(Lionel Kochan, *The Jew and His History*, New York, Shocken Books, 1977) 三頁。

(23) 同、一〇五頁に引用〔引用はローゼンツヴァイクからのもの〕。

(24) アルモーグほか編、前掲。アヴィエゼル・ラヴィツキ『メシアニズム、シオニズムならびにユダヤの宗教的ラディカリズム』(Aviezer Ravitzky, *Messianism, Zionism, and Jewish Religious Radicalism*, Chicago, The University of Chicago Press, 1996)、エフード・ルッツ『平行線の出会い——初期シオニズム運動における宗教とナショナリズム、一八八二—一九〇四年』(Ehud Luz, *Parallels Meet : Religion and Nationalism in the Early Zionist Movement, 1882-1904*, Philadelphia, PA, Jewish Publication Society, 1988)、ヨセフ・サルモン『宗教とシオニズム——初期の衝突』(Yosef Salmon, *Religion and Zionism : First Encounters*, Jerusalem, Magnes Press, 2002)。

(25) モルデハイ・ブロイアー『伝統のなかの近代性』(Mordechai Breuer, *Modernity within Tradition : The Social History of Orthodox Jewry in Imperial Germany*, New York, Columbia University Press, 1992)、スティーヴン・ローウェンスタイン『ハドソン河岸のフランクフルト——ワシントン・ハイツのドイツ・ユダヤ共同体、一九三三—一九八三年』(Steven Lowenstein, *Frankfort on the Hudson : The German-Jewish Community in Washington Heights, 1933-1983*, Detroit, Wayne University Press, 1989)。

(26) ハワード・R・グリーンスタイン『転換点――シオニズムと改革派ユダヤ教』(Howard R. Greenstein, *Turning Point : Zionism and Reform Judaism*, Chico, CA, Scholars Press, 1981)。

(27) ハレーディの反シオニズム思想に関するもっとも充実した典拠は、アハロン・ローゼンベルグの編纂による選文集『ミシュケノット・ハ＝ロイーム』(Aharon Rosenberg, dir., *Mishkenoth ha-ro'yim*, New York, Nechmod, 1984-1987, 3 vols.) であろう。

(28) たとえばユリウス・グットマン『ユダヤ哲学史』(Julius Guttman, *Histoire des philosophies juives*, Paris, Gallimard, 1994)〔邦訳『ユダヤ哲学――聖書時代からフランツ・ローゼンツヴァイクに至る』合田正人訳、みすず書房、二〇〇〇年〕、ザムゾン・ラーファエル・ヒルシュ『ユダヤ教の基礎』(Samson Raphael Hirsch, *Fundamentals of Judaism*, New York, Macmillan, 1969)、レオン・アスケナジ『言葉と書』(Léon Askenazi, *La Parole et l'écrit*, Paris, Albin Michel, 1999) を参照。

(29) たとえば、ブルーノ・ベッテルハイム『夢の子供たち』(Bruno Bettelheim, *The Children of the Dream*, New York, Macmillan, 1969)〔邦訳『夢の子供たち――キブツの教育』中村悦子訳、白揚社、一九七七年〕、リナ・ペレッド『シオニズム革命の新しい人間』(Rina Peled, *Ha-Adam ha-Hadash shel ha-Mahepekha ha-Tziyonit*, Tel-Aviv, Am Oved, 2002)。

(30) イスラエル・バルタル「作り話を作り出すこと」(Israel Bartal, « Inventing an Invention », *Haaretz*, July 6, 2008)。

(31) アビトボル、前掲、二一一―二一二頁。

(32) ラヴィツキ、前掲、一八頁。

(33) 同、六〇頁。

(34) ヨエル・タイテルボイム『かくてモーセ好めり』(Yoel Teitelbaum, *Va-Yoel Moshe*, Brooklyn, NY, Jerusalem Book Store, 1985)。

（35） マルティーヌ・レイボヴィシ『ユダヤ女性、ハナ・アーレント』（Martine Leibovici, *Hannah Arendt, une juive. Expérience, politique et histoire*, Paris, Desclée de Brouwer, 1998, pp. 365-367）〔邦訳、マルティーヌ・レイボヴィッチ『ユダヤ女、ハンナ・アーレント――経験・政治・歴史』合田正人訳、法政大学出版局、二〇〇八年、三四六頁〕。

（36） イズレイエル・ルービン『サトマール派、都市のなかの孤島』（Israel Rubin, *Satmar. An Island in the City*, Chicago, Quadrangle Books, 1972）一七五―一七六頁。

（37） ダニエル・パイプス「シオニズムの心許ない現在」（Daniel Pipes, « Zionism's Bleak Present », *Jerusalem Post*, October 11, 2007）。

（38） サルモン『宗教とシオニズム』前掲、三三頁。

（39） 「キャンパス・ウォッチ」のシオニズム・キャンペーンについては http://hnn.us/articles/986.html を参照されたい。

（40） アレクサンデル・ラピドットからモルデカイ・エリアスベルグへの手紙。サルモン『宗教とシオニズム』前掲、二五頁に引用。

（41） この点に関する文献の一例として、ウィリアム・B・ヘルムライク『イェシヴァーの世界――正統ユダヤ世界の秘された横顔』（William B. Helmreich, *The World of the Yeshiva : An Intimate Portrait of Orthodox Jewry*, New Haven, CT, Yale University Press, 1986）を見よ。

（42） ルービン、前掲、四〇頁。

（43） 同、九五頁。

（44） ノートン・メズヴィンスキー「改革派ユダヤ教とシオニズム――初期の歴史と変遷」（Norton Mezvinsky, « Reform Judaism and Zionism : Early History and Change » in Roselle Tekner, et al., eds., *Anti-Zionism, Analytical Reflections*, Brattleboro, VT, Amana Books, 1989）三一五頁。

(45) 同、三一九頁。

(46) アラン・C・ブラウンフェルド「シオニズム百歳——しばしば予言的であったユダヤ教側からの批判を振り返る」(Allan C. Brownfeld, « Zionism at 100 : Remembering Its Often Prophetic Jewish Critics », *Issues, American Council for Judaism* [Washington], Summer 1997) 一—二頁。

(47) 同。

(48) アヴラハム・ブルグ「一つの時代の終焉」(Avraham Burg, « The End of an Era », *Haaretz*, August 5, 2005)。

(49) リチャード・コーエン「イスラエルを批判することは反ユダヤ主義ではない」(Richard Cohen, « It isn't Anti-Semitic to Criticize Israel », *International Herald Tribune*, May 6, 2002)。

(50) エルマー・バーガー『ユダヤ教かユダヤ民族主義か——シオニズムに対する代案』(Elmer Berger, *Judaism or Jewish Nationalism : The Alternative to Zionism*, New York, Brookman Associates, 1957) 四六頁。

(51) 同、三二頁。

第二章　新しいアイデンティティー

(1) サルモン「東ヨーロッパの伝統的ユダヤ教におけるシオニズムと反シオニズム」前掲、三二頁。

(2) フランツ・コーブラー『ナポレオンとユダヤ人』(Franz Kobler, *Napoleon and the Jews*, New York, Schocken Books, 1976, pp. 55-57)。

(3) アヴィネリ、前掲『近代シオニズムの形成』、四頁。

(4) 同、五—六頁。

(5) 前掲『ユダヤ人と二十世紀』所収、モーリス・クリージェル「正統派」一六四頁に引用。

(6) アーサー・ハーツバーグ『フランス啓蒙主義とユダヤ人』(Arthur Hertzberg, *The French Enlightenment*

and the Jews, New York, Columbia University Press, 1968)。

(7) ゼエヴ・シュテルンヘル『イスラエルの建国神話』(Zeev Sternhell, *The Founding Myths of Israel*, Princeton, Princeton University Press, 1998) 一一頁。

(8) ヨシフ・B・シェヒトマン『闘争者、預言者——ヴラディミル・ジャボティンスキーの晩年』(Joseph B. Schechtman, *Fighter and Prophet. The Vladimir Jabotinsky Story : The Last Years*, New York, Thomas Yoseloff, 1961) 四一一頁。

(9) 同、四一〇頁。

(10) アヴィネリ「シオニズムとユダヤの宗教的伝統」アルモーグほか編、前掲『シオニズムと宗教』、六頁。

(11) シュテルンヘル、前掲、五六頁。

(12) アハロン・ダヴィッド・ゴルドン「二つの明言」、シュテルンヘル、前掲、五七頁に引用。

(13) シュテルンヘル、前掲、五二頁。

(14) ヤーコプ・ローゼンハイム『論文・講演集』(Jacob Rosenheim, *Ausgewälte Aufsätze und Ausprachen*, Frankfurt-am-Main, 1930, 2 vols.) 一〇四頁、ならびに前掲『シオニズムと宗教』所収、ヤアコヴ・ツル「ドイツ正統ユダヤ教のシオニズムに対する態度」(Yaakov Zur, « German Jewish Orthodoxy's Attitude toward Zionism ») 一一一頁に引用。

(15) ニッシム・ラジュワーニ『アイデンティティーを探し求めるイスラエル』(Nissim Rejwan, *Israel in Search of Identity*, Gainesville, FL, University Press of Florida, 1999) 四五頁。

(16) ヨシュア・ヨセフ・プレイル「ダヴァル・レメシヴ」(Joshua Joseph Preil, « Davar Lemeshiv », *Hamelitz*, nos 183-184, 1894) 一―二頁、ならびにサルモン「東ヨーロッパの伝統的ユダヤ教におけるシオニズムと反シオニズム」前掲、三〇頁。

(17) シュロモ・サンド『ユダヤの民は、いつ、いかにして創出されたか?』(Shlomo Sand, *Matai ve'ech*

humtza ha'am hayehudi ?, Tel-Aviv, Resling, 2008)〔仏訳、二〇〇八年／英訳、二〇〇九年／邦訳『ユダヤ人の起源　歴史はどのように創作されたのか』、高橋武智監訳、佐々木康之、木村高子訳、浩気社、二〇一〇年〕。

(18) アヴィネリ「シオニズムとユダヤの宗教的伝統」前掲、一三頁。

(19) 同。

(20) ローベルト・S・ヴィストリヒ「シオニズムとウィーンにおけるその宗教的批判者たち」(Robert S. Wistrich, « Zionism and Its Religious Critics in Vienna »)、前掲『シオニズムと宗教』所収、一四五頁。

(21) エドウィン・モンタギュー「現政府の反ユダヤ主義に関する覚書」(一九一七年八月、イギリス内閣府に提出)(Edwin Montagu, « Memorandum on the Anti-Semitism of the Present Government » : Submitted to the British Cabinet, August, 1917)、http://www.zionism-israel.com/hdoc/Montagu balfour.htm

(22) 同、一五一頁。

(23) ヴィストリヒ、前掲、一五〇頁。

(24) ヨセフ・ベッカー「ヘルツルからジャボティンスキー、ベギンへ――フルバンへの道」(Yosef Becher, « From Herzl to Jabotinsky to Begin : The Road to Churban », *Jewish Guardian*, n° 12, July 1977) 三―四頁。

(25) Y・E・ベル「伝統の曲がり角」(Y. E. Bell, « The Traditional Corner », *The Jewish Press* [New York], October 18, 2002) 三五頁。

(26) ラヴィツキ、前掲、一六頁。

(27) マーク・シャピロ『イェシヴァーの世界と近代正統派のはざまで』(Marc Shapiro, *Between the Yeshiva World and Modern Orthodoxy*, London, Littman Library of Jewish Civilization) 九八―九九頁に引用。

(28) 『バビロニア・タルムード』、「ベラホット」篇、八a。

(29) エルハナン・ブネム・ヴァッセルマン『論文・書簡集』(Elhanan Bunem Wasserman, *Yakhut Maamarim*

u-mikhtavim, Brooklyn, NY, n.p., 1986）に引用。

（30）ヴィストリヒ、前掲、一四五頁。

（31）ラファエラ・ビルスキ・ベン＝ハー『個々人が皆、王――ゼエヴ・ヴラディミル・ジャボティンスキーの社会・政治思想』（Raphaella Bilski Ben-Hur, *Every Individual, a King : The Social and Political Thought of Ze'ev Vladimir Jabotinsky*, Washington, B'nai B'rith Books, 1993）九一頁。

（32）サンド、前掲、三五六頁。

（33）トム・セゲヴ『一つの、無欠のパレスティナ』（Tom Segev, *One Palestine, Complete*, New York, Metropolitan Books, 2000）。

（34）シオニズム・イデオロギー史上、社会主義と民族主義がとり持ってきた関係については、シュテルンヘル、前掲を参照。

（35）レイボヴィッツ、前掲、二六頁。

（36）「ピルケ・アヴォート（父祖の章）」四の2。

（37）レイボヴィッツ、前掲、四四頁。

（38）ジェフダ・ラインハーズ「シオニズムと正統ユダヤ教――一つの政略結婚」前掲『シオニズムと宗教』所収、一一六―一三九頁。

（39）シャローム・ドーヴ・ベール・シュネールソン「シオニズムとシオニストたちに関する三つの問答」（Shalom Dov Baer Schneerson, « Three Questions and Answers on Zionism and Zionists », *Jewish Guardian*, vol. 2, n° 8, Spring 1984）一九―二四頁。

（40）ルート・ブロイ『都の守り手――ある聖戦の歴史』（Ruth Blau, *Les Gardiens de la cité : histoire d'une guerre sainte*, Paris, Flammarion, 1978）二七六―二七七頁。

（41）同、二七五頁。

(42) アムラム・ブロイ「エルサレムからの呼びかけ」(Amram Blau, « A Call from Jerusalem », *The Jewish Gardian*, nº 1, April 1974) 二—三頁。

(43) ルート・ブロイ、前掲、一八七—一八八頁。

(44) ヴァセルマン、前掲、三頁。

(45) 同、一七—一八頁。

(46) 同、三三頁。

(47) エルハナン・ブネム・ヴァセルマン『メシアの時代』(Elhanan Bunem Wasserman, *The Epoch of the Messiah*, Brooklyn, NY, Ohr Elchonon, 1976) 二三頁。

(48) 『祈禱書』一一九b (*The Complete Art Scroll Siddur, Nusach Ashkenaz*, Brooklyn, NY, Mesorah Publications, 2002)。

(49) エルサレムのラビの宮廷からロシアのラビたちに送られた回状。サルモン「東ヨーロッパの伝統的ユダヤ教におけるシオニズムと反シオニズム」前掲、二八頁に引用。

(50) モーリス・サミュエル『レヴェル・サンライト』(Maurice Samuel, *Level Sunlight*, NY, Knopf, 1953) 六三、六七頁。この一節をルート・ブロイが前掲に引用している。

(51) メイラ・ヴァイス『選ばれた身体——イスラエル社会における身体の政治学』(Meira Weiss, *The Chosen Body : The Politics of the Body in Israeli Society*, Stanford, CA, Stanford University Press, 2002) 六一頁、ヨッシ・クライン・ハレヴィ「私たちの子供はどこに?」(Yossi Klein Halevi, « Where Are Our Children ? », *Jerusalem Report*, March 21, 1996) 一四—一九頁。

(52) ルート・ブロイ、前掲、二七一頁。

(53) 同、二七三頁。

(54) シュテルンヘル、前掲、二七頁。

(55) ミハイル・ヘレル『歯車の歯――ソヴィエト的人間の形成』(Mikhail Heller, *Cogs in the Wheel : The Formation of Soviet Man*, translated from Russian by David Floyd, NY, Knopf, 1988)。

(56) この点について、たとえばナフム・メナヘム『イスラエル――共同体間の緊張と差別』(Nahum Menahem, *Israël : tensions et discriminations communautaires*, Paris, L'Harmattan, 1986) を参照。

(57) ヨッシ・クライン「良き兵士グロザンスキー」(Yossi Klein, « The Good Soldier Grozansky », *Haaretz*, February 13, 2002)。

(58) ノアー・エフロン「恐怖に打ち震えて――非宗教系のイスラエル人はいかに超＝正統派を見ているか、またその理由は」(Noah Efron, « Trembling with Fear : How Secular Israelis See the Ultra-Orthodox, and Why », *Tikkun*, vol. 6, n° 5, 1991) 一五―二二、八八―九〇頁。

(59) 同、一六頁。

(60) 同、八八―八九頁。

(61) 同、一六、一八―一九頁。

(62) 同、一六頁。この主題に関してより深い考察が、ノアー・エフロン『真のユダヤ人――非宗教派・対・超＝正統派の闘争、ならびにイスラエルにおけるユダヤ・アイデンティティーのための闘い』(Noah Efron, *Real Jews : Secular versus Ultra-Orthodox and the Struggle for Jewish Identity in Israel*, New York, Basic Books, 2003) に見出される。

(63) イェホナタン・ゲフェン「アンナ・カレーニナとゴルダ・メイールの交換」(Yehonatan Geffen, « Trading Anna Karenina for Golda Meir », *Lilith*, vol. 27, n° 1, 2002) 一一―一五頁。

(64) バルナヴィ、前掲、二二〇頁。

(65) ローゼンベルグ編、前掲、第一巻、二六九頁に引用。

(66) レイボヴィッツ、前掲、一一一頁。

(67) 同、一五一、二一四頁。

(68) シュネールソン、前掲。

(69) ジュダ・レオン・マグネスの言。バーガー、前掲、三二頁に引用。

(70) アディン・シュタインザルツ「インタヴュー」(Adin Steinsaltz, « Interview », *Vremia i my*, nº 146, 2000)。

(71) ジェイ・Y・ゴネン『シオニズムの心理史』(Jay Y. Gonen, *A Psychohistory of Zionism*, New York, Mason Charter, 1975) 三三四頁。

(72) アヴィネリ「シオニズムとユダヤの宗教的伝統」前掲、一三頁。

(73) チャールズ・S・リーブマン、エリエゼル・ドン・イェヒヤ『イスラエルの公民宗教』(Charles S. Liebman, Eliezer Don Yehiya, *Civil Religion in Israel*, Berkeley, CA, University of California Press, 1983)。

(74) ラヴィツキ、前掲、一五五頁。

(75) ツェヴィ・ヴァインマン『カトヴィツェからイヤール月五日まで』(Zvi Weinman, *Mi-Katovitz ad Heh be-Iyyar*, Jerusalem, Vatikin, 1995)、レウヴェン・グロゾフスキー『当世の諸問題』(Reuven Grozovsky, *Be'ayoth ha-Zeman*, 2nd edition, Jerusalem, 1988)。

(76) アヴィネリ「シオニズムとユダヤの宗教的伝統」前掲、三頁。

(77) この文学潮流の隆盛を理解するために、デイヴィッド・エイバーバック『革命的ヘブライ語、帝国、危機――ヘブライ文学とユダヤ存続における四つの頂点に関する文学＝社会学的研究』(David Aberbach, *Revolutionary Hebrew, Empire and Crisis : Literary-sociological Study of Four Peaks in Hebrew Literature*, New York, New York University Press, 1998) を参照〔ここで「ヘブライ語で書かれた初めての小説」とは、このエイバーバックの著書、一二二頁で言及されているアブラハム・マプ『アハヴァット・ツィッヨーン(シオンの愛)』(一八五三年) を指すものと思われる〕。

(78) ミシェル・ギュールファンキエル『オデーサ物語』(Michel Gurfinkiel, *Le Roman d'Odessa*, Paris,

Editions du Rocher, 2005）を参照。

（79）レイボヴィッツ、前掲、一三三頁。

（80）同、一四四頁。

（81）同、一四五頁。

（82）ヴラディミル・ジャボティンスキー『タルヤグ・ミッリーム――六百十三の（ヘブライ語）単語。ラテン文字によるヘブライ語会話への導入』（Vladimir Jabotinsky, *Tariag Millim : 613 (Hebrew) Words. Introduction to the Spoken Hebrew in Latin Characters*, Jerusalem, Eri Jabotinsky, 1950）。

（83）ゲフェン、前掲、一一―一五頁。

（84）トゥヴヤ・ヨエル・シュタイネル『トゥヴヤの贖い』（Tuvya Yoel Steiner, *Peduyoth Tuvya*, Brei-Brak, no publisher, 1996）三七頁。

（85）ウリエル・ツィメル『トーラー・ユダヤ教とイスラエル国』（Uriel Zimmer, *Torah Judaism and the State of Israel*, New York, Maurosho Publications, 1971）三四―四一頁。

（86）二〇〇一年九月十二日、モンレアル（モントリオール）在住のラビ、エリエゼル・フランクフォルテルとの対談。

（87）エルヤキン・シュロモ・シャピラ『廉直なる者への光』（Elyakin Shlomo Shapira, *Or la-Yesharim*, Warsaw, 1900）五六―五七頁、ラヴィツキ、前掲、四頁に引用。

（88）ラヴィツキ、前掲、七頁。

（89）イスラエル・バルタル「近代性への応答」前掲『シオニズムと宗教』所収、二一頁。

（90）ギルアッド・ツケルマン『イスラエル語、美しき言語』（Ghil'ad Zuckerman, *Yisraelit safa yafa*, Tel-Aviv, Am Oved, 2009）。

（91）『エルサレム・タルムード』、「ベラホット」篇、二の8。

(92) イサハル・シュロモ・タイヒタル『ホロコーストの時代、一つの応答としてのシオン再構築』(Yissakhar Shlomo Teichtal, *Restoration of Zion as a Response during the Holocaust*, Hoboken, NJ, Ktav, 1999) 三三一三六、一九二―二〇三頁。

(93) アハロン・ソラスキー『ラビ、エルハナン』(Aharon Sorasky, *Reb Elchonon*, New York, Mesora Publications, 1996) 二二四頁に引用。

(94) 『祈禱書』九三。

(95) ラヴィツキ、前掲、三頁に引用。

第三章 〈イスラエルの地〉、流謫と帰還のはざまで

(1) アヴィネリ「シオニズムとユダヤの宗教的伝統」前掲、一四頁。

(2) ヨエル・マルクス「民に進む道を誤らせた指導者たち」(Yoel Marcus, « Leaders Who Lead Their People Astray », *Haaretz*, August 5, 2005)。

(3) ローゼンベルグ編、前掲、第二巻、三八六頁に引用。

(4) ゴネン、前掲。

(5) メロン・ベンヴェニスティ「祖国を愛すること」(Meron Benvenisti, « Loving the Homeland », *Haaretz*, October 11, 2002) に引用。

(6) たとえば、ベンヴェニスティの同記事。

(7) マーク・シャピロ、前掲、一二頁。

(8) ローゼンベルグ編、前掲、第二巻、三七九頁に引用。

(9) 同、第二巻、五〇五頁に引用。

(10) 同、第二巻、三七五―三七六頁に引用。

(11) 同、第二巻、四八〇頁に引用。

(12) イェルシャルミ、前掲、二四頁〔同、五四頁〕。

(13) イスラエル・ドンブ『変容――ネトゥレイ・カルタの場合』(Israel Domb, *Transformation. The Case of the Neturei Karta*, Brooklyn, NY, Hachomo, 1989) 二〇頁。

(14) アムラム・ブロイ、前掲、二―三頁。

(15) バルナヴィ、前掲、二一九頁。

(16) たとえば、「マサダ二〇〇〇」のインターネット・サイト (http://masada2000.org/) を見よ。

(17) エミール・マルモルシュタイン「断末魔の発作」(Emile Marmorstein, « Bout of Agony », *The [Jewish] Gardian*, n° 1, April 1974) 四―五頁。

(18) 同、六頁。

(19) レイボヴィッツ、前掲、一二八―一二九頁に引用。

(20) 同、九五―九六頁。

(21) アヴィシャイ・ベン・ハイーム「ラヴ・シャハの政治的見解」(Avichai Ben Hayim, « La vision politique de rav Schach », *Yediot Aharonot*, available at 〈http://www.magic.fr/kountras/k87b.htm〉, accessed Aug. 2005)。

(22) レイボヴィッツ、前掲、一一三頁。

(23) 『バビロニア・タルムード』、「サンヘドリン」篇、九二b。

(24) 『祈禱書』一〇七。

(25) 『バビロニア・タルムード』、「ケトゥボット」篇、一一一a。

(26) ヨーナタン・アイベシュッツ『ヨナタンの慈しみ』(Jonathan Eibeschütz, *Ahavath Yehonathan*, Warsaw, Lebensohn, 1871)、「申命記」四―七への注釈。

(27) ムンカチのラビ、ハイーム・エルアザル、コシツェのラビ、サウル・ブラッハ、その他、何十人ものポーランドのラビたちが『ラビたちの知』(Avraham Baruch Steinberg, ed., *Daath ha-Rabanim*, Warsaw, Y. Unterhendler, 1902) のなかで異議を唱えている。
(28) タイテルボイム、前掲、第八一節。
(29) ラビ、ミンツベルグの言。ラヴィツキ、前掲、一九頁に引用。
(30) ブワジョヴァのツェヴィ・エリメレフ・シャピロ『水沢』(Zvi Elimelech Shapiro of Blazowa, *Agam Mayim*)、ローゼンベルグ編、前掲、第二巻、三五六頁。
(31) レイボヴィツ、前掲、一六一頁。
(32) 同、一六九頁。
(33) ラヴィツキ、前掲、二四頁。
(34) レイボヴィツ、前掲、一七一頁。
(35) 『バビロニア・タルムード』、「ケトゥボット」篇、一一〇b1—2、注一五。
(36) ラヴィツキ、前掲、二二一—二三四頁。
(37) 『バビロニア・タルムード』、「ケトゥボット」篇、一一一a2、注一三を見よ。
(38) アイベシュツ、前掲、七四a。
(39) レイボヴィツ、前掲、二八、四八頁。
(40) ラヴィツキ、前掲、二頁に引用。
(41) 同、一三頁に引用。
(42) 同、一三—一四頁に引用。
(43) 『バビロニア・タルムード』、「ケトゥボット」篇、一一一aに対するラシの注釈。
(44) アヴィネリ「シオニズムとユダヤの宗教的伝統」前掲、一三頁。

(45) モシェ・ソベル『ユダヤ国家を超えて』(Moshe Sober, *Beyond the Jewish State*, Toronto, Summerhill Press, 1990) 三〇—三一頁。
(46) イーサン・ブロナー「イスラエル軍内部の宗教戦争」(Ethan Bronner, « Religious Wars in Israel's Army », *New York Times*, March 22, 2009)。
(47) タイテルボイムの言、ラヴィッキ、前掲、六九頁に引用。
(48)『祈禱書』一〇七。
(49) 同、一八九。
(50) 同、一九一。
(51) ニューズナー、前掲、四頁。
(52) レイボヴィッツ、前掲、一七六頁。
(53) シュネールソン、前掲、一九—二四頁。
(54)『ル・ジュルナル』紙、一八九七年九月十一日。ミシェル・アビトボル『二つの約束の地——フランス・ユダヤ人とシオニズム』(Michel Abitbol, *Les deux terres promises : les juifs de France et le sionisme*, Paris, Olivier Orban, 1989) 三九頁に引用。
(55) カトリーヌ・ニコー『フランスとシオニズム』(Catherine Nicault, *La France et le sionisme*, Paris, Calmann-Lévy, 1992) 二一—二二頁。
(56) アビトボル、前掲、四三頁。
(57) ロバート・ライバレス『社会的文脈における宗教紛争——フランクフルト・アム・マインにおける正統ユダヤ教の再興』(Robert Liberles, *Religious Conflict in Social Context : the Resurgence of Orthodox Judaism in Frankfurt am Main*, Westport, CT, Greenwood Press, 1985)、ならびにノア・ローゼンブルーム『改革の時代における伝統——ザムゾン・ラーファエル・ヒルシュの宗教哲学』(Noah Rosenbloom, *Tradition in an*

Age of Reform : The Religious Philosophy of Samson Raphael Hirsch, Philadelphia, Jewish Publication Society, 1976）を参照。

(58) ザムゾン・ラーファエル・ヒルシュ『ホレブ』（Samson Raphael Hirsch, *Horeb : A Philosophy of Jewish Laws and Observances*, translated from German by Dayan Dr. I. Grunfeld, vol. II, London, The Soncino Press, 1962）四六一頁。

(59) ツル、前掲、一一一頁に引用。

(60) ラヴィツキ、前掲、一四頁。

(61) ローゼンベルグ編、前掲、第二巻、三六一頁。

(62) ラヴィツキ、前掲、三三頁に引用。

(63) 同、三四頁に引用。

(64) 同。

(65) ヴァセルマン『メシアの時代』前掲、二六頁。

(66) ローゼンベルグ編、前掲、第二巻、四七六頁。

(67) ドンブ、前掲、一四―一五頁。

(68) ヴァセルマン『メシアの時代』前掲、三〇頁。

(69) 同、三三頁。

(70) ラビ、アムラム・ブロイの言、ラヴィツキ、前掲、六二頁に引用。

(71) 同、一五〇頁に引用。

(72) アヴィネリ『近代シオニズムの形成』前掲、三〇二頁。

(73) ドンブ、前掲、一七―一八頁。

(74) ローゼンベルグ編、前掲、第二巻、四四一頁。

(75) 同、三六一頁。

第四章　武力行使

(1) 『バビロニア・タルムード』、「ギティン」篇、五六a。
(2) 「創世記」三三の4に関するセフォルノの注釈。
(3) 「父祖」の章、第四。
(4) ルート・ブロイ、前掲、二四九頁。
(5) 「ベレシート・ラバー」九七の6。
(6) 『バビロニア・タルムード』、「ベラホット」篇、一八b。
(7) 「ラビ、エルハナン・ヴァッセルマン」(« Rav Elchonon Wasserman », *Jewish Guardian*, n° 12, July 1977) 八—九頁。
(8) M・ローゼンフェルド「ハヌッカー——ユダヤ人の自己防衛」(M. Rozenfeld, « Khanuka : evreiskaïa samooborona », cited in ‹http://www.judaicaru.org/luah/chanuka istor.html›, accessed Aug. 2005)。
(9) 『祈禱書』一一五。
(10) ルート・ブロイ、前掲、二七七頁。
(11) 同、一九九頁。
(12) ヴァセルマン『メシアの時代』前掲、二四頁。
(13) マーク・シャピロ、前掲、九九頁に引用。
(14) アブラハム・バルーフ・スティンベルグによるラビ裁定集、エマニュエル・レヴィーヌ『シオニズムに抗するユダヤ教』(Emmanuel Lévyne, *Judaïsme contre sionisme*, Paris, Clerc, 1969) 二五六頁に引用。
(15) 『バビロニア・タルムード』、「イェヴァモット」篇、七九a。

(16) 「ペレク・ハ＝シャローム（平和の章）」、『バビロニア・タルムード』、「デレフ・エレツ」篇。

(17) 同。

(18) ナタン・シャランスキー「〈神殿〉の丘は和平よりも重要である」(Natan Sharansky, « Temple Mount More Important than Peace », *The Canadian Jewish News,* October 23, 2003) 三二四頁。

(19) イェフダー・ハレヴィ『ハザールの書』(Yehuda Halevi, *The Kuzari. An Argument for the Faith of Israel,* New York, Shocken Books, 1964) 七八頁。

(20) シャウル・スタンプフェル『十九世紀におけるリトアニア・イェシヴァー』(Shaul Stampfer, *Ha-yeshiva ha-litayit ba-me'ah ha-tesh'a-'esreh,* Jerusalem, Merkaz Zalman Shazar le-toldot Yisrael, 1995) 二二四頁。

(21) エリ・レダーヘンドラー『近代化に対するユダヤ教の対応――アメリカと東ヨーロッパにおける新しい声』(Eli Lederhendler, *Jewish Responses to Modernity : New Voices in America and Eastern Europe,* New York, New York University Press, 1994) 六七頁以下。

(22) ヨー・アンゲラー『ドイツにおける化学戦争――科学の悪用』(Jo Angerer, *Chemische Waffen in Deutschland : Missbrauch einer Wissenschaft,* Darmstadt, Luchterhand, 1985)、ならびにモリス・ハーバート・ゴラン『フリッツ・ハーバー物語』(Morris Herbert Goran, *The Story of Fritz Haber,* Norman, OK, Oklahoma University Press, 1967)。

(23) ディミトリ・シュムスキ「ポスト＝シオニズム的オリエンタリズム?――イスラエルのロシア語使用知識人層に見るオリエンタリズムの言説とイスラーム嫌い」(Dimitry Shumsky, « Post-Zionist Orientalism ? Orientalist Discourse and Islamophobia among the Russian-speaking Intelligentsia in Israel », *Social Identities,* 9 [4], 2003)。

(24) イツハク・ラオール『ヨーロッパの新しい親ユダヤ主義とイスラエルの「ピース・キャンプ」』(Yitzhak Laor, *Le nouveau philosémitisme européen et le « camp de la paix » israélien, Paris,* La Fabrique, 2008)。

(25) K・C・テッセンドルフ『ツァーリの殺害——旧ロシアにおける青年層とテロリズム』(K. C. Tessendorf, *Kill the Tsar : Youth and Terrorism in Old Russia*, New York, Atheneum, 1986) を参照。

(26) トリスタン・ランドリー『ロシアにおける人間の生の価値（一八三六—一九三六年）』(Tristan Landry, *La valeur de la vie huma-ine en Russie (1836-1936)*, Québec, Les Presses de l'Université Laval, 2000) を参照。

(27) アンドレ・グリュックスマン『マンハッタンのドストエフスキー』(André Glucksmann, *Dostoïevski à Manhattan*, Paris, Laffont, 2002)。

(28) エリック・ハーバラー『十九世紀ロシアにおけるユダヤ人と革命』(Eric Haberer, *Jews and Revolution in Nineteenth-century Russia*, Cambridge, Cambridge University Press, 1995) 第十二章を参照。

(29) 同、二五四頁。

(30) 前掲『ユダヤ人と二十世紀』所収、ヨナタン・フランケル「ツァーリの帝国とソヴィエト連邦」(Jonathan Frankel, « Empire tsariste et l'Union soviétique ») 二九四頁。

(31) ツヴィ・Y・ギテルマン『ユダヤの民族性とソ連政治——ソ連共産党のユダヤ人部局（一九一七—一九三〇年）』(Zvi Y. Gitelman, *Jewish Nationality and Soviet Politics : The Jewish Sections of the CPSU. 1917-1930*, Princeton, NJ, Princeton University Press, 1972)。

(32) 展覧会「共産党中央委員会資料に見るソ連ユダヤ人」(Exhibition, "The History of Soviet Jews in the Documents of the Central Committee of the CPSU", Summer 1994, Krymskii Val, Moscow)。

(33) アビトボル、前掲、三三頁。

(34) ハーバラー、前掲を参照。

(35) マリユス・シャトネール『イスラエル右翼史』(Marius Schattner, *Histoire de la droite israélienne*, Paris, Editions Complexe, 1991) を参照。

(36) シェヒトマン、前掲、二九七頁。

(37) 同、四四五頁。

(38) アリエル・シャロン『戦士——アリエル・シャロン自伝』(Ariel Sharon, with David Chanoff, *Warrior : The Autobiography of Ariel Sharon*, New York, Simon and Schuster, 1989) 二三頁。

(39) ベルル・カツネルソンの言。シュテルンヘル、前掲、五〇頁に引用。

(40) シェヒトマン、前掲、八八頁。

(41) 同、二六一頁。

(42) 同、二六七頁。

(43) 同、二六九頁。

(44) 同、五六二頁。

(45) バルナヴィ、前掲、二二五頁。

(46) ベニー・モリス『正当なる犠牲者』(Benny Morris, *Righteous Victims*, New York, Vintage Books, 2001) 五三頁。

(47) 「イスラエル・ショハット」、インターネット・サイト「イスラエルとシオニズム」(« Shochat, Israel », *Israel and Zionism*, ‹http://www.jaz-ed.org.il/100/PEOPLE/BIOS/ishochat.html›, accessed Aug. 2005)。

(48) 『イスラエル・フーズ・フー(一九六〇年)』にもとづく。マーティン・ギルバート『ユダヤ史の世界地図』(Martin Gilbert, *The Atlas of Jewish History*, New York, William Morrow and Company, 1992)〔邦訳『ユダヤ人の歴史地図』池田智訳、明石書店、二〇〇〇年〕一一五〔一一四〕頁。

(49) モハンメド・ケンビブ『モロッコのユダヤ教徒とイスラーム教徒(一八五九—一九四八年)』(Mohammed Kenbib, *Juifs et musulmans au Maroc, 1859-1948*, Rabat, Université Mohammed V, 1994) 四七八—四八〇頁。

(50) ドミートリー・フルマン「われわれは残虐性によって結ばれている」(Dmitrii Furman, « Nas ob'ediniaet zhestokost », *Moskovskie novosti* [Moscow], November 20, 2000)。

(51) ドミートリー・ラディシェフスキー「ロシア人はイスラエルを救うであろう」（Dmitrii Radyshevskii, « Russkie spasut Izrail », *Moskovskie novosti* [Moscow], November 20, 2002）。

(52) マヤ・カガンスカヤへのインタヴュー（Maya Kaganskaya, Interview : ‹http://www.rodina.org.il/text/text806.html›, accessed Aug. 2005）。

(53) オレグ・ルミャンツェフ「ロシアとシオニズム」（Oleg Rumiantsev, « Rossia i sionizm », ‹http://www.rodina.org.il/archiv/rl01.html›, accessed Aug. 2005）。

(54) アニタ・シャピラ『手と権力――シオニズムにおける力への依存』（Anita Shapira, *Hand and Power : The Zionist Resort to Force*, New York, Oxford University Press. 1992）三五五頁。

(55) モリス、前掲、六七六頁。

(56) シュテルンヘル、前掲、二〇―二一頁に引用。

(57) ヴラディミル・ジャボティンスキー「鉄の壁について」（Vladimir Jabotinsky, « O zheleznoy stene », *Razsviet* [Paris], November 4, 1923）。

(58) たとえばシェヒトマン、前掲。

(59) 同、五二九頁。

(60) ヘンリー・ジョン・パターソン大佐が、ヴラディミル・ジャボティンスキー『ユダヤ人部隊の物語』に寄せた「前書き」（Colonel Henry John Patterson, « Forward » for Vladimir Jabotinsky, *The Story of the Jewish Legion*, New York, Bernard Ackermann, 1945）。

(61) ヨセフ・ベッカー「ヘルツルからジャボティンスキー、そしてベギンへ――フルバン（破滅）への道」（Yosef Becher, « From Herzl to Jabotinsky to Begin : the Road to Churban », *Jewish Guardian*, n° 12, July 1977）三―四頁。

(62) シャロン、前掲、二四―二五頁。

（63） セゲヴ、前掲、三二五頁。
（64） ローゼンベルグ編、前掲、第三巻、一〇七一頁。
（65） たとえば、セゲヴ、前掲。
（66） イスロエル・ドヴィッド・ワイス「永続的な中東和平に向けて」、アメリカ・ナショナル・プレス・クラブにおけるネトゥレイ・カルタの声明（Yisroel Dovid Weiss, « Towards a Lasting Middle East Peace », Neturei Karta Statement at the National Press Club, Washington, DC, December 11, 2001）。
（67） アムラム・ブロイ、前掲、二一―三頁。
（68） 「ワルシャワ・ゲットーの蜂起――真実か作り事か？ トーラーの視点」（« Warsaw Ghetto Revolt : True or Fiction ? The Torah View », *Jewish Guardian*, vol. 2, n° 8, Spring 1984）五―七頁。
（69） 「レバノンにおけるシオニズム戦争当時のトーラー注釈」（« Torah Comments during the Zionist War in Lebanon », *Jewish Guardian*, vol. 2, n° 8, Spring 1984）。
（70） 『ル・モンド』紙、一九七二年六月三日。
（71） ネトゥレイ・カルタ、ハイーム・カツェネレンボーゲンの言。ラヴィツキ、前掲、七四頁に引用。
（72） 「今日、ユダヤ人に戦争、戦闘が許されるか?」（« May Jews Wage War or Battles in Our Time ? », *The Jewish Guardian*, vol. 2, n° 8, Spring 1984）。
（73） ヨエル・タイテルボイム『聖なる言葉』（Yoel Teitelbaum, *Dibrot ha-kodesh*, Brooklyn, NY, 1983）。
（74） アムノン・ルビンシュテイン『ヘルツルからラビンへ――シオニズムの変化するイメージ』（Amnon Rubinstein, *From Herzl to Rabin : The Changing Image of Zionism*, New York, Holmes and Meier, 2000）第七章。
（75） ブルグ、前掲。
（76） イツハク・ブロイ「鋤を剣に打ちかえ――現代の宗教シオニズムと道徳的制約」（Yitzchak Blau,

« Ploughshares into Swords : Contemporary Religious Zionists and Moral Constraints », *Tradition*, vol. 34, n° 4, 2000）三九―六〇頁。

(77) ラヴィツキ、前掲、八五頁。

(78) ヘルツェル・フィシュマン「戦時下の道徳的行ない」（Hertzel Fishman, « Moral Behavior under Conditions of Warfare », *Avar ve-atid*, vol. 1, n° 1, 1994）九六頁。

(79) ルート・ブロイ、前掲、二三四頁。

(80) 同。

(81) ジョン・D・レイナー「報復を超えて」（John D. Rayner, « Beyond Retaliation », *Issues of the American Council for Judaism* [Washington], Summer 2002）三―四頁。

(82) 「占領に「ノー」と答えるイスラエル軍予備兵たちを支持せよ」、『ニューヨーク・タイムズ』（« Support the Israeli Army Reservists Who Say "No" to the Occupation », *New York Times*, March 22, 2002, p. A23, advertisement by the Tikkun Community）。

(83) 「人権を求めるラビたち」のインターネット・サイト（« Rabbis for Human Rights »: ‹http://www.rhr.israel.net/›, accessed Aug. 2005）。

(84) 「オズ・ヴェ＝シャローム／ネティヴォット・シャローム」のインターネット・サイト（« Oz ve-Shalom/Netivot Shalom. Movement for Judaism, Zionism and Peace », ‹http://www.netivot-shalom.org.il/›, accessed Aug. 2005）。

(85) イツハク・ブロイ、前掲、五七頁。

(86) 「レバノンにおけるシオニズム戦争当時のトーラー注釈」前掲、一六―一七頁。

(87) ラヴィツキ、前掲、七五頁。

(88) アヴネル・モシェとの対談。モンレアル（モントリオール）、二〇〇二年十一月二十二日。

(89) ヤロン・エズラヒ『ゴム弾――近代イスラエルにおける力と良心』（Yaron Ezrahi, *Rubber Bullets : Power and Conscience in Modern Israel*, Berkeley, CA, University of California Press, 1998）。

(90)『家庭でのハッガダー』（Shalom Hartman Institute, *The Family Participation Haggadah : A Different Night*, Jerusalem, 1997）七六頁。

(91) マイヤー・シラー「新しいユダヤ教？」（Mayer Schiller, « The New Judaism ? », *Issues of the American Council for Judaism* [Washington], Summer 1998）五―一二頁。

(92) ナフタリ・ツェヴィ・イェフダー・ベルリン『言葉の深み』、「創世記」三三の4への注釈（Naphtali Zvi Yehuda Berlin, *Ha-emek davar*, Jerusalem, Yeshivat Volozhin, 1999, commentary on the verse Genesis 33 : 4）。

(93) ヨセフ・リス『ヨセフ・ダアット』（Yosef Liss, *Yosef Daath*, Bnei-Brak, n.p., 1999）第二部、二三〇頁に引用。

(94) ソベル、前掲、九一頁。

(95) ロバート・ゴーディス「政治学とユダヤ教の倫理」、ダニエル・エラザール編『道徳性と権力――現代ユダヤ教の視点』（Robert Gordis, « Politics and the Ethics of Judaism » in Daniel J. Elazar, ed., *Morality and Power : Contemporary Jewish Views*, Lanham, MD, Jerusalem Centre for Public Affairs, 1990）四九頁。

(96) ヴィストリヒ、前掲に引用。

(97) ラビ、マイモン・ダヤン（マイモニデスの父）の手紙、ラヴィツキ、前掲、一六頁に引用。

(98) ネトゥレイ・カルタの声明「ユダヤの民の叫び」（Neturei Karta, « The Cry of the Jewish People », declaration, Washington, DC, February 7, 2002）。

(99) ネトゥレイ・カルタの声明「国際的な祭日にイスラエルの旗を焼く正統派ユダヤ教徒」（Neturei Karta, « Orthodox Jews to Burn Israeli Flag in International Ceremony », declaration, February 23, 2002）。

(100) エルマー・バーガー『ある反シオニスト・ユダヤ教徒の回想』（Elmer Berger, *Memoirs of an Anti-Zionist*

Jew, Beirut, Institute of Palestinian Studies, 1978）三頁。

（101）アラン・C・ブラウンフェルド「増大する不寛容が人間的ユダヤ教の伝統を脅かす」（Allan C. Brownfeld, « Growing Intolerance Threatens the Humane Jewish Tradition », *The Washington Report on Middle Eastern Affairs*, 1999）八七―八八頁。

（102）エイブラハム・レイトナーとの対談。二〇〇二年十一月十一日。

（103）シャトネール、前掲を参照。

（104）イェフダー・スルツキの言。ヒレル・ダンジガー『エルサレムの守り手』（Yehudah Slutzki, in Hillel Danziger, *Guardian of Jerusalem*, Brooklyn, NY, Mesorah, 1983）四四三頁に引用。

（105）ダンジガー、同、四四四頁に引用。

（106）『バビロニア・タルムード』、「ベラホット」篇、一二b。

（107）ダンジガー、前掲、四四〇―四四一頁に引用。

（108）前掲スルツキの言、ダンジガー、同、四四三頁に引用。

（109）ソベル、前掲、三〇頁。

（110）アムラム・ブロイ、前掲、二頁。

（111）ハナ・アーレント「ユダヤ人のホームランドを救うために」（一九四八年）、『パーリアとしてのユダヤ人』所収（Hannah Arendt, « To Save the Jewish Homeland » (published May 1948), in *Jew as Pariah*, New York, Grove Press, 1978）一八七頁。

（112）たとえばリオン・フォイヒトヴァンガー『トレドのユダヤ女』（Lion Feuchtwanger, *Die Jüdin von Toledo*, Berlin, Aufbau, 1955）〔邦訳『トレド風雲録』、小栗浩訳、晶文社、一九九一年〕。

（113）アラブ系アメリカ人協会とアメリカ・ピース・ナウ運動が合同で行なった世論調査「アラブ系アメリカ人とユダヤ系アメリカ人の政治意識」（Arab American Institute and Americans for Peace Now, *Survey of Arab*

American and Jewish American Opinion, November 21, 2002)。

第五章　協調路線の限界

(1) クリージェル、前掲、一五九頁。

(2) 『祈禱書』一〇七。

(3) 同、六七九。

(4) フリードリヒ・クレス・フォン・クレセンシュタイン「トルコ軍とともにスエズ運河を目指して」(Friedrich Kress Von Kressenstein, « Im ha-Turkim el Taalat-Suez », Tel Aviv, Maarakhot 2002, cited in Uri Dromi, « Turks and Germans in Sinai », *Haaretz*, September 27, 2002)。

(5) ナタン・ウェインストック『シオニズム——偽メシア』(Nathan Weinstock, *Zionism : False Messiah*, Londres, Ink Links Ltd., 1979, translation of part. 1 of *Le Sionisme contre Israël*, 1969) 一四六頁。

(6) ラインハーズ、前掲、一三五頁。

(7) たとえば、« Memorandum to King Hussein », *The Jewish Guardian*, n° 3, November 1974.

(8) 「ヒスタドルート」の詳細については下記を参照。ザカリー・ロックマン『同志と敵——パレスティナのアラブ人労働者とユダヤ人労働者(一九〇六―一九九四年)』(Zachary Lockman, *Comrades and Enemies : Arab and Jewish Workers in Palestine, 1906-1994*, Berkeley, University of California Press, 1996)、マイケル・シャレヴ『イスラエルにおける労働と政治経済』(Michael Shalev, *Labour and Political Economy in Israel*, Oxford, Oxford University Press, 1992)、ゲッツェル・カルサル『ヒスタドルート、その四十年の存続』(Getzel Karsal, *Ha-histadruth. Arba'ïm Shenot Haim*, Tel-Aviv, Tarbuth ve Hinuch, 1960)。

(9) ラヴィツキ、前掲、五七頁に引用。

(10) ダンジガー、前掲、四五〇頁。

(11)「国連パレスティナ特別委員会に宛てて」(« Statement to UN Special Committee on Palestine », *The Jewish Guardian*, n° 3, November 1974) 二頁。
(12) モシェ・ヒルシュ「レブ・アムロム最後のデモ」(Moshe Hirsch, « Reb Amrom's Last Demonstration », *The Jewish Guardian*, n° 2, July 1974) 五頁。
(13)『エンサイクロペディア・ジュダイカ』第十六巻、「シオニスト会議」の項 (« Zionist Congresses », *Encyclopaedia Judaica*, vol. 16)。
(14) モシェ・ヒルシュ、前掲、四六一頁。
(15) ツル、前掲、一〇九頁。
(16) エルマー・バーガー、前掲、一二頁。
(17) 同、五七頁。
(18) ある匿名希望のラビとの対談。二〇〇二年十一月十二日、ニューヨーク州、モンジーにて。
(19) ヨセフ・ベッカー「トーラーと政治シオニズム」(Yosef Becher, « The Torah and Political Zionism » in *Judaism or Zionism : What Difference for the Middle East ?*, London, Zed Books, 1986)。
(20) ノーマン・スティルマン『近代性に対するセファラディからの宗教的応答』(Norman Stillman, *Sephardi Religious Responses to Modernity*, Luxembourg, Harwood Academic Publishers, 1995)、ヨセフ・カプラン『近代性へのもう一つの道——西ヨーロッパのセファルディ・ディアスポラ』(Yosef Kaplan, *An Alternative Path to Modernity : The Sephardi Diaspora in Western Europe*, Leiden, Brill, 2000)。
(21) ケンビブ、前掲、五五七頁。
(22) ラビ、アアロン・ペルロウ・コイダノフの言。サルモン「東ヨーロッパの伝統的ユダヤ教におけるシオニズムと反シオニズム」前掲、三三頁。
(23) エリメレフ・シャピロ、前掲。

(24) Ephraim Weingott, *Orah le-Tzion*, Warsaw, (n.p.), 1902；Avraham Baruch Steinberg, ed., *Daath ha-rabbanim*, Warsaw, Y. Unterhendler, 1902.
(25) アブラハム・バルーフ・ステインベルグによるラビ裁定集。レヴィーヌ、前掲、二二六頁に引用。
(26) シュネールソン、前掲、一九—二四頁。
(27) エフロン「恐怖に打ち震えて」、前掲、八九頁。
(28) シルヴァン・シペル「イスラエルにおけるアメリカ・キリスト教徒たちの苦悩」（Sylvain Cypel, « Les tribulations des chrétiens américains en Israël », *Le Monde*, December 16, 2002）。
(29) 『ファンダメンタリスト・ジャーナル』、一九九八年五月、ロドリーグ・トランブレー『なぜブッシュは戦争を欲するか』に引用（*Fundamentalist Journal*, May 1998, cited in Rodrigue Tremblay, *Pourquoi Bush veut la guerre, Montreal*, Les Intouchables, 2003）一一八頁。
(30) チャールズ・エジバストン師（Rev. Charles Edgbaston）より本書の筆者に宛てられた手紙、二〇〇三年一月六日。
(31) イスラエルにおいて選挙への参加に反対する人々の手による文書を集めたものとして『御名の戦い』（*Milhamot Hashem*, Monroe, New York, 1983）を参照。
(32) アハロン・シャローム・ベン＝イツハク・ナイミ編『獅子、バビロンより来たる』（Aharon Shalom ben-Itzhak Naimi, ed., *Ari Ala mi-Bavel*, Jerusalem, Shemesh Tsedaka, 1986）一〇九頁。
(33) 同、一三三頁。
(34) ラビ、エリアクム・シュレジンガーの言。ラヴィツキ、前掲、六六—六七頁に引用。
(35) メナシェ・フィリポフ『金銭問題』（Menashe Filipof, *Parshath ha-Kesef*, Brooklyn, NY, Nechmod, 1981）。
(36) アヴィハイ・ベン・ハイーム、前掲「ラヴ・シャハの政治的見解」。
(37) アハロン・フスとの対談。モンレアル（モントリオール）、二〇〇二年十月二十二日。

（38）トム・セゲヴ「第三の考えについて」（Tom Segev, « On the Third Thought », *Haaretz Magazine*, August 5, 2005）六頁。
（39）ヨエル・タイテルボイム『贖いと報いについて』（Yoel Teitelbaum, *Al ha-Geula ve al ha-Temura*, Brooklyn, NY, Jerusalem Hebrew, Book Store, 1998）五六頁。
（40）同。
（41）「レバノンにおけるシオニズム戦争当時のトーラー注釈」前掲、一六一一八頁。
（42）『バビロニア・タルムード』、「メギッラー」篇、二八a。
（43）『ユダヤ国家の本質について——宗教諸派の相反する立場に関する研究』（*On the Essence of the Jewish State : A Study of Contrasting Positions of Religious Movements*, Jerusalem, Mesilot, 1980）四頁。
（44）モシェ・ベン・マイモン（マイモニデス）『ミシュネー・トーラー』、「ヒルホット・メラヒーム」の部、一の7。
（45）『ユダヤ国家の本質について』、前掲、七頁。
（46）同、九頁。
（47）タイテルボイム『かくてモーセ好めり』前掲、第二巻、第一五七節。
（48）ベルツ派のハシードたちの文章を集めた『ハレーディの陣営』の編者イスラエル・アイヒレル（Israel Eichler, *Ha-Mehaneh ha-Haredi*, 1980）の言。ラヴィツキ、前掲、一四八頁に引用。
（49）ヴァセルマンの言。ラヴィツキ、前掲、一四九頁に引用。
（50）イスラエルにおける非宗教のユダヤ人と宗教を奉じるユダヤ人との関係をめぐっては、下記を参照。チャールズ・S・リーブマン『イスラエルにおけるユダヤ人同士の抗争と妥協——宗教人と非宗教人』（Charles S. Liebman, ed., *Conflict and Accomodation between Jews in Israel. Religious and Secular*, Jerusalem, Avi Chai and Keter Publishing Houses, 1990）、アシェル・コヘン『イスラエルとユダヤ・アイデンティティーの政治

学――非宗教＝宗教間関係の閉塞』（Asher Cohen, *Israel and the Politics of Jewish Identity : The Secular-Religious Impasse*, Baltimore, MD, Johns Hopkins University Press, 2000）。

（51） アリエー・ダヤン「リクード党内部のハレーディ陣営」（Arieh Dayan, « A Haredi Home in Likud », *Haaretz*, November 21, 2002）。

（52） たとえば、ヘルシュ・ゴールドウルム『ユダヤ民族の歴史――第二神殿時代（絵で見る歴史シリーズ）』（Hersch Goldwurm, *A History of the Jewish People, Second Temple Era, Art Scroll History Series*, Brooklyn, NY, Mesorah Publications with Hillel Press, Jerusalem, 1994）、メイール・ホルデル『ユダヤ民族の歴史――ヤヴネからプンベディタまで』（Meir Holder, *A History of the Jewish People, From Yavne to Pumbedisa, Art Scroll History Series*, Brooklyn, NY, Mesorah Publications with Hillel Press, Jerusalem, 1995）。

（53） ローゼンベルグ編、前掲、第三巻、九一―二頁。

（54） アハロン・フスとの対談。モンレアル（モントリオール）、二〇〇二年十月二十二日。

（55） ラビ、モシェ・ヒルシュとの対談。二〇〇三年九月十二日。

（56） ゲルショム・ショーレム「六芒星の数奇な歴史――いかにして「マーゲーン・ダーヴィド」（ダビデの星）がユダヤ教の象徴になったか」（Gershom Sholem, « The Curious History of the Six Pointed Star : How the 'Magen David' Became the Jewish Symbol », *Commentary*, n° 8, 1949）二四三―二五一頁。

（57） 「申命記」（一六の22）に対するラシの注釈。

（58） アラン・C・ブラウンフェルド「宗教と民族主義――歴史上の危険な混同」（Allan C. Brownfeld, « Religion and Nationalism : A Dangerous Mix throughout History », *Issues of the American Council for Judaism*, Autumn 2002）一―一〇頁。

（59） モシェ・ファインシュタイン『モシェの書簡』（Moshe Feinstein, *Igroth Moshe*, Brooklyn, NY, Moriah Offset Company, 1959, section Orah Haim, siman, n° 46）一〇五頁。

(60) オヴァディア・ヨセフ『ヨセフ選文集』（Ovadia Yosef, *Sefer Yalkut Yosef*, Jerusalem, Yeshivat Hazon Ovadia, 1990, part 2）四二九頁。

(61) シュタイネル、前掲、三六―三七頁。

(62) この点について、たとえば以下を参照。ツヴィ・ギテルマン、ケン・ゴールドシュタイン「イスラエル政治のなかのロシア革命」（Zvi Gitelman, Ken Goldstein, « The Russian Revolution in Israeli Politics » in Asher Arian, Michal Shamir, eds., *The Elections in Israel 1999*, Albany, SUNY Press, 2002, pp. 141-169）。より総論的なものとしては、ノアー・レウィン＝エプスタインほか編『三大陸のロシア・ユダヤ人』（Noah Lewin-Epstein, et al., eds., *Russian Jews on Three Continents*, London, Frank Cass, 1997）がある。

第六章　シオニズム、ショアー、イスラエル国

(1) 『バビロニア・タルムード』、「ベラホット」篇、三三b。

(2) たとえば、現代正統ユダヤ教の大思想家の一人、ヨセフ・ベール・ソロヴェイチクによる『運命と宿命――ホロコーストからイスラエル国へ』（Yosef Ber Soloveitchik, *Fate and Destiny : From Holocaust to the State of Israel*, Hoboken NJ, Ktav, 1992 and 2000）を参照。

(3) とりわけ『バビロニア・タルムード』、「メギッラー」篇、一四a、「サンヘドリン」篇、四七a、ならびにラシによる「出エジプト記」（一四の10）に対する注釈を見よ。併せて、メナセー・ベン・イスラエル（一六〇四―五七年）による『人間の脆さと罪への傾きやすさについて』（Menasseh ben Israël, *De la fragilité humaine et de l'inclination de l'homme au péché*, traduction de *De la fragilidad humana e inclinación del hombre al pecado par*, Henry Méchoulan, Paris, Editions. du Cerf, 1996）も参照。

(4) 『家庭でのハッガダー』前掲、一一五頁。

(5) ヴァセルマン、『メシアの時代』前掲。

(6) 同、二三頁。
(7) 同、二七頁。
(8) 同、四四頁。
(9) 同、四六頁。
(10) 「ラビ、エルハナン・ヴァセルマン」（« Rav Elchonon Wasserman », *Jewish Guardian*, nº 12, July 1977）八頁。
(11) ルート・ブロイ、前掲、二五九頁。
(12) 『バビロニア・タルムード』、「バーバー・カマ」篇、六〇a。
(13) 同、「シェヴオット」篇、三九a。
(14) タイヒタル、前掲。
(15) ハレーディたちによるショアー解釈の全体像を摑むためには、ペサハ・シンドラー『ホロコーストに対するハシード派の応答——ハシード派思想の光に照らして』（Pesach Schindler, *Hasidic Responses to the Holocaust in the Light of Hasidic Thought*, Hoboken, NJ, Ktav, 1990）、ならびにヨエル・シュヴァルツ、イツハク・ゴールドシュタイン『ショアー——ホロコーストの文脈における惨劇に対するユダヤ教の解釈』（Yoel Schwartz and Yitzchak Goldstein, *Shoah : A Jewish Perspective on Tragedy in the Context of the Holocaust*, Brooklyn, NY, Mesorah, 1990）を参照。
(16) ドンブ、前掲、一一二頁。
(17) 同、一〇頁。
(18) ラヴィツキ、前掲、六五頁。
(19) モシェ・ヒルシュ、前掲、五―六頁。
(20) 同、六頁。

(21) ルート・ブロイ、前掲、二九六頁。

(22) 「国連パレスティナ特別委員会に宛てて」前掲、四頁。

(23) ドンブ、前掲、一三頁。

(24) ヴァセルマン『メシアの時代』前掲、二四頁。

(25) トム・セゲヴ『七番目の百万人――イスラエル人とホロコースト』（Tom Segev, *The Seventh Million : The Israelis and the Holocaust*, New York, Hill and Wang, 1993）一三頁。

(26) シェヒトマン、前掲、二一四―二一五頁。

(27) ヴァセルマン『メシアの時代』前掲、三四頁。

(28) 同。

(29) マーク・シャピロ、前掲、一一七頁、注二九。

(30) ヴァセルマン『メシアの時代』前掲、二九頁。

(31) ハイーム・ヴァイツマンの言。I・M・ラビノヴィチ「政治的シオニストとイスラエル国」（I. M. Rabinowitch, « Political Zionists and the State of Israel », *The [Jewish] Guardian*, n° 1, April 1974）一〇頁に引用。

(32) エドウィン・ブラック『移民合意――第三帝国とユダヤ・パレスティナとのあいだに交わされたある協定をめぐる劇的な歴史』（Edwin Black, *The Transfer Agreement : The Dramatic Story of a Pact between the Third Reich and Jewish Palestine*, New York, Macmillan, 1984）。

(33) ハワード・M・サッカー『イスラエルの歴史』（Howard M. Sachar, *A History of Israel*, New York, Alfred A. Knopf, 1976）一九七頁。

(34) ラビノヴィチ、前掲、一一頁。併せて、ベン・ヘクト『邪悪』（Ben Hecht, *Perfidy*, New York, Julian Messner, 1961）も参照のこと。

(35) サッカー、前掲、三七三—三七六頁。
(36) ルート・ブロイ、前掲、一八四—一八五頁。
(37) ディナ・ポラット「歴史記述の一問題——大量虐殺の時代、ヨーロッパ・ユダヤ人に対するベン＝グリオンの態度」(Dina Porat, « Une question d'historiographie : L'attitude de Ben-Gurion à l'égard des juifs d'Europe à l'époque du génocide », in Florence Heymann, Michel Abitbol, eds., *L'historiographie israélienne aujourd'hui*, Paris, CNRS éditions, 1998) 一二〇頁に引用。
(38) 同、一二八頁。
(39) アヴィフ・ロネンの証言。同、一二一頁に引用。
(40) シャブタイ・ベン＝ツヴィの証言。同、一二二頁に引用。
(41) グリーンスタイン、前掲、七九頁。
(42) バーガー、前掲、五七頁。
(43) ラビノヴィチ、前掲、九頁に引用。
(44) ルート・ブロイ、前掲、二三五頁。
(45) ベル、前掲、三五頁。
(46) レオナード・R・サスマン「全天候用のユダヤ教」(Leonard R. Sussman, « Judaism for All Seasons », *The Christian Century*, April 3, 1963) 四二七—四二九頁。
(47) たとえば、セゲヴ、前掲。
(48) ラファエル・フォーク「シオニズム、人種、優生学」(Raphael Falk, « Zionism, Race and Eugenics » in Geoffrey Cantor and Marc Swetlitz, eds., *Jewish Tradition and the Challenge of Darwinism*, Chicago, Chicago University Press, 2006) 一五一頁。
(49) 同。

(50) サンド、前掲、三六七頁。

(51) シュテルンヘル、前掲、五〇頁。

(52) 同、五一頁。

(53) ゴーディス、前掲、四九頁。

(54) モシェ・ショーンフェルド『ホロコーストの犠牲者たちは告発する——ユダヤ人戦争犯罪人に関する資料と証言』（Moshe Schonfeld, *The Holocaust Victims Accuse : Documents and Testimony on Jewish War Criminals*, Brooklyn, NY, Neturei Karta, 1977）。

(55) ヨセフ・グロジンスキ『ホロコーストの影に——第二次世界大戦直後、ユダヤ人とシオニストのあいだの闘争』（Yosef Gro-dzinsky, *In the Shadow of the Holocaust : The Struggle between Jews and Zionists in the Aftermath of World War II*, Monroe, ME, Common Courage Press, 2004）二三〇頁。

(56) 大臣ピッカースギルの発言。『カナダ下院議事録（一九五六年）』（*House of Commons Debates*, Ottawa, Edmond Cloutier, 1956）一四六四頁。

(57) レイボヴィッツ、前掲、六一頁に引用。

(58) 中央ラビ評議会編『なぜ、今日、われわれがここにいるのか、と問う人々に対して』（Central Rabbinical Council, *To Those Who May Wonder Why We Are Here Today*, February 7, 2002）。

(59) リーブマン、イェヒヤ、前掲、一七八頁。

(60) カタジナ・マワ「イスラエル機がアウシュヴィッツの上空を飛ぶ」（Katarzyna Mala, « Israeli Planes Overflow Auschwitz », *Reuters*, September 4, 2003）。

(61) リーブマン、イェヒヤ、前掲、一七八頁に引用。

(62) イレナ・クレプフィシュ『不眠症患者の夢』（Irena Klepfisz, *Dreams of an Insomniac*, Portland, OR, Eighth Mountain, 1990）一三〇—一三一頁。

(63) ポール・フット「パレスティナの支持者たち」(Paul Foot « Palestine's Partisans », *Guardian*, August 21, 2002)。

(64) リーブマン、イェヒヤ、前掲、一八四頁。

(65) ソベル、前掲、四八—四九頁。

(66) リーブマン、イェヒヤ、前掲、一八四頁に引用。

(67) ノーマン・G・フィンケルスタイン『ホロコースト産業』(Norman G. Finkelstein, *The Holocaust Industry*, London, Verso, 2001)〔邦訳『ホロコースト産業——同胞の苦しみを「売り物」にするユダヤ人エリートたち』立木勝訳、三交社、二〇〇四年〕。

(68) アヴラハム・ブルグ『ホロコーストは過ぎ去った——われわれは灰から立ち上がらねばならない』(Avraham Burg, *The Holocaust Is Over : We Must Rise From Its Ashes*, New York, MacMillan, 2008)。

(69) エルダル、前掲。

(70) ジャン=モイーズ・ブレトベルグ「私の祖父の名をヤド・ヴァ=シェムから消してください」(Jean-Moïse Braitberg, « Effacez le nom de mon grand-père à Yad Vashem », *Le Monde*, January 28, 2009)。

(71) アモス・オズ『レバノンの山すそ』(Amos Oz, *The Slopes of Lebanon*, San Diego, Harcourt, Brace and Jovanovich, 1989)〔邦訳『贅沢な戦争——イスラエルのレバノン侵攻』千本健一郎訳、晶文社、一九九三年〕四〇〔六八—六九〕頁。

(72) リーブマン、イェヒヤ、前掲、二三七頁。

(73) 同、二三七—二三八頁。

(74) マーク・H・エリス『灰のなかから——二十世紀におけるユダヤ・アイデンティティーの探求』(Marc H. Ellis, *Out of the Ashes : The Search for Jewish Identity in the Twenty-first Century*, London, Pluto Press, 2002) 二三頁。

(75) ラジオ局「アルーツ七」のインターネット・サイト（Arutz 7：‹http://www.israelnationalnews.com/›, accessed Aug. 2005）。
(76) 「ワルシャワ・ゲットーの蜂起——真実か作り事か？　トーラーの視点」前掲、六頁。
(77) 同。
(78) ヤッファ・エリアフ『ホロコーストをめぐるハシード派の実話集』（Yaffa Eliach, *Hasidic Tales of the Holocaust*, New York, Vintage Books, 1982）。
(79) 同、一六〇―一六一頁。
(80) 同、一六―一九頁。
(81) 同、xxxii頁。
(82) ラビ、モシェ・ドーヴ・ベックとの対談。二〇〇二年十一月十一日、ニューヨーク州、モンジーにて。
(83) タイテルボイム『贖いと報いについて』前掲、一三三頁。
(84) アヴラハム・アズライ『アブラハムへの恵み』（Avraham Azulai, *Hesed Le-avraham*, Lemberg, n.p., 1863）二二頁。

第七章　破壊の予言と存続のための戦略

(1) 『祈禱書』六七九。
(2) タイテルボイム『かくてモーセ好めり』前掲、八頁。
(3) ラヴィツキ、前掲、三頁に引用。
(4) 同、一四七頁に引用。
(5) 同。
(6) ラビ、モシェ・ドーヴ・ベックの言。二〇〇二年十一月十一日の対談。

(7) リーブマン、イェヒヤ、前掲、二二六頁。

(8) イスロエル・ドヴィッド・ウェイスとの対談。二〇〇二年十一月十二日、ニューヨーク、モンジーにて。

(9) 同。ここで、ラビ、ウェイスは、おそらくみずからはそうと意識しないまま、〝ある民は、ほかの民の自由を奪いながら自由であることはできない〟というエンゲルスの言葉を引き取っている。ちなみに、このエンゲルスの言葉は、一九六八年八月二十日、ソ連によるチェコ侵攻の日、プラハの新聞『ルデー・プラーボ（赤い権利）』の一面を飾っていた。

(10) リーブマン、イェヒヤ、前掲、二二九頁。

(11) エズラヒ、前掲、四七頁。

(12) イスロエル・ドヴィッド・ウェイス「シオニズムからユダヤ教を救う——ある宗教指導者の見解」（Yisroel Dovid Weiss, « Rescuing Judaism from Zionism : A Religious Leader's View », *American Free Press*, August 2, 2002）B三頁。

(13) ラビ、マイヤー・ウェーバーマンとの対談。二〇〇二年十一月十一日、ニューヨーク、ウィリアムズバーグにて。

(14) ジャクリーヌ・ローズ『シオンの問題』（Jacqueline Rose, *The Question of Zion*, Princeton, NJ, Princeton University Press, 2005）一二頁。

(15) チャールズ・クラウトハマー「シンポジウム」（Charles Krauthammer, « Symposium », *The New Republic*, September 8, 1997）一六—一七頁。

(16) ラヴィツキ、前掲、八三頁。

(17) 同、八四頁。

(18) イスロエル・ドヴィッド・ウェイス「ユダヤ教とシオニズム——まずはわれわれの用語を定義させてほしい」（Yisroel Dovid Weiss, « Judaism and Zionism. Let Us Define Our Terms », *Middle Eastern Affairs*

Journal, vol. 8, nos 1-2, 2002）一三七—一四六頁。

(19) たとえば、アレックス・クラウスホーファー「非正統的正統派」（Alex Klaushofer, « The Unorthodox Orthodox », *Observer* [London], July 21, 2002）、アニェス・グリュダ「サン＝タガトに居を構えた超＝宗教派のユダヤ人集団はイスラエルの廃止を望む」（Agnès Gruda, « Un groupe de juifs ultrareligieux établi à Sainte-Agathe souhaite l'abolition d'Israël », *La Presse* [Montréal], May 26, 2002）。

(20) たとえば、Neturei Karta, Jews United Against Zionism : ‹http://www.nkusa.org/› ; Jews Against Zionism : ‹http://www.jewsagainstZionism.com/›。

(21) アラン・C・ブラウンフェルド「増大する不寛容が人道的ユダヤ教の伝統を脅かす」（Allan C. Brownfeld, « Growing Intolerance Threatens the Humane Jewish Tradition », *Washington Report on Middle Eastern Affairs*, 1999）八四、八五、八九頁。

(22) フレデリック・クランツ「一国家構想はイスラエルの清算を意味するものとなろう」（Frederick Krantz, « One-State Would Mean the Liquidation of Israel », *The Gazette* [Montreal], November 14, 2003）。

(23) Kach ‹http://masada2000.org/shit-list.html›, accessed Aug. 2005.

(24) アヴィネリ『近代シオニズムの形成』前掲、二九五—二九六頁。

(25) 中央ラビ評議会編、前掲。

(26) アントワーヌ・ド・サン＝テグジュペリ『星の王子さま』〔内藤濯訳、岩波書店、一九六二年、二〇—二一頁〕。

(27) 「なぜわれわれはイスラエル政府とその戦争に反対するか」、『ニューヨーク・タイムズ』、二〇〇一年二月十一日（« Why are we against the Israeli Government and its Wars », *New York Times*, February 11, 2001, advertisement by the Central Rabbinical Council of the USA and Canada）、B二二頁。

(28) イスロエル・ドヴィッド・ウェイス、モーセス・カッツとの対談。ニューヨークにて、二〇〇二年十一月。

(29) Moses Maimonides, *The Book of Divine Commandments*, London, Soncino Press, 1940, positive commandment 9.

(30) エリス、前掲、七〇頁。

(31) ソベル、前掲、一〇五頁。

(32) ピーター・ボーモント「EU世論調査で平和への脅威と名指されたイスラエルの屈辱」(Peter Beaumont, « Israel outraged as EU poll names it a threat to peace », *Guardian*, November 2, 2003)。

(33) ルーシャン・ハイクラー「イスラエル——解決不能の問題」(Lucian Heichler, « Israel : An Insoluble Problem », *Issues of the American Council for Judaism* [Washington], Summer 2002) 五―六頁。

(34) ラビ、マイヤー・ウェーバーマンとの対談。二〇〇二年十一月十一日、ニューヨーク、ウィリアムズバーグにて。

(35) シュテルンヘル、前掲、五五頁。

(36) アミ・イーデン「最高峰の法曹人たちが自爆テロ犯の家族に死を求める」(Ami Eden, « Top Lawyer Urges Death for Families of Bombers », *Forward*, June 7, 2002)。

(37) S・A・ハレヴィー「撤退させられ、イスラエルを去る」(S. A. Halevy, « Leaving Israel Because I'm Disengaged », *The Jewish Voice and Opinion* (Englewood, NJ), mid-September 2005, pp. 1-72)。

(38) ハノフ・マルマリ「フランス、現実の不安感の理由」(Hanoch Marmari, « In France, Cause for Real Anxiety », *Haaretz*, May 10, 2002)。

(39) ウリ・アヴネリ「反ユダヤ主義者を作り出すこと」(Uri Avnery, « Manufacturing Anti-Semites », ‹http://www.gush-shalom.org/archives/article213.html›, accessed Sept. 28, 2002)。

(40) ラビ、メナシェ・フロップとの対談。ニューヨーク、ウィリアムズバーグにて、二〇〇二年十一月十一日。

(41) ラビノヴィチ、前掲、一〇頁。

（42）バルナヴィ、前掲、二二八頁。

（43）デイヴィッド・ゴールドバーグ「平衡感覚を持とう」（David Goldberg, « Let Us Have a Sense of Proportion », *The Guardian* [Manchester], January 31, 2002）。

（44）アレック・ミショリー「旗と標章」（Aleg Mishory, « The Flag and the Emblem », ‹http://www.jewishvirtuallibrary.org/jsource/History/isfl ag.html›, accessed Sept. 2005）。

（45）ハイクラー、前掲、五—六頁。

（46）ラルフ・ピータースの言、『ニューヨーク・ポスト』、二〇〇三年九月三日（Ralph Peters, *New York Post*, September 3, 2003, cited in « Pollard Seeks New Hearing : Jewish Groups Are Criticized for Seeking His Release », Allan C. Brownfeld, Editor, *American Council for Judaism Special Interest Report*, 32 [5], 2003）。

（47）匿名希望のあるイスラエル人との対談。エルサレムにて、二〇〇一年九月。

（48）ヘンリー・シーグマンの言、「精神的なるものと政治的なるものの分離、彼は代償を払っている」（Henry Siegman, « Separating Spiritual and Political, He Pays a Price », *New York Times*, June 13, 2002）。

（49）アリサ・ソロモン「インティファーダ二つ折り」（Alisa Solomon, « Intifada Dyptich », *Michigan Quarterly Renew*, XLI, n° 4, 2002）六五〇頁。

（50）デイヴィッド・ユジーン・ブランク「古き改革派ユダヤ教に対する『ニューヨーク・タイムズ』の奇妙な攻撃」（David Eugene Blank, « The New York Times' Strange Attack on Classical Reform Judaism », *Issues of the American Council for Judaism* [Washington], Fall 2002）五—一四頁。

（51）「ティックン」のインターネット・サイト（Tikkun 〈www.tikkun.org/〉）。

（52）ジェイ・マイケルソン「ユダヤ問題とは何か?」（Jay Michaelson, « What are Jewish Issues ? », *Forward*, August 22, 2008, ‹http://www.forward.com/articles/14029/›）。

（53）中央ラビ評議会編、前掲。

(54) アムラム・ブロイの言、ヒルシュ、前掲、六頁に引用。
(55) 「ドイツ国籍を求めるイスラエル人の急激な増加」（« Sharp Rise in Israelis Seeking German Citizenship », July 24, 2007, ‹http://www.ynet.co.il/english/articles/0,7340,L-3429414,00.html›）。
(56) ヤーセル・アラファートからラビ、モシェ・ヒルシュに宛てられた公式書簡（Yasser Arafat, Official Letter to Rabbi Moshe Hirsch, Ramallah, April 23, 2002）。
(57) レイナー、前掲、三一四頁。
(58) http://www.bdsmovement.net/ を参照。
(59) サンド、前掲、三五頁。
(60) ジョシュア・ホランド「論争的なベストセラーがイスラエル国の基盤を揺るがす」（Joshua Holland, « Controversial Bestseller Shakes the Foundation of the Israeli State », January 28, 2009, ‹http://www.alternet.org/story/122810/›）。
(61) ヴァセルマン、『メシアの時代』前掲。
(62) ソベル、前掲、二六頁。
(63) イスロエル・ドヴィッド・ウェイス、前掲「永続的な中東和平に向けて」。

エピローグ

(1) ジョンソン、前掲、五四九頁〔邦訳、下巻、四〇二頁〕。
(2) オフィラ・セリクター「分裂すればこそ、われわれは立つ」（Ofira Seliktar, « Divided We Stand », *New York*, Praeger, 2002）。
(3) レイボヴィッツ、前掲、一五九頁。
(4) ヴァセルマン、『メシアの時代』前掲、四二頁。

(5) アン・カープフほか編『声をあげるべき時』(Anne Karpf, et al., *A Time to Speak Out*, London, Verso, 2008)。

(6) エリス、前掲、四七頁。

(7) ブラウンフェルド、前掲。

(8) レイボヴィッツ、前掲、一五四頁。

(9) ローズ、前掲、七六頁。

(10) 『フマシュ』(*The Chumash*, Brooklyn, NY, Mesorah Publications, 1993) 一一九五頁。

(11) 「ゼロタイ派に用心せよ」(« Beware the Zealots », Haaretz, August 14, 2005)。

(12) エリス、前掲、九頁。

(13) マイケル・ベナゾン「ラビたちは皆、どこへ行ってしまったのか?」(Michael Benazon, « Where Have All the Rabbis Gone ? », *Inroads*, Summer/Fall 2005) 一三七頁。

(掲載のURLは単行本時の情報に基づく)

訳注

平凡社ライブラリー版の読者へ

〔1〕キリスト教シオニズムについて、本書三三〇―三三二頁以外にもヤコヴ・M・ラブキン『イスラエルとは何か』(菅野賢治訳、平凡社新書、二〇一二年)二九七―二九八頁を参照。

ヨセフ・アガシ教授による序文

〔1〕第三十四回世界シオニスト会議(エルサレム、二〇〇二年六月十七―二十一日)を指すものと思われる。

第一章　いくつかの指標

〔1〕Walter Laqueur, *A History of Zionism*, New York, Holt, Rinehard and Winston, 1972(ウォルター・ラカー『ユダヤ人問題とシオニズムの歴史』高坂誠訳、第三書館、一九八七年)、ならびに Howard M. Sachar, *A History of Israel: From the rise of Zionism to our time*, New York, Alfred A. Knopf, 1976.

第二章　新しいアイデンティティー

〔1〕ガリツィア生まれのユダヤ詩人、ナフタリ・ヘルツ・インベル(一八五六―一九〇九年)が、当初「われらの希望」と題して一八七八年頃に書いた詩は、一八八六年、みずからの詩集『バルカイ』に収載された。それに先立つ一八八二年、インベルは、パレスティナのユダヤ人入植地、リション・レ=ツィヨンの農民たちを前にしてこの詩を読み聞かせて大好評を博した。その場に居合わせたモラヴィア出身の作曲家ザームエ

ル（シュムエル）・コヘンが、同年（ないし翌年）、曲をつけたものが、まずシオニズム運動の主題歌として、のちにイスラエル国の国歌として採用されるにいたった。

〔2〕「イスラエリット（israélite）」の語は、(1)「古代イスラエル人《びと》とその末裔」を指すラテン語 israelitae に発し、古くからフランス語として定着していたが、フランス革命後、(2)ヨーロッパ諸国に先駆けて解放を果たしたフランスのユダヤ系市民を指す言葉（とりわけ自称）として新たな意味を帯びるにいたった。以後、フランス以外の国についても、市民権を手にしたユダヤ住民を指してこの語を用いる例が見られる。リトレの『フランス語辞典』は、israélite を juif の同義語として提示した上で、語感の差を次のように説明している。「これら二つの言葉（israélite と juif）のあいだには、procureur（代訴人）と avoué（代訴人）のあいだに存するのと同じ差異がある。語義は同じであるが、「ユダヤ人」と「代訴人（procureur）」は悪い意味にとられかねないため、「イスラエリット」と「代訴人（avoué）」を名乗るようになった」。第二次世界大戦後のフランスにおいて、ふたたび「ユダヤ人（juif）」が「イスラエリット（israélite）」に取って代わることとなった事情については、レオン・ポリアコフ編『反ユダヤ主義の歴史』第五巻「現代の反ユダヤ主義」（菅野賢治ほか監訳、筑摩書房、二〇〇六年）中、クリスティアン・ドラカンパーニュによる「フランスにおける反ユダヤ主義」一六五頁、ならびに菅野賢治『フランス・ユダヤの歴史』下巻、慶應義塾大学出版会、二〇一六年、二七四頁を参照されたい。

〔3〕ここで「人種的反ユダヤ主義の出現」という表現をもって著者が意味しているのは、一八七九年、ドイツ人ジャーナリスト、ヴィルヘルム・マルによる『ゲルマン世界に対するユダヤ世界の勝利』の刊行と「反ユダヤ主義者同盟」の設立のことであろうと思われる。レオン・ポリアコフ編『反ユダヤ主義の歴史』第四巻「自殺に向かうヨーロッパ」（菅野賢治ほか監訳、筑摩書房、二〇〇六年）三〇頁以下を参照のこと。

〔4〕アメリカで黒人差別に抗して結成された同名団体に鼓舞され、一九七一年、北アフリカ系（主としてモロッコ）ユダヤ人青年たちがエルサレムのムスララ街で結成した左翼政治組織。イスラエル社会内部の貧富の

差、出身国別の差別に対する積極的な抗議活動を繰り広げた。

〔5〕ポール・ジョンソン（一九二八―二〇二三年）、イギリスの歴史家。『ユダヤ人の歴史』（一九八七年／阿川尚之、池田潤、山田恵子訳、徳間書店、一九九九年）の著者。

第三章 〈イスラエルの地〉、流謫と帰還のはざまで

〔1〕第二章、訳注〔2〕を参照。

第四章 武力行使

〔1〕茶色のシャツはナチ党員のシンボルである。

〔2〕ギリシア神話の巨人。大地の女神ガイアの子。地に足がついている限りは不死身であったが、ヘーラクレースに肩の上に持ち上げられ、殺されてしまう。

第六章 シオニズム、ショアー、イスラエル国

〔1〕一八九〇年代の終わり頃にロシア語版から発して世界中に拡散した反ユダヤ主義の偽書、『シオンの長老たちの議定書』については、レオン・ポリアコフ編『反ユダヤ主義の歴史』第四巻「自殺に向かうヨーロッパ」前掲、八七頁以下を参照されたい。

〔2〕続く引用に付された原註のとおり、この発言の主がロバート・ゴーディス（一九〇八―一九九二年）であるとすれば、彼は「イスラエルの政治史家」ではなく、アメリカの保守派ラビである。

〔3〕「ショアーの日」（ニサン月二十七日）は、「独立記念日」（イヤール月五日）の八日前に置かれている。当初、この記念日は、一九四三年四月十九日のワルシャワ・ゲットー蜂起の記念日に合わせてニサン月十五日に設定されていたが、それがユダヤ教のペサハ（過越祭）の初日と重複したため、ニサン月二十七日に変更

となった。

〔4〕 記念館の名は、「イザヤ書」（五六の5）の表現、「我、わが家のうちにて、わが垣のうちにて、子にも娘にも優る記念の印と名とを与え……」にもとづく。

〔5〕 マルティン・ブーバー『神のかげり（Gottesfinsternis）』（一九五三年）への言及か。

第七章　破壊の予言と存続のための戦略

〔1〕「キドゥーシュ・ハ＝シェム（神の名の聖別）」が「殉教」を意味する場合もある。

〔2〕 第六章、訳注〔1〕を参照。

〔3〕 エドガール・モラン裁判については、下記を参照。菅野賢治「表現する自由と表現しない自由――ショアー、反ユダヤ主義との捻れた関係」、森孝一編『EUとイスラームの宗教伝統は共存できるのか――「ムハンマドの風刺画」事件の本質』同志社大学一神教学際研究センター企画、明石書店、二〇〇七年、三二四―三四〇頁。

〔4〕 エイアル・シヴァン（一九六四年―）が、パレスティナ人映画監督ミシェル・クレイフィ（一九五〇年―）と共同制作したドキュメンタリー映画「ルート一八一　パレスティナ＝イスラエルの旅断片」（二〇〇三年）を指す。

〔5〕 ジョナサン・ポラード（一九五四年―）、アメリカ海軍の元情報将校。一九八五年、イスラエルに軍事機密を漏洩していたとしてスパイ容疑で逮捕され、起訴される。八七年、終身刑を言い渡されたが、二〇一五年、釈放された。

語彙集

【ア】＝アラム語
【イ】＝イディッシュ語
【ト】＝トルコ語
【ヘ】＝ヘブライ語
【ロ】＝ロシア語

アグダット・イスラエル（略称、アグダー）【ヘ】
「イスラエルの連合」の意。一九一二年、正統派ユダヤ教を掲げて発足した政党。

アリヤー【ヘ】
「上っていくこと」、転じて「イスラエルへの移住」を意味する。

アリヤット・ハノーアル【ヘ】
「青年アリヤー」。ユダヤ青年層のパレスティナ移住を奨励、支援するシオニズム組織。その両親は出生国にとどまることが多かった。

イェヴセクツィア【ロ】
「ユダヤ人部局」の意。ボルシェヴィキ党内でユダヤ人活動家たちからなる部局。ソ連におけるユダヤ教の迫害に中心的な役割を果たした。

イェシヴァー【ヘ】
タルムード*学院。

イシューヴ【ヘ】
「入植地」、「集落」、「居住区」の意。〈イスラエルの地〉*におけるユダヤ教徒の居住地を指す。「イシューヴ・ハ＝ヤシャン（古き居住区）」といえば、一八八〇年代以前、シオニストたちの到着以前から存在するユダヤ教徒の居住区を意味する。

イスラエルの地【ヘ】
ヘブライ語で「エレツ・イスラエル」。最初の使用例は「サムエル記上」（一三の9）に見られる。一九四八年以来存在する「イスラエル国」や、紀元前十一世紀に築かれた「イスラエル王国」と混同せぬこと。

イヤール月【ヘ】
ユダヤ暦における春のひと月の名（西暦の四―五月）。「イスラエル国」の建国は一九四八年のイヤール月五日に宣言された。

ヴィジュニツ
ウクライナの町。ハシード*派ユダヤ教発祥の地。

エイン・ブレーラー【ヘ】

「ほかに選択の余地がない」、「仕方がない」の意。

カッディシュ【ア】
死者を追悼する儀式において、アラム語で朗誦される神への頌栄。

ガムラ
ゴラン高原にあった町の名。紀元一世紀、対ローマ抗争のさなかにユダヤ教徒の集団自決が行われた。一九六七年、シリア領に定住を始めたユダヤ人入植者たちは、「ガムラは二度と陥落しないであろう！」をスローガンとして採用した。

ガルート【ア】、ゴーラー【ヘ】
〈イスラエルの地〉から外に出ることを余儀なくされた状態。流謫。イスラエルの現代ヘブライ語では否定的な意味が込められる。

クネセット【ヘ】
原義は「会堂」。伝統的にシナゴーグを指して「ベイト・ハ＝クネセット（会堂の家）」という表現が用いられていたが、一九四八年以来、イスラエル国会を意味するものとして採用された。

グル（グラ・カルヴァリヤ）
ポーランドの町。かつてハシード*派世襲制教団の本拠があった。

ゴーイ（複：ゴーイーム）【ヘ】
国人《くにびと》、民。今日では、とりわけ非ユダヤ教徒、非ユダヤ人について「異邦人」、「異教徒」の意味で用いられるが、「モーセ五書」では戒律を遵守するイスラエルの末裔たちを指すものとしても用いられていた。「汝ら、我に対して祭司の国となり、聖き民（ゴーイ・カドシュ）となるべし」（「出エジプト記」一九の6）。

サトマール
今日のハンガリー東部の地域名。かつてハシード派世襲制教団の本拠があった。

シャス【ヘ】
「セファラディたちからなるトーラー*の守り手」の頭文字。タルムード*の別名としても用いられる「シシャ・セダリーム」の略語にもなっている。今日のイスラエルにおけるセファラディ系宗教人の政党。

タルムード【ヘ】
原義は「学習」。ミシュナー*注解の総体を指す。ユダヤ法（ハラハー*）を構成し、道徳的教訓の諸要素を導き出すためにミシュナーを展開させたもの。

テシュヴァー【ヘ】
原義は「回帰」。転じてトーラー*への回帰、改悛を意味する。

テフィッリン【ヘ】
ギリシア語では「フュラクテーリオン（保護するもの）」。トーラー*の章句を入れた二つの小箱からなる儀礼用具。敬虔なユダヤ教徒は、安息日と大祭日を除いて毎日、これらの小箱を額と左腕に固定する。
トーラー【ヘ】
原義は「教え」。ユダヤ教の規範的テクストの総体を指す。成文トーラー（モーセ五書、預言者の書、諸書）と口伝トーラー（ミシュナー*、タルムード*、ミドラシュ*、その他の聖書注解や実践的な諸史料）からなる。
ネトゥレイ・カルタ【ア】
「都の守り手」の意。一九三八年、エルサレムで結成されたユダヤ教・反シオニズム運動の名称。
ハガナー【ヘ】
原義は「防衛」。一九二〇年、パレスティナの「シオニスト労働運動」によって設立された軍事組織。一九四八年、イスラエル国の正規軍として統合された。
ハシード（複：ハシディーム）**【ヘ】**
「敬虔な者」の意。十八世紀ロシアに興った神秘主義的なユダヤ教刷新運動の信奉者を指す。
ハスカラー【ヘ】
原義は「人を知的にする行い」。十九世紀ヨーロッパで頂点に達したユダヤ教における啓蒙主義の異型。その信奉者、支持者を指して「マスキール（マスキリーム）」という。
ハッガダー【ヘ】
出エジプトの事蹟にまつわる聖書、その他のテクストの総体。過越祭に朗誦される。
ハバド【ヘ】
「ルバヴィチ」を見よ。
ハハム【ヘ】
「賢者」。セファラディ系ユダヤ教において「ラビ」に相当する尊称。
ハハム・バシュ【ト】
セファラディ・ユダヤ教の首席ラビ。
ハマン
「エステル記」に登場するペルシャの大臣。帝国領内のユダヤ人の絶滅をもくろんだ。
ハラハー【ヘ】
原義は「歩み」、「前に行くこと」。とりわけミシュナー*とタルムード*に根拠を置くユダヤ法の総体。
ハルカー【ヘ】
原義は「分配すること」。〈聖地〉のハレーディ*系ユダヤ教徒たちのあいだで、贈与されたものを分け合う制度。

ハレーディ【ヘ】
原義は「神を恐れる者」。伝統的なユダヤ教を実践する人々の総称。視覚的には、もっぱら黒と白の二色からのみなる服飾で区別される。一般のメディアなどでは「超＝正統派」と名指されることが多い。

ヒバット・ツィッツヨーン（ホヴェヴェイ・ツィッツヨーン）【ヘ】
「シオンへの愛」、「シオンを愛する者」の意。一八八一年、ロシアで結成されたユダヤ人のパレスティナ入植運動。一八九六年以降、シオニズム運動に合流。

ビールー【ヘ】
「ヤコブの家よ、来たれ、われら主の光のうちに歩まん」（「イザヤ書」二の5）の聖句の頭文字をとった略称。一八八二年に結成されたロシア・ユダヤ人のパレスティナ入植運動の名称。

ブンド【イ】
ドイツ語の「ブント（連合、同盟）」より。一八九七年、ロシアとポーランドのユダヤ人労働者らが結成した組織の名称。

ペオット【ヘ】
敬虔なユダヤ教徒が長く垂らす揉み上げ、鬢《びん》（「ペアー」の複数形）。イディッシュ語では「ペイエス」という。「汝ら、頭の鬢を丸く切るべからず。汝、鬢の両方を損ずべからず」という「レビ記」（一九の27）の一節が、このような鬢を生やすことの義務と解釈されている。

ベタール【ヘ】
一九二三年、ジャボティンスキー**によって設立された青年軍事組織「ブリット・ヨセフ・トルンペルドール（ヨシフ・トルンペルドール同盟）」の頭文字略称。

ベディアヴァド【ア】
「事後的」、「遡及的」の意。

ヘデル（複：ハダリーム）【ヘ】
原義は「部屋」。伝統的ユダヤ教徒の子らが通う初等学校。

ベルツ
ウクライナ西部の町。かつてハシード*派世襲制教団の本拠があった。

ホヴェヴェイ・ツィッツヨーン【ヘ】
「ヒバット・ツィッツヨーン」を見よ。

マサダ
死海の東に位置していた要塞。紀元一世紀、ローマ軍に抵抗するユダヤ人たちが集団自決を遂げた場所として、今日、観光名所となっている。

ミシュナー【ヘ】

原義は「反復」、「学習」。二世紀、イェフダー・ハ＝ナーシーによって書かれた口伝トーラー*の基礎部分。タルムード*は、このミシュナーを元とし、そこからユダヤ法と道徳的教訓の形成のための指針を導き出している。

ミズラヒ【ヘ】

「東の」の意から〈イスラエルの地*〉に関わることすべてに用いられる。同時に「メルカーズ・ルハーニ（精神的中心地）」という表現の頭字語にもなっている。一九〇四年、ラビ、イツハク・ヤアコヴ・ライネス**が創設した宗教的シオニズム運動の名称。

ミツヴァー【ヘ】

「掟」、「戒律」。成文トーラー*、口伝トーラーに沿ってユダヤ教徒の行ないを導く六百十三の掟の総体を指す。

ミトナゲッド（複：ミトナグディーム）【ヘ】

ハシード*運動への反対者。

ミドラシュ【ヘ】

「探求」の意。紀元一、二世紀頃のラビたちによる聖書解釈の集成。口伝トーラー*の一部をなす。

ムンカチ

ウクライナの町（現ムカチェヴォ）。かつてハシード派世襲制教団の本拠があった。

モシャーヴ【ヘ】

共同体的な農業入植地。

モレデット【ヘ】

「生国、母国」の意。イスラエルの民族主義政党の名称。

ヨレッド（複：ヨルディーム）【ヘ】

「下っていった者」の意。転じて、イスラエルからの流出者を意味する。

ルバヴィチ（リュバヴィチ）

ロシア、スモレンスク地方の町。十八世紀、ハシード運動の一大本拠地となった。転じて、その流れに与する正統派ユダヤ教徒のこと指す（別に「ハバド」とも）。

レーヴ・ターホール【ヘ】

「清き心」。二十世紀末のイスラエルにおいて、もともとシオニズムに与していた人々のなかから生まれ出たハシード派・反シオニズム運動の名称。

レッベ【イ】

「ラビ」に相当するイディッシュ語。社会的にも知的にも大きな権威を有し、信徒集団を物心両面で支えるハシード派の指導者を指す。

人物紹介

アルカライ、イェフダー
Yehudah Alkalai, יהודה אלקלעי
一七九八―一八七八年。サライェヴォ（当時オーストリア＝ハンガリー帝国）生まれのラビ。ヘブライ語文法とカバラーの研究に専念。ユダヤ教徒の〈聖地〉移住に関心を示し、みずから死の直前に移住を果たした。宗教的シオニズムの先駆者の一人とみなされている。

アルテルマン、ナタン
Nathan Alterman, נתן אלתרמן
一九一〇―七〇年。ワルシャワ（当時ロシア帝国領）生まれ。十五歳でテル＝アヴィヴに移住。一九三〇年代、ユダヤ民族主義を基調とする詩作品を発表し始め、シオニズム運動の代表格の一人と目されるにいたる。その後も愛国主義的な作品を書き続け、とりわけ反英闘争をつうじて知名度を獲得していった。晩年は、一九六七年の占領地の返還を一切拒否する運動の先頭に立った。

アルファンダリ、シュロモ・エリエゼル
Shelomoh Eliezer Alfandari, שלמה אליעזר אלפנדרי
一八二六年頃―一九三〇年。コンスタンティノープル（現イスタンブル）生まれ。セファラディ系ユダヤ教徒の碩学。ユダヤ教徒の共同体とオスマン帝国とのあいだの仲裁者として重要な役割を果たす。一九〇四年、サフェドの大ラビとしてパレスティナに移住。一九二六年、エルサレムに移る。シオニズムに対する彼の抵抗姿勢は、ムンカチのラビ、シャピラをはじめ、多くのユダヤ教指導者たちに影響を及ぼした。

イツハク、アムノン
Amnon Yitzhak, אמנון יצחק
一九五三年生まれ。イスラエル、テル＝アヴィヴに住む非宗教のイエメン系ユダヤ人家庭に生まれるが、二十四歳でユダヤ教信仰に回帰。一九八六年、イスラエルのユダヤ人を宗教に立ち戻らせることを目的とする団体「ショファール（角笛）」を創設し、セファラディならびにミズラヒ*・ユダヤ教徒のあいだで影響力を強めた。ユダヤの民の歴史における二大犯罪者としてヒトラーとテオドル・ヘルツル**を同列に置くなど、激しいシオニズム批判を繰り広げた。

ヴァインベルグ、イェヒエル・ヤアコヴ

Yehiel Yaakov Weinberg, יחיאל יעקב ויינברג

一八八四―一九六六年。ロシア帝国の小邑に生まれ、リトアニアのいくつかのイェシヴァー*で学んだのち、リトアニアの小さなユダヤ人居住地のラビとなる。第一次世界大戦期をベルリンとギーセンで過ごし、大学の課程を修了する。ラビ、エズリエル・ヒルデルシャイマーが設立したラビ神学校の教授、のちに校長となる。彼の著作には、リトアニア・ユダヤ教の伝統と、ラビ、ヒルシュ**によるドイツ正統派を統合しようとする試みが反映されている。

ヴァセルマン、エルハナン・ブネム

Elhanan Bunem Wasserman, אלחנן בונם וסרמן

一八七五―一九四一年。リトアニア（当時ロシア帝国領）に生まれ、当時最良と目された碩学たちのもとでタルムード*学の研鑽を積む。ハーフェツ・ハイーム（イスラエル・メイール・カガン**）の後継者として、リトアニア派ユダヤ教の一大権威となった。タルムードの研究と教育に専念するかたわら、ドイツ・ナチズムの台頭など、同時代の出来事の分析も怠らなかった。

エデルマン、マレク

Marek Edelman, מרק אדלמן

一九二二―二〇〇九年。ポーランド、ホメリ生まれ。一九四三―四四年、ワルシャワ・ゲットー蜂起に参加。第二次世界大戦後もポーランドにとどまり、医学を研究するかたわら、ワルシャワ・ゲットーに関する著作をポーランド語、英語、イディッシュ語で出版。過去のワルシャワ・ゲットーの蜂起と、現在のパレスティナ人の対イスラエル抵抗運動とのあいだに多くの共通点を見出している。

カガン（ハ＝コヘン）、イスラエル・メイール（俗称「ハーフェツ・ハイーム」）

Israel Meir Kagan (Ha-Kohen), "Hafetz Haim", ישראל מאיר כגן (הכהן) "חפץ חיים"

一八三八―一九三三年。ベラルーシ（当時ロシア帝国領）生まれ。現代ユダヤ教の最重要人物の一人。他者を悪し様に言うことの非を説いた著書『ハーフェッツ・ハイーム（生への慕い）』の題名で呼ばれることが多い。そのほかにも、ユダヤ法注解『ミシュナー・ベルラ』を含め、二十ほどの著作を残した。

カツネルソン、ベルル

Berl Katznelson, ברל כצנלסון

一八八七―一九四四年。ベラルーシ（当時ロシア帝国領）生まれ。労働シオニズム運動の指導者として第二*次アリヤー期（一九〇四―一四年）に活躍。図書館司書、ジャーナリスト、組合幹部などさまざまな立場から、パレスティナにおける労働シオニズムの普及に寄与した。

カリシエル、ツエヴィ・ヒルシュ

Zevi Hirsh Kalischer, צבי הירש קלישר

一七九五―一八七四年。プロイセン支配下のポーランドに生まれる。ラビとして、改革派ユダヤ教に激しく抵抗した。一八六二年、メシアによる贖いは〈イスラエルの地*〉をユダヤの民族的本拠地として再建するための努力とともに始まるであろうと宣言したことにより、宗教的シオニズムの先駆者の一人と目されている。

カレリツ、アヴラハム・イェシャヤフ（俗称「ハゾン・イシュ」）

Avraham Yeshayahu Karelitz, "Hazon Ish", אברהם ישעיהו קרליץ "חזון איש"

一八七八―一九五三年。ポーランド生まれのタルムード*学者、著名ラビ。初めリトアニアで匿名のまま刊行されたユダヤ法注釈書『ハゾン・イシュ（人の幻）』はほどなく彼をユダヤ教の権威の座に押し上げた（彼自身、実名よりもその著書名で呼ばれることが多い）。一九三三年、パレスティナのブネイ＝ブラクに移住し、四十冊を超えるユダヤ教論を著した。その著作は、今日なおイスラエルの内外でハレーディ*たちに強い影響力を及ぼしている。

ギューデマン、モーリッツ

Moritz Güdemann, מוריץ גידמן

一八三五―一九一八年。ドイツ生まれのラビ。一八九一年、ウィーンのユダヤ教徒共同体に指導者として迎えられる。シオニズム――とりわけヘルツルの著書『ユダヤ人国家』――を激しく批判し、ユダヤ人の主たる目的の一つはあらゆる民族主義の廃棄にあると主張した。ヘルツルやマックス・ノルダウは、しばしば彼らの著作のなかでギューデマンの攻撃に応酬している。

ギンツベルグ、アシェル・ヒルシュ（筆名「アハド・ハ＝アム」）

Asher Hirsh Ginzberg, “Ahad Ha-Am”, אשר הירש גינצברג "אחד העם"

一八五六―一九二七年。ウクライナ、キーウ（当時ロシア帝国領）近郊のハシード派ユダヤ教徒の家庭に生まれる。商業と行政の世界で活躍するかたわら、「ヒバット・ツィッヨーン*」運動の指導者として大きな影響力を行使した。

クーク、アヴラハム・イツハク

Avraham Yitzhak Kook, אברהם יצחק קוק

一八六五―一九三五年。ラトヴィア（当時ロシア帝国領）生まれ。ヴォロジンの高名なイェシヴァー*に学び、二十三歳でラビとなる。ヤッフォのラビとして招かれ、一九〇四年、パレスティナに到着。一九二三年、イギリス委任統治当局からパレスティナの大ラビに任命される。ユダヤ神秘主義に深く傾倒した彼は、当時、シオニストたちへの支持の姿勢を示した数少ないラビの一人であった。死後、彼の息子による再解釈を経て、宗教＝民族派（ダーティ・レウミ）の偶像的存在となった。

グリンベルグ、ウリ・ツェヴィ

Uri Zvi Greenberg, אורי צבי גרינברג

一八九六―一九八一年。イディッシュ語、ヘブライ語使用の詩人。オーストリア＝ハンガリー帝国（現ウクライナ）、ビリイ・カミンのハシード*派ユダヤ教徒の家庭に生まれる。レンベルク（現ウクライナ、リヴィウ）で伝統的ユダヤ教の教育を受ける。一九一八年十一月のポグロムを体験し、キリスト教圏においてユダヤの民が絶滅の危機に見舞われていると確信。ワルシャワでユダヤ詩人たちと交わり、ベルリンにも一時滞在したのち、一九二三年、パレスティナへ移住。第二次大戦開戦前まで、ポーランドにも長く滞在し、修正派シオニストとしての活動に励んだ。

ゴルドン、アハロン・ダヴィッド

Aharon David Gordon, אהרן דוד גורדון

一八五六―一九二二年。ウクライナのポドリャ（当時ロシア帝国領）の敬虔なユダヤ教徒の家庭に生まれる。「ホヴェヴェイ・ツィッヨーン*」運動に加わり、四十七歳でパレスティナに移住。農業と土地の開墾に半ば神秘的な価値を見出そうとする彼の思想は、世代を超えてシオニストの農民、労働者たちに影響を及ぼした。

ゴルドン、イェフダー・レイブ

Yehuda Leib Gordon, יהודה לייב גורדון

一八三一—九二年。リトアニア（当時ロシア帝国領）に生まれる。ハスカラー*運動の最大の推進者の一人。ロシア文学、西洋文学の古典をヘブライ語に翻訳し、啓蒙派ユダヤ教徒の読者のためヘブライ語とロシア語の雑誌を創刊した。徹底した反ユダヤ「教」主義の活動家として、〈イスラエルの地〉*におけるシオニスト入植地からユダヤ教の痕跡を完全に消し去ることの重要性を訴えた。

シャハ、エルアザル・メナヘム

Elazar Menahem Schach, אלעזר מנחם שך

一八九八?—二〇〇一年。リトアニア（当時ロシア帝国領）生まれ。早くからタルムード*学の才を認められ、当時、リトアニア最良のイェシヴァー*を経めぐりながら、研鑽を積む。第二次世界大戦期、パレスティナに避難。戦争によって破壊されてしまったポネヴェジ（パネヴェジス）のイェシヴァーを記念し、ブネイ＝ブラクにポネヴェジ・イェシヴァーを開校する。イスラエルのハレーディ*組織「トーラーの賢者」*の会員、のちに会長をつとめた。晩年、ハレーディ・ユダヤ教徒の指導者として世界的な知名度を獲得した。

ジャボティンスキー、ヴラディミル（ゼエヴ）

Vladimir (Zeev) Jabotinsky, זאב ז'בוטינסקי

一八八〇—一九四〇年。オデーサ（当時ロシア帝国領）出身のジャーナリスト、作家、シオニズム指導者。徹底した非宗教化の道を歩み、ヨーロッパ（とりわけイタリア）の民族主義に傾倒した彼は、「ユダヤ人部隊」と「ベタール」*運動の創設に関わる。対アラブ人強硬路線の主導者として「パレスティナ解放戦士団（イルグン・ツィヴァイ・レウミ）」を指揮。その死後もなお、イスラエル右派勢力に大きな影響力を及ぼし続けた。

シュネールソン、シャローム・ドーヴ・ベール

Shalom Dov Baer Schneerson, שלום דב בער שניאורסון

一八六〇—一九二〇年。ロシア、ルバヴィチ*（リュバヴィチ）生まれ。一八八二年、若くしてシュムエル・シュネールソンの後を継ぎ、ルバヴィチのレッベ*となる。持ち前の行動力を発揮し、一八九七年、ルバヴィチ派の最初のイェシヴァー*、「トムヘイ・テミミーム」を創設。後には、グルジア（当時ロシア帝国領）にユダヤ教の教育組織網を開設し、アシュケナジ系ユダヤ教世界を代表するハシディズム指導者となった。

シュネールソン、メナヘム・メンデル

Menahem Mendel Schneerson, מנחם מנדל שניאורסון

一九〇二―九四年。四半世紀以上にわたり、ルバヴィチ*派ユダヤ教の領袖として指導力を発揮し、レッベ*の称号を冠する最後の人物。ウクライナに生まれ、一九四一年、ニューヨークに移住。一九五一年、義父ヨセフ・イツハク・シュネールソンの後を継ぎ、レッベとなった。ハシディズム運動の内外で広い人望を集め、二十世紀後半のユダヤ教世界に大きな影響力を及ぼした。彼の指導のもと、ルバヴィチ運動はユダヤ教の一派として急成長を遂げ、世界中に名を知られるようになった。

ゼエヴィ、レハヴァム

Rehavam Zeevi, רחבעם זאבי

一九二六―二〇〇一年。ロシア出身の両親のもと、エルサレムに生まれる。軍人としての輝かしいキャリアを経て、イスラエル軍の将軍の地位につく。クネセット*（イスラエル国会）議員として、一九八八年、アラブ人の大量移住政策を提唱した。パレスティナ人テロリストにより暗殺される。

ゾネンフェルド、ヨセフ・ハイーム

Yosef Haim Sonnenfeld, יוסף חיים זוננפלד

一八四八―一九三二年。スロヴァキア生まれ。プレスブルク（現ブラティスラヴァ）のイェシヴァー*でタルムード*学を修め、のちに共に〈聖地〉移住を果たすこととなるラビ、アヴラハム・シャーグのもとで勉学を続ける。エルサレムでは、ハンガリー出身ユダヤ教徒たちの共同体を組織。ジャボティンスキーの「ユダヤ人部隊」に入隊することを含め、ユダヤ教徒がシオニスト勢力と協調することには全面的に反対の立場をとった。シオニズムとはあくまでも無縁のユダヤ組織をいくつか創設し、死にいたるまで、それらの指導に当たった。

ゾハール、ウリ

Uri Zohar, אורי זוהר

一九三五―二〇二二年。ポーランド・ユダヤ移民を両

親として、一九五二年、テル＝アヴィヴに生まれる。兵役を終え、ヘブライ大学で哲学を学んだ後、映画監督、俳優として活躍。一九七〇年後半、ユダヤ教信仰に回帰し、ハレーディ系正統派ラビとなる。非宗教のユダヤ・イスラエル人を正統派ユダヤ教に立ち返らせるためにみずからの映画人としての経歴を活かし、一九九二年の国政選挙では「シャス」党支持を訴えるテレビ番組を制作するなどした。

ソベル、モシェ・ダヴィッド
Moshe David Sober, משה דוד סובר
一九五五—二〇〇六年。カナダに生まれ、カナダに没す。三十年間、エルサレムでトーラー*の研究に勤しみ、タルムード*の英訳作業にも加わった。政治思想家として、シオニスト国家に代わる平和的かつ民主的な政体を模索した。

ソロヴェイチク、イツハク・ゼエヴ・ハ＝レヴィ・ヴェルヴェル（俗称「ブリスクのラビ」）
Ytshak Zeev Ha-Levi Soloveitchik, יצחק זאב הלוי סולובייצ'יק
一八八六—一九五九年。後出ハイームの子にして、その精神的な後継者。ブレスト＝リトフスク（ブリスク）のラビとして父の座を継ぎ、少数の弟子たちを集めた打ち解けた雰囲気のなかでタルムードを講じながら、常に変革の重要性を強調していたという。ドイツ軍の侵攻を逃れ、一九四一年、エルサレムに移住。

ソロヴェイチク、ハイーム（俗称「ブリスクのハイーム」）
Hayyim Soloveitchik, חיים סולובייצ'יק
一八五三—一九一八年。「ブリスクのハイーム」の別名でも知られる。ヨセフ・ドーヴの子としてロシア帝国に生まれ、タルムード学*の権威となる。彼が考案したタルムード研究の新手法は、今日、「ブリスク流」として世界中のユダヤ教会衆のあいだに普及している。ブレスト＝リトフスク（ブリスク）のラビとして、共同体の活動と教育・研究活動とを連動させることに成功した。

ソロヴェイチク、ヨセフ・ドーヴ（俗称「ベイト・ハ＝レヴィ」）
Yosef Dov Soloveitchik, יוסף דוב סולובייצ'יק
一八二〇—九二年。ヴォロジン（ロシア帝国領）生まれの著名タルムード*学者。ナフタリ・ツェヴィ・イェフダー・ベルリン（ネツィヴ）と共同でヴォロジンの権威あるイェシヴァー*を指導した。しばしば困難をともなうものであった、その共同体制を十年続けた後、ヴォロジンを離れ、スルツク、ついでブレスト＝リトフスク（ブリスク）のラビとなる。同時代人の証言によれば、彼がトーラー*の学習に寄せる熱情に匹敵するものとしては、ただ、貧者たちの境遇を慮る気持ちのみであったという。彼の手によるタルムード注釈書の題名にちなみ、「ベイト・ハ＝レヴィ」が俗称として用いられる。

タイテルボイム、ヨエル（サトマールのレッベ）

Yoel Teitelbaum, יואל טייטלבוים

一八八七―一九七九年。ハンガリー生まれ。数人の弟子たちとともにヨーロッパを脱出し、アメリカに移住。その後、短期間で、彼の会衆はユダヤ教世界に強い影響力を持つ存在に成長した。一九四八年、イスラエル建国を断罪。その主著『かくてモーセ好めり』をもって、トーラー*にもとづく反シオニズムの理論的な基礎固めを行なった。

ダヤン、モシェ

Moshe Dayan, משה דיין

一九一五―八一年。ロシア出身の両親のもと、パレスティナのキブーツ「デガニヤー・アーレフ」に生まれる。一九二〇年代から四八年まで「ハガナー」*に加わり、その後も軍人としてのキャリアを歩んだ。一九五八年、軍職を退いた後、一九七九年まで、イスラエル国防省、外務省で要職を歴任。

ドゥシンスキー、ヨセフ・ツェヴィ

Joseph Zvi Duschinsky, יוסף צבי דושינסקי

一八六八―一九四八年。ハンガリー生まれのラビ。一九三三年、ゾネンフェルドの後継として、エルサレムの「エーダー・ハレーディト（神を恐れる者どもの会衆）」の長となる。それ以前から、「アグダット・イスラエル*」の活動家として、パレスティナにおけるシオニズム勢力への抵抗姿勢を明確に打ち出していた。彼はまた、数百人の学生を擁したイェシヴァー*、「ベイト・ヨセフ」の設立者でもあった。

ド・ハーン、ヤーコブ・イスラエル

Jacob Israël de Haan, יעקב ישראל דה האן

一八八一—一九二四年。ラビの息子としてオランダに生まれる。小説家、詩人、エッセイスト。法曹人としての修養を積み、社会主義、ついでシオニズムに接近。パレスティナに定住し、エルサレムで教鞭を執るかたわら、オランダやイギリスの新聞に寄稿する。ある時期以降、シオニズム批判者に転じ、反シオニストのラビたちとの連携を一つの政治組織にまで発展させようとした。シオニストの刺客によりエルサレムで暗殺される。

トルンペルドール、ヨシフ（ヨセフ）
Yosif (Yosef) Trumpeldor, יוסף טרומפלדור
一八八〇—一九二〇年。ロシア、ピャティゴルスク生まれ。日露戦争に従軍し、片腕を失う。レフ・トルストイの集産主義思想から強い影響を受け、一九一二年、パレスティナに移住。第一次世界大戦期、「ユダヤ人部隊」の副司令官をつとめる。一九一八年、青年シオニズム運動「ヘ＝ハルーツ（開拓者）」を結成。パレスティナ、テル＝ハイの攻防戦で戦死。死の間際に彼が放ったとされる言葉——「われらの祖国のために死ぬことはなんと素晴らしいことであろう」——は、彼をシオニズムの英雄の座に押し上げた。

ドンブ、イェラフミエル・イスラエル・イツハク
Yerachmeil Israel Ytzhak Domb, ירחמיאל ישראל יצחק דומב
一九一五—七三年。ポーランド、ヤブウォンナのハシード*派ラビ、ヤアコヴ・シェヒナー・ドンブの子として生まれる。ルブリンのハフメイ・イェシヴァー*でラビ・メイール・シャピラに師事。第二次大戦後、ロンドンに移り、ネトゥレイ・カルタ*に加わる。正統派を名乗るユダヤ教指導者たちのなかでも、国政に参加しようとする向きを物神崇拝者として厳しく糾弾。イスラエル国にもしばしば赴き、正統派ユダヤ教徒たちの投票行動を抑制しようとした。

バーガー、エルマー
Elmer Berger, אלמר ברגר
一九〇八—九六年。古典的な改革派ユダヤ教の伝統に連なるアメリカのラビ。クリーヴランド生まれ。一九四二年、『なぜ私は反シオニストか』の刊行により、彼のラビとしての方向性は一変する。「アメリカ・ユダヤ教評議会」の副会長となり、改革派ユダヤ教の伝統を基礎に据えた反シオニズムの主張を展開。一九六九年には「アメリカ・ユダヤ教によるシオニズムへの代替案（American Jewish Alternatives to Zionism）」を発足させた。

ビアリク、ハイーム・ナフマン

Hayyim Nahman Bialik, חיים נחמן ביאליק

一八七三―一九三四年。帝政ロシア、ラディの伝統的ユダヤ教徒の家庭に生まれる。早くからイェシヴァー*での勉学を放棄し、「ホヴェヴェイ・ツィッヨーン*（シオンを愛する者）」運動に合流。ロシア文壇で名を馳せ、のちにドイツやパレスティナでも作家として広く名を知られた。シオニストたちのあいだで、彼の作品はシオニズム文学の古典として読み継がれている。

ヒルシュ、ザムゾン（シムション）・ラーファエル（レファエル）

Samson Raphael Hirsch, שמשון רפאל הירש

一八〇八―八八年。ドイツにおける近代正統派ユダヤ教の創始者。フランクフルトのユダヤ教会衆を二分してまで正統派ユダヤ教徒たちの利益を守り、のちに、この同じアプローチをヨーロッパ・ユダヤ教の全体にも拡大適用した。ユダヤ教系の学校の教程に一般教養をも織り交ぜ、近代の正統派ユダヤ教徒はヨーロッパの古典的文化を学び、それを正当に評価できなくてはならないと主張した。ドイツ愛国主義者にしてユダヤ教指導者であった彼は、六巻に及ぶトーラー*注解とユダヤ哲学に関する数冊の著書により広く名を知られている。

ブレンネル、ヨセフ・ハイーム

Yosef Haim Brenner, יוסף חיים ברנר

一八八一―一九二一年。ウクライナ（当時ロシア帝国領）生まれ。日露戦争開戦にともない、軍務を忌避して国外へ脱出。一九〇九年、パレスティナに辿り着き、第二次アリヤー*期（一九〇四―一四年）の活動家たちのあいだで中心的文学者として名を馳せる。作品中、ユダヤ教とその伝統を完全に否定し去った。アラブ人たちによる反シオニズム暴動に巻き込まれて死亡。

ブロイ、アムラム

Amram Blau, עמרם בלוי

一八九四―一九七四年。エルサレム生まれのラビ。シオニズムへの抵抗勢力として「ネトゥレイ・カルタ*」運動を発足させ、イスラエル国の存在認証をあくまでも拒み続けた。その抗議活動がもとで、しばしば身柄を拘束された。ブネイ＝ブラクに滞在した数年間を除き、生涯をエルサレムで過ごす。一九六五年、最初の妻が世を去った後、改宗ユダヤ教徒の女性（次項参照）と再婚した。

ブロイ、ルート
Ruth Blau, רות בלוי
一九二〇―二〇〇〇年。フランス、カレーのカトリック教徒の家庭に生まれる（改宗前の名はマドレーヌ・フェラーユ）。第二次世界大戦期、対独レジスタンスに加わり、迫害を受けたユダヤ人の救護活動を行なった。一九五一年、息子と共にユダヤ教に改宗（ルート・ベン＝ダヴィッドと改名）。数々の反シオニズム組織に参加した後、「ネトゥレイ・カルタ*」のラビ、ブロイ（前項）の後妻となる。

ブロッホ、ヨーゼフ・ザームエル
Joseph Samuel Bloch
一八五〇―一九二三年。オーストリアの著述家、ラビ。同時代の反ユダヤ主義に激しく抗議し、ユダヤ人の社会的認知のために闘争を続けた。オーストリア愛国主義者としてシオニズムに反意を突きつけ、ユダヤ教の普遍的性格を強調した。

ベギン、メナヘム
Menahem Begin, מנחם בגין
一九一三―九二年。ブレスト＝リトフスク（ブリスク。当時ロシア帝国領）生まれ。若くしてシオニストとしての信念を固め、ジャボティンスキー**の「ベタール*」運動に参加。一九三〇年代、そこで積極的な活動を展開する。一九四四―四八年、パレスティナにおけるシオニズムの地下テロ組織「イルグン（ユダヤ民族軍事機構）」を指導。イスラエル建国後も政治活動を続け、一九七七―八二年、首相をつとめる。

ベック、モシェ・ドーヴ（ベール）
Moshe Dov (Baer) Beck, משה דב בק
一九三四―二〇二一年。ハンガリー、ニールボガートに生まれ、ナチ占領期を地下に潜伏してやり過ごす。一九四八年、イスラエルのブネイ＝ブラク*に移住してイェシヴァー*に通い、ネトゥレイ・カルタ*に合流した後は、激しい反シオニズムを標榜するようになる。二〇〇六年、イランを訪れた際には、大統領マフムード・アフマディーネジャードを前に、ハレーディ*・ユダヤ教徒たちによるシオニズムへの抵抗姿勢を力説。ナチ・ドイツによるユダヤ・ジェノサイドの過去がシオニストにより政治利用されている現実をも厳しく糾弾した。晩年をニューヨークのモンシーで過ごす。

ヘルツル、テオドル

Theodor Herzl, תאודור הרצל

一八六〇—一九〇四年。シオニズムの祖。ブダペストに生まれ、ドイツ式の教育を受けたのち、ウィーンで新聞記者となる。フランスのドレフュス事件に衝撃を受け、一八九六年、『ユダヤ人国家』を発表。一九〇二年には、その小説体の続篇『古くて新しい国』を刊行する。二作とも、ヨーロッパにおける「ユダヤ人問題」の解決を目途と定めるものであった。一八九七年、バーゼルで第一回シオニスト会議を主催。それが政治的シオニズムの産声となった。

ベルディチェフスキー、ミハ・ヨセフ

Mikha Yosef Berdyczewski, מיכה יוסף ברדיצ'בסקי

一八六五—一九二一年。帝政ロシア、ポドリヤ生まれの著述家、哲学者。若くしてヴォロジンのイェシヴァー*を去り、スイス、ドイツで文学の研究に専念。ほどなくイディッシュ語兼ヘブライ語表記の作家として文壇に名を知られるようになる。シオニズムをめぐる紙上論争にも積極的に加わり、時にヘルツル**やアハド・ハ=アム（アシェル・ヒルシュ・ギンツベルグ**）にも激しく挑みかかった。

ベン=イェフダー、エリエゼル

Eliezer Ben-Yehuda, אליעזר בן־יהודה

一八五八—一九二二年。リトアニア（当時ロシア帝国領）に生まれる。エルサレムに移住し、古典語となったヘブライ語を現代の通用語として甦らせる作業に生涯を捧げた。アシュケナジ系ユダヤ人の世界では、彼の家庭がヘブライ語を日常語として使う最初の場所となった。ユダヤ教の伝統に激しい敵意をあらわにしていた彼が、一八八一年、パレスティナに到着したとの報は、現地の伝統的ユダヤ教の会衆に異口同音の憤怒を引き起こした。

ベン=グリオン、ダヴィッド

David Ben-Gurion, דוד בן־גוריון

一八八六—一九七三年。プロンスク（当時ロシア帝国領、現ポーランド）にて、シオニストの父親のもとに生まれる。青年期からシオニズム運動「エズラ」に参加。パレスティナに移住し、のちにイスラエル国の下部構造となる「ヒスタドルート」を発足させる。一九四八年には、イスラエル国の独立を宣言し、初代首相に就任した。

ライネス、イツハク・ヤアコヴ
Yitzhak Yaakov Reines, יצחק יעקב ריינס
一八三九—一九一五年。ベラルーシ（当時ロシア帝国領）生まれ。リトアニアのラビとして、シオニズム運動に支持を表明する数少ない宗教的権威の一人であった。トーラー*の学習と土地に対する農耕作業の合一を提唱。宗教＝民族派運動「ミズラヒ*」の創始者の一人でもあった。

ラザロン、モリス
Morris Lazaron
一八八八—一九七九年。アメリカ、ジョージア州生まれ。改革派ユダヤ教の内部でラビとしての修養を積み、アメリカ国内数カ所でラビを歴任。政治的シオニズムに反意を抱き、「アメリカ・ユダヤ教評議会」の発起人の一人として名を連ねた。

ラピドット、アレクサンデル・モシェ
Alexander Moshe Lapidoth, אלכסנדר משה לפידות
一八一九—一九〇六年。リトアニア（当時ロシア帝国領）生まれ。当時、最良と目されたラビたちのもとで研鑽を積み、若くしてみずからラビとなる。「ヒバット・ツィヨーン*（シオンへの愛）」運動を支持するも、武器の使用には反対し、あくまでも農耕とユダヤ教の実践を基礎とする平和的なパレスティナ入植を説き勧めた。また、このパレスティナ入植活動のメシア的な性格は一切認めていなかった。

ラビン、イツハク
Yitzhak Rabin, יצחק רבין
一九二二—九五年。ロシア帝国出身の両親のもと、パレスティナに生まれる。シオニスト武装組織に加わり、国家建設後、ツァハル（イスラエル国防軍）の将校として、その高位にまで昇りつめる。軍人として現職を退いた一年後、政界に打って出、首相をつとめるにいたる。オスロ平和合意に反対するユダヤ教徒のテロリストにより暗殺。

レイボヴィッツ、イェシャヤフ

Yeshayahu Leibowitz, ישעיהו ליבוביץ

一九〇三—一九九四年。思想家、エルサレム・ヘブライ大学教授。リガ（当時ロシア帝国領、現ラトヴィア）に生まれ、ドイツとスイスで教育を受ける。シオニズムとイスラエル政治に対する正統派の批判者として、時に世論を大きく揺るがす見解や言葉遣いも辞さない（その一例として、彼が放った「ユダヤ＝ナチス」という表現がある）。一九九二年には、イスラエル国民として最高の栄誉と目されている「イスラエル賞」の受賞を辞退した。

ロケアハ、イサハル・ドーヴ

Issachar Dov Rokeah, יששכר דב רוקח

一八五四—一九二七年。ベルツ*のハシード*派世襲制教団の内部に生まれ育つ。ガリツィア、ハンガリーにおけるユダヤ教最高指導者の一人として、ユダヤ人の新しい生活様式を組織する政治的形態、とりわけシオニズムを批判した。

平凡社ライブラリー版 訳者あとがき

「この本を出版して以来、よく、「あなたは独立派の歴史家（un historien indépendant）ですね」と人から言われるようになりました。それに対しては、私は、「ええ、そうかもしれません。しかし、逆に〝依存派の歴史家（un historien dépendant）〟というのは、一体またどういう存在なのでしょうね」と応じることにしていますが……」。初対面の折、まず、本書刊行の反響はどのようなものであったかという私の問いに対して、ヤコヴ・ラブキン氏は、目の奥にきらりと皮肉の光をともしながらこう答えた。

二〇〇七年の春、短期海外研修の機会を得て、カナダ、ケベック州の中心都市モンレアル（モントリオール）に滞在していた私は、研修期間中、当地でユダヤ人として筆を動かしている作家や、大学でユダヤ学に携わっている研究者には片端から面会を求めようと心に決めていた。折しも、前年、二〇〇六年に本書の英語訳を世に問い、北米のユダヤ世論に大きな反響を呼び起こしていたヤコヴ・ラブキン教授については、モンレアル到着と同時に、複数の人々から評判を耳にしていた。早速本書の元版であるフランス語版（二〇〇四年刊）を書店で購入し、三日三晩で読了した私は、ラブキン氏に電子メールを書き送った。返信は矢のごとく返ってきた。「お目にかかりましょう。明日、大学内の私の研究室で」。

　翌日、モン・ロワイヤルの丘に広がるモンレアル大学のキャンパスに氏の研究室を探し当て、ドアをノックすると、現れたのは、ラフなシャツ姿にユダヤ教徒のキッパー（丸帽）を被った巨漢であった。「すみません。今、モスクワとインターネット電話がつながっておりまして。しばらく隣の控え室でお待ちください」。

本書ロシア語版（2009年）の表紙

　数分後、電話を終えて出てきたラブキン氏は、つい先程までインターネット電話の向こう側にいたのが、まさに本書のロシア語版の共訳者であったことを明かしてくれた。レニングラード（現サンクト＝ペテルブルク）生まれのラブキン氏にとって、ロシア語はいうまでもなく母語であり、自著のロシア語訳も自身の手だけで不可能ではないのだが、やはりソ連（ロシア）を離れて三十年もの時間が経過すると、現在時のロシア語とは語彙、語感の面でかなりの乖離が生じており、書物の出版に際しては共訳者の存在が不可欠なのだという。その時点で、本書のフランス語原版と英語訳の存在しか知らなかった私は、ロシア語のみならず、アラビア語、スペイン語、イタリア語、オランダ語、ポーランド語への翻訳もすでに完了し、さらに中国語、ポルトガル語、ヘブライ語、トルコ語への翻訳も進行中であると聞いて、いささか驚いた。

　その日、一時間以上にわたって質疑応答を行なった末、私は、「東京へ戻り次第、本書の日本語版刊行に向けて動きましょう」とラブキン氏に約束した。

*

本書は、ヤコヴ・M・ラブキン『トーラーの名において——シオニズムに対するユダヤ教の抵抗の歴史』（Yakov M. Rabkin, *Au nom de la Torah : Une histoire de l'opposition juive au sionisme*, Québec, Les Presses de l'Université Laval, 2004）のフランス語版をベースにした日本語訳である。

著者ラブキンと訳者（2008年11月、明治大学リバティタワーでの公開講義）

ここで「ベースにした」という表現を用いるのは以下のような事情による。右に記した経緯によって著者ラブキン氏の面識を得て以来、電子メールで頻繁にやりとりをし、また、翌二〇〇八年と翌々二〇〇九年の二度にわたる教授の来日の際にも——数日間、拙宅にお泊まりいただくなどして——直に邦訳の段取りを打ち合わせるなかで、著者、訳者、ならびに出版を引き受けてくださった平凡社とのあいだで、徐々にひとつの合意が形成されていった。つまり、来たるべき日本語版は、必ずしもフランス語版の忠実な移し替えではなく、古びてしまった情報や、論拠として提示されたラビ文献からの引用の重複などは極力割愛した簡略版にすること。他方、原版の刊行後、各言語で版を重ねる度になされてきた重要な加筆事項はできる限り盛り込んだアップデート版にするのが相応しかろう、という方針である。まず二〇〇四年、ケベックで刊行されたフランス語版が、ラブキン氏自身も直接翻訳作業に関わりながら実現した二〇〇六年の英語版『内部からの脅威』（*A Threat from Within: A Century of Jewish Opposition to Zionism*, translation by Fred A. Reed with Yakov M. Rabkin, Fernwood, Zed Books, 2006）に移行する過程で、相当の加筆が行われている。そして、英語版に準拠して刊行されたスペイン語版（二〇〇八年）、さらには英語版とスペイン語版にもとづくポルトガル語版にも、かなりの最新情報が上乗せされている（とりわけ二〇〇六―〇八年のイスラエル＝パレスティナ情勢をめぐって）。最終的に、この日本語版は、二〇〇四年のフランス語版を土台としながらもそれを簡略化し、そこに二〇〇六年以降の英語版、スペイン語版、ポルトガル語版における加筆箇所を厳選して盛り込むという特殊な形態をとっている。読者の方々が、みずから通暁した言語の版と対照しようとする際など、必ずしも章句の構成が一致していない場合があり得ることに留意されたい。

本書をつうじてもっとも苦心し、また神経を尖らせなければならなかったのは、フランス語Juif、英語Jewという単語の訳し分け――「ユダヤ教徒」か「ユダヤ人《じん》」か、はたまた「ユダヤ人《びと》」か――と、フランス語laïc、英語secularという形容詞の訳語選択である。前者について、いかにしても訳し分けが無理な場合（あるいはナンセンスである場合）には、「ユダヤ教徒・ユダヤ人」という折衷的な表記を採用した。また、後者のlaïc / secularについて、著者ラブキン氏とも直接協議した結果、日本語の「世俗」という言葉は本書の文脈において必ずしも適切な訳語とはいえないとの結論に達した。氏の見解によれば（そして、それはいまや訳者自身の見解ともなっている）、本書の文脈において用いられた laïc / secular の語には、単に「聖（sacré / sacred）」ないし「宗教的なるもの（religieux / religious）」との関係において、「我は（もはや）さにあらず」と身を引き離す、区別、差異化の姿勢にとどまらず、明らかに「さ」を劣ったもの、軽蔑すべきもの、消し去るべきものと見なす上＝下の力関係、優＝劣の価値体系、ひいては黙殺と排除の政治学が想定されている。それに対して、日本語の「世俗」という言葉には、その反対物（つまり「聖」ないし「宗教的なるもの」）に向けられた抗力、否定視、ひいては攻撃性の含意が乏しいのではないか、ということである。本書では、よって laïc / secular の訳語として「非宗教」、「無宗教」（時に「反宗教」）との訳語を採用し——それをもって、その「抗力」、「否定視」、「攻撃性」の含意が汲み尽くされたとの保証はないのだが——、「世俗」の語は一切用いないこととした。

＊

二〇一〇年刊の単行本「あとがき」に右のように記してから、早十四年の時が流れた。その間、イスラエル国とパレスティナ領域に何があったか、もちろんここで振り返るための紙幅の余裕はない。この平凡社ライブラリー版のための校正作業を行なっている現在、イスラエル国によるガザとレバノンでの軍事行動が、連日、メディアを賑わせているが、それを本書の内容に引きつけ、シオニズムとそれに深く取り憑いた軍事優先主義に対する糾弾が伝統的ユダヤ教の立場からこれだけなされてきたにもかかわらず、なぜ事態が悪化の一途を辿るほかなかったのか、わかりやすく説き明かしてみせる力量も私にはない。ただ、ユダヤ通、中東通の知己から漏れ伝わってくるところでは、ラブキンがこの書をものした二〇〇〇年代前半に比べて、今日、イスラエル国内の正統派ユダヤ教の陣営がシオニズムの国体やイデオロギーとの妥協、和合の傾向をかなり強め、その内部からのイスラエル国批判、シオニズム断罪の声も途切れ途切れにかすれつつある印象が否めないという。本書の日本語訳者としては、その声が、依然として単に「その伝統的な言葉遣いと概念的枠組みをもってしては公論の場に適さないとして排除され、一般の耳に届かなくされて」(本書五二頁) いるだけであってほしい、と願わずにはいられない。

長らくフランスとフランス語圏のユダヤ世界を研究対象にしてきた私は、本書の翻訳以前にイスラエル国を訪った経験がなく、またその必要もとくに感じなかった。そして本書の翻訳後は、第三章の一節「戒律の侵犯と流謫」(本書一七六頁以下) で説かれているように、〈聖地〉に安易な気持ちで赴くことを厳しく戒めるラビの伝統に即し、物見遊山の軽薄な足で〈聖地〉の土を汚すようなことはすまい、と心に決めていた。しかし、フランス・ユダヤ世界に関する研究に一定の目途がついた後、私の新たな研究主題となった日本軍政下の上海におけるユダヤ社会をめぐって、エルサレムのユダヤ・ジェノサイド記念館ヤド・ヴァシェムに収蔵されたある資料体をどうしても閲覧しなければならなくなり、二〇二三年八月末〜九月初め、日本学術振興会 (JSPS) 科研費の研究協力者、保井啓志さん (現・同志社大学研究開発推進機構学術研究員) に同行をお願いして、初めてイスラエル国に滞在した。

自分自身、予想はしていたが、頭にキッパー (ユダヤ教徒の丸帽)、手にはマシンガンという出で立ちのイスラエル兵の実物は、やはり衝撃的だった。ホテルは東エルサレムのダマスカス門近くに取ったが、辻々に立つ兵士と数メートルおきの監視カメラに守られた〈聖地〉にはどうしても魅力を感じることができず、右のラビの禁忌をぎりぎりのところで遵守して「嘆きの壁」など旧市街には足を踏み入れないことにしようか、と考えたほどだ。私の脳裡には、一八五〇年前後に中東を旅したフランスの文豪、ギュスタヴ・フロベールが残したエルサレム滞在記のイメージが鮮烈に刻まれており、それを実物によってわざわざ破砕する必要もあるまい、と思われたのだ（結局、「それでも、やっぱり一度は」という保井さんに促されて、小一時間、城壁内を経巡ることは経巡ったが）。

滞在三日目、時差疲れに屋外の高温と屋内の冷房の効きすぎが災いして熱を出してしまった私は、早々に就寝した。翌朝、ホテルの朝食バイキングで、保井さんがこう言う。「昨夜、真夜中にサイレンがうるさかったですけど、大丈夫でした？　ホテルの外に出ないように、とお伝えしようと思って、お部屋のドアをノックしたのですが、熟睡なさってましたか」。聞けば、ホテルの最寄りのトラムの駅で、パレスティナ人の少年が治安部隊に射殺される事件があったという。情報は、血まみれの少年の死体の写真とともにSNSで一斉に拡散され、ユダヤ側のSNSでは、少年が刃物をもってユダヤ人乗客に襲いかかろうとしたので、駆けつけた治安部隊が即応して銃を抜いた、と説明された。しかしアラブ側のSNSでは、パレスティナ人の少年とユダヤ人少年らのグループが些細なことで口論になり、もみ合いになりそうになったところで、ユダヤ人少年らが「テロリストだ！　テロリストがいる！」と口々に叫び、駆けつけた治安部隊は、その真偽を確かめる手間も取らず、即、発砲に及んだ、と伝えられているという。

結局、どちらが真相に近いのか、わからず仕舞いである。ただ、保井さんが、その時こうつぶやいた。「戦争とかインティファーダとかがなくても、こんなふうに、ちょっとずつ、パレスティナ人は殺されているんです」。

本書『トーラーの名において』に即せば、〈聖地〉で人を殺めるなど、もってのほかのはずである。今回、私がみずからの足で〈聖地〉を汚してしまったかどうかはわからない。しかし、保井さんのスマートフォン上で見た、そのトラムの駅の地面に流れるパレスティナ人少年の血が、私自身の信仰の対象ではないけれども、どこか遠いところにおわします絶対存在が日々つけている閻魔帳の上で、懲罰に向けた大きな「赤点」として記載されたことは間違いないという気持ちで、九月上旬、エルサレムを後にしたのだった。

そのちょうど一カ月後、ハマスによるガザからの越境攻撃をきっかけとして、事態がここまで凄惨を極めることになろうとは（閻魔帳がさらなる「赤」で埋め尽くされることになろうとは）、その時、予想する由もなかった。

＊

単行本から平凡社ライブラリー版を作り直すにあたって、著者ラブキンに「日本語版の読者へ」を書き直していただいたほかは、本文中で字句に若干手を入れ直し、訳注と巻末の「人物紹介」をやや増補し、人名索引を追加したのみで、大きな加筆や削除はない。

末筆ながら、ここ数年、「再版されないのですか」と人から問われることもしばしばであった本書の復刻に踏み切ってくださった平凡社、とりわけ担当編集者の安藤優花さんに感謝申し上げる。また、本書の初版の編集のみならず、そのダイジェストであると同時に増補版ともなった後続書、ヤコヴ・M・ラブキン『イスラエルとは何か』（菅野賢治訳、平凡社新書、二〇一二年）の刊行にも大きく尽力され、その後、共に本作りの仕事に携わったことのあるすべての人々の深い悲しみの中で急逝された松井純さんに、心より哀悼の意を表する。

二〇二四年一〇月

菅野賢治

ワ行

マ行

ヤ行

ラ行

ナ行

ハ行

タ行

カ行

サ行

人名索引

＊［聖］は聖書中の登場人物。
＊連続して複数頁にわたり登場する場合、話題が続いている場合は頁番号を〈-〉で繋ぎ、話題が異なる場合は〈,〉で繋いだ。

ア行

[著者]

ヤコヴ・M.ラブキン（Yakov M. Rabkin）

1945年、旧ソ連レニングラード（現サンクト＝ペテルブルク）生まれ。レニングラード大学で化学を専攻、モスクワ科学アカデミーで科学史を学ぶ。1973年にソ連より移住し、同年よりカナダ、モントリオール大学にて教鞭をとる。科学史、ソ連史、ユダヤ現代史を講じ、現在、同大学名誉教授。フランス、イスラエル、カナダのラビからユダヤ教を学ぶ。科学と政治、科学と宗教、また科学とテクノロジーの関係に関する著作がある。とりわけユダヤ教、シオニズム、イスラエルについての著作で知られ、多くの国で翻訳・出版されている。日本語で刊行された著書に『イスラエルとは何か』（平凡社新書、2012年）、『イスラエルとパレスチナ』（岩波ブックレット、2024年）などがある。

[訳者]

菅野賢治（かんの・けんじ）

1962年、岩手県生まれ。パリ第10（ナンテール）大学博士課程修了。一橋大学法学部助教授、東京都立大学人文学部准教授を経て、現在、東京理科大学教養教育研究院教授。専門はフランス語圏を中心とするユダヤ研究。著書に『ドレフュス事件のなかの科学』（青土社、2002）、『フランス・ユダヤの歴史』（全2巻、慶應義塾大学出版会、2018年）、『「命のヴィザ」言説の虚構』（共和国、2021年）、『「命のヴィザ」の考古学』（共和国、2023年）、訳書にレオン・ポリアコフ『反ユダヤ主義の歴史』（共訳、全5巻、筑摩書房、2005-07年）、アーノルド・ゼイブル『カフェ・シェヘラザード』（共和国、2020年）などがある。

平凡社ライブラリー 983

トーラーの名《な》において

シオニズムに対《たい》するユダヤ教《きょう》の抵抗《ていこう》の歴史《れきし》

発行日…………2025年2月5日　初版第1刷

著者……………ヤコヴ・M．ラブキン
訳者……………菅野賢治
発行者…………下中順平
発行所…………株式会社平凡社
〒101-0051　東京都千代田区神田神保町3-29
電話　(03)3230-6573［営業］
ホームページ　https://www.heibonsha.co.jp/
印刷・製本……中央精版印刷株式会社
DTP…………平凡社制作
装幀……………中垣信夫

ISBN978-4-582-76983-8

落丁・乱丁本のお取り替えは小社読者サービス係まで
直接お送りください（送料は小社で負担いたします）。

【お問い合わせ】
本書の内容に関するお問い合わせは
弊社お問い合わせフォームをご利用ください。
https://www.heibonsha.co.jp/contact/